NSCA体能训练科学丛书

NSCA's GUIDE TO TESTS AND ASSESSMENTS

美 国 国 家 体 能 协 会
体能测试与评估指南

[美] 美国国家体能协会（National Strength and Conditioning Association） 主编

托德·米勒（Todd Miller） 编

高炳宏 杨涛 译

刘宇 李山 审校

人民邮电出版社
北 京

图书在版编目（CIP）数据

美国国家体能协会体能测试与评估指南 / 美国国家
体能协会主编；（美）托德·米勒（Todd Miller）编；
高炳宏，杨涛译. — 北京 ：人民邮电出版社，2019.2
（NSCA体能训练科学丛书）
ISBN 978-7-115-49741-3

Ⅰ. ①美… Ⅱ. ①美… ②托… ③高… ④杨… Ⅲ.
①体能－测试－美国－指南②体能－评估－美国－指南
Ⅳ. ①G808. 16-62

中国版本图书馆CIP数据核字(2018)第238408号

版权声明

免责声明

本书内容旨在为大众提供有用的信息。所有材料（包括文本、图形和图像）仅供参考，不能用于对特定疾病或症状的医疗诊断、建议或治疗。所有读者在针对任何一般性或特定的健康问题开始某项锻炼之前，均应向专业的医疗保健机构或医生进行咨询。作者和出版商都已尽可能确保本书技术上的准确性以及合理性，并且并不特别推崇任何治疗方法、方案、建议或本书中的其他信息，并特别声明，不会承担由于使用本出版物中的材料而遭受的任何损伤所直接或间接产生的与个人或团体相关的一切责任、损失或风险。

内 容 提 要

本书是美国国家体能协会（NSCA）与众位世界体能训练学家联合编写的体能测试与评估指南。书中不仅向读者介绍了体能测试与评估领域新的研究成果与相关原理，还给出了基于不同人群测试与评估需求的建议，集科学性与实用性于一体。全书共分12章，第1章介绍了测试数据与结果分析的基本方法；第2～12章分别介绍了基于身体成分、心率和血压、新陈代谢率、有氧功率、乳酸阈、肌肉力量、肌肉耐力、功率、速度和灵敏、灵活性、平衡和稳定性的身体指标的测试与评估方法，并结合实例给出应用不同方法来评估体能的建议。本书为评估身体状态和体能、制订训练计划及提升运动表现提供了专业指导，适合体能教练、专项教练、运动员、健身人士，以及相关领域的研究者、教师和学生阅读与参考。

◆ 主　编　[美]美国国家体能协会
　　　　　　（National Strength and Conditioning Association）
　　编　　　[美]托德·米勒（Todd Miller）
　　译　　　高炳宏　杨　涛
　　审　校　刘宇　李山
　　责任编辑　寇佳音
　　责任印制　周昇亮
◆ 人民邮电出版社出版发行　　北京市丰台区成寿寺路 11 号
　　邮编　100164　　电子邮件　315@ptpress.com.cn
　　网址　http://www.ptpress.com.cn
　　北京捷迅佳彩印刷有限公司印刷
◆ 开本：700×1000　1/16
　　印张：23　　　　　　　　　　2019 年 2 月第 1 版
　　字数：372 千字　　　　　　　2025 年 9 月北京第 20 次印刷
　　　　　　著作权合同登记号　图字：01-2016-10065 号

定价：148.00 元
读者服务热线：(010)81055296　印装质量热线：(010)81055316
反盗版热线：(010)81055315

推荐序

"更快、更高、更强"不仅是对勇往直前、不断进取的奥林匹克精神的最好诠释，同时也强调了运动员挑战自身极限、勇创佳绩的竞技诉求。现代竞技体育的高速发展以及竞技赛场角逐的日益激烈，对训练目标的精确定位以及训练过程的精准掌控提出了极高的要求。因此，如何更好地促进训练目标的正确导向与合理控制的有机结合成为当前运动训练理论研究和实践探索的热点问题。对运动员训练过程的关注是运动训练科学化水平提高的具体体现，是运动训练由定性向定量控制的转变，也是运动训练系统性和个体化的充分体现。而在多学科的交叉相融中，借助科学合理的测试与评估的手段，无疑能够为该过程中的各项决策活动提供更加深层的信息反馈。

众所周知，人体本身是一个由多个复杂系统构成的有机整体，以体能为载体的运动表现受到多种因素影响，除了通过遗传效应而获得先天性的体能之外，后天性的体能则主要经由有效的体能训练而得到提高。作为体能训练的逻辑起点，体能测试与评估是反映运动员身体运动能力状态的一面"镜子"。有效的体能测试与评估可以更加真实、深入地反映运动项目特征，在源头形成正确的体能训练方向，有助于教练全面和完整地把握训练和比赛的全过程。并且，可以在训练信息的快速和实时反馈中，量化控制运动员的训练过程对运动员完成专项比赛或体能训练细节进行动态和连续性描述。在这一方面，作为全球体育运动领域最具影响力之一的专业性组织，美国国家体能协会（National Strength and Conditioning Association，NSCA）经过长期的积累以及基于大量丰富的实践经验和临床研究成果，组织旗下资深专家 Todd Miller 编写而成的《美国国家体能协会体能测试与评估指南》真正为实验室和运动场之间搭建起了一个重要"纽带"。该书详细介绍了有关运动员身体机能和运动能力相关的经典测试方法，同时对这些方法和手段的学科背景和原理进行了充分的描述。

　　该书的中文版引进工作为我国新时期体能训练学科的建设工作提供了有力的支撑，感谢年轻一代科研人员和运动训练一线工作者在世界前沿训练理论成果的积极转化过程中所做出的努力。希望中文版《美国国家体能协会体能测试与评估指南》能够成为教练、科研工作者以及体能相关实践者的指导用书，也借助此次机会，衷心希望我国竞技体育的科学化训练水平能够更进一步，让鲜艳的五星红旗在国际赛场上飘扬舞动。

博士、教授，上海体育学院校长

2018 年 5 月 8 日

译者序

《美国国家体能协会体能测试与评估指南》是由美国体能协会资深专家 Todd Miller 编写，Human Kientics Publishers，Inc. 出版发行的体能训练领域又一权威著作。该书是迄今为止在体能测试与评估方面涵盖内容新且全面的一本实用工具书。本书问世后，在全世界范围内销量持续增长，得到了包括运动医学专家、科研人员、物理治疗师、体能教练和健身私教在内的相关从业人员的一致认可。

书中 Todd Miller 将测试评估与体能训练关系做了最为精辟的阐述（If you can't measure it, you can't control it.），认为测试与评估应该是体能工作的起点。全书首先阐述了体能测试在实验室和场地中实施时，测试者对信度和效度的细节把控，测试结果和数据分析的基础知识，以及解释结果和得出结论的方法。接下来的章节从基本测试（如身体成分和血压测量）逐步深入到复杂测试（乳酸阈值测试和有氧能力测试）。每一章开篇即用精练的笔墨对测试内容涉及的生理和力学机制背景知识进行概述，然后详细描述每一种常用的实验室和场地测试的测试方法，并提供了详细的数据库用于对测试结果进行解释和评估。全文撰写方式简洁实用，行文紧凑，可读性强，不仅能作为体能训练中的指导工具书，而且还能为科研人员研究哪些测试适合哪些特定人群提供研究基础。本书中的第 4 章、第 11 章和第 12 章均为书中的亮点部分，以往的类似专著中较少涉及能量代谢、灵活性和稳定性的测试评估。图表和插图均具有一定的自明性，方便在工作中随时查阅。

此次，上海体育学院与人民邮电出版社合作，将该书翻译成简体中文，不仅弥补了我国体能训练专业教材中存在的不足，也把当前最为实用的测试评估理念方法引入专业教学。近年来，上海体育学院立足于应用型本科建设发展，多方整合资源和逐步探索教学模式，在本科阶段的体能训练专业教学方式、师资培养、实践基地和服务社会等领域取得一定的经验和成果；累计已培养出150多名体能专业方向的学生服务于竞技体育和大众健身等相关机构。该书不仅可以作为上海体育学院体育教育训练学专业本科生与研究生教材，也可以作为教练、科研人员、体育教师和体能训练爱好者的工具书。

　　本书翻译和出版过程中，得到了上海体育学院体能训练研究中心各位专家的大力支持。但由于时间仓促，经验有限，本书内容在专业词汇翻译和图表文字校对中可能还存在一定纰漏与瑕疵，恳请广大读者和行业专家不吝赐教，随时进行批评和指正。

2018 年 3 月 23 日

绪论

如果不能测量，就无法控制——这是我的导师在我读研究生时每天反复讲的"至理名言"，这一重要的信息对我训练的影响已根深蒂固。作为体能训练从业者，我们的主要目标是设计和实施能获得最佳运动表现的训练计划。乍一看，这似乎是一项简单的任务。通过遵循个体差异、超量恢复的原则，我们就可以设计抗阻训练方案来改善体能和运动表现。

可事实并非如此，虽然我们的训练可能为运动员和客户带来更好的运动表现，但我们在没有任何测试与评估手段下，是不可能知道这种训练是否是最佳方案的。事实上，我们经常听训练者说我们的训练对于他的运动表现是有效的，但是对于体能训练计划来说并不仅仅是为了提高运动表现。这种体能训练计划是在安全范围内，为了给专业训练者的专项目标最大限度地提升运动表现而制订的。如果没有及时有效的评估手段，实现这种最佳的改善水平是不可能的。

回顾历史，运动科学的测试和测量一直偏重于临床人群，主要聚焦在伤病和伤病的预防上。通过文献综述发现对运动表现测量的关注度已经大大降低。爆发力、速度、灵敏和灵活性的测试（本书中提到的所有研究点）偏重于运动表现，很少用于临床环境。这本书是教练、训练师、学生和所有技能水平的运动员的资源宝典，并论述了测试和测量运动表现的重要性。

本书在测试和数据分析的基础上，得出研究结果并论证了结论。接下来的章节包括从最基本的测试（如身体成分和血压测量）到更复杂的测试（如乳酸阈值测试和有氧能力测试）。尽管有一些复杂的测试变量，但这些变量的重要程度与复杂程度无关。例如，测量身体成分是一项相对简单的任务，然而它对运动表现的影响却令人难以置信。显然，过多的脂肪对运动表现是有害的，运动表现依赖于速度、爆发力和方向的快速转换。尽管如此，教练们通常会花很长时间进行速度训练，但很少注意测量或改善身体成分。我们希望本书的内容不仅可以作为指导专业测试的训练工具，而且有助于教练确定哪些测试适合于专业训练者。例如，做有氧能力的测试可能对投掷者来说是不合适的，他们的表现主要取决于力量和爆发力，相反，长跑运动员的教练从运动员的灵敏性测试中获益甚微。因此，你既不需要照搬书本，也不需要把全部的测试都运用在所有的运动员身上。

随着体能训练领域的知识变得越来越庞杂，体能训练计划的设计、实施和测试方法也越来越复杂。虽然体能训练计划中缺少即时的测量评估是不完整的，但这在目前教练的体能训练计划中是常见的现象。我们相信，本书的内容将提供一个坚实的基础，你可以制订和实施自己的测试评估计划，最终让你成长为真正的教练，最大限度地发挥你的运动员的运动表现。

目录

第 1 章

测试、数据分析和结果

马修·R. 瑞亚（Matthew R. Rhea），PhD, CSCS*D

马克·D. 彼得森（Mark D. Peterson），PhD, CSCS*D

有效的运动处方首先要进行系统分析以确定客户的需求。所谓需求分析（National Strength and Conditioning Association，2000），主要包括确定客户的生活方式和运动需求，当前和过去的损伤与运动限制，个人训练经验，以及目前的健身水平和各种健身或竞技项目的运动技能。如果没有这些数据来提供基础值和跟踪评估，训练师或体能教练就无法设计并执行个性化的训练计划，而只能采用面向大众的笼统训练方案。

测试与评估所采集的数据可以客观地提供关于客户生理和功能状态上的优势与劣势的相关信息。正确地完成这一步骤可以帮助运动专家为客户提供最有效和最适宜的训练方案。然而，该步骤所包括的内容远不止简单地收集数据这一点。收集恰当的数据，正确地进行分析，以简洁、准确的方式将分析结果展示出来，以上这些对健身或竞技体育中的测试与评估都是非常重要的。

运动能力及测试

测试的目的有很多种，以下是一些专业场景下的例子。

- 确定生理上的优势和劣势。
- 根据特定目标将受试者排序。
- 预测未来的运动能力。
- 评价整个训练方案或单次训练的有效性。
- 对运动能力进行长期跟踪测试。
- 合理分配与调整训练负荷（如强度、负重、运动量）。

运动专家可以通过对数据的评价来检验训练计划的整体有效性。具体来讲，如每个月测试收集的健身者力量数据可以用于检测长期训练过程中力量的变化情况，并为评价力量训练计划的整体有效性提供客观的依据。如果力量增长小于预期水平，那么运动专家就可能在随后的训练周期中对计划做出调整从而加强健身者的运动适应能力。

私人健身教练可以利用这些测试数据来证明和展示客户运动能力的提高情况，并帮助他们了解锻炼方案为他们带来的健康上的改变。另外，物理治疗师可以参考这些测试数据来确定康复进展的时间表。合理使用这些测试数据可以帮助运动专家达到和维持较高水平的业务能力。

筛选测试

在选择测试项目时，先要评估一些生理指标。具体来讲，对于需求分析而言，一个初步的评估要包括一些额外的测试来明确客户是否做好了运动前的准备。根据个体特点，仔细衡量每个客户的运动潜能，其中可能涉及心血管疾病的筛查或对关节和身体活动度或整体性的评价。无论客户是什么年龄或有怎样的训练史，这种锻炼前的筛选都是需求分析中至关重要的一步。在训练方案开始前，通过这些测试来确定锻炼中潜在的健康风险是十分必要的。显然，这些确定健康风险的测试和简单测量、监控基础健康情况的测试有一定区别。但是，我们必须完成这些测试来保证健身方案设计的有效性和客户的人身安全。

完成健康风险评估后，接下来就要测试客户当前的健康水平。对于私人健身教练而言，这一过程相对简单，主要包括对客户的健康史、当前健康风险以及锻炼或健康目标的全面评价。而对于体能教练来说，这一步不仅需要测试与评估运动员当前的训练状态，还要明确运动员通过一定努力后所期望达到的目标。

为了省时省力地完成测试，体能教练要保证所选择测试的有效性，即所测试的指标能反映出希望了解的能力。力量测试应该测量的是客户生成力的能力，而耐力测试应该测量的是重复发力做功的能力。在众多现有经过验证的健康和体能测试指标中，为客户选择最合适、最有效的指标时，体能教练必须清楚的是：有一些测试仅仅适用于某一特定人群，而并不能推广到所有人群。因此，要谨慎地选择测试方法，否则稍不留意就有可能得出错误的结果。

测试不仅要测量所要评价的客观指标，更应该具有可重复性。具有较高信度的测试方法所得到的结果的错误率会相对较低。当不同的测试人员进行测试时，要保证测试人员彼此之间测试的一致性。比如要比较基线测试值和追踪测试值，专家要保证由同一个测试人员来完成这两次测试，或者保证不同测试人员采用完全相同的测试标准。为了验证测试人员之间的一致性，专家应该让所有测试人员测试相同的指标，从而检验不同测试者的测试结果是否存在差异以及差异程度有多大。

尽管许多测试在临床或实验室条件下具有较高的信效度，但是有些测试在实际工作中并不可行。经费、时间、场地、测试人员的水平等因素都决定着一项测试的实用性。不过某一个健康或体能指标往往有很多可以选择的测试方法，专业人员在有限的条件下可以考虑一些更为实用的替代方法。

效度、信度和可行性应该是选择测试时的首要考虑因素。如果专业人员在测试中能考虑这几个因素，就能够在实践中得到更准确有效的测试结果。

数据分析和统计分析

数据采集只代表测试与评价过程完成了一半。测试一旦完成，应该尽快进行数据分析与讨论。很多健身专家比较擅长测量和储存数据，但是他们往往不善于有效评价所采集的数据与信息，并进一步利用从数据中得出的结论来指导运动处方。如果没有对数据进行客观的检验与评价，运动测试的价值就不能得到最好的体现。

应用统计

许多健身专家认为统计学等同于复杂无用的数学等式。虽然统计学确实有很多复杂的公式和计算过程，其中一些公式也的确缺乏专业应用，但是应用统计学还是可以为我们提供一些较为客观的数据的评价方法。学习统计学知识可能需要投入大量的时间和精力，但是即便是学会使用最基础的统计分析都会极大地提高与健康相关的专业技能。

统计学很少讨论单一数据（例如，一个客户的纵跳成绩或者一名运动员卧推 1RM 重量），相反的，统计学评估关注的是一组动态数据。比如说，10 个人使用一项有组织的训练方案，整个训练方案结束后其中 1 人的运动能力下降了，但是另外 9 人提高了。那么我们不能因为只有一个人没有提高就说这个训练方案没有效果。而在运动处方领域我们必须考虑个体的反馈。尽管一个处方可能对很多人有效，但它可能对某一个人没有效果。但是从另一方面讲，如果一个人提高了，或者一个人比其他的人提高很多，而根据这一个人的情况来改进训练方案也是不合适的（尽管有许多健身专家是这么做的）。在实践中如何合理利用统计学评价应值得重视。

概率与量级

我们应该注意所采集的数据的两个特征，并理解什么情况下应用统计学评价。第一个特征是数据结果的概率。概率表示研究结果发生的概率并用概率值（α 或 p 值）表示。这个 p 值的范围在 0.0 ～ 1.0，在文献中我们经常看到 $p \geq$ 或 ≤ 0.05。另外这个值可以表示错误获取研究结论的概率。如果 p 值等于 0.05，则有 5% 的概率得到相反的结果；而如果测试条件可以重复，则有 95% 的概率可以获得相同的结果。

我们首先要基于可接受误差范围预先设定合适的显著性水平。在医学领域，关于药物或治疗方案的决定都可能至关生死，这要求错误风险概率要非常小，因此 α 水平通常设置为 0.01。在运动科学领域，训练方案、计划之间的差异不会对人的生命构成威胁，因此 α 水平可以设置为 0.05。但无论在哪一种情况下，我们都要记住 α 水平表示了我们重复一项研究 100 次可以获得多少次相反结果的次数。

概率受统计功效（statistical power），主要受所研究的组内人数和组间差异影响。尽管评价统计学分析的可重复性很重要，但是它并不能提供数据间实际变化多少的信息。例如，1000 名受试者接受了卧推 1RM 测试，并在接下来的 3 个月里进行卧推力量训练。测试人员需要注意样本量大小以及它对概率值的作用，并影响到最终统计学差异和对结果的解释。如果这些受试者接受了再次测试，并且整体卧推力量提高了 1 kg，那么在相同的测试条件下，这个结果就更有可能被重复。因为这个实验的样本量非常大，而且可能 p <0.01。假如上述实验中的受试者为一般人，虽然训练强度提高 1 kg 可以认为有 99% 的概率可以重复，并且能得到显著性的统计学结果，但这点提高实际并不多。因为一般力量训练者在经过 3 个月的训练后平均增加 15 kg 的强度并不足为奇，因此上述测试的结果可能在临床上并无显著性。

最后，如果要表述和评价训练者的提高程度，我们就必须进行另一种计算，效应量计算（会在后文中讲解）。我们必须搞清楚这些结果的差异，因为很多错误都是由于没有搞清楚概率（probability）和量级（magnitude）的区别。

描述性分析

评价数据的第一步主要是对数据进行简要的概述，主要包括计算一些描述性指标，如平均值、中位数、众数、变化范围和方差等。平均值的计算方法是对所有数据值求和再除以数据值的个数。中位数代表的是数据的中间值，是将所有数据值自小到大排列后找到的位于中间位置的数据值。中位数即 50 分位对应的数据值，意味着所有数据中一半大于该值而另一半小于该值。众数代表在数据中出现次数最多的一个数据值。这 3 个代表数据中心趋势的指标提供的信息主要可以用于比较个体值与某组的平均水平或总体值之间的差异。

中心趋势可以用于为大样本量的测试提供平均水平值。举例来说，我们对一组 10 000 名消防员进行测试来看他们能完成多少次俯卧撑和仰卧起坐，然后计算出该组的平均水平（比如 50 次 /min），我们就可以说该组一名消防员这两个项目的标准为 50 次。我们可以继续测试更多消防员来看他们与这一标准的直接差异。尽管这些指标提供了很好的对照，但是它们没有提供个人完成某项任务能力的相关信息。是否只有当一名消防员能够在一分钟内完成 50 次俯卧撑才能安全有效地完成本职工作呢？他们是否需要每分钟完成 100 次俯卧撑才能胜任本职工作呢？中心趋势指标只是简单地描述了该组的平均水平，并不能代表该组最高的运动水平。

　　另一个在比较个人测量值和组平均值时需要注意的重要问题是评价测量值之间的差异性。比如测量值范围（最大值减去最小值）可以用来评价测量值之间的分布情况。另一个变异性指标是标准差，计算的是数据围绕平均值的分布情况。在数据正态分布的情况下，即数据均匀分布在大于或小于平均值的范围内，68.26% 的测量值分布在距离平均值 ±1 标准差的区间内，95.44% 的测量值分布在距离平均值 ±2 标准差的区间内，99.74% 的测量值分布在距离平均值 ±3 标准差的区间内。对于一个测量值，确定其和平均值直接相差多少个标准差，有助于检验该数据的质量。

运动能力变量之间的关系

　　检验变量之间的关系常常是运动专家感兴趣的问题之一。一个变量与另一个变量之间的相关特征具有重要的意义。比如随着心肺功能的增加，心血管疾病的风险随之下降。了解两者之间的相关性可以提高对心肺功能的重视，有助于设计出更为有效的运动处方。

　　尽管变量之间的相关性可以提供很多有用的信息，但是值得注意的是这种关系并不是一种因果关系。举例来说，鞋码和智商可能有很高的相关性，穿大码鞋子的人有可能智商更高。但是鞋码大并不能增加一个人的聪明程度。它们中间的关系只是简单地说明随着人成长成熟他们获取更多知识这一事实的情况。

　　相关系数可以用于确定变量之间的线性关系。我们一起来看表 1.1 和图 1.1 中 10 名受试者体重和纵跳之间的假设关系。

表 1.1　体重与纵跳数据

受试者	体重（lb）	纵跳（in）
1	225	31
2	289	18
3	186	42
4	190	25
5	245	30
6	265	21

续表

受试者	体重（lb）	纵跳（in）
7	300	18
8	175	36
9	180	33
10	290	21

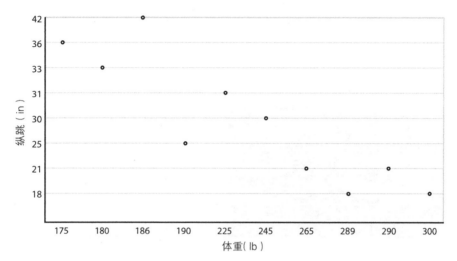

图 1.1　体重与纵跳数据点状图

（注：1 lb ≈ 0.45 kg；1in ≈ 2.54 cm）

随着体重的增加，重力增加导致推动身体垂直方向运动的难度增加。因此体重较大者在纵跳时处于劣势。数据结果显示，相关系数为 −0.85。计算方法如下：

$$r = \frac{n(\sum xy) - (\sum x)(\sum y)}{\sqrt{\left[n(\sum x^2) - (\sum x)^2\right]\left[n(\sum y^2) - (\sum y)^2\right]}}$$

其中　n=受试者的数量

　　　x= 变量 1

　　　y= 变量 2

相关性大小与方向是数据评价中很重要的一方面。确定相关性大小是通过对相关系数与范围是 0 ～ 1.0 的标准进行比较（见表 1.2，Morrow et al.，2000）。统计中衡量两个间隔单位或比例单位变量关系（比如以 kg 为单位的体重和以 in 为单位的纵跳高度之间的关系）时最常用的是皮尔逊积差相关系数。该系数的计算主要涉及两组数据之间的协变异（即两个变量共同变化的程度）。当两个变量共同变化时，两者之间的关系可能是正相关或负相关，分别由 +/- 来表示。在解释数据结果时，较大的相关系数值（比如接近 1 或 −1）表示两者直接有很强的相关性。当一个变量增加时另一个变量也增加，或者一个变量减少时另一个变量也减少，则说明两者之间是正相关的关系。反之，两个变量也可能朝相反的方向变化，此时相关系数为负数（比如当一个变量增加时另一个变量反而减小，反之亦然）。例子中体重和纵跳高度之间的关系就是较强的负相关关系。

表 1.2 相关程度对照表

零	0.0
低相关	0.0~0.3
高相关	0.3~0.7
完全相关	1.0

运动能力变量之间的差异

确定运动能力相关变量之间的差异是数据采集和分析中的一个重要方面。确定是否存在差异且差异多少的方法有很多，主要取决于具体的测试条件。需要确定变量之间差异的情况可能包括教练希望知道运动员的力量水平是否得到提高，理疗师比较两种治疗方法来确定哪种方法更有效，训练师比较增强式训练前后跳跃能力的变化，以及研究人员希望了解美国职业棒球大联盟和小联盟球员之间的差异。

如果同组进行自身比较，且在干预前后测量相关变量，那么配对 t 检验或重复测量方差分析可以用于分析变量的变化。如果不同的组接受不同的干预，那么研究者可以采用独立样本 t 检验或方差分析的方法来分析结果。这些统计分析可以评价个体之间或组与组之间的差异，并得出概率值来确定测量所得的差异在多大程度上可以重复出现。研究总体差异非常重要，主要因为个体差异同时存在于组间和组内。但是对于研究来说，更重要的是其结论是否可以推广到更大范围的人群中。

确定运动能力指标之间差异的大小同样很重要。如果我们简单计算运动变量测试前后的差异（测试后值减去测试前值）然后计算这些差异的平均值，那么可以粗略地得到这些变量变化的大小。但是，如果组内一个或多个个体某个指标增加或减少的幅度不同于组内其他个体，那么平均变化值就可能引起误导。比方说，要测量 10 名客户 12 周训练前后卧推 1RM 的大小，并计算 1RM 平均增加了多少，我们就可以选择统计量来反映其变化的幅度。但是如果一位客户举重重量增加 50 lb（23 kg）而其他客户都只增加 5 lb（2.3 kg），那应该如何处理呢？在这种情况下，全组举重重量平均增加 10 lb（4.5 kg）。在其他客户都增加 5 lb（2.3 kg）的情况下，由于一名客户的变化，整组的平均值增加了一倍。正确的变化幅度很有可能是 5 lb（2.3 kg）左右，而一个客户的数据导致平均值出现偏差。

一个客户不同于他人的变化可能是由于他训练前的基础状态与其他人不同。一组中，如果有 9 名受试者开始训练前的最大卧推是 300 lb（136 kg），他们都训练有素。但有 1 名受试者的最大卧推为 100 lb（45 kg），也没有什么训练经验。相比之下，这名受试者经过训练，力量提高的潜力要大得多。处理这种情况的一种办法是用训练前后的变化值除以训练前的基础值然后乘以 100 得到一个百分数来表示相对变化量。对于起点是 100 lb（45 kg）的客户来说，增加了 50 lb（23 kg）相当于增加了 50%。5 lb（2.3 kg）的改变对于 300 lb（136 kg）的基础值来说代表增加 2%。但实际上在这个例子中如果考虑客户不同的起始状态，用百分比计算增加幅度会导致更多问题。如果不考虑变化的差异性，最后的结果就会出现偏差，导致训练师根据这些数据做出错误的决定。

在计算全组进步幅度时为了体现不同个体变化的差异性可以采用效应量——描述全组运动能力进步量的标准值。Cohen（1988）曾建议过一种较有价值的方法：计算出平均值的绝对变化然后除以该组基础值的标准差。前文有关描述性分析的内容提供了训练前后平均值和训练后全组数据标准差的计算方法，我们可以通过计算确定变化的幅度：

（训练后的平均值 − 训练前的平均值）/ 训练前数据的标准差

以标准差为单位的效应量可以进行组间比较。比较效应量可以采用一些推荐标准。这些标准决定了效应的相对大小。基于心理学有关研究，Cohen 建立了表 1.3 显示的标准来描述较低、中等、较高效应的效应值范围。另外还有一个标准（见表 1.4）是专门为评价力量增加而建立的，可以用于帮助评价人群中力量的增加幅度。

表 1.3　科恩效应值对照表

<0.41	较低
0.41~0.70	中等
>0.70	较高

来源说明：Based on Cohen 1988.

健身数据的标准化

在应用运动科学和发展竞技能力的训练领域中，现场测试已经被广泛使用，因为这种测试非常简单也易于得到结果。然而，有大量的因素会影响这种测试结果的有效性。除了受试者的性别、年龄、体能水平和运动技能之外，体型大小也是其中一个重要的影响因素，它可以影响肌肉适能和多项运动素质测试结果（如力量测试、纵跳高度和短跑速度）。因此当评价受试者一些运动能力特征时，利用受试者的身体质量对数据进行校正（标准化）是必要的。特别是与一些常模参照标准比较时（如同龄组）。

对于肌肉力量而言，最简单的数据标准化方法是将肌肉力量除以身体质量。这个比值是一种较为简单的反映相对肌肉力量能力的指标。而且通常它比得到绝对肌肉力量数据更加有用，特别是在研究力量对爆发性运动能力的贡献度问题时（Peterson et al.，2006）。这里要强调一个非常重要的问题：这种方法是在力量和身体质量呈线性关系这一前提条件下进行的。

然而一些研究结果已经表明力量和身体质量的关系不一定呈线性，而是呈曲线关系。因此人们采用了其他的力量标准化方法，如在举重中运用维尔克斯公式（Wilks Formula），或者在奥林匹克式举重中运用辛克莱公式（Sinclair Formula）。这些方法提供了力量相对于身体质量的一系列指数。这些公式可以将那些体型较大或体型较小的运动员的体型对力量的影响最小化，给运动

表 1.4　瑞亚力量变化效应对照表

程度	普通人	健身人士	运动员
很小	<0.50	<0.35	<0.25
小幅	0.50~1.25	0.35~0.80	0.25~0.50
中等	1.25~1.90	0.80~1.50	0.50~1.0
高幅	>2.0	>1.5	>1.0

来源说明：Based on Rhea 2004.

员提供一个较为公平的竞争环境。然而在大型集体项目的力量和体能对比中，我们需要比较大量的不同身体质量的运动员的力量素质。人体尺寸标度研究（Research pertaining to dimensional scaling）建议，这种对大量不同体型人群的相对肌肉力量应该是和身体质量的 0.67 次幂呈线性关系，例如，举重质量（kg）/[身体质量（kg）]$^{0.67}$（Jaric et al.，2005）。这种被称为异速标度法（allometric scaling）的统计学变换可以提供较为合适的身体质量和力量关系。

异速标度法源自一种几何相似学说，它假设人类具有相同的基础体型，但是在大小上存在差异。另一些研究表明，其他必不可少的运动能力标度指标与最大力量的产生没有关系（如有氧能力）。

• 身体维度（通常包括身体质量、瘦体重或者肌肉横截面积）和运动能力呈曲线关系。

• 运动能力（P）和体型大小（S）之间的关系公式为：$P=aS^b$，其中 a，b 分别为常数和标度指数（Nevill et al.，1992）。

• 这条关系曲线必然通过两个变量的原点（例如，运动员瘦体重为 0，则力量也为 0）。

求解标度指数（b）需要通过调整标度因素（S）（即体型大小）来消除个体差异对运动能力（P）（如力量）的影响。

异速标度法对于解决那些身体维度和运动能力为非线性关系的问题十分必要。如果力量和身体质量是线性关系，那么标度指数等于 1。那么之前提到过的比例法足以表明相对力量的大小，也就是举重质量（kg）/ 身体质量（kg）[1]。

但我们在实践中往往需要用到矫正系数来获取更加准确的力量结果。最后，对特定运动能力测试要使用正确的标度公式来减少由于身体维度对结果带来的影响。

跟踪一段时间内的数据

长期跟踪记录运动能力可以为健身专家及客户提供非常有价值的反馈。如果健身专家掌握如何评估一组人运动能力的变化或者某一个人运动前后的改变，就可以及时调整运动计划或者为客户提供该运动方案有效的证据。简而言之，长期跟踪记录运动能力可以证明客户在朝着他们的预期目标改变着，或者为改进运动方案来实现既定目标提供必要的反馈。

在长期跟踪调查中要比较运动能力的变化时，必须考虑几个因素。一个是学习效应，当受试者逐渐开始熟悉一项测试的时候，这种效应就会产生。通常在采集数据前，我们要进行几次预测试，让受试者熟悉测试流程。例如，在专业指导人员教会客户一个技能后需要给客户做测试。如果用 1RM 强度的卧推来跟踪客户的上肢力量，指导人员需要对客户讲解正确的卧推技术。指导人员在客户练习时也要提供反馈确保客户卧推技术的正确性。让客户试推几次确保他已经熟悉测试流程，以及具备完成测试的能力。一旦客户熟悉了这个过程，那么接下来的正式测试及其结果就可以作为一个基础数据以供与将来的数据进行比较。

另一个影响跟踪评价结果的因素是生长因素，特别是在儿童、青少年人群中尤为重要，因为他们的身体还在快速成长，各种生理的成长因素会改变其运动能力。在评价运动能力时应该重视这些因素，特别是很长一段时间的跟踪评价（如连续几年的跟踪）。

专业应用

在健身专家繁忙的工作中，测试和数据分析有时可能看似无用。理解和解释统计结果似乎也不属于健身专家需要实践的工作范畴。但一定要记住：恰当地采集客户信息，能够评价群体或个体数据，并准确地解释测试结果，这些都是非常重要的、有价值的高水平实践过程。基于证据的实践（Evidence-based practice）这一术语常常被健身专家挂在嘴边，以获得客户的信赖，增加客户的信心。真正的健身专家正是通过测试和数据分析不断检验自己的训练方案，评估新的训练理念，比较不同的训练模式。一直以来，他们就是这样通过科学的证据来指导实践的。

除了增强数据采集、数学计算和统计学评价能力以外，对测试和测量结果的敏锐理解能力可以让健身专家准确和自信地解释已经发表的研究结果。许多健身专家在阅读科研文献时，只是粗略地浏览研究方法和统计部分的内容，有的甚至直接忽略这一部分，这主要是因为他们对研究技术和方法不够了解。倘若健身专家对这些研究方法更加熟悉，他们就可以轻松地从已发表的研究结论中获得有价值的信息，并将这些高质量的研究方法用于自己的实践中去。

小　结

• 运动能力测试与数据评估对从事运动与健康工作的专业人员是非常有用的。

• 尽管完成这一步骤要非常认真，数据评估也可能需要专业人员熟悉多种统计学处理方法，但是这一切的努力都是值得的。高质量地完成运动能力测试，并客观地评价采集来的数据可以让人受益匪浅。

• 熟练掌握测试与评估的健身专家可以大幅提升业务能力和工作效率。

第 2 章

身体成分

尼古拉斯·A. 拉塔梅斯 (Nicholas A. Ratamess), PhD, CSCS*D, FNSCA

身体成分是描述人体脂肪、骨骼和肌肉相对比例的指标。人体测量学是用测量和观察的方法来描述人体的体质状况特征，如身高、体重、胸围、腰围和皮褶厚度。身体成分和人体测量学已经成为教练、运动员、健身专家衡量身体情况的标准。体脂百分比（即脂肪组织在人体中的比例）、脂肪分布、瘦体重（即所有非脂肪组织的质量，如骨骼、肌肉和水）、肢体的长度和围度也可以通过身体成分测试获得。

在评价训练、饮食、运动表现以及降低肌肉骨骼损伤风险等方面，身体成分测试都可以发挥重要的作用。比如，身体成分测试可以确定一个运动员超出了他理想体重 5 lb（2.3 kg），他的体脂百分比比正常值偏高了（1% ~ 2%）。这些信息能帮助教练和运动员决定训练和饮食的策略。教练会建议每天减少摄入食物的总卡路里量（或者仅仅限制糖或脂肪的摄入），提高日常活动水平以增加热量的消耗，或者两者同时进行来减少身体脂肪的含量。运动员可以在运动锻炼后额外增加 15 min 的低中等强度的心肺功能训练，每周进行 2 ~ 3 次，直到他达到自己的理想体重和体脂百分比。经常测试将有助于运动员监控自己的进步和评价运动方案的有效性，从而达到他的目标身体成分水平。

身体成分是组成健康体适能的要素之一（还包括肌肉力量和耐力、灵活性和心肺耐力），进行身体成分的评价对儿童、青少年、成年人、老年人以及运动员都是有益的（American College of Sports Medicine，2008）。此外，身体成分也会影响健康体适能的其他要素，即体重、瘦体重、脂肪含量，这些都会影响肌肉力量和耐力、灵活性和心肺耐力。总的来说，一个人的脂肪百分比可作为比较的起点；人们没有进行身体成分评估之前，并不知道如何和同性别、同龄人相比，以确定自己的身体状况是处于什么样的水平。这时，人们可以运用身体成分的这些信息来跟踪评估减肥、增重和运动的效果。

例如，身体成分的测试在一些控制体重的运动项目中十分有用，脂肪含量和水含量可以控制到一个很低的水平。体操、摔跤、健美项目运动员在比赛时都需要保持体重和脂肪含量在一个较低的水平。这些项目的运动员可以通过身体成分评估获得一定的指导。

身体成分分析对需要增加肌肉质量的运动员有帮助；瘦体重评估可以用来评价训练计划并测试其进展。此外，身体成分测试还是评价身体健康的有用指标。体脂含量超标或肥胖（尤其是腹部），是多种疾病的风险因素，包括2型糖尿病、高血压、高血脂、心血管疾病（CVD）、某些癌症、腰部疼痛和骨关节炎等（Despres and Lemieux，2006；Liuke et al.，2005；Wearing et al.，2006）。

长期以来，人们通常使用身高-体重对照表来衡量肥胖。1983年以后，普遍使用的方法是大都会人寿保险表。这张表分别建立了小号、中号和大号骨架男女性的理想体重范围。例如，一名大骨架的6 ft（183 cm）男性，如果他的体重超过188 lb（85 kg）就被认为是超重。超重就是体重在正常范围之外多余的重量。然而，超重不一定反映肥胖，因为体重本身并不一定意味着有较高的脂肪比例。因此，超重这个说法更适合久坐不动的人群，而不是指经常锻炼的运动员。瘦体重较多的运动员也会有较高的体重；因此，身高-体重表在体育界没有多大的价值。然而，过量的脂肪含量会造成重大的健康风险。因此，脂肪含量测定比体重的测量更能深入地了解身体的健康水平。

运动能力和身体成分

运动表现除了和运动员的专项技术水平有关，还与健康及技能体适能组成要素紧密相关。所有的健康体适能要素在某种程度上依赖于身体成分，如瘦体重的增加有利于力量的发展。因此，瘦体重的增加能使运动员在一个特定的时间产生更多的力量。此外，瘦体重的多少还决定了速度、反应和灵敏等运动能力的表现（通过提高最大加速和减速时的力量水平来实现）。减少不必要的身体脂肪，有利于肌肉和心肺耐力、速度、灵敏性的发展。额外的体重（不必要的脂肪形式）在运动时产生了更大的阻力，结果是运动员不得不通过增加肌肉力量来克服单位负荷。额外的身体脂肪会限制耐力、平衡、协调能力和运动能力。过量的体重和脂肪会对关节活动范围造成负面影响，从而形成物理屏障影响关节活动范围。因此，在体育赛事中的运动员需要通过较低脂肪含量增加灵活性。

体育运动需要运动员保持标准的身体成分水平。有些运动项目要求运动员要么身材高，要么体重大，或兼而有之，而有些运动员则需要有娇小的体型。比如，美式足球前锋和重量级摔跤手都需要比较大的体重。虽然瘦体重是理想的，但增加体重（无论是增加肌肉还是脂肪）对他们来说却是件好事。更大的质量给这些运动员提供了更大的惯性，使他们在自己的运动场各自的位置上，发挥更好的稳定性，而速度和灵敏不会受到影响。力量运动员，如美式足球、摔跤、健美运动者、举重、田径和投掷运动，都能从较高的瘦体重中受益。耐力运动员，如长跑、自行车、铁人三项，较低的身体脂肪含量将对他们的运动有利。而体操、摔跤、跳高、撑竿跳、拳击、综合格斗、举重运动员，需要一个高水平的力量质量比（即瞬间功率），最大力量训练的同时最大限度地减少体重的变化（同时保持低水平体脂含量），对这些运动有较大的好处。体操、撑竿跳运动员必须克服自身的重力才能获得最后的成功。所以，减少体重的变化能使他们有更好的飞行高度、时间和空中运动能力。

摔跤、拳击、武术、力量举和举重在比赛中使用体重级别。因为较大的体重级别可能会让竞争更加困难，这些运动员要在提高力量的同时维持他们正常的体重级别。棒球和垒球运动员要增加他们的瘦体重，同时要减少体脂含量，这样更有利于他们的比赛。额外的瘦体重能帮助提高力量、速度、灵敏性，而较低的脂肪含量也能帮助提高耐力、爆发力、速度和灵敏性（如投掷、击打、防守、跑垒）。

篮球和足球是无氧和有氧结合的两种运动项目，需要力量、速度、反应灵敏度、爆发力、灵敏性的结合，同时还需要中、高水平的有氧运动能力。在保持或增加瘦体重的同时减少脂肪含量对这两项运动有好处。尽管有些运动员能忍受较高的体重和体脂百分比，但还是建议从经常性的身体成分测试中获得身体成分数据，从而制订训练计划，旨在维持或增加瘦体重的同时减少脂肪含量。

实际应用

体脂百分比的测量和量化受到健身从业者、教练、运动员的重视。测量体脂百分比能让运动员确定他们的身体成分状况（如瘦体重、身高、肥胖），根据这些标准来衡量运动员可能存在的状况（如肥胖或饮食失调的风险，对于女运动员来说尤其应该受到关注）。

运动员可以使用体脂百分比的数据来调整训练计划、饮食，或者两者同时进行，从而实现他们运动时所需要的最佳体脂百分比。比如，一名体脂较高的运动员能通过增加有氧运动持续的时间，通过增加运动量和减少休息时间间隔来进行无氧运动（增加代谢的需求和热量消耗），或者减少卡路里的摄入量（主要是通过减少饱和脂肪酸和碳水化合物的摄入），使热量的消耗大于摄入量，从而减少身体脂肪。一个运动员的体重或脂肪含量比正常值低，如果他被确定是由饮食失调引起的（如贪食症或厌食症），可以尝试对运动员的饮食营养进行调整或者进行心理咨询。

身体成分测试可针对不同项目和位置角色的运动员产生数据。这对研究十分有用，随着时间的推移，这些数据能给教练带来很多运动建议。教练可以在联赛或大赛中，比较他们的运动员和其他运动员的差异，比较现在的运动员和以前的运动员的不同；还可以用来分析随着时间的推移运动员身体成分的变化趋势。

身体成分测试还可以用于运动方案的评估。例如，如果一个运动员在最开始有 20.8% 的体脂百分比，通过 12 周的训练后下降到 18.6%，教练和运动员可以得出运动方案使体脂减少了 2.2% 的结论。

运动员在控制体重或者参加体重级别的比赛时，可以通过身体成分测试，将体脂百分比控制到一个最低点，男性不能长时间低于 4%，女性不能长时间低于 10%。如果脂肪百分比接近这些值时，需结束控制体重干预

（即没有更多的重量损失或重量级别的改变）。

　　某些身体成分测试（如双能 X 线骨密度仪）能测得其他结果，如骨密度、全身水含量和瘦体重。瘦体重可以从皮褶厚度测量法或其他可以用来确定体脂百分比的方法计算得出。这些测试方法可以用来评估人体对运动的训练适应，特别是一些针对肌肉增长的抗阻训练项目。

　　身体脂肪测量要考虑到理想体重和脂肪重量。例如，一个体脂率为 15%、体重为 215 lb（98 kg）的运动员，想要达到体脂率为 13%、体重为 210 lb（95 kg）。起初，这个运动员有 32.3 lb（14.7 kg）的脂肪含量（215 lb × 15% = 32.3 lb）。这个运动员将要从 32.3 lb（14.7 kg）的体脂到达他的理想体重，他要减去 5 lb（2.3 kg）的脂肪。换个角度讲，他给自己设定了体脂百分率的目标（从 15% 下降到 13%）。理想体重（IBW）计算如下：

IBW=（体重 – 脂肪重量）/（1.00– 理想体脂百分比 /100）
IBW=（215 lb—32.3 lb）/（1.00–13%/100）
IBW = 182.7 lb /（1.00 –0.13）
IBW = 182.7 lb / 0.87
IBW = 210 lb

身体成分测量

　　在实际意义上，没有直接测量身体成分的方法。相反，大部分身体成分的测量包括间接评价或估计。和直接测量比较，很多研究显示，每一种身体成分测量方法本身都有自己的优缺点。决定使用哪种方法来测量身体成分取决于多种因素，包括客户的需求、评价的目的、测试的成本和设备需求、每种测量工具的可用性、技术人员的技术以及每种测量方法本身的优缺点。在本章中，将针对几种常见的身体成分测量方法进行讨论分析。

测量身高、体重、身体质量指数

身高和体重的测量比较容易，可以有效地提供有用的身体成分数据。在一天的不同时间，身高是不一样的（由于脊柱和椎间盘的压缩），且随着年龄的增长，身高的改变将更加明显。因日常生活而导致的身高的变化比较小，所以对于成年人来说，不用经常测试身高。而对体重的测量则要比较频繁，特别是在进行减重 / 增重的训练计划的运动员或者参与特定重量级别比赛的举重运动员。

身高

器材

身高测量仪是用一个测距仪来测量的（将垂直的标尺安装在墙上）。尽管很多商用磅秤都有附加垂直标尺，但是这些测量结果是不可靠的。未能遵循公认的可靠性和准确性。

步骤

1. 受试者脱掉鞋子。
2. 受试者身体挺直且脚后跟尽量往墙面靠近。
3. 受试者深呼吸，屏气，笔直站立并且目视前方。
4. 记录受试者的身高。

身体重量和质量

身体重量和质量代表不同的力学变量。在力学上来说，身体质量是受试者身体所含物质的量，而重量是重力对这些物质产生的相应作用力——更确切地说，它等于质量和由重力引起的重力加速度（$9.81 m/s^2$）的乘积。这两种测量方法是相同的。但是，身体质量的单位是千克（kg），而身体重量的单位是磅（lb）或者牛顿（N）。穿着也是一个问题，衣服的质量也必须被标准化。身体体重在每天的不同时期有所不同，随着饮食、排尿、排便和脱水等因素而改变。所以，要在一个标准时间进行测试（在早晨测试）。

器材

身体质量和重量测试之前最好先校准仪器。

步骤

1. 受试者要脱掉鞋子，并且统一服装。衣服要穿得少一点，增加测量结果的准确性。受试者衣服口袋里的东西要拿出来，摘掉珠宝首饰。
2. 受试者站在测量仪器上，待数据稳定后记录体重。记录重量单位为磅，或者记录质量单位为千克（1 kg = 2.2 lb; 1 N = 0.224 lb; 1 lb = 4.448 N）。

身体质量指数（BMI）

身体质量指数（BMI）是根据身体的质量和身高来测定的：

$$BMI(kg/m^2) = 身体质量（kg）/ 身高的平方（m^2）$$

身体质量指数可以被用来评估 2 型糖尿病、高血压和心血管疾病的风险，而且这种测试方法比较简单。

步骤

身体质量指数也可以通过以下计算方式算出：BMI= 身体重量（lb）× 703/ 身高的平方（in^2）。例如，一个男性的体重是 195 lb（88.5 kg），身高为 6ft3in（190.5 cm），那么他的 BMI 是 24.4 kg/m^2，根据 BMI 标准来说，这个数值在正常范围内。现阶段美国男性和女性的 BMI（kg/m^2）标准如下（ACSM，2007）：

BMI < 18.5 表示体重不足

18.5 ≤ BMI ≤ 24.9 表示体重处于正常范围

25 ≤ BMI ≤ 29.9 表示超重

30 ≤ BMI ≤ 39.9 表示肥胖

BMI > 40 表示病态的肥胖

虽然计算方法简单，但是 BMI 在久坐不动的人群和临床应用中有一定的实用价值。它与疾病关联密切，而且容易在人群中做大量推广。BMI 的缺点在于，它不能测量出人体的体脂百分比，不能说明人体的重量分布，而且在健美人群、运动员和专业运动人士中可能会导致分类的不准确（正常、超重、肥胖）。例如，一项研究对美国职业橄榄球大联盟的球员进行身体成分的检查，用 BMI 来分类，每个球员都被归类为超重、肥胖、非常肥胖，尽管他们的体脂百分比仅仅为 6.3% ~ 18.5%（进攻前锋是 25.1%）（Kraemer et al.，2005）。最近的一项研究显示，美国 NCAA（美国大学生体育协会）第一级别联赛的足球运动员尽管体脂百分比都在 15±7% 之间（Kaiser et al.，2008），但 BMI 指数为 29.8 kg / m²。另外一项研究显示，美国足球运动员的 BMI 测试并不是衡量超重和肥胖的标准，在 50% 以上的运动员中都不适用（Mathews and Wagner，2008）。这在其他力量和爆发力为主的运动员中也不适用。因此，在抗阻训练的人群中，BMI 并不是衡量身体成分的有效工具。

腰臀比

腰臀比（WHR）是将腰部周长与臀部周长相比，它是身体脂肪分布的指标（苹果形或梨形），或者用来评价整体健康的方法。较高的腰臀比被认为对疾病有预警作用。腰臀比的优点是测量比较简单，而且仅需要一把卷尺。在某些情况下，腰臀比预示死亡率比 BMI 高。然而，因为它是一个周长比，所以并没有提供确切的体脂百分比。皮褶厚度测试（或者其他体脂测量技术）能提供更精确的体脂百分比。腰臀比测量的准确性和可靠性的关键是标准化测量围度的技术。腰臀比的测量标准详见表 2.1。

器材
软尺（比如 Gulick Ⅱ卷尺）。

步骤
1. 所有的过程需要的是一把灵活的卷尺。Gulick Ⅱ卷尺是一个比较好的选择，因为它能提供恒定的张力，从而在测试中消除一些误差。
2. 腰围要在腰部最细的地方测量，大概在肚脐上 1in（2.54 cm）的地方。
3. 臀部的围度要在臀部最大的地方测量（比较薄的衣着）。
4. 腰臀比是腰围 / 臀围，因为在计算过程中相互抵消，所以没有单位。
5. 采用多次测量，直到每种测量结果之间的误差小于 1/4in（0.6 cm）。

表 2.1　男性和女性腰臀比风险对照表

性别	年龄（岁）	风险程度			
		低	中等	高	很高
男性	20 ~ 29	< 0.83	0.83 ~ 0.88	0.89 ~ 0.94	> 0.94
	30 ~ 39	< 0.84	0.84 ~ 0.91	0.92 ~ 0.96	> 0.96
	40 ~ 49	< 0.88	0.88 ~ 0.95	0.96 ~ 1.00	> 1.00
	50 ~ 59	< 0.90	0.90 ~ 0.96	0.97 ~ 1.02	> 1.02
	60 ~ 69	< 0.91	0.91 ~ 0.98	0.99 ~ 1.03	> 1.03
女性	20 ~ 29	< 0.71	0.71 ~ 0.77	0.78 ~ 0.82	> 0.82
	30 ~ 39	< 0.72	0.72 ~ 0.78	0.79 ~ 0.84	> 0.84
	40 ~ 49	< 0.73	0.73 ~ 0.79	0.80 ~ 0.87	> 0.87
	50 ~ 59	< 0.74	0.74 ~ 0.81	0.82 ~ 0.88	> 0.88
	60 ~ 69	< 0.76	0.76 ~ 0.83	0.84 ~ 0.90	> 0.90

来源说明：Reprinted, by permission, from V.H. Heyward, 2010, *Applied body composition assessment*, 6th ed. (Champaign, IL: Human Kinetics), 222.

皮褶厚度测量法

　　皮褶厚度测量法是评估体脂百分比的最为流行和实用的方法，专业人员通过精确的卡钳进行测量，得到相对准确的数值（例如，Lange 或 Harpenden 的卡钳产生的恒定压力为 $10g/mm^2$）。皮褶分析是基于皮下脂肪（紧贴皮肤下的脂肪）含量与身体脂肪总量呈正比这一原则进行的。

　　皮褶测量数据收集后，通过回归分析可估计总的体脂百分比。此外，皮褶总量连同性别、年龄（这两个指标与体脂变化密切相关）用于回归分析，最终计算预测方程以估算身体密度和体脂百分比。用已知的方法测量评估体脂所产生的误差大约在 ±3% ~ 5%（ACSM，2008）。体脂受性别、年龄、训练水平以及其他因素的影响。因此，将皮褶测量位点整合的大量回归方程已经被用于预测身体密度和身体脂肪。

　　根据回归方程的不同，要先定好所需测量皮褶厚度的部位数（如 3 个、4 个或 7 个）。7 点和 3 点的皮褶厚度测量法在男性（±3.4% ~ 3.6%）和女性（±3.8% ~ 3.9%）间的误差相似（ACSM，2007）。

器材

皮褶卡钳（Lange 或 Harpenden）。

步骤

1. 根据测试人群确定测试部位数和回归方程，皮褶测量部位见图 2.1。

2. 用左手的拇指和食指抓住皮褶（约长 8 cm，方向与所测平面垂直）并向上提起。下面是常用的皮褶点：

- 腹部：位于脐的右侧 2 cm 处，水平测量；
- 肱二头肌：垂直抓住手臂前侧肱二头肌的中部；
- 胸部：腋前线和乳头连线的中点，斜测量（男性）；腋前线和乳头连线的 1/3 处，斜测量（女性）；
- 腋部：腋中线与胸骨剑突所在平面的交会处，水平测量；
- 肩胛下角：肩胛下角下 1~2 cm 处，斜 45° 测量；
- 髂嵴上部：腋中线沿线与髂嵴交会处，斜测量；
- 大腿：髌骨和腹股沟间的前正中线大腿中部，垂直测量；
- 肱三头肌：上臂后方肩胛骨肩峰和肘部鹰嘴连线的中点。

3. 使肌肉轻微收缩或手指滑动以确保测量的是皮下组织，而非肌肉。肥胖人群测量时，可增大手指抓住的面积，也可能会出现超过卡钳量程的情况。

4. 卡钳的正面朝上，位于抓住皮褶的手指下方 1 cm 处进行测量。

5. 测量时，松开卡钳 3 s 后读数。

6. 所有的测量部位都位于身体的右侧，每个部位测量 2~3 次，精确到 0.5mm。如果每次测量间的误差大于 3mm，那么需测第 4 次。

7. 重复测量时要先放开已抓起的皮褶，再重新抓起测量，而不是单纯地不松开测试部位重复测量 2 次或 3 次。

8. 每个部位的数值均通过回归方程用于评估身体密度和体脂百分比，最终数据呈现在表中，并标明性别、年龄与它的关系。

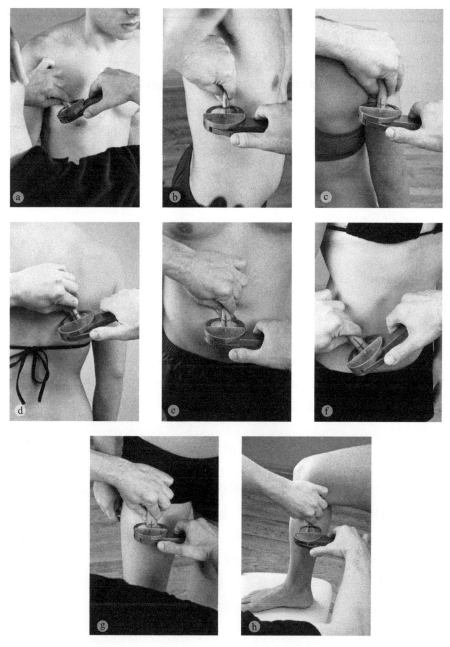

图 2.1 皮褶测量点

来源说明: Reprinted, by permission, from National Strength and Conditioning Association, 2008, Administration, scoring, and interpretation of selected tests, by E. Harman and J. Garhammer. In *Essentials of strength training and conditioning*, 3rd ed., edited by T.R. Baechle and R.W. Earle (Champaign, IL: Human Kinetics), 268-269.

皮褶分析的关键就是选择正确的预测方程，有些公式用估算方程来预测身体密度（身体密度即体重和身体体积的比值）和体脂百分比是很重要的。从20世纪50年代初至今，已有100多个回归方程用于预测身体密度和体脂百分比，表2.2描述了一些根据身体密度估算体脂百分比的方程。现有研究证实这些方程在研究性别、年龄、活动水平等差异的有效性。但也有研究显示，相对于上述多个方程的分析，1～2个方程也可以准确地进行评估，且使用更为简便（Graves et al., 2006）。因为身体密度和皮下脂肪间的曲线关系、二次关系、对数关系等均已被添加到大多回归方程中，以增加方程的准确性。只要知道身体密度，体脂百分比就可计算出来，最常用的是 Siri（1956）或 Brozek（Brozek et al., 1963）的回归方程：

Siri 的方程：（$4.95/B_d - 4.50$）× 100
Brozek 的方程：（$4.57/B_d - 4.142$）× 100
*B_d 即身体密度。

其他人口特异性方程（见表 2.3，第 28 页）已经发展到基于性别、年龄等，从身体密度估计体脂百分比（Harman and Garhammer, 2008）。第 38 页的表 2.4 和第 39 页的表 2.5 分别描述了 BMI 的测量和体脂百分比的优劣。

GIRTH 围度测量法

围度测量即测量躯干或某部位的周长。除了反映训练引起的肌肉围度变化外，还可以与皮褶厚度测量结合，提供有关身体成分的信息。围度测量的优点是简单、快速、便宜，不需要专门的设备。体脂百分比可通过围度测量进行准确估计（±2.5%~4%）。右上臂、腹部、右前臂是年轻男性常用的测量部位，臀部、腹部、右前臂是老年男性常用的测量部位，腹部、右大腿、右前臂是年轻女性常用的测量部位，腹部、右大腿、右小腿是老年女性常用的测量部位。

表 2.2　利用皮褶厚度测量法预测身体密度公式

测量点	测试人群	性别	公式	引源
2 点：大腿、肩胛下角	运动员	男	$B_d=1.1043-$（0.00133× 大腿皮褶厚度）-（0.00131× 肩胛下角皮褶厚度角）	Sloan and Weir（1970）
2 点：髂嵴上部、肱三头肌	运动员	女	$B_d=1.0764-$（0.00081× 髂嵴上部皮褶厚度）-（0.00088× 肱三头肌皮褶厚度）	Sloan and Weir（1970）
3 点：胸部、腹部、大腿	普通人群	男	$B_d=1.10938-0.0008267$（三处皮褶厚度之和）$+0.0000016$（3 处皮褶厚度之和）$^2-0.0002574$（年龄）	Jackson and Pollock（1978）
3 点：肱三头肌、髂嵴上部、大腿	普通人群	女	$B_d=1.099421-0.0009929$（三处皮褶厚度之和）$+0.0000023$（3 处皮褶厚度之和）$^2-0.0001392$（年龄）	Jackson et al.（1980）
3 点：胸部、肱三头肌、肩胛下角	普通人群	男	$B_d=1.1125025-0.0013125$（三处皮褶厚度之和）$+0.0000055$（3 处皮褶厚度之和）$^2-0.000244$（年龄）	Pollock et al.（1980）
3 点：肱三头肌、髂嵴上部、腹部	普通人群	女	$B_d=1.089733-0.0009245$（3 处皮褶厚度之和）$+0.0000025$（3 处皮褶厚度之和）$^2-0.0000979$（年龄）	Jackson and Pollock（1985）
4 点：肱二头肌、肱三头肌、肩胛下角、髂嵴上部	普通人群	男 / 女 20 ～ 29 岁	$B_d=1.1631-0.0632$（log4 处皮褶厚度之和）	Durnin and Womersley（1974）
4 点：肱二头肌、肱三头肌、肩胛下角、髂嵴上部	普通人群	男 / 女 30 ～ 39 岁	$B_d=1.1422-0.0544$（log4 处皮褶厚度之和）	Durnin and Womersley（1974）
7 点：大腿、肩胛下角、髂嵴上部、肱三头肌、胸部、腹部、腋部	普通人群	女	$B_d=1.0970-0.00046971$（7 处皮褶厚度之和）$+0.00000056$（7 处皮褶厚度之和）$^2-0.00012828$（年龄）	Jackson et al.（1980）
7 点：大腿、肩胛下角、髂嵴上部、肱三头肌、胸部、腹部、腋部	普通人群	男	$B_d=1.112-0.00043499$（7 处皮褶厚度之和）$+0.00000055$（7 处皮褶厚度之和）$^2-0.00028826$（年龄）	Jackson and Pollock（1978）

表2.3 特定人群利用身体密度计算体脂百分比公式

测试人群	年龄（岁）	性别	公式
非拉美裔白人	7 ~ 12	男	（5.30/B_d−4.89）×100
		女	（5.35/B_d−4.95）×100
	13 ~ 16	男	（5.07/B_d−4.64）×100
		女	（5.10/B_d−4.66）×100
	17 ~ 19	男	（4.99/B_d−4.55）×100
		女	（5.05/B_d−4.62）×100
	20 ~ 80	男	（4.95/B_d−4.50）×100
		女	（5.01/B_d−4.57）×100
非洲裔美国人	18 ~ 32	男	（4.37/B_d−3.93）×100
	24 ~ 79	女	（4.85/B_d−4.39）×100
美洲印第安人	18 ~ 60	女	（4.81/B_d−4.34）×100
西班牙人	20 ~ 40	女	（4.87/B_d−4.41）×100
日本人	18 ~ 48	男	（4.97/B_d−4.52）×100
		女	（4.76/B_d−4.28）×100
	61 ~ 78	男	（4.87/B_d−4.41）×100
		女	（4.95/B_d−4.50）×100

来源说明：Data from NSCA 2008; Heyward and Stolarczyk 1996.

器材

卷尺（最好是 Gulick Ⅱ 卷尺）。

步骤

1. 测量时穿紧身衣，卷尺（最好是 Gulick Ⅱ 卷尺）水平并保持拉紧状态，精确到 0.5 cm。

2. 每个部位都应重复测量，取平均值。如果每次测量的读数相差大于 5mm，再多测一次。

3. 测量时受试者保持放松。

4. 保证测量点的准确性，正确的位置如下：

• 胸围：平第四肋骨，测量受试者从开始吸气到吐气结束的围度；

• 肩宽：受试者自然站立，测量两肩最大水平距离；

• 腹部：受试者自然站立，卷尺水平绕腹部最大围度一周（通常为靠近肚脐处）；

• 右大腿围：受试者自然站立，卷尺水平绕臀部下大腿根部最大围度一周；

- 右小腿围：受试者自然站立，将卷尺水平环绕膝盖和脚踝连线的中点，小腿肚最大围度处一周；
- 腰围和臀围：腰部围度最小处，通常在肚脐上1in（2.54 cm）；臀围即臀部围度最大处（穿紧身衣测量）；
- 右上臂围：受试者自然站立，肘部伸展，卷尺水平绕肩和肘连线的中点一周；
- 右前臂围：受试者自然站立，卷尺水平绕前臂围度最大处一周。

根据围度估算体脂百分比得到认可，年龄和性别与体脂百分比关系的公式也已研发，用于计算体脂百分比。一旦常量已知，我们就能用下述公式来估算体脂百分比。用这种方法估算的精确度为 ±2.5%~4%，见表2.4（第38页）。

围度估算体脂百分比的公式（ACSM，2007；Mcardle et al.，2007）
青年男性：常量 A+B-C-10.2 ＝体脂百分比
青年女性：常量 A+B-C-19.6 ＝体脂百分比
老年男性：常量 A+B-C-15.0 ＝体脂百分比
老年女性：常量 A+B-C-18.4 ＝体脂百分比

水下称重法

水下称重法一直以来被认为是最准确的测量方法，虽然它是一种间接的测量法，但它是分析身体成分的黄金标准。该法根据阿基米德定律，将身体浸入水中，受到水的浮力，排除该力后，体重减少量等于水流逝的重量。受试者在水外的体重减去受试者在水中的体重即为水流失的重量。身体脂肪越多，受试者越易在水中浮起，因为脂肪的密度（0.9007g/cm^3）比水的密度（1g/cm^3）小，瘦体重的密度（≥1.100g/cm^3）则比水大。

值得注意的是，瘦体重密度变化是基于种族和成熟度的。非洲裔美国人的平均身体密度为1.113g/cm^3，西班牙裔的平均值为1.105g/cm^3，而非拉美裔白人的为1.100g/cm^3（McArdle et al.，2007）。儿童和老年人的身体密度较年轻的成年人低。此外，与不均衡的大量增加肌肉质量（抗阻训练）相比，骨密度的改变可降低身体密度，从而高估体脂百分比（McArdle et al.，2007）。根据 Siri（1956）或 Brozek（1963）的公式，可将身体密度（质量 / 体积）转换成体脂百分比。具体的种族特异性方程已发展得越来越能准确地由身体密度推断体脂百分比（ACSM，2007）。

因为水下称重法被认为是身体成分测量的黄金标准，其他方法（如皮褶厚度测量法、生物电阻抗法）都通过该方法进行验证，水下法的重测信度最高。但实际测量时水下称重法的限制、困难多，所需的成本以及设备要求高，测量时间长，很多受试者对需要全部进入到水中感到害怕和不适，这些缺点使其他的身体成分测量方法使用得更多。

采用水下称重法所需的变量：

• 残气量：呼气后残留在肺内的空气量。残气量可以直接测量或通过年龄、性别、体重预测。肺内残余的空气会增加浮力，这可能会被误认为脂肪；

• 水的密度：水的密度会随着温度的变化而改变，因为温度越高水内的气体就越少；

• 存在于消化系统内的气体：通常认为该气体量为100 mL；

• 入水前的体重；

• 入水后的体重。

器材

由不锈钢、玻璃纤维、瓷砖、有机玻璃等做成的钢板，尺寸至少为4ft×4ft×5ft（1.2m×1.2m×1.5m）。一个悬吊在水中的座位或测力传感器用于测量受试者在水中的重量。

步骤

1. 受试者穿着最少的衣服，最好是紧身的泳衣，尽可能减少气体进入。

2. 摘掉所有的首饰，测试前排大小便。

3. 进食后2 ~ 12 h测量，避免过多气体在胃肠道中。女性在月经期的7d避免测量，以免影响测量的准确性。

4. 一个悬吊在水中的座位或测力传感器用于测量受试者在水中的重量，水温保持在33℃ ~ 36℃。

5. 受试者入水前的体重单位为克（g）。

6. 受试者先进入水中，除去皮肤、头发、衣服中残留的空气后用带子固定，将波动减到最小。

7. 一旦受试者坐下，椅子的高度调整好后，受试者要在体重测量结束前一直保持憋气。

8. 在水下的 5~10 s，体重要称 5~10 次，其中最重的 1 次或最重的 3 次体重可用于数据分析，注意减去椅子和带子的重量。

9. 肺残气量（RV）可以直接测量或根据体重和年龄估算。

男性：RV（L）＝［0.019 × 身高（cm）］＋［0.0155 × 年龄（岁）］−2.24

女性：RV（L）＝［0.032 × 身高（cm）］＋［0.009 × 年龄（岁）］−3.90

身体密度（BD）计算公式如下：

$$BD = \dfrac{陆上体重（kg）}{\dfrac{陆上体重（kg）- 水中体重（kg）}{水的密度（kg/mL）} - 残气量（mL）}$$

10. 体脂肪可用 Siri 或 Brozek 的公式，或者回归方程计算，见表 2.4（第 38 页）。

生物电阻抗分析法

生物电阻抗分析法（BIA）是一种简单易行的身体成分测量方法，它的主要原理是人体的导电性与非脂肪组织成正比（ACSM，2007；McArdle et al.，2007）。测量时，有微小的电流通过身体（从脚踝到手腕）以测得阻抗。非脂肪组织（主要是水和电解质）是很好的导电体（阻抗低），而脂肪导电性不好、阻抗大，因此，BIA 可用于测量体脂百分比和体内的水分含量。单频和多频电流都可用于测量身体成分，但多频电流在人体内的流动较单频电流更易感知（McArdle et al.，2007）。研究表明，BIA 所使用的公式是 $V = pL^2 \cdot R^{-1}$，V 是导体的体积，p 是组织的电阻，L 是导体的长度，R 是观察到的电阻（Graves et al.，2006）。

器材

各种 BIA 分析仪，价格根据型号而有所波动。

步骤

1. BIA 设备应根据说明书进行校准。

2. 受试者仰卧在一个绝缘的平面上，腿和手臂保持在一边，不与身体的其他部位接触。

3. 右手、右手腕和右脚、右脚踝用酒精擦拭后自然干燥。

4. BIA 电极置于右食指的掌骨和右大脚趾的跖骨，校准电极放在右手腕（尺骨茎突和桡骨茎突连线的中点）和右脚踝（内外踝连线的中点）。

5. BIA 分析计算阻抗和体脂百分比。

6. 新的 BIA 仪器使用简便，只需要受试者赤脚站在仪器上、双手握住分析仪即可（电子数字秤，内置不锈钢足垫电极），仪器会自动进行分析。

7. 如果受试者的脚是干的，仪器会显示错误，这时只需在脚上擦一些水即可。

　　BIA 设备的精度差别很大，大多仪器使用各自公式来计算不同年龄、性别、身体活动水平人群的身体密度和体内水分含量。BIA 的误差在 ± 2.7%~6.3%（Graves et al.，2006），但若使用方法正确，该方法所测得的结果是非常准确的。测试前 4 h 受试者不能进食和饮料，测试前 12 h 不能饮酒或服用利尿剂；此外，测试前 30 min 需放空膀胱，使体内巧克力、咖啡因等利尿物质的含量减少到最小（ACSM，2007）。脱水状态将导致测得的体脂百分比偏高。糖原储备可能会影响阻抗，因此它也会影响减肥期间的测试结果。为避免因体内水分改变而造成的测量误差，尽量避免经期前进行测量。

BIA 是测量身体成分的有效方法，但通常高估了瘦人的体脂百分比、低估了胖人的体脂百分比。在运动员研究中，相对于水下称重法，BIA 法低估了他们的体脂百分比（Dixon et al., 2005）。主观因素、运动技能、评估方程以及使用的仪器不同均会影响 BIA 测量的准确性。为了达到最佳效果，应采用身体多点位的测量方式。

气体置换分析法

身体体积可用气体置换法而非排水法测量。气体置换分析法（ADP）较其他测量方法的优点就是安全，它快速、舒适、无创，可以容纳所有受试者，但是它最大的缺点是仪器昂贵。

BOD POD（一个气体置换分析系统）采用双室（如 450L 的测试室、300L 的对照室）体积分析法，通过密闭的两个房间气压的改变来测量身体体积。该测量系统包括一台电子秤、计算机和应用软件。空气置换的体积就是所需的身体体积，也就是说，空房间内气体的体积减去受试者进入房间后室内剩余的气体体积就是受试者的身体体积。

ADP 的测量误差主要是检测条件的变化，如受试者没有处于空腹状态，气体进入受试者的肺部、衣服和头发，以及受试者身体温度的改变均会影响测量的准确性。ADP 在成人中的测量信度较好，水下称重法和双能 X 线吸收分析法（DXA）也已证实其效度。

已有研究证实，ADP 所测量的女大学生运动员（Ballard et al., 2004）和大学摔跤运动员（Dixon et al., 2005）的体脂百分比相似。此外，对于减肥期间的体脂百分比变化，它是一种有效的监控方式。但也有研究表明，ADP 测量的女大学生运动员的体脂百分比偏高（Vescovi et al., 2002），而美式大学足球运动员的体脂百分比偏低 2%（Collins et al., 1999）。

器材

ADP 仪，如 BOD POD。

步骤

1. 将受试者的信息输入 BOD POD 计算机中。

2. 根据说明书对 BOD POD 进行校准。

3. 受试者正确准备。与水下称重法类似，受试者应摘掉珠宝、眼镜等，并尽量穿最少的服装，最好是穿泳衣、紧身短裤、运动胸衣、戴泳帽。如果没有戴泳帽使头发覆盖脸的很大部分，那么所测得的体脂百分比会偏低约 3%。

4. 受试者的体重用电子秤称量。

5. 受试者在测量过程中保持安静地坐着，每位受试者至少测量 2 次体积变化量。

6. 胸腔内的气体可通过正常呼吸测量（受试者用一根与测量室相连的通气管正常呼吸，在 3 次小的换气后，受试者吐气至一半时将通气管堵住）或用公式计算。

7. 身体体积校准后（原始身体体积－胸腔内气体体积），可确定身体密度，并且使用系统计算机通过类似的水下称重预测公式计算体脂百分比。

双能 X 线吸收分析法

双能 X 线吸收分析法（DXA）是一种越来越受欢迎的身体成分分析法，除测量体脂百分比外，还可测量全身或局部骨密度、脂肪含量和瘦体重。它的原理是 X 线在通过人体时呈指数衰减，X 线所产生的两种能量通过仪器下方的低能 X 线管后，用衰减差测量骨矿物质和软组织含量。测量时还需一个位于扫描臂和计算机接口间的探测器。

器材

DXA 仪。

步骤

1. DXA 仪必须先用校准物校准，只有符合标准后才能使用。

2. 将受试者的信息输入到计算机中。

3. 受试者可以穿正常的衣服（短裤和 T 恤衫），但一定要摘掉金属物件。

4. 受试者仰卧于扫描面后固定，身体应位于线框的中间，并与中央分界线对齐。头部距顶部的线至少 2 in（5 cm），这样会在扫描臂上出现几组空白数据。双手平放在扫描床上，如有需要（体型过宽）可置于臀部下方。双腿应该分别放在中央分界线的两侧，并用魔术贴绑带固定膝盖和脚，将测量中的身体移动减少到最小，同时也可使受试者在测试过程中放松。因为扫描床是专为 6ft4in（193 cm）、300 lb（136 kg）以下体型的人设计的，过高或过重以及肌肉发达的受试者可能很难将身体完全放在线框中。在上述情况下，测试人员必须尽可能优化调整受试者的体位。因测量过程中要保持固定不动，受试者可能会有不适感。对体型过大的受试者，水下称重法、生物电阻抗法分析更适合他们。

5. 一旦开始扫描，受试者必须保持不动，以免出现运行错误。

6. 受试者从头到脚的直线全身扫描时间为 5~25 min，具体时间取决于扫描类型和受试者的体型。新的 DXA 仪已大大减少扫描时间，使该过程更为简便。

7. 扫描完成后，测试人员要在软件中圈出所需区域（根据说明书或标准指南），以获得准确的身体成分数据。

8. 报告结果包括局部（头、躯干、四肢）和全身的骨密度、瘦体重、身体脂肪（体脂百分比）。

　　DXA 的优点是易于管理、快速、准确，测量过程较舒适，能够测出身体局部的数据。此外，测量辐射小于 5μSv，这比 CT、胸部 X 光片、腰椎 X 光片的辐射还要小。

但是，DXA 存在一些局限性。该法的扫描床不适合体型较大的受试者，且仪器（如 General Electric Lunar、Hologic 和 Norland 公司产的）较大、贵重。某些方面，DXA 扫描可能需要有医生处方才能进行。DXA 分析法是在假定瘦组织的水和状态和电解质含量是恒定的前提下进行的，但实际上上述两种物质是会发生变化的。此外，测量身体厚度时，在选取测量区域上会存在操作误差，从而影响测量的准确性，因此，实验时选用一名技术娴熟的操作人员非常重要。最后，DXA 仪器缺乏标准化，不同仪器间的硬件不同、校准方法和成像各异等均会测出不同的身体成分含量。研究发现，同一制造商的不同仪器体脂肪的重测变化为 1.7%（Tataranni、Pettitt and Ravussin，1996），所以用同一台仪器进行重复测量是有必要的。

研究证实，DXA 法与水下称重法等其他身体成分分析法具有高度相关性。但 DXA 测量所得的体脂百分比比其他方法高 2%~5%（Clasey et al.，1999；Kohrt，1998；Norcross and Van Loan，2004）。尽管大多研究证实 DXA 法是身体成分测量的准确工具，但它的一些限制因素使它不能成为身体成分测量的黄金标准。

计算机断层扫描和磁共振成像

整个身体的横断面成像可以从计算机断层扫描（CT）和磁共振成像（MRI）来查看。这些技术的检查是无创的，能够检测体内组织的体积，如脂肪的分布。全身的组织会进行连续的"切片"，假定组织密度，从而计算出全身的体成分数据。例如 CT 扫描、X 射线（电离辐射）会通过受试者的身体，然后产生大约 10mm 厚的断层扫描图像。图像是一个有像素的 2-D 示意图，每一个像素都有自己的数值（衰减系数），然后根据单位体积的密度和电荷数来区分不同组织。

例如 MRI，发射电磁辐射后，将水分和脂肪分子中的氢原子（通过磁铁）进行排列。氢质子会吸收电磁辐射能量，继而生成图像。脂肪组织和其他组织可以通过对图像区域的选择进行量化计算得出。

MRI 和 CT 扫描已经被验证能够分析肌肉、骨密度和腹部脂肪。因为考虑到 CT 有辐射，所以只被允许在医疗或研究中使用。此外，扫描的费用比较高（特别是 MRI），这对大多数人来说都不现实。

近红外光谱仪

近红外光谱仪（NIR）是基于使用近红外光谱时光吸收和反射的原理。将一个光棒或光束探针垂直地对准身体的某个部位（通常是肱二头肌的前正中线），然后会射出特定波长的红外线。通过硅探测器测定红外线的衰减。利用计算公式，根据光密度、性别、身高、身体活动水平和体重来计算体脂百分比。

一些商用的 NIR（如 Futrex-5000、-5500、-6000、-6100）是手提的，需要的技术培训也比较简单，这让 NIR 对健康行业的吸引力比较大。但是，它的缺点是只对身体的一小部分进行取样。近红外光谱已被证明是对女性运动员身体成分测试的一种有效且可靠的方法（Fornetti et al.，1999），但是它确实比其他身体成分测试的错误率高。有研究对年轻的摔跤手进行 NIR 测试，体脂百分比是 14.7%，这个测试结果超出了原有值（Housh et al.，2004；Housh et al.，1996）。这项测试对有氧和抗阻训练后身体成分的测试结果并不可靠（Broeder et al.，1997）。因此，不建议 NIR 在健康和运动人群中推广使用。

身体脂肪标准

体脂百分比的测量比较复杂，都是通过间接的方式测出来的（要考虑到误差），因此没有公认的体脂百分比测量的标准。尽管在美国已经确定了国家标准，且 BMI 和 WHR 被接受为国家标准，但是没有体脂百分比估计。从业者可以从笔者所提出的各种类别中加以选择。表 2.4 列出了一些体脂百分比的分级，虽然很多其他图表也在被使用。

有几点需要强调。人体脂肪可分为必需的和非必需的。必需的身体脂肪要足够，它是保证健康的必需品。身体的各个部分都有脂肪的分布，特别是心脏、肺、肝、脾、肾、肠、肌肉、骨骼和中枢神经系统（McArdle et al.，2007）。必需脂肪百分比，占男性体重的 5%，占女性体重的 12%（造成这种差异，性别是重要因素，这是激素和生育因素导致的差异）。如果体脂百分比下降到最低水平，可能会导致严重的健康隐患。这在运动员中将会是个大问题，比如摔跤运动员或健美运动员，要在临近比赛的时候将体脂百分比控制在一个很低的水平。非必需脂肪主要的储存方式为皮下脂肪组织和内脏脂肪组织。这种类型的脂肪要控制在一个较低的水平，这样比较有利于健康和运动员实现目标。

身体成分测量技术的比较

每种身体成分测量技术的优缺点都列在下页的表格中，见表2.5。教练、医生或运动员必须衡量每种技术的优缺点来选择测量方法。最终，实用性可能会成为决定因素。成本、时间、舒适度和可行性在决定时也是重点考虑因素，尤其要考虑到是否适合在多个场合对运动员进行测试。

表 2.4　体脂百分比分级

分级（男）	年龄（岁）						
	<17	18 ~ 25	26 ~ 35	36 ~ 45	46 ~ 55	56 ~ 65	>66
很低	5	4 ~ 7	8 ~ 12	10 ~ 14	12 ~ 16	15 ~ 18	15 ~ 18
低	5 ~ 10	8 ~ 10	13 ~ 15	16 ~ 18	18 ~ 20	19 ~ 21	19 ~ 21
偏低	–	11 ~ 13	16 ~ 18	19 ~ 21	21 ~ 23	22 ~ 24	22 ~ 23
正常	11 ~ 25	14 ~ 16	19 ~ 21	22 ~ 24	24 ~ 25	24 ~ 26	24 ~ 25
偏高	–	18 ~ 20	22 ~ 24	25 ~ 26	26 ~ 28	26 ~ 28	25 ~ 27
高	26 ~ 31	22 ~ 26	25 ~ 29	27 ~ 29	29 ~ 31	29 ~ 31	28 ~ 30
肥胖	>31	>28	>30	>30	>32	>32	>31

分级（女）	年龄（岁）						
	<17	18 ~ 25	26 ~ 35	36 ~ 45	46 ~ 55	56 ~ 65	>66
很低	12	13 ~ 17	13 ~ 18	15 ~ 19	18 ~ 22	18 ~ 22	16 ~ 18
低	12 ~ 15	18 ~ 20	19 ~ 21	20 ~ 23	23 ~ 25	24 ~ 26	22 ~ 25
偏低	–	21 ~ 23	22 ~ 23	24 ~ 26	26 ~ 28	28 ~ 30	27 ~ 29
正常	16 ~ 30	24 ~ 25	24 ~ 26	27 ~ 29	29 ~ 31	31 ~ 33	30 ~ 32
偏高	–	26 ~ 28	27 ~ 30	30 ~ 32	32 ~ 34	34 ~ 36	33 ~ 35
高	31 ~ 36	29 ~ 31	31 ~ 35	33 ~ 36	36 ~ 38	36 ~ 38	36 ~ 38
肥胖	>36	>33	>36	>39	>39	>39	>39

来源说明: Reprinted, by permission, from National Strength and Conditioning Association, 2008, Administration, scoring, and interpretation of selected tests, by E. Harman and J. Garhammer. In *Essentials of strength training and conditioning*, 3rd ed., edited by T.R. Baechle and R.W. Earle (Champaign, IL: Human Kinetics), 291.

表 2.5　身体成分评价方法的优缺点

评价方法	优点	缺点
身体质量指数	容易评价；不用测量器材；无创	对运动员而言效度低；没有考虑肌肉体积因素
围度测量法	便于操作；测量器材少（皮尺即可）；测试时间短；换算公式多；容易掌握外形变化情况	围度变化与脂肪含量相关性不强；不如其他测量方法精确
皮褶厚度测量法	培训后使用方便；测量效率高；无创；成本低（只需购置卡钳）；换算公式多；短时间内能够测量多名运动员	容易出现技术性误差；测量偏瘦或偏胖人群时的精确性会降低；捏起皮下脂肪时可能会引起被测量者的不适或尴尬
水下称重法	身体成分测量的黄金标准；非常精确，测量信效度高	用时长；测量器材多，空间大；成本高；对测量人员业务水平要求高；水下称重可能造成被测量者的不适；还需要测量肺容积
生物电阻抗分析法	对测量技巧要求不高；测量时间短；如果采用秤式或把手式测量，操作很简单，测量组件可便携；对测量时的穿着要求不高，无须暴露身体	必须排除很多干扰因素；如果操作过程不当，测量误差大
气体置换分析法	测量轻松；易于操作；测量时间短；适合各年龄段；测量精确	测量设备成本高；不易普及；需轻着装，穿紧身服
双能 X 线吸收分析法	非常精确；辐射量低；综合化测量；测量穿着要求不高；测量时间短；测量轻松；可局部测量	测量设备成本高；当变换测量单位时，测量精确性会下降；可能需要医师估测
近红外光谱仪	安全无创；快速便捷；易于携带；培训时间短	测量精确性不高
计算机断层扫描和磁共振成像	非常精确；应用范围广	设备成本高；不易普及；测量时间长

专业应用

在运动员训练中，力量训练或专业健身训练应该要经常进行身体成分测量。身体成分测量是比较容易实行的，而且测试不会让运动员产生疲劳。测试过程中可能遇到两个问题。第一，设备的成本问题。一些测量工具比较便宜，而某些测量技术可能花费较高。例如双能 X 线、磁共振成像、CT 断层扫描、气体置换分析法比较昂贵，可能超出许多运动项目的预算。此外，这些设备技术通常只有一台。因此，测试一大批运动员可能十分耗费时间。生物电阻抗仪器可以便于运动员测试而且测试费用较低，因为这种测试比较快速、便捷，而且可以购买多台仪器，可以在短时间内对大批运动员进行测试。然而，要在测试前严密监控运动员的运动水平、脱水状态。水下称重法也可以是一个好的选择（尽管对于某些项目来说这项测试的费用比较高），但是它的测试时间比较长，而且一次只能测试一个运动员。在一段时间内，运动员需要呼出尽可能多的空气再进行测量，而对于有些运动员来说，在水下屏气会感觉不舒服。

最实用的解决方案是发展一种根据体重、皮褶厚度和围度确定身体成分的方法。体重测量的仪器，成本不是很高。这些可以在一天内多次测量。这对于控制体重的运动员（如摔跤选手及其他项目的运动员）或者监控运动员的脱水状态十分重要，比如对炎热、潮湿环境下的美式足球球员在运动前、运动中、运动后进行体重的测量能很好地发现运动员是否失水过多。皮褶测试仪也相对便宜，可以购买多个卡尺，在短时间内对多名运动员进行测试。特定人群的公式（表格）可以用来快速计算体脂百分比的含量。利用电子表格计算数据能够加快测试的速度；辅助性的仪器能够直接输入数据，获得体脂百分比，并且快速给运动员提供反馈。卷尺的价格比较低，对于测试围度来说十分有用。对于抗阻训练的运动员来说，围度的测试可以间接评估肌肉肥大状况。通过一个或多个准确的磅秤、皮褶卡尺（最好是lange）和卷尺（最好是能活动的卷尺，便于调节），就能让进行力量和体能训练的专项人员以一个比较节省的开支，进行大规模的身体成分测量。

第二，进行力量和体能训练的专项人员与测试技术人员和测试的统一性。因为有大量的运动员需要测试，可能会需要多个工作人员来进行测试。技术人员测试的统一性十分重要。实际上，每个运动员都应该配备一个教练或助理来确定测试的一致性和数据采集的准确性。举个例子，如果有两名测试人员分别对同一个运动员的皮褶厚度进行测量，由于测量标准不统一，测量结果就会不一样。在这种情况下，体脂百分比的差异是测试者的测量误差而不是生理变化造成的。

对运动员的测试结果进行校正是十分必要的。在这种情况下，多个测试人员对同一运动员进行测试是十分必要的，并且对测试结果进行比较。测试人员结果的一致性能确保数据的精确性。体脂含量的变化会造成个体间的差异增大。因此，对不同体型的运动员进行测量时，需要根据"小－中－大型"运动员，不断对设备或器材进行校准。就是说，不同的测试者对运动员 A、B、C 进行了测试，然后对 A 运动员的测试结果进行比较后校正，然后对 B 运动员的测试结果进行比较，接着对 C 运动员的测试结果进行比较。如果测试结果相差比较大，测试的技术人员需要对技术进行改善来确保测试结果的一致性。

对于围度的测试，卷尺测量的位置略有差异或卷尺的张力不同都会造成测试结果的差异。换个角度来讲，体重测量校准后的仪器比较精准。

力量和体能训练教练必须保证技术人员用相同的测量技术进行测试。最精确的测量方式是指定特定的测试人员对相同的运动员进行测试。随着时间的推移，这减小了每个运动员的身体成分测量的误差。

小　结

- 过量的脂肪不利于身体健康和提升运动成绩，因此身体成分的测试对健康工作者、健身从业人员、运动员和教练都十分重要。

- 目前的几种方法均间接测量身体成分。比较简单的方法，例如围度的测试、BMI、皮褶厚度，这些测试的测量设备比较简便，测试成本较低，测试速度快，比较容易实行，在进行大量受试者的测试时比较有利。

- 生物电阻抗法是另一种简单测量身体成分的方法，对体育人群的吸引力比较大。但是，设备费用比皮褶厚度测试和围度的测试高，而且容易出现错误。

- 在有特殊需要、设备允许并有训练有序的技术人员时，也可进行先进的身体成分测量（水下称重法、ADP、DXA、CT、MRI）。这些方法对很多运动员来说不实用，但是它比简单的测试方法能提供更准确、可靠、有效的测量数据。

第 3 章

心率和血压

丹尼尔·G. 德鲁里（Daniel G. Drury），DPE, FACSM

　　心率和血压是确保血液在全身正常分布的两个循环因素。随着生理需求的变化，可以通过对每个因素的调整来确保为组织输送适量的血液。身体姿势、运动强度、运动模式、兴奋状态的改变，可能会导致心率和血压的变化。尽管这两个因素可各自进行改变，但两者具有系统关联性，一个因素的改变往往伴随着另一个因素的变化。

　　运动心率是一项反映运动强度的间接指标，常用于监控、调整和有针对性地处理训练计划。近年来，心率监视器变得更加准确易用。因此，教练和训练师能够借此帮助运动员调整训练，制定出与运动员各自生理功能相匹配的训练强度。此外，它还可通过测量静息心率和运动当中心率的变化来监控长期既定强度训练的适应性。

　　血流量处于恒定的状态，动脉压则处于不断地进行调整和再调整的变化状态。循环系统提供适量的血压来满足各种活动的需求。尽管血压不常被定义为健康的指标，但是对于教练而言，了解血压的标准和可能导致血压迅速增加或减少的环境是非常重要的。血液需求增加时，血压的波动会动员运动员让更多的血液流通到更多的组织。每个活动对应一个特定的血压反应，教练需要了解这个动态系统的机制。

心率控制

心率（HR）是一项简单且有价值的心肺功能指标。静息状态下，心率为 60 ~ 80 次 /min（bpm）。然而，经过高强度训练的运动员，耐力训练产生的生理适应可使静息状态下的心率低至 28 bpm（Wilmore et al., 2008）。这种下降是由于副交感神经活动增强，导致了每搏输出量的增加。相对而言，较高的静息心率可能是心肺功能较差、过度训练或压力增大的表现，也可能是使人体适得其反的许多因素之一。

心率测量必须在一定的生理条件下进行。首先，专家建议在清晨空腹状态下进行静息心率（RHR）的测试。在睡眠和放松的时候，交感神经系统刺激的减少，心率可以更好地反映副交感神经系统的影响。受试者应该在一个不会引起注意力分散的环境中坐着或躺下进行测试。如果连续跟踪 RHR，测量应每次都在相似的环境下进行。

训练中，心率是一个很好的反映训练强度的指标，它也被广泛用于健康和疾病方面的心肺功能监控（Ehrman et al., 2009）。心肌是为数不多的具有自律性的组织之一，位于右心室的窦房结（SA）（Marieb and Hoehn, 2010）被认为是心脏的起搏器。窦房结受中枢神经系统延髓和心肺控制中心发出的交感和副交感神经纤维支配（见图 3.1）。两组神经纤维均可激活窦房结；房室结（AV）的兴奋增强或减弱产生调节的作用。交感神经纤维使心率增加，而副交感神经纤维使心率下降。在静息状态下，副交感神经起主要支配作用，通过降低心脏的固有属性，使心跳从约 100 bpm 降至 60~80 bpm（Wilmore et al., 2008）。运动刚开始时，基于循环所需，副交感神经影响的去除，心率可增加至约 100 bpm，随后交感神经活动增加，心率进一步增加（Wilmore et al., 2008）。

训练强度和心率

心率可以作为间接的、无创伤性的一项运动强度监控，因为它与训练强度和耗氧量都具有很强的相关性（Adams and Beam, 2008）。在给定的训练负荷下，许多心肺功能测试通过评估练习时稳定状态下的心率（SSHR）来估计或预测耗氧量（Franklin, 2000）。SSHR 表明循环系统满足了当前活动状态的循环所需，没有必要进一步增加心率（Wilmore et al., 2008）。基于这一点，因为心率不发生明显的增加和下降，它可以用于表示特定训练负荷的要求。

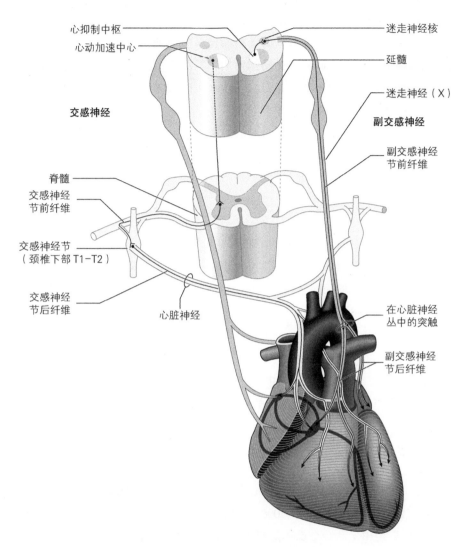

心抑制中枢
心动加速中心
交感神经
脊髓
交感神经
节前纤维
交感神经节
（颈椎下部 T1-T2）
交感神经
节后纤维
心脏神经

迷走神经核
延髓
迷走神经（Ⅹ）
副交感神经
副交感神经
节前纤维
在心脏神经
丛中的突触
副交感神经
节后纤维

图 3.1　心脏交感神经和副交感神经的神经分布

　　基于不同人的健康水平，给定的绝对训练负荷下 SSHR 有很大的差异。例如，如果有两个体型和身高相似的人，一个有久坐习惯，另一个训练有素，两者都以 4 mile/h（6.5 km/h）速度慢跑，尽管他们有相似的耗氧量，但有久坐习惯的人的心率可能要比训练有素的人高出许多。这种效能上的差异也反映了心率在不同训练负荷之间的调整方式。简而言之，一个低效率的心肺系统更加依赖于心率的急剧增长，以满足增加的训练负荷要求。最终，随着运动强度的增加，与训练有素的人群相比，久坐型人群在接近最大心率时的运动负荷要低得多。此外，运动结束后，与久坐型人群相比，训练有素人群的心率恢复至正常水平要迅速得多，这提供了预测心肺效能的另一种方法（Adams and Beam，2008）。考虑到相对简便的心率测量方法，多种联合的心率测试可用于预测心肺效率，这也是心率测试已被广泛应用于健康和健身行业的原因。

最大心率

最大心率（MHR）是单位时间内的最大心跳次数，全力运动至疲惫时可达到。增强心肺效率或加大心肺训练，这个数字似乎并没有实质性地改变。相反，MHR似乎随着年龄增长而下降，常用数220减去某人的年龄来预测他的最大心率（Karvonen and Vuorimaa，1988），这个值很恰当地称作用年龄预测的最大心率（APMHR）。例如，一个40岁的男性会估测他的APMHR如下：220 - 40（年龄）= 180。虽然这种方法在不同的人估算最大心率时有很大的差别，且只是一个估测，但在实地研究中，它仍然被广泛地用来制定心率上限，不要求人们使出最大努力来测得其真正的最大心率（Franklin，2000）。

储备心率

如果算出了用年龄预测的最大心率，基于储备心率（HRR），这些信息可用于制定运动强度（Franklin，2000）。该预测公式包含一个受年龄影响的变量（APMHR或MHR）和一个受体适能水平影响的静息心率（RHR）变量。确定RHR和APMHR可用于计算满足训练需要的心率。通过APMHR减去RHR可得出储备心率。

确定了储备心率的次数，可通过该数字乘以所需的运动强度再乘以100%得出储备的百分比。通过增加储备心率百分比，可得到一个靶心率（THR）以提供一些客观标准来监控运动强度。确定了运动训练的最小和最大心率，就可以得到运动训练的心率适应区间。与久坐型人群或业余运动员（55%～70%）相比，运动员可以以更高的HRR百分比（70%～85%）训练。这种技术在20世纪50年代是基于Dr. M. Karvonen进行的研究（Karvonen and Vuorimaa，1988），通常被称为 Karvonen 公式。通常运动员通过利用这个公式来保持一定心率强度使他们完成心肺功能训练。

下面是一个用储备心率计算运动强度的案例。首先，用 220 减去年龄的方法得到由年龄预测的最大心率［APMHR = 220 – 22（年龄）= 198 bpm］。接下来，用该值减去静息心率得到储备心率［198（APMHR）– 72（RHR）= 126 bpm（HRR）］。即在这种情况下，运动员需要至少 72 bpm 心跳来满足身体在休息状态下的需求，198 bpm 的心跳来达到最大训练强度训练。因此，储备了 126 次心率。靶心率可以在静息心率的基础上进一步增加以满足血液循环增加的需求。某人想以大约 70% 的 HRR 强度训练，计算如下：

126（HRR）× 0.70（%）=88.2 bpm

THR=72（RHR）+88.2 bpm=160 bpm（70% 的 HRR）

真正使该公式独特的原因是一个训练有素的运动员的静息心率较低，他可以以较小的心率来满足休息状态的需求，这就增加了储备心率。同时，这个公式也考虑到最大心率的自然减少。最后，可以使用下列公式：

THR=［运动强度百分比 ×（MHR – RHR）］+RHR

运动表现和心率

在严密监控训练强度的基础上，达到合理调控计划产生最佳适应的目的。（Franklin，2000）。例如，如果一个运动员心肺适能水平较低，可能只适合让她保持适当的步速来激发她目前的心肺适能，但速度又不能太快而导致不能坚持训练。随着时间的推移，她的体适能状况得到了改善，心率增加反映出相对运动强度可适当提高促使她不断改善进步。维持训练强度的 Karvonen 公式提供了一个定制的心率上限和下限，用来帮助运动员保持积极性并专注于保持一个特定的训练强度。如果认真使用，随着时间的推移，监控心率可以是一个量化复杂训练的好方法，给教练或训练师带来了一些客观的洞察运动员自身感觉的方法。

许多从业者用简单的年龄预测最大心率百分比的方法制定靶心率，但这种方法不像 Karvonen 公式一样健全。乍看上去，这种方法似乎可行，因为公式除年龄外没有考虑其他因素。然而，用这种方法制定的训练强度确实是针对于个人的，因为每个人都需要一个独特的训练量来达到给定的靶心率。因此，一名 20 岁的久坐型人和一名 20 岁运动员可能具有相同的预期值，但为了达到这个值所需的训练强度却大大不同。

图 3.2 展示了一名 35 岁的人想要改善健康所需的运动心率范围。因为这个人的健康状况不适合达到提高运动表现所需的运动强度，所以他应该降低运动强度采取一个更适合他目前健康状态的水平。随着时间的推移，这个水平可以进行调整，但在制定运动强度时最好保守一点，以确保练习者可以保持积极性和巩固健康基础。

一名运动员在一个赛季的训练当中可以周期性地循环使用这些靶心率。对于一个足球中场队员而言，在持续时间超过了 1 h 的比赛中，其生理上的挑战是无氧状态下速度的爆发。他的训练计划应该最有可能涉及（每天）高强度间歇训练的耐力训练。

下面两种情况下心率都可以使用。长时间耐力训练，通过监控运动员在长跑过程中的心率来保持中等强度的训练。随着训练时间的推移，运动员心肺功能得到改善，在给定的速度下，他的心率将减少，这表明要想进一步获得额外的健康收益可能需要增大速度。相反，当运动员进行无氧间歇训练时，心率仍然是一个有价值的工具。尽管短跑时，心率不是一个运动表现的指标，但它可以作为短跑后恢复的一项指标。临近赛季，教练可以通过调整恢复时间来提升对运动员的训练刺激或通过施加递增式生理负荷实现提高运动成绩的目的。

心率测量法

有许多方法可以用来测量心率，包括触诊、听诊、多普勒超声监测和电子监控等。心电图测量心率被认为是黄金标准，如果采用其他测量方法，准确性会受到不同程度的影响。下一部分将会详细介绍一些最常用的非临床性检测技术。

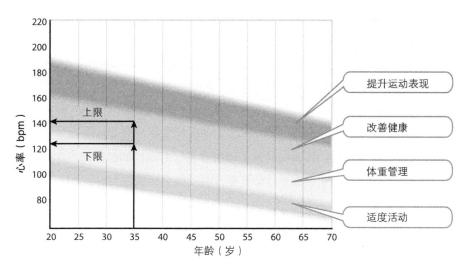

图 3.2　根据年龄预测的男性和女性的最大心率来设定靶心率

触诊

　　触诊是通过感觉血液流过动脉时引起的动脉规律性的收缩扩张来确定心率的过程。许多接近皮肤表面的大动脉都适合触诊。心率触诊最常用的两个位置为手腕掌面处的桡动脉（见图 3.3 a）和颈动脉（见图 3.3 b）。

　　深层动脉和那些有较多脂肪组织围绕的动脉进行触诊是很困难的。另外，如果在走跑等运动中测量心率会因为身体运动时产生的波动对脉搏的干扰而影响计数的准确性。此外，在触摸颈动脉脉搏时，切记不要用手指的压力来堵（捏）住动脉。这会阻碍血液流向大脑而导致晕厥（眩晕）且可能造成损伤。定位较大动脉的方法是把指尖放在动脉上并在给定的时间内计算跳动次数。

步骤

1. 计数的流程是感知到的第一次脉搏计为零，然后统计事先确定的时间内的跳动次数。

2. 因为心率通常用每分钟心跳次数（bpm）表示，除以 60 s 可方便地得到每秒的脉搏次数。例如，10 s 的脉搏数乘以 6 可以用来估计 bpm。另外，也多采用 15 s 测量乘以 4 和 30 s 测量乘以 2 的方法。值得注意的是，测量时间稍微延长就会放大没检测到部分的脉搏，导致计算错误（Adams and Beam，2008）。

3. 另一项触诊测量心率的方法是用常数 1800 除以测定的心脏完成 30 次跳动所需的时间。这项技术是基于 30 次心跳，或者任何给定次数的心跳，随心率的增加，完成时间缩短。采用 1800 常数是为了在计算 30 次心跳用时能够精确到 1/10 s，保证心率测量更加准确。通常这种方法被认为比计时更加准确，因为只计算了心脏音程。时间区间的放大，在计算过程中，一个小的错误或乘以估算部分时可能会导致较大的误差。

案例 1：15.0 s 心跳 30 次

1800/15 s=120 bpm

案例 2：10.0 s 心跳 30 次

1800/10 s=180 bpm

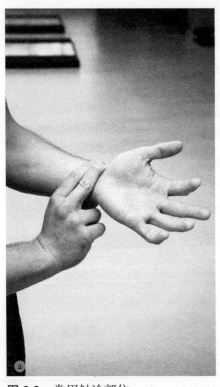

图 3.3　常用触诊部位

听诊

听诊和触诊监测心率的计算方法非常相似。然而，心肌、大动脉或两者兼而有之的杂音会替代听诊的声波。一个听诊器可帮助听取和计算心脏收缩的声波。

步骤

1. 听诊器的隔膜应该直接放置到受试者身上并确保整个听诊器的隔膜与皮肤表面齐平。隔膜应放置在心脏顶端（顶点）位置或在第二、第三肋骨之间，锁骨近端下方（Adams and Beam，2008）。隔膜上轻微的压力可以放大心音质量。

2. 一旦放置好听诊器，与触诊的步骤类似，可对心脏的跳动计数或计时。尽管运动时，心跳加快，心脏收缩增强使受试者的心跳更容易感觉和听到，但静息时进行触诊和听诊要更容易。

心电描记法

虽然心电图（ECG）常用于临床和研究当中，但使用这种方法计算心率并不难，不需要太多的练习。心电图的波形是由一个统一的离子流流过心脏，从 SA（窦房结）传递到 AV（房室结）和向下到束分枝依次收缩（Guyton，1991）。正常的心电图由 P 波（心房去极化）、一个 QRS 波群（心室去极化）和 T 波（心室复极化）组成。专业的心电系统可以发现心脏节奏的电脉冲。因为心脏组织迅速传递电信号，心脏可协调统一的收缩，形成一种可被检测的电冲动。图 3.4 显示的是一个心动周期的基本波形。需要注意的是最高振幅的波（R波）与心室的收缩有关。这个波常用于计算健康人群的心率。

在临床当中，心电图记录纸是很有用的，因为时间（s）和基本波形振幅（mV）的异常情况，可以预测各种形式的心肌病变。然而，在休息和训练时，心电图分析常用于得到一个准确的心率（Goldberg and Goldberg，1994）。

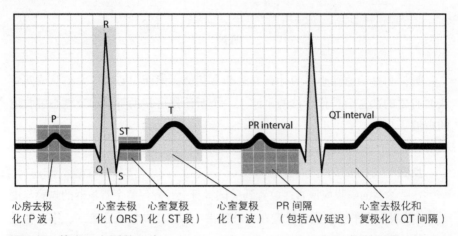

心房去极　　　心室去极　心室复极　　心室复极　　PR 间隔　　　心室去极化和
化（P波）　　化（QRS）化（ST段）　化（T波）　（包括AV延迟）复极化（QT间隔）

图 3.4　静息心电图的组成

来源说明：Reprinted, by permission, from W.L. Kenney, J. Wilmore, and D. Costill, 2011, *Physiology of sport and exercise*, 5th ed. (Champaign, IL: Human Kinetics), 147.

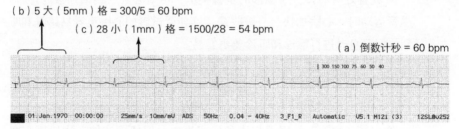

图 3.5　利用心电图测定心率的方法

来源说明：Reprinted, by permission, from G. Whyte and S. Sharma, 2010, *Practical ECG for exercise science and sports medicine* (Champaign, IL: Human Kinetics), 44.

　　用心电图记录纸计算心率是可能的，因为标准的心电图记录纸印有表示明确的计时间隔的网格线。用心电图仪记录后，每个相对应的心跳波形会打印在纸上。因为纸张以相同的速度（25mm/s）穿过心电图仪，使用标准的心电图（ECG）记录纸（Goldberg and Goldberg，1994）计算两个连续 R 波之间的时间间隔可以用来确定心率。

步骤

1. 找出两个连续的 R 波。
2. 数出方格纸上两个临近 R 波之间小格子的数量（mm）。
3. 1500 除以小格子（mm）的数量得到心率。
- 例如：1500/20（正方形的ECG）=75（见图3.5）。

心率监视器

近年来，个人心率监控设备技术有了很大的提高（Boudet and Chaumoux，2001）。这些设备和心电图仪有相同的使用原则，但它只使用一个小型电极浸渍到一个可重复使用的胸带里检测心率。电极监测到的心脏电信号，遥感传输到戴在手腕上的数字显示屏上。大约每 5 s 更新一次心率信息，这为确定相对运动强度提供了一个有价值的、客观的方法。更先进的心率监控与计算机跟踪程序相连接，可实时持续显示运动心率。心率检测是达到训练方案的一项有用且全面的方法。

静息和训练期间，为了直接了解心肺适能的变化，监控心率是很有价值的。对于任何专业训练，心率监控都是需要优先考虑的重要方法，应该经常练习和实践。

血压

血压（BP）是心血管系统内血液施加在血管壁上的压力（Venes，2009）。虽然血压这个术语似乎是个单一的因素，实际上，血压是确立和维持受多种因素影响条件下血液循环所需的压力（Guyton，1991）。除此之外，这些因素包括血管的弹性、毛细血管前负荷和后负荷、左心室强有力的收缩，以及血容量和黏度（Smith and Kampine，1984）。每天血压的波动受代谢需求、体位、兴奋、饮食及其他因素影响（Wilmore et al.，2008）。此外，多种激素、血流动力学和解剖学等多种因素共同作用以确保血液循环所需的压力（Perloff et al.，1993）。

对于促进健康来说，理解血压控制和评估的基本生理学是至关重要的。作为一个评估健康的基本生命体征，血压需要保持在一定的范围内。静息时，正常收缩压维持在 100~120mmHg（1mmHg ≈ 0.133kPa），舒张压则保持在 75~85mmHg。长期血压过高（即高血压）会促使心血管疾病的发生。如果血压过低（即低血压），血液流通受阻，最终可能导致循环衰竭。在运动和其他剧烈活动时，必须改变血压来传输越来越多的血液和氧气到身体组织。这部分主要简述一些与血压测量和生理控制有关的基本因素。

高血压

高血压是美国人群中最常见的心血管疾病之一（Pickering et al.，2005b）。这种疾病的诊断相对简单，未被检测到是因为其症状在普通人中不常见。原发性高血压的原因仍不明确，其诊断和治疗相对便宜。因此，定期监控血压是帮助识别出那些处于危险之中的人群潜在生命威胁（主要在冠状动脉意外之前）的有效手段。尽管高血压的病因学和生理学远远超出了本章的范围，表 3.1 列出了美国医学会（AMA）制定的各种成人高血压的分类。虽然高血压应该由专业医师诊断，但是日常的家庭自我检测或由其他值得信赖的健康专业人士、机构进行测量可以反映出自身的健康状况。下述是需要遵循的步骤（Pickering et al.，2005a）。

表 3.1 高血压的分类

分类	JNC7		WHO/ISH		ESH/ESC	
	收缩压 *	舒张压 *	收缩压 *	舒张压 *	收缩压 *	舒张压 *
最合适	—	—	—	—	< 120	< 80
正常的	< 120	< 80	—	—	120 ~ 129	80 ~ 84
高血压前期 / 高于正常	120 ~ 139	80 ~ 89	—	—	130 ~ 139	85 ~ 89
阶段 1/ 等级 1	140 ~ 159	90 ~ 99	140 ~ 159	90 ~ 99	140 ~ 159	90 ~ 99
阶段 2/ 等级 2	≤ 160	≤ 100	160 ~ 179	100 ~ 109	160 ~ 179	100 ~ 109
等级 3	—	—	≤ 180	≤ 110	≤ 180	≤ 110
单纯心脏收缩期高血压	—	—	—	—	≤ 140	≤ 90

* 压力单位为 mmHg
JNC7 = 第七联合全国委员会的报告预防、检测、评估和治疗高血压，WHO/ISH = 世界卫生组织 / 国际社会，ESH/ESC = 欧洲高血压学会 / 欧洲心脏病学会
来源说明：Adapted from Chobanian et al. 2003; Mancia et al. 2007; and Whitworth et al. 2003.

由于一天当中血压处于波动状态，如果根据时间和环境进行测量，高血压可能被误诊或无法发现。为了确保诊断的准确性，最好在自然的日常生活情况下每天不同的时间段监测血压。现在可将检测设备穿戴在衣服上面，在工作时、家里，甚至在运动中 24 h 监测 BP（Clement et al.，2003）。这些仪器的主要优势是允许人们在现实生活的情况下检测 BP，而不限于医生的办公室或其他临床设备。这可能有助于防止白大褂综合征，即因为在医生的办公室里人为紧张引起的高血压。

低血压

低血压是由压力系统受损或不足以维持循环所需产生的。通常表明低血压时收缩压小于 90mmHg，舒张压低于 60mmHg，或两者兼而有之。缺乏压力会使心脏、大脑和肌肉的血流量不足。低血压可能发生在与脱水有关的高温疾病及其他病理状况时。尽管低血压不常见，但它仍可能是一种非常严重的疾病。低血压的诊断具有高度个性化，显著的特点是相对正常血压值的显著下降。同样的血压对于一个人来说可能太低，但是对于另一个人来说却是健康的。

通常，低血压的症状是眩晕、定向障碍或意识模糊。其他症状如视力模糊、昏厥、虚弱。低血压可能发生严重的站起应激（体位的变化）反应，也可能是由于酒精、某些药物及各种各样的病症造成的。低血压患者应该积极识别特定的触发因素，并在必要时就医。预防措施包括保证适量的饮水，避免饮酒和长时间站立。

压力梯度和血压

血液在循环系统的流通取决于压力梯度（PG）（Venes，2009；Wilmore et al.，2008）。血液在压力作用下，会自动流向所有方向中压力较低的区域。血液向低压区域流动时，取决于两部分之间的压差，即新环境的压力和流经血管的阻力。动脉、毛细血管和静脉血管内的梯度必须达到能够促使血液流动的水平（Smith and Kampine，1984）。血液由心脏流向循环系统是基于心脏的强有力收缩造成的相对主动脉的压力梯度。最初，在较高的压力下，血液离开左心室，然后随着心脏有节律地收缩和舒张进入循环系统（Marieb and Hoehn，2010）。心脏跳动时，每一个心动周期由一个低压充盈期（舒张）后跟一个高压心室射血期（收缩）组成（Smith and Kampine，1984）。因此，血液容量及促使血液流入主动脉的压力随心动周期和压力梯度的节律不断变化（Powers and Howley，2007）。

当血液流经主动脉和其他大口径动脉时，动脉壁在扩张的同时在大动脉和小动脉壁的弹性纤维中会储存一定的弹性势能。（Tanaka et al.，1998）。心脏收缩结束并且主动脉瓣关闭后，这些血管回缩和挤压血液，产生另一个压力梯度促使血液向下一级血管流动。任何情况下，血液在压力梯度下流向较小的压力区域，当靠近毛细血管时进行气体和营养物质的交换（见图3.6）。

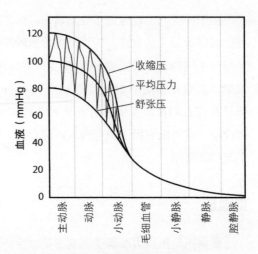

图3.6 血压贯穿整个血管系统

来源说明：Adapted,by permission, from D.L. Smith and B. Fernhall, 2010, *Advanced cardiovascular exercise physiology* (Champaign, IL: Human Kinetics), 8.

一旦血液流入毛细血管，心脏本身产生的大部分压力已经消散，在低压下血液进入静脉循环回路，流回到心脏（Smith and Kampine，1984；Wilmore et al.，2008）。为了促进血液流入非常低的压力环境中，静脉循环也存在三个产生压力梯度的机制。第一个机制存在于静脉的起单向阀门作用的瓣膜解剖结构中。这些瓣膜的排列促进血液对抗重力向心脏单向流动。这些结构允许血液仅流向一个方向，防止回流和静脉池。

骨骼肌与起单向阀门作用的瓣膜协同作用，增大了活动肌肉内部的压力。这些收缩形式通过挤压肌肉中静脉血管的血液有助于产生一个压力梯度。最后，借助胸膈的上升和下降产生的循环压差，呼吸系统促进静脉血液流动。骨骼肌和呼吸泵的挤压作用促使血液流过静脉，在几乎没有压力的条件下回到心脏。压力梯度是血液在循环系统中流动必不可少的。从解剖学角度讲，人体结构通过形成压力梯度来促使血液循环流动（Marieb and Hoehn，2010）。

动脉血压

在心血管循环的不同部位，血压存在着很大的差别。通常血压这个词一般指动脉血压（ABP），以毫米汞柱的形式表示（Adams and Beam，2008）。心血管循环的动脉部分起于主动脉，终于毛细血管前的小动脉。因为它们的弹性特征，这些血管可以适应收缩期和舒张期的动态压力变化。动脉压不是系统内的静压而是动态的，在心脏跳动和其他时间的上限和下限之间。值得注意的是，动脉压并不代表所有动脉的压力，更多的是反映大动脉血管的压力最大限度的压力波动。因此，动脉压由两个压力表示。左心室收缩时，血管内产生较高压力，称为收缩压（SBP）（Pickering et al.，2005b）。相反，在心动周期的舒张阶段压力较低，称为舒张压（DBP）（Pickering et al.，2005c）。更值得注意的是，任何时间，这些压力仅代表最大或最小压力，动脉压也确实在这两个压力值间不断地变化。

SBP 和 DBP 的数值差称为脉压（PP）。静息时，脉压升高可以作为动脉顺应性的指标（Adams and Beam，2008）。运动和其他剧烈的活动时，脉压增大来满足增加额外血流量的需求。理论上，SBP 是一个血液流入动脉循环的压力指标，而 DBP 则代表血液流出的阻力。因此，训练中这些压差的增加意味着更多的血液必须流入和流出动脉循环，也表明更大的血流量会流过组织。

平均动脉压（MAP）可由 SBP 和 DBP 算出。尽管动脉系统的 ABP 总是在不断地变化，MAP 代表在任何给定的时间内动脉的平均压力。静息时，心脏产生收缩压的时间约占整个心动周期的三分之一，而舒张期的用时约是收缩期的两倍（Adams and Beam，2008）。因此，计算静息时 MAP 的公式必须考虑到与心室收缩阶段相比，心室舒张期占更长的时间。计算静息时 MAP 的公式如下：

静息时的 MAP=2/3 DBP+1/3 SBP

例如：120/80（120 心室收缩和 80 心室舒张）

80 DBP × 2/3=53 mmHg

120 SBP × 1/3=40 mmHg

MAP=53.28 + 39.96 = 93 mmHg

运动期间，随着心率的增加，心动周期的舒张期减少使收缩压和舒张压阶段大致相等。因此，MAP 的公式略做一些变化：

运动时 MAP=1/2 DBP+1/2 SBP

例如：140/80（140 心室收缩和 80 心室舒张）

80 DBP × 1/2= 40 mmHg

140 SBP × 1/2= 70 mmHg

MAP= 40 + 70 = 110 mmHg

动脉血压的调节

静息状态下，与静脉循环中的血容量（64%）相比，动脉循环中的血容量（13%）相对较小（Wilmore et al.，2008）。静息时，这种血液分布形式满足身体压力和循环的需求。然而，当需要增加 ABP 时，可通过动员静脉的血液循环血压，重新分配到动脉来满足（Powers and Howley，2007）。通过控制影响系统血液容量的因素，动脉血压处于不断的动态变化当中。动脉血容量可通过增加或减少心输出量，增加或减少总的外周阻力（TPR），或同时改变这两个因素进行改变。

心输出量是指每分钟左心室泵出的血液总量，由每搏输出量乘以心率算出。总的外周阻力代表了血液由心血管循环动脉端流向静脉端的阻力。流入动脉血液循环与最终流出的血流量之间的相互作用，决定了 ABP 是增加还是减少，或是保持不变（Smith and Kampine，1984）。

急性动脉血压调节

心血管系统配备了一个负反馈系统，可以检测 ABP 的变化，并报告给中央神经系统，反过来对血压进行调整。这些报告通过特定的压力或牵张受体发送到中枢神经系统，称为压力感受器（Smith and Kampine，1984；Marieb and Hoehn，2010）。位于主动脉弓和颈总动脉位置的压力感受器可向髓质内的心血管中枢提供信息流（Marieb and Hoehn，2010）。在低压环境下，传入冲动降低，大脑以增加交感神经兴奋和减少副交感神经兴奋的方式回应（Marieb and Hoehn，2010；Wilmore et al.，2008）。相应地，心率（HR）和每搏输出量（SV）

增加，动脉循环的血容量增加。同时 TPR 的增加避免了过多的血液流出动脉循环，最终动脉血容量增加，压力升高。压力较高时，以完全相反的方式进行调整（Marieb and Hoehn，2010）。

运动和动脉血压调节

进行急性的有氧运动时，通常 SBP（收缩压）增加以满足组织代谢的需求。DBP（舒张压）可能保持不变，导致平均动脉压（MAP）和脉压（PP）增大（Wilmore et al.，2008）。交感神经递质肾上腺素（EPI）和去甲肾上腺素（N-EPI）的释放引起心率和每搏输出量的增加，导致动脉血容量增大和动脉压（ABP）升高。与此同时，这种交感神经反应导致外周血管暂时性的收缩，与从心输出量的流出量增加相比，相对较少的血液从动脉循环中流出。总之，这些变量暂时增大了动脉血容量，ABP 升高，促使血液更好地分布到活跃的组织中去。

考虑在平地上骑车和在小山坡上骑行 5 mile 所需的血压，当一个人在平地上骑车时，血压略微升高就会满足腿部肌肉活动组织更多血液需求的供应。然而，当骑车上山时，运动强度随之增大，腿部肌肉的氧需求增加，需要更多的血液流量。腿部肌肉活动越高，血流供应需求越大。但这离不开动脉压（ABP）的升高。

长时间剧烈的运动容易出汗过多，易导致血容量的减少，最终导致脱水，同时，血浓度增加，血压下降。在这种情况下，下丘脑受到刺激分泌抗利尿激素（ADH），也被称为加压素。抗利尿激素作用于肾脏，促进肾脏减少尿液排出，并加大重吸收过程，使血容量增加，阻止血液浓缩（Wilmore et al.，2008）。

在数回合急性剧烈的无氧活动中（如重量训练），SBP 可能会随着 DBP 的增加大幅增加。在用最大力量上举时，已经记录了压力可高达 480/350 mmHg（MacDougall et al.，1985）。基于这个原因，举重训练对许多患心血管疾病的人来说是被禁止的。然而，最近美国心脏协会（AHA）承认力量训练的安全性和潜在的价值，如果听从适当的建议，可作为一种有利于健康的训练（Thompson et al.，2007）。

SBP 和 DBP 升高的程度似乎与训练的相对强度有关。在这种背景下，与某人的最大能力相比，相对强度是指相对个人最大能力而举起的重量

（MacDougall et al.，1992）。举起重量为个人最大或接近最大重量时，人们常常会屏住呼吸，开始出现瓦尔萨尔现象（VM）（Venes，2009）。虽然这种现象往往使核心稳定，但是它还是会引起 SBP 和 DBP 急速升高，达到血压峰值（Sale et al.，1994；Sjøgaard and Saltin，1982）。所以，基于这个原因，有患心血管疾病风险的人群应该避免出现这种（屏住呼吸）情况。

动脉血压的长期调节机制

动脉血压主要受到肾脏和几个关键激素的调节。肾脏通过不断地过滤血液，平衡身体内的细胞外液（Robergs and Roberts，1987）。当身体脱水，肾脏减少排泄量以维持体液平衡。相反地，当身体拥有多余的水量时，肾脏加大排泄量（Kapit、Macey and Meisami，1987）。理解体液平衡的过程对认识血压非常重要，因为体内血容量的增加会导致高血压（Robergs and Roberts，1987）。此外，血液中大量液体的流失也是非常危险的，因为动脉血容量最终会影响到动脉血压，细胞外液和血液之间的体液平衡对调节血压是至关重要的。

当身体血容量流失过多时，肾脏分泌肾素，用其激活血管紧张素原。在经过几个酶转换过程后，血管紧张素原转化为血管紧张素Ⅰ，其在肺部被转换为血管紧张素Ⅱ。血管紧张素Ⅱ对提高血压有两个主要作用：第一，血管紧张素Ⅱ是已知最强的缩血管活性物质之一，可以增加外周阻力；第二，血管紧张素Ⅱ能够减少机体钠离子的排泄，起到保钠效果，增加细胞外液。此外，血管紧张素Ⅱ还可促进肾上腺皮质分泌醛固酮，醛固酮能够促进钠离子再吸收，保持体液平衡。因此，肾素—血管紧张素—醛固酮系统通过增加外周阻力来维持血压稳定，同时平衡细胞外液从而影响血容量。

动脉血压测量

　　早期动脉血压（ABP）的测量采用水柱的方法，但这种测量方法需要较大的水柱，并且该方法容易受心跳影响产生巨大的浮动（Adams and Beam，2008）。最终，水银柱被创造出来，水银柱是更加紧凑和更易控制的液体柱。现在，动脉血压无论采用什么仪器装备测量，都通常采用 mmHg 表示（Pickering et al.，2005a）。虽然水银血压计比较准确，但水银血压计使用的汞弧阀容易被打破，易导致水银流出，水银是一种有毒物质，对人来说是非常危险的。出于这个原因，许多健康专家开始转向全自动血压计或无液血压计设备。这类设备如果定期校准，也是非常精确的（Canzanello et al.，2001；Clement et al.，2003；Pickering et al.，2005a）。

　　尽管把留置导管插入动脉血管可以测量动脉血压（ABP），但这是一个侵入性的测量方式，可以在临床上保留使用（Pickering，2002）。在休息和剧烈运动时，利用一种更常见的血压计就可以测量动脉血压（O'Brien et al.，2001）。通常这种方法被称为袖带方法，它是使用一个充气止血带来暂时阻断血液流过肱动脉。当袖带有一定压力后，技术人员将听诊器放置在肱动脉处，仔细听袖带下面的肱动脉发出的各种低沉的柯氏音。

　　动脉血压可以根据血液流经肱动脉时的柯氏音测定。最初，医生通过给袖带充气使其产生压力，逐步阻断血液流经肱动脉。因为没有血液通过动脉，所以通过听诊器检测不到血液流动的声音或脉搏的振动。而随着气阀的打开，袖带中空气压力缓慢释放，医生应仔细倾听先前阻断的血液通过狭窄血管时对血管的冲击声音。第一个柯氏音代表收缩压（SBP），如果动脉血血压存在一定的压力梯度，肱动脉的压力必定高于袖带的压力，则血液通过动脉收缩穿过袖带阻断位置向前流动（Franklin，2000）。

　　当袖带的空气继续释放，每一次的心缩阶段，都有大量的血液流过动脉。当听诊心脏时，可以听到明显的扑通声音。然而，在测量血压时，听到的声音是由动脉血的压力超过袖带气囊的压力，使血液流经袖带部位产生的。因为袖带仍存在一定的压力，对肱动脉的自然流通仍有一些阻碍，但在这个阶段仍可听到振动。最终，随着袖带压力持续地下降直至完全消失，血液流动最终恢复到正常。伴随动脉血液流动正常和听诊器所听到声音消失一瞬间产生的血压，称之为舒张压（DBP）。

步骤

1. 准备纸和笔记录 SBP 和 DBP。

2. 受试者应坐在一个安静的环境里，手臂与心脏持平放置在桌子上。

3. 袖带应均匀紧贴皮肤缠于被测者裸露的上臂，袖带气囊中线位于肱动脉表面，袖带下缘应在肘弯上 2 ~ 3 cm，听诊器轻置于肱动脉搏动上。无液血压计放置的位置应与眼睛水平位置持平。

4. 将听诊器的耳管向前倾斜放在耳道。然后通过轻轻拍打隔膜，确保听诊器的钟是处于低频旋转的位置。

5. 在袖带的下面，将听诊器的听头放在袖带下端，肘窝内侧的肱动脉上。按住听诊器的听头使其整个音膜面与皮肤相接触。

6. 通过挤压橡胶气囊，使袖带气囊迅速膨胀，气囊内压力应达到桡动脉搏动消失并再升高 30mmHg。

7. 然后打开放气阀，并以恒定速率（3 ~ 5mmHg/s）缓慢放气，仔细倾听最先出现的柯氏音（见表 3.2）。

8. 继续减少袖带压力直到听诊器听到的声音变得低沉（舒张压的第四阶段），最后消失（舒张压的第五阶段）。通常，第五阶段的记录即为舒张压。

9. 一旦声音消失，继续慢慢地释放袖带的气，使水银柱再下降 10mmHg，以确保不再听见任何声音，然后释放袖带气囊中所有的空气。在再次测量前，至少等待 30 s。

10. 算出两次测量的平均值并记录下这些值以供将来参考。

来源说明：Modified from Perloff et al. 1993.

表 3.2 柯氏音

第一阶段	当清晰连续的敲击声出现时，几乎同时会有一次触脉发生
第二阶段	随轻的敲击音后，出现一个吹气样的混沌音。声音是柔和、持续、较长的
第三阶段	声音再次变成更响亮的敲击音
第四阶段	声音是低沉的、不明显的、柔和的
第五阶段	声音完全消失

来源说明：Reprinted, by permission, from D. Perloff et al., 1993, "Human blood pressure determination by sphygmomanometry," *Circulation* 88(5): 2460-2470.

动脉血压（ABP）的测量是一个相对简单的过程，如果严格地根据标准化的程序操作，可在没有专门训练的情况下，准确地进行测量。虽然测量血压的步骤比较容易理解，但如果想测量得准确、可靠，往往要花上数年的经验去学习（Canzanello et al.，2001）。血压测量的方法和具体程序已经在美国心脏协会上发表（Pickering et al.，2005a）。

在前面所描述的章节中，静息心率可以用作衡量健康的标准。特别是静息状态下的低心率是心血管健康的重要标志。虽然在具有较高心肺功能的人身上，静息状态下的低心率是很常见的，例如一个训练有素的运动员的静息心率可能会维持在一个正常的范围（60 ~ 80 bpm）。而且，即使没有进行运动训练的人，也可以有相对较低的心率。之所以这样，是因为专业训练的人依据心率评估自己锻炼的水平，对他们来讲，静息心率的增加和减少可能都是很重要的。

同样值得注意的是，静息心率容易受到外部各种因素的影响。如压力、含咖啡因的饮料、各种药物和过度训练等都可以使静息心率升高。健康专业人员必须认识到静息心率升高的原因，并想办法使静息心率恢复到正常状态。如果静息心率长期过高（大于 100 bpm），可能需要引起注意。在进行剧烈训练期间，让运动员学会监控自己安静状态下的心率，可能有助于他们确定是否存在潜在的问题。

将心率的使用作为训练工具是一项所有健康专业者都应该掌握的技能。熟练使用这项简单的技能对客户和教练都有同样重要的意义。这项技术被广泛使用的主要原因是，心率代表了人体在运动时的生理性反应。当机体受到非生理性因素的影响时，人们可以通过语言表达他们的感觉，但这是很有限的。例如，在大强度运动时，一个曾经做过运动员的人可能希望显得更强壮，但实际上运动强度可能已超过了他目前的身体状况可承受的范围。虽然他的反应可能是感觉良好，但实际上是非常疲惫的。这也有可能发生在一堂群体训练课中，为了不被别人视作弱者，在这种压力之下，客户可能会透支自己。而通过简单的心率测试，可以为教练和客户提供客观的反馈，为他们能否继续训练提供依据。因此，通过心率客观反映训练者的实际情况，调整训练强度，以便客户可以继续训练，而避免出现力竭导致运动停止。对每个人来说，这是一种更安全的方法。

　　总之，对与心率监控器有关的新技术要给予充分的肯定。这些新技术设备不仅价格有下降的趋势，而且可用性和技术设计方面也得到了改善。这些设备有其特定的功能，即当某人的心率达到预定的目标心率区时，该类设备会发出嘟嘟声。当运动强度过高或过低时，心率监视器也可以通过声音给出反馈。这对从事周期性运动项目的运动员和那些想要密切监控运动员状况的人来说，是非常好的特点。一旦完成训练，许多新系统允许用户下载可供跟踪的结果。这提供了一个价格优惠且准确的方式，能对客观数据展开分析，而避免了传统上仅仅依靠主观感觉判定训练情况的短板。

小　结

- 静息心率可以作为衡量心脏健康的指标。
- 最大心率可以用220减去年龄估算。
- 训练时的强度可以用心率监控，因为心率与耗氧量、运动负荷密切相关。
- 训练强度可以根据运动时的心率确定，在制订锻炼计划时，可以根据Karvonen公式确定运动时心率的最低值和最高值（即靶心率区）。
- 对健身专业人士来讲，心率测量是一种非常方便、低廉、有效的技术。
- 动脉血压是血液冲击动脉管壁产生的压力。
- 尽管动脉血压是在不断变化的，但是有关收缩压的报道要多于舒张压。
- 在心脏射血时对血管产生的压力称之为收缩压，而舒张压是在两次心跳之间、心脏舒张时，动脉血管弹性回缩时产生的。
- 动脉压有可能很高（出现高血压），也有可能很低（出现低血压）。健康和健身的专业人士应该熟悉这两个极端产生的原因。

第 4 章

新陈代谢率

韦恩·C. 米勒（Wayne C. Miller），PhD, EMT

　　人体运动与体力活动的能力取决于能量的生成、利用和调节能力。新陈代谢是描述人体内所有能量利用的术语。尽管新陈代谢包括生物化合物的合成和分解，或摄取食物与能量消耗之间的平衡，但通常所说的新陈代谢速率是指能量消耗的速率。机体或细胞的能量消耗的速率（新陈代谢）在高输出功率与低输出功率间不停变化。运动科学家依据输出功率的要求，将为运动提供能量的生物化学过程进行了归类。快速糖酵解、慢速糖酵解、有氧新陈代谢、无氧新陈代谢和其他一些名词都是用于描述新陈代谢速率的术语。

　　本书的其他章节描述了通过不同生物化学方式进行能量输出的能力对运动表现的影响。本章主要介绍身体在休息、运动和白天时的整体代谢速率。本章强调的是 24 h 能量消耗的组成部分，如何进行能量消耗的测试、体力活动的监控以及能量消耗的预测。

　　对业内人士和客户来说，有必要了解能量消耗及其测量。例如，掌握一名客户 24 h 能量消耗状况能帮助执业医生管理其饮食计划，从而帮助客户减重、增重或维持体重。对需要减重的超重客户或在赛季维持体重的耐力运动员而言，代谢率是非常重要的概念。掌握代谢率也可以作为分析运动表现波动的诊断工具。运动表现下降经常被归因于慢性能量失衡，尤其在体操、摔跤和自行车等项目中。

能量消耗的组成

机体 24 h 能量消耗包含三部分：食物热效应、静息状态下的新陈代谢率、体力活动时的能量消耗。

食物热效应

食物热效应（TEF）指的是消化、吸收和进一步加工成产能的营养素（脂肪、蛋白质、碳水化合物）时所消耗的大量能量。身体为利用食物供能做准备而消耗能量的过程统称为食物热效应，或者叫食物诱导生热。通常，食物热效应占 24 h 总能量消耗的 5% ~ 10%（Miller，2006）。从实用或实践角度，食物热效应的影响微乎其微。也就是说，个体间食物热效应并不是造成体成分差异的主要因素，而且饮食结构的改变也不会明显改变食物的热效应（Miller，2006）。

静息状态下的新陈代谢率

为了维持机体基本功能而消耗的能量称为基础代谢率（RMR），通常以千卡（kcal）为单位（1 kcal=1000 cal=4.186 kJ=4186 J）。基础代谢率大约为 1 kcal/h/ 千克体重，体重为 75 kg 的男性，一天的基础代谢率大致为 1800 kcal。基础代谢率消耗的能量大概占到全天能量消耗的 60% ~ 75%，因此，任何改变基础代谢的因素有可能对人体的能量平衡产生显著的影响。与基础代谢率变化有关的因素有：体成分、性别、竞赛、限制性饮食和体育锻炼。有些因素互相关联，有些受行为影响，有些不受行为控制（如比赛）。

25% ~ 30% 基础代谢率的变化归因于身体成分的个体差异（特别是瘦体重）。机体的瘦体重主要由肌肉、器官、骨骼和体液组成。基础代谢率主要源于肝脏、骨骼肌、脑、心脏和肾脏等组织器官。这些器官的尺寸与身体的尺寸直接相关。骨骼肌的围度也与体型、肌肉发达程度和年龄相关。与瘦体重较低的人相比，瘦体重较高的人通常有更高的基础代谢率（Cunningham，1982）。尽管脂肪的新陈代谢率只占整个基础代谢率的2%，但肥胖患者基础代谢率的绝对值比普通人更大。肥胖患者相应地拥有更大的组织和器官使得他们与正常人相比有更大的瘦体重。同理，与女性相比，男性有更大的身躯与更发达的肌肉使得男性的瘦体重高于女性。因此，无论身体大小和体型有何不同，基础代谢率与他们的瘦体重呈现高度相关，因为瘦体重与身体尺寸或身体表面积呈正相关。

一个人基础代谢率的变化主要是受瘦体重波动的影响。当一名超重或肥胖患者在减重时，如果基础代谢率下降，那么相应的瘦体重也在减少，而非脂肪减少。通过运动训练使肌肉（或其他瘦组织）重量增加的人的基础代谢率会相应地提高。

瘦体重在很大程度上能够决定基础代谢率的事实已经被很多"专业人士"用于推销未被批准的产品、项目、补品和补剂，他们声称这些产品能通过增加瘦体重从而提高基础代谢率。即使一些好心的专业人士也经常被这样的概念吸引，即运动显著地增加瘦体重将会使基础代谢率产生巨大的变化。运动能够增加瘦体重并最终提升基础代谢率是正确的，然而，基础代谢率的增幅有限，它并不会抵消不良生活行为所带来的后果。

例如，1 kg 瘦体重的新陈代谢率大约为 20 kcal/d（McArdle et al.，2001）。因此，运动增加了 5 kg 瘦体重会提高基础代谢率 100 kcal/d。尽管较长时间保持基础代谢率增加 100 kcal/d 可能会对体成分有显著的效果，但人体也能很容易地通过消耗半块巧克力豆或 240 mL 苏打水补偿 100 kcal 的能量。

运动生理学家们已经为有氧或耐力训练能够增加基础代谢率辩论了很多年。然而，有研究指出有氧训练不能显著地增加基础代谢率。如 Wilmore 和他的同事（1998）的研究发现所有年龄段的男性、女性在进行 20 周有氧运动训练后，尽管最大有氧能力增加了 18%，但是基础代谢率未有改变。由于力量练习能增加肌肉体积，而肌肉新陈代谢非常活跃的观点众所周知，Byrne 和 Wilmore（2001）研究了与有氧训练、耐力训练和运动训练相比，力量训练如何影响基础代谢率。这个横断面研究的结果是力量训练组、耐力训练组和未受训练组在基础代谢率的变化上没有差异。因此，结果表明有氧训练和力量训练不能显著增加基础代谢率。

　　尽管存在上述一些研究，许多专家还是继续坚持和推广一个概念：运动训练，尤其是抗阻训练将大幅增加瘦体重，从而增加基础代谢率。这个观点经常得到给超重客户减重的专业人士的支持。其实，这种观点没有考虑到的问题是瘦体重下降了，体重就会有明显的下降（Stiegler and Cunliff，2006）。尽管如此，在减重计划中可以通过安排运动最大限度地保持瘦体重不降低（Hunter et al.，2008）。

　　即使运动训练能增加瘦体重，但这又会对基础代谢率产生多大影响呢？在几周抗阻训练后，平均增加的瘦体重是个变量。然而，肥胖研究显示肥胖患者在几周运动训练后增加的瘦体重大约只有 2 ~ 3 kg。同样，骨骼肌的基础代谢率也是一个变量，研究表明这个值为 20 ~ 30 kcal/ 千克体重 /d。综合这些估计的平均值，额外的 2.5 kg 的骨骼肌乘以 25 kcal/ 千克体重 /d 的能量消耗为 63 kcal/d。这相当于是每年消耗 3 kg 脂肪的能量。那些希望减去 10 倍这个脂肪数量从而变成正常体重的肥胖患者，将需要更大的积极性参与抗阻训练，而不能寄希望于抗阻训练能增加瘦体重和基础代谢率并足以改变脂肪含量的承诺。另外，肥胖的人在限制饮食的同时可以通过力量训练尽量避免瘦体重和基础代谢率下降。

　　Bray（1983）率先证明了减少能量摄入会导致基础代谢率下降。他发现当受试者的进食量从正常的 3500 kcal/d 降到只有 450 kcal/d 时，基础代谢率大概下降 15%。尽管当人们采用低热量饮食结构时，基础代谢率会下降，多数科学家认为当能量摄入恢复到摄食干预前的水平时，基础代谢率也会恢复到干预前的水平，除非瘦体重有所下降。在这个研究中，干预后的基础代谢率与瘦体重的比率和干预前的比率是一样的。然而，一篇早期的论文证实严格的能量限制会显著地降低基础代谢率与瘦体重的比率（Fricker et al.，1991）。该研究要求参与的肥胖女性进行为期 3 周的超低热量饮食。在第 3 天、第 5 天和第 21 天发现，基础代谢率与瘦体重的比值依次降为 94%、91% 和 82%。

　　在一个随机对照的临床试验中，中等肥胖的男性和女性分别随机被分为 3 组：饮食加力量训练组、饮食加耐力训练组、饮食组（Geliebter et al.，1997）。运动方案被设计为相同的能量消耗量，意味着两种类型运动训练的能量消耗相等。经过 8 周的干预后，3 组体重减小的平均值没有显著性差异，但是力量训练组比其他两组丢失的瘦体重更少。3 组的组内基础代谢率均有显著下降，但组间没有差异。这些数据表明力量训练和耐力训练都不能阻止由限制饮食而引起的基础代谢率的下降。

这些有关限制饮食对基础代谢率影响的研究提示限制饮食会引起肌肉组织代谢活动下降。但这个适应性的结果是当能量摄入恢复到干预前水平时，体重会增加得更多，要维持减重的后续饮食难度更大。后续研究有必要论证这种由严格饮食控制引起的新陈代谢率下降是否为永久的。目前，建议减重过程中应在避免过度限制饮食的同时保证运动训练。

相比之下，非洲裔美国人的基础代谢率要比非拉美裔白人低，且在性别上没有什么差异。调查显示非洲裔美国人的基础代谢率比非拉美裔白人低 5% ~ 20%（Forman et al.，1998；Sharp et al.，2002）。24 h 基础代谢率的变化范围为 80 ~ 20200 kcal。这种新陈代谢的差异不能归因于年龄、身体质量指数（BMI）、身体成分、日常活动水平、月经周期或体适能水平的差异。这种差异的潜在机制到目前还没有被认定，种族间基础代谢率的差异是否是导致非洲裔美国人普遍肥胖的原因，依然存在争议。然而，研究同样也显示非洲裔美国人和非拉美裔白人在减肥干预的试验中有着同样的生理反应（Glass et al.，2002）。

一项有价值的研究发现，有氧运动可以预防因年龄增加引起基础代谢率下降的现象。进行耐力训练的中老年女性，在排除体成分变化的因素后发现，其基础代谢率要比久坐少动的女性高 10%（Van Pelt et al.，1997）。尽管只是事实描述，运动有助于预防久坐少动女性的体重随年龄的增长而增加，主要原因可能是基础代谢率的变化。

食物的热效应和基础代谢率不会因受到人为干预而引起 24 h 能量消耗的剧烈变化并足以在短期内（几周到几月）影响身体能量平衡。因此，人体能量代谢中的这两个指标相对稳定，我们不可能通过人为方式改变它们。健康饮食和运动疗法最多能帮助维持一个正常的基础代谢率并阻止由年龄的增加导致的基础代谢率的缓慢下降。另外，因身体活动引起的能量消耗，无论组织形式如何，能量消耗不仅差异明显，而且受主观控制。

身体活动的能量

　　尽管骨骼肌对基础代谢率的贡献少于20%，但骨骼肌活动也会导致代谢率的大幅增加。剧烈运动时的总能量消耗可能比静息时的能量消耗增加20倍以上。机体新陈代谢率的巨大增加是由于运动肌肉的能量需求提升了200倍。作为对照，一个70 kg的人的基础代谢率大概是1.2 kcal/min，而剧烈运动时能量消耗会增加到25 kcal/min。

　　一次30 min中等强度运动消耗的能量可能占到一天能量消耗的10%甚至更多。运动消耗的能量能够轻易地改变机体的能量平衡。对于体重超标的人，每日能量消耗最少增加10%比较合适，但对能量摄入不足运动员的运动表现却是有害的。而且运动对能量代谢系统的影响并不只停留在运动过程中。

　　已经很明确的是，运动后新陈代谢率会持续升高一段时间，这种现象被称为运动后过量氧耗（EPOC）。研究表明运动后过量氧耗（EPOC）的幅度与运动持续时间和强度呈线性相关。一次中等强度运动的运动后过量氧耗的幅度约占到运动消耗总能量的15%（Gaesser and Brooks, 1984）。一次急性运动后新陈代谢回到基线水平所需要花费的时间少则20 min，多则超过10 h，这取决于运动的持续时间和强度。运动后过量氧耗所多消耗的能量可能在机体的能量平衡系统里扮演一个重要的角色。但作为运动处方中的一个可测指标，运动后过量氧耗的预测能力并不高。

　　因此，24 h的能量消耗由食物热效应、基础代谢率和身体活动消耗的能量组成。食物热效应不会轻易地被影响，因此它并不能作为影响身体成分的主体因素。基础代谢率与瘦体重高度相关，限制饮食会令其下降，运动训练能增加瘦体重并提高基础代谢率。基础代谢率随饮食和运动的变化很小，但长时间的饮食和运动控制能影响身体成分。节食和运动会引起基础代谢率的变化，这种变化有可能促进肥胖者减重，也可能阻碍减重。一次剧烈的运动能使新陈代谢增加20倍，可以占到全天24 h能量消耗的20%或更多。运动是唯一能积极影响新陈代谢率的自主行为。

运动表现和新陈代谢速率

了解代谢率有助于促进运动员和关注健康人士的运动表现或优化身体成分。在考虑能量代谢因素的基础上，可以满足制订个体训练计划及耐力运动员的饮食计划、监控运动员非赛季身体成分、通过减重促进健康等需要。下面是两个应用案例。

一名私人教练，同时也是一名营养师，正给一个需要在赛季外增加瘦体重的运动员服务。他显然知道如何设计赛季间歇的训练和饮食方案来满足专门的营养需求。为了设计最有效的方案，他需要了解该运动员的新陈代谢率，即 24 h 的能量消耗状况。由于客户是名运动员，训练时会消耗大量能量，因此，除了基础代谢率，私人教练也需要计算运动时的能量消耗量以确定 24 h 总能量消耗。如果该客户的基础代谢率为 2300 kcal/d，训练时需要消耗额外 700 kcal/d，那 24 h 的能量消耗量为 3000 kcal/d。私人教练必须为该客户设计一个能量摄入量超过 3000 kcal/d 的营养计划，这样才能增加该客户的瘦体重。

第二个例子是一名正在参加持续数天超级耐力项目的自行车手（如环法自行车赛）。比赛期间饮食的主要目的是确保运动员摄入充足的能量以满足比赛时新陈代谢的需求。否则，运动员会过早地出现疲劳。同样，设计饮食计划的关键是要知道该运动员 24 h 总能量消耗。如果运动员的基础代谢率为 2000 kcal/d，比赛时需要消耗额外 6000 kcal/d，目标是比赛期间能量消耗为 8000 kcal/d。了解这些后，私人教练就能组织饮食结构和摄入时间以满足运动员每天 8000 kcal 的能量需求。

前面两个例子，在设计和执行饮食与运动方案前，非常精确地测量基础代谢率和运动时的能量消耗量非常重要。有几种方法可以测量能量消耗量，选择依据是可用的设备、费用和精度要求。

能量消耗的测量

热量作为细胞新陈代谢的副产品而被释放。因为热量释放速率与新陈代谢速率成比例，所以新陈代谢速率可以通过热量释放速率进行测量。测量新陈代谢率热量释放的过程被称为直接测热法。

直接测热法

直接热量测量法是通过在密闭隔热的屋子里收集受试者散发出来的热量来进行测量的。由机体散发的热量引起的密闭隔热室温度的变化以我们熟知的单位——千卡（kcal）被测量出来。测量机体热量丢失的机器称为热量计。

用于研究人类新陈代谢的直接热量计可分为房子式、密闭亭子式和身体套装式三种。房子式热量计适用于"自如生活"类型受试者能量消耗的研究。然而，房子式热量计是 3 m × 3 m 的小卧室，受试者在受限制的小房间内能否真的"自如生活"还存在争议。密闭亭子式热量计和身体套装式热量计更加限制受试者的活动，因此这两种方法只适用于估计受试者 24 h 休息状态下的能量消耗。

由于直接热量测量法高昂的费用，并不适用于健身俱乐部和实际运动场所。一个身体套装式热量计可能花费几千美元，而房子式热量计可能花费数十万美元。然而，医院、诊所或大学实验室的专业人员会使用到直接式热量计。

间接测热法

身体释放的热量来自于食物的新陈代谢，而食物的新陈代谢可以简化为生物化学方程式：

$$食物 + O_2 \longrightarrow 可利用能量 + 热量 + CO_2 + H_2O$$

这个等式提示氧气利用和热量释放有直接关系。也就是说，越多的食物进行新陈代谢，释放的热量越多，氧气的消耗也就越大。大多数的诊所和实验室不直接测试能量消耗，是因为直接测试热量的设备不能被普遍地利用而且非常昂贵。因此，一种间接呼吸测试热量的方法在临床和实验室中广泛用于测试代谢速率。这种方法通过测量呼吸气体可以直接测出新陈代谢的摄（耗）氧量，摄氧量数据接着转换为以千卡为单位的等量能量消耗。

代谢率可以通过呼吸测热法，即先测量摄氧量，然后转换为热量值进行间接推算。因为当知道营养素的代谢类型，摄氧量就可以被转换为相应的热量。当仅有脂肪代谢供能时，释放的能量为 4.7 kcal/L，仅有碳水化合物代谢供能时，释放的能量为 5.05 kcal/L。因为身体内新陈代谢的能量源为脂肪和碳水化合物的结合，所以平均的能量消耗约为 5 kcal/L。例如，如果一个人以 1.0 L/min 的摄氧量强度进行锻炼时，能量的消耗大概等于 5 kcal/min。

间接呼吸量测热法可以采用闭路式或开路式两种呼吸量测量形式。当用闭路循环式呼吸测试系统时，受试者从一个预先装好并连接到记录装置的气缸中吸入 100% 氧以记录氧气的消耗，通过吸附材料收集产生的二氧化碳。通过计算氧气消耗量与二氧化碳产出量的比值，能够确定一个比平均值 5 kcal/L 更为精确的摄氧量—热量值。

氧气消耗量和二氧化碳产出量的比值被称为呼吸交换率（RER）。当食物新陈代谢为 100% 的脂肪时，RER 值为 0.70；而为 100% 的碳水化合物时，RER 值为 1.00；脂肪、碳水化合物混合并各占一半时，RER 值为 0.85。蛋白质代谢的生物化学方程式并不像脂肪和碳水化合物那样简单，所以间接呼吸测热法忽视了蛋白质对于代谢率的影响，导致些许测量的不准确，但众所周知蛋白质供能几乎不参与静息代谢，而且也很少参与运动代谢（Brown、Miller and Eason，2006）。

闭路式间接测量呼吸热量法在临床实验室中测量能量消耗被广泛应用，但在实际运动中由于闭路测量时呼吸阻力大，同时会消耗大量氧气而存在很大的局限性。

为了方便运动人群，采用最多的是开路式测量技术。用这种方法允许被试者直接从大气吸入空气，对吸入和呼出的氧气进行精确的测量，同时测量肺通气量，通过计算吸入和呼出气体中氧气所占百分比之差和肺通气量，就可以确定摄氧量。例如，肺通气量为 80 L/min，吸入氧气浓度为 20.93%（0.2093），呼出的氧气浓度为 18.73%（0.1873），呼吸气体中二者的浓度差为 2.2%（0.022），相对应的摄氧量即为 1.76 L/min（VO_2 = 80 L/min × 0.022 = 1.76 L/min），而氧气的平均热量值为 5 kcal/L，则运动中的能量消耗为 8.8 kcal/min（1.76 × 5 = 8.8）。

开放循环式和闭路循环式呼吸测量法的成本基本相同，从 15 000 美元到 40 000 美元不等，具体价位和配套设备与附加功能有关。间接测热法可以测出呼吸交换率使得这种代谢测试对运动测试和处方特别有效。例如，众所周知，肌糖原（碳水化合物）的耗竭是耐力项目中出现疲劳的一个主要原因，间接测热法能够测出运动（比赛）中脂肪和碳水化合物的消耗量。然后在饮食干预或改变训练方案后，间接测热法可以确定碳水化合物消耗速率是否降低，从而理论上拖延疲劳的发生。

双标水法

另一种通过气体交换来测量代谢速率的方法是双标水法。这种间接热量测定的双标水法与间接呼吸测量热量方法的原理相似。然而双标水法测量的是二氧化碳生成量，而不是耗氧量。它采用口服剂量的稳定同位素 ^2H 和 ^{18}O。^2H 标记体内的水，^{18}O 标记体内的水和碳酸盐，通过两种同位素的消耗率来测量水以及水与二氧化碳量共同的转化率。通过两者的差值计算二氧化碳生成量。因为二氧化碳的生成量和耗氧量直接相关（食物 $+O_2 \rightarrow$ 可使用的能量 + 热量 + CO_2+H_2O），一旦确定了二氧化碳量，耗氧量就得以确定。二氧化碳量和耗氧量都知晓后，能量消耗可以通过与间接循环热量代谢相同的热量测定公式计算出来。

双水标法是一种确定长期能量消耗的诊断方法。这种方法的优势是客户可以数天甚至数周自如生活而感觉不到新陈代谢测试正在进行。然而，计算结果为整个测试阶段的平均能量消耗。因此，这种方法不适用于单次运动的能量消耗。双水标法只有在专注于肥胖研究与治疗的医院和诊所用于评估能量消耗。

预测能量消耗

测量能量消耗的直接和间接热量测试法很复杂，而且耗费时间与金钱。因此，重心更多地放在了推导预测能量消耗的公式方面。最常用的预测公式是克莱伯公式（1932）以及哈里斯与本尼迪克特公式（1919），这两个公式模型都基于体重和代谢率之间的关系。克莱伯公式（1932）表明基础代谢率对哺乳动物来说是恒定的，相对于体重的指数为 0.74，从老鼠到公牛均如此（见表 4.1）。哈里斯与本尼迪克特公式（1919）包含了除体重外的其他变量：身高和年龄。这两个公式都不能很好地预测肥胖人群，因为肥胖人群不包括在原始数据库中。

表 4.1　基础代谢率常用预测公式

名　称	预测公式
哈里斯与本尼迪克特公式	RMR（男）= $13.75 \times BM + 500.3 \times H - 6.78 \times Age + 66.5$ RMR（女）= $9.56 \times BM + 185.0 \times H - 4.68 \times Age + 665.1$
克莱伯公式	RMR = $73.3 \times BM^{0.74}$
利文斯顿与科尔施塔特公式	RMR（男）= $293 \times BM^{0.4330} - 5.92 \times Age$ RMR（女）= $248 \times BM^{0.4356} - 5.09 \times Age$
米福林公式	RMR（男）= $(10 \times BM) + (625 \times H) - (5 \times Age) + 5$ RMR（女）= $(10 \times BM) + (625 \times H) - (5 \times Age) - 161$

RMR= 基础代谢率（kcal / d）；BM = 体重（kg）；H= 身高（m）；Age= 年龄（岁）
来源说明：Harris and Benedict 1919; Kleiber 1932; Livingston and Kohlstadt 2005; Mifflin et al. 1990.

米福林和他的同事们（1990）在他们的数据库中包括了不同体型和体成分的男性和女性，并推导出有效的基于体重、身高和年龄的能量消耗预测公式。最近，利文斯顿和科尔施塔特（2005）从包含普通人群和肥胖人群的大量数据中推导出能量消耗预测公式。这两个公式对超重人群最为适用，然而对于正常人群而言，任何一个公式都是可行的。

20 世纪中叶，有大量文献对各种身体活动消耗的能量进行研究。已发表的图表提供了日常生活、工作、休闲和体育活动的能量消耗值（kcal）。这些

预测身体活动能量消耗的精度与预测能量消耗的精度类似。美国运动医学会
（2010）发布了临床预测能量消耗，见表4.2。这些公式源于走、跑、功率自行
车和踏步机中的测功数值，所以最好是测试与运动形式相一致。

表4.2　常用的运动能量消耗预测公式

活动	公式
走	能量消耗值（kcal/min）＝ [（0.1×S）+（1.8×S×G）+3.5]×BM×0.005
跑	能量消耗值（kcal/d）＝ [（0.2×S）+（0.9×S×G）+3.5]×BM×0.005
下肢功率自行车	能量消耗值（kcal/d）＝ [（10.8×W×BM^{-1}）+3.5]×BM×0.005
上肢功率自行车	能量消耗值（kcal/d）＝ [（18×W×BM^{-1}）+3.5]×BM×0.005
踏步机	能量消耗值（kcal/d）＝ [（0.2×F）+（1.33×1.8×H×F）+3.5]×BM×0.005

S= 速度（m/min）；G= 以小数表示的百分比等级；BM= 体重（kg）；W= 功率（W）；F= 步频（次/
min）；H= 踏步高度（m）
来源说明：Data from ASCM 2010.

24 h 和身体活动能量消耗的预估

采用直接或间接方法测量 24 h 能量消耗或者监控身体活动的能量消耗的
成本是非常昂贵的，并且在大多数情况下是不切合实际的。这两种方法一般仅
会被用于专业的科研与临床研究。因此，大部分专业人士使用能量预测公式或
运动分析设备（或是两者同时使用）来为他们的客户预估身体活动和 24 h 的
能量消耗。用来监测的工具既有仅用在健康中心的昂贵精密仪器，也有非常普
及的小设备和日志。

身体活动监控设备

最可靠的能量消耗监控设备有计步器、加速度计和心率表。计步器更适合用
于监控日常活动而非24 h的能量消耗，而加速度计和心率表在两种情况下都适用。

计步器

计步器被广泛使用已有几十年，它可以记录一天中走路的步数。将总步数

转化为一段距离，然后根据所走的距离预估能量的消耗。计步器预估的身体活动能量消耗值与间接热量测试值具有中度相关（Brown et al.，2006）。但是，计步器仅能记录行走的总距离，没有显示身体活动强度的指标。因此，计步器只可以了解 24 h 能量消耗的大概情况，但不能提供一天当中关于运动强度和活动形式的信息。计步器的优点为价格相对便宜和操作简单；即使儿童也很容易熟练使用。

加速度计

加速度计的工作原理与计步器不同，加速度计内含微型力量传感器，它可以持续测量一段时间内的运动强度、频率和持续时间。加速度计测得的力以帧为单位被相加和记录。加速度计对于轻度、中等和重度运动强度之间的界限并不明确。尽管如此，加速度计对监测成人和儿童的身体活动情况具有相同的有效性和可靠性。加速度计预估的身体活动能量消耗值与间接热量测试值具有高度相关（0.60~0.85）（Brown et al.，2006）。

与计步器相比，加速度计可以监测全天的能量消耗强度，这个数据可以下载导入计算机的专用软件中，然后计算机生成数据，并且能精确地了解一天中任意时间的能量消耗变化情况。计算机也可以使用回归方程式来计算实际的能量消耗。

心率表

心率在一定范围内与呼吸频率和能量消耗具有高度相关性。心率表与加速度计相似，它们都可以记录全天各时间段的数据。心率数据也可以下载到计算机的专用软件中，一天当中心率的变化情况就能够被精确地掌握。用回归方程式可以将监测的心率值转化成能量消耗值。

问卷调查和活动日志

活动日志需要受试者（或者一名成年观察人员）将一天内所有的活动记录下来。要说明活动性质和参与时间。记录除了包括强体力活动外，还包括久坐。问卷中标出了每一项活动所预定的能量消耗，相加后可以计算出一天内总的能量消耗。

问卷调查与活动日志类似，但并非记录受试者每项活动（活动后即刻记录），而是估计每天、每周或每个月的活动。换句话说，就是描述一段时间内的常规日常活动，而并不是将这段时间的具体活动都记录下来。参照活动日志的标准计算出能量消耗的估计值。

问卷调查和活动日志的精确度具有不确定性，主要取决于采集的信息是否准确。针对儿童的问卷调查和问卷的准确性低于成年人。不过，儿童和成年人都经常采用这种方法，因为它们便宜、简单，易于管理。

很多身体活动调查问卷是按照成年人的标准设计的，有些问卷针对特殊人群，或针对某项独立研究而设计。这些调查问卷的信度和效度很难控制。几年前，美国运动医学会（1997）收集出版了目前最流行的调查问卷。

其中最为流行的是国际体力活动问卷（Craig et al.，2002；IPAQ，2011）。IPAQ 有长和短两个版本，被翻译成多种语言，并可以从网上下载。两个版本均是请受试者记录过去 7 天内与健康相关的身体活动。问卷可以由教练管理，也可以自我管理。长版由 27 个问题组成，关注工作中的体力活动，出行时的体力活动、家务、娱乐和体育活动，以及久坐或坐的时间。短版仅询问高、中强度体力活动、走和坐各自花费的时间，共计 7 个问题。

普遍用于较大儿童和青少年的一种体力活动日志是回顾前一天体力活动（PDPAR；青少年体力活动研究组，2011）。PDPAR 被设计为能够提供准确的体力活动类型、频率、强度和持续时间等数据，然后根据这些数据来预估体力活动的能量消耗（Weston et al.，1997）。PDPAR 将一天分成 17 个时段（每半小时一个）。日志列出了 35 种青少年经常从事的活动。受试者记录前一天任一时段活动所对应的数字。对所选的活动，还需记录运动强度，比如很轻（缓慢呼吸和轻微或没有运动）、轻（正常呼吸和运动）、中等（呼吸加快和中等运动）和剧烈（急促呼吸和快速运动）。根据每一项活动所给的时间推算出能量消耗的估计值。

代谢率测试的应用和相关问题

一旦知道了客户的新陈代谢率数据，体能教练就可以利用它进行膳食和锻炼干预，或是两者同时进行，还有监控能量平衡。对固定负荷运动采用间接热量测试法获取的新陈代谢数据可以用来设置安全适合的运动强度。

基础代谢率测试（RMR）

基础代谢率测试在临床实践时最具实用价值，但它也可用于竞技运动。基础代谢率的临床研究通常用于两个极端——肥胖、营养不良或厌食症。基础代谢率在治疗肥胖中的显著用途就是确定客户的代谢率，以便于膳食干预、运动干预，或两者同时干预，其目的是产生能量赤字，降低体重。同样它可以用于营养不良和厌食症。在这种情况下，基础代谢率可用于设计一个有利于增重的膳食计划。

基础代谢率测试也可用作诊断工具。由于正常成年人的代谢速率平均值是每分钟每千克体重消耗 3.5 mL 氧气（ACSM，2010）。当测试值与这个标准存在显著差别时，即视为异常。如测试中发现了异常的基础代谢率，则进行进一步的医学检查、心理检查（或两者都检查），判断异常的基础代谢率是否是由身体功能的病变所引起的，比如甲状腺功能减退、饮食失调等。基础代谢率异常的客户应该被转交给专业的健康机构做进一步的测试与诊断。非临床研究的基础代谢率测试主要用于竞技体育中确保充足的营养来维持比赛的能量需求。

尽管测试中心不采用相同的时间范围记录基础代谢率，但基础代谢率的测试程序非常标准和一致。无论记录数据的时间范围为几分钟或几小时，基础代谢率的预估值是通过计算测试时间内每分钟的平均值得出的。

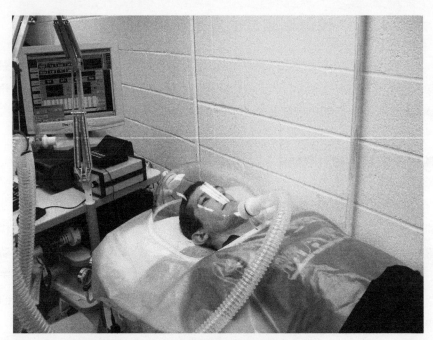

图 4.1 采用间接呼吸热量法测试基础代谢率

基础代谢率的测试基本都是采用间接呼吸热量法。一般的流程是客户早上醒来，在禁食 8~12 h 后尽快到实验室报到，受试者没有受到任何刺激，比如饮用咖啡或情感冲动。开始时，在一间光线较暗的房间平躺 30~60 min；不做代谢的测量记录。这个阶段使身体适应实验环境，平复任何可能由进入实验环境引起的刺激使代谢回到基础水平。然后，开始测试。通过扣在客户脸上的面罩收集呼吸的气体（见图 4.1）。将每分钟采集的数据相加，再平均后得出基础代谢率。

从理论上讲，如果一位肥胖客户的基础代谢率测试值为 1700 kcal/d，他想每周减去 0.5 kg 体重；将规定每天摄入 1200 kcal。如果客户参加锻炼，锻炼消耗的能量会使减重的速度加快。相应地，热量摄入也应超过 1200 kcal/d，从而与预定的每周减 0.5 kg 的计划保持一致。

代谢预测公式

通常情况下，体能教练并没有通过间接呼吸热量测试代谢率的设备。在这种情况下，预测公式就是常用的工具。一旦获得了代谢率的估计值，应用方法与之前一致。下面是一个应用案例。

　　一位 50 岁的肥胖女性，她的体重为 100 kg，身高 169 cm。她希望每周减 0.5 kg。使用哈里斯与本尼迪克特公式（见表 4.1），计算出她的基础代谢率为 1700 kcal/d［RMR（kcal/d）=9.56 × 100+185 × 1.69-4.68 × 50+665.1］。而采用利文斯顿与科尔施塔特公式计算出的代谢率为 1588 kcal/d（见表 4.1）［RMR（kcal/d）= 248 × 100^{0.4356} –（5.09 × 50）］。两种预测公式得出不一致的结果，这说明了预测公式与实际测试相比准确性较差。尽管如此，根据这位客户的减重计划，她应该每天仅消耗 1088 ～ 1200 kcal。如此低的热量摄入对这位客户似乎过于苛刻。作为一种选择，她每天可以摄入 1338 ～ 1450 kcal，再通过锻炼每天消耗掉这额外的 250 kcal。

　　如果这位女客户决定参加锻炼，问题就变成她每天需要做多少运动来完成能量消耗的目标？通过表 4.2 提供的公式可以计算出需要的数据。如果她选择步行的锻炼形式，以 3 mile/h 的速度（80.5 m/min），那么她需要每天步行 43 分钟，来实现消耗 250 kcal 的目标 [能量消耗值（kcal/min）=（0.1 × 80.5+1.8 × 80.5 × 0+3.5）× 100 × 0.005=5.77 kcal/min]。如果她选择骑功率车锻炼，以 50 W 的强度，她每天需要骑 56 min 来完成目标 [能量消耗值（kcal/min）=（10.8 × 50 × 100^{-1}+3.5）× 100 × 0.005=4.45 kcal/min]。

计步器

　　用计步器预测能量消耗与公式类似。不过，计步器的预测方程基于步行的距离，而不是速度与步行强度级别。因此，计步器的结果一般是以 kcal/mile（或 km）来表示的，而不是 kcal/min。计步器是根据步行 1 mile（或 km）的能量消耗来进行计算的。精密的计步器会让使用者输入自己的体重和步幅，而便宜的计步器就采用平均的预定值。当使用者在平坦的地面用较为一致的步幅行走时，测试的结果更准确；而采用递增负荷和变化的步幅时，则准确性较差。因此，计步器更适合测试锻炼过程中的能量消耗，而不适合用在测试 24 h 总能量消耗。虽然计步器不是一个精确的测试工具，但对自身进行比较时，却帮助很大（比如记录每一天的步行数；Harris et al.，2009）。

加速度计

　　加速度计是可以量化一定时间内运动的量和强度的电子传感器。不同品牌和型号的加速度传感器的原始数据都是特定的，这就意味着不同品牌和型号加速度计的测试结果之间不能进行直接比较。因此，加速度计的原始信号一般会被转化为一个有普遍意义的变量（例如以 kcal 为单位的能量值）。因为加速度技术基于生物力学原理，代谢率是基于生物测量，所以将加速度信号准确的转化为代谢率是比较困难的。当考虑到不同个体的体重差异和力学效率时，过程更为复杂。

　　间接热量测试可以用作校准每一种品牌和型号的加速度计来确定儿童、青少年或成人的代谢率。制造商提供的软件默认为成人的代谢率，然而，由于儿童在成长过程中，运动时的能量消耗会随着年龄而变化，故在儿童能量代谢常数上还未达成一致。因此，用户既可以使用默认的软件来计算，也可以根据文献中发现的数据来构建儿童的转化程序。

　　加速度计可以戴在髋关节、腕关节或踝关节。不过，大部分用户发现戴在髋关节时，测试的变异性最小（Heil，2006；Respironics，2008）。使用加速度计之前，用户或医生要编制设备的程序，采集时间的长度可以从几秒到几分钟。此时，佩戴者的性别、年龄、身高、体重也要输入。大部分加速度计防水并且可以一次记录一天或几周内的 24 h 数据。测试结束后，数据被下载到计算机的专用软件中。如前面所述，加速度计的好处是可以记录一定时间内的运动强度。因此，加速度计可以用来预测 24 h 的能量消耗，也可以用来监控身体活动。

心率表

　　成熟的心率表（见图 4.2）与加速度计的方式类似，采集单位时间内的数据。但心率表记录的是心率，而不是累计的加速度。一般情况下，一段时间内心率越高，代谢率越高。采用间接热量法测试递增运动下的能量消耗与心率的相关性，可以将心率转化为代谢率测试（见第 5 章）。换句话说，代谢率取决于了解心率与有氧代谢之间的关系。与加速度计一样，高端心率表的数据也可以下载到计算机里。

便宜的心率表则不能连接计算机和设定程序。因此，这样的心率表的功能仅限于直接观察或手动记录不同时间点的心率。许多人在训练中使用低端的心率表，帮他们将心率保持在一定范围内。观察和记录运动中的心率可以在运动后用于确认运动强度是否满足预计的代谢率。另外，也可以提前确定完成预计代谢率的目标心率，在运动时使心率持续一段时间达到预定水平。无论用心率表预估代谢率的效果如何，需要牢记的是，它不能准确估算无氧运动的能量消耗。

图 4.2　佩戴心率表训练可以比较每天的能量消耗

国际体力活动问卷（IPAQ）

前面提到，IPAQ 问卷有长、短两个版本（IPAQ，2011）。两个版本均是请受试者记录过去 7 天内与健康相关的身体活动。两个版本从 4 个领域询问所参与的身体活动：

- 闲暇时间的身体活动；
- 家庭和院子里的身体活动；
- 与工作相关的身体活动；
- 与交通有关的身体活动。

短版本主要询问以上 4 个领域的 3 种运动类型：走路、中等强度活动和剧烈活动。长版本询问运动的细节。两个版本的量表都可以为连续测试的身体活动评分。计算方法是每一项活动的 MET 值（基础代谢率的一倍或几倍）乘以活动持续的时间。例如，一项耗能 3.0MET 的活动持续了 25 min，这个值就是 75。或者用运动能耗（MET 值）乘以体重再除以 60 得到每分钟消耗的热量。

IPAQ 问卷的优点是可以确定各种环境中的能量消耗，但不能用于测试基础代谢率和 24 h 能量消耗。不过，可以将问卷获得的身体活动能量消耗与前文描述的预测公式计算得到的基础代谢率结合，预测 24 h 的能量消耗。量表提供了评分指南以及个体和样本间的分值信息（IPAQ，2011）。

前一天体力活动回顾（PDPAR）

前一日活动记录较大儿童和青少年习惯的身体活动。它利用对过去一段时间回忆的方法来记录衡量身体活动水平。从早上 7 点至半夜，一天被分成 34 个时段（每半小时一个）。要求青少年记录他们每一时段的详细活动（列出了 35 种常见活动供他们选择，并标出了对应的数字）和活动强度。通过每项活动对应的梅脱（MET）值确定总的能量消耗。使用标准转化因子将梅脱（MET）值可以转化为千卡。

代谢率测试方法的比较

尽管加速度计、计步器、心率表和问卷都没有直接或间接热量测试准确，但这些廉价的方式可以帮助制订运动计划，特别是对于那些希望促进健康和改善体能的人。比如，一个客户希望通过每周 4 次预定强度的有氧练习来提高体能，心率表是监控运动强度很好的工具。体能教练可以帮客户设定最佳的目标心率，并教会客户如何安全地使用心率表来监控运动强度。表 4.3 对代谢率测试的方法进行了总结。

表 4.3　各种代谢率测试或测量方法比较

测试或测量方法	应用范围	获得及操作难度	效度	信度	费用	客户负担
直接测热法	RMR、PAEE、24 hEE	难	高	高	高	高
闭路间接测热法	RMR、24-hEE	中等	高	高	中等	中等
开路间接测热法	RMR、PAEE、24 hEE	中等	高	高	中等	中等
双标水法	RMR、24 hEE	难	高	高	高	低
预测公式法	RMR、PAEE、24 hEE	易	低—中等	高	低	低
计步器	24 hEE	易	低—中等	低—中等	低	低
加速度计	RMR、PAEE、24 hEE	中等—难	高	高	高	低
心率表	RMR、PAEE、24 hEE	易	中等	中等	低	低
问卷和日志	PAEE、24 hEE	易	低—中等	低—中等	低	低

RMR= 基础代谢率；PAEE= 身体活动能耗；24 hEE=24 h 能耗。

　　计步器适用于习惯久坐、想通过增加体力活动的水平来减轻体重或降低疾病风险的人群。这种情况下，体能教练可以用计步器测试出客户的步行基数，然后帮他在安全范围内设定每天增加的步行数。

　　加速度计和问卷可以用作对客户过去一段时间内体力活动水平进行反馈。目标可以设定为增加整体的体力活动、特定时间段的活动或某一时间点的运动强度。根据客户的实际需要和目标，可以制订出详细的运动计划。

正如本章所讲的，体能教练利用客户代谢率的数据来帮助他们实现训练目标。然而，会出现这样的问题：测得的代谢率数据与客户的人口统计资料、行为、训练模式或预测的生理结果并不一致。这种情况下，体能教练需要能解释代谢率数据，并知道如何确定代谢率数据与预计结果是否对这位特殊客户有效。下面是体能教练处理测量数据与预测结果不一致的两个案例。

案例一：John 无法成功减肥

John 是一位想寻求一份运动计划以帮助他减肥的客户，他是一名 40 岁的会计师，自从大学毕业后就没有运动过。身高 183 cm，体重 100 kg，可计算出 BMI 指数为 29.9，已属于肥胖的边缘。体成分测试发现体脂含量为 31.0%，除了体重之外，他没有其他健康风险因素。他选择的锻炼方式是步行，每天走 30 min，体能教练教会他在步行时如何安全地监控自己。

当没有直接测试设备时，体能教练选择采用回归公式来预估 John24 h 的能量消耗，然后根据预估得到的数据来设计一个适当的饮食方案，既能满足他的饮食习惯，又能减掉体重（因为他并不喜欢节食）。由于 John 是超重人士，体能教练使用了米福林公式（见表 4.1）来预测他的基础代谢率。计算的结果为每天 1948 kcal。然后使用表 4.2 的回归公式来计算他步行时的能量消耗。John 锻炼步行的速度是 4.8 km/h，他每分钟消耗 5.98 kcal，或者每次锻炼消耗 179 kcal。John 每天消耗的总能量为 2127 kcal。

然后，带着 John 去见营养师，帮他制订膳食计划。由于 John 不想节食，营养师开出了每天含 1800 kcal 的健康膳食计划。这意味着 John 每天的能量赤字为 327 kcal，预计每 11 天会减去 1 lb（0.45 kg）体重。

跟踪 John 的减重过程，两个月过后 John 觉得非常沮丧，因为他仅仅减去 3 lb（1.4 kg），而预计则应该减去 5.5 lb（2.5 kg）。最初的直觉是 John 减去了 5.5 lb 脂肪，但通过锻炼增加了 2.5 lb（1.1 kg）的瘦体重。

再次做体成分测试，结果发现体脂含量仍是 31.0%，接下来推测 John 可能并没有准确执行膳食计划。然而，John 是一个会计师，对数字非常敏感。他不仅严格遵守膳食计划，并精确地称过自己吃的一切食物。他的膳食日记显示，在过去的 60 天里，他每天平均的热量摄取是 1800 kcal。营养师证明了 John 的饮食是没有问题的，那么唯一的可能就是预测公式对于 John 是不准确的。

幸运的是可以使用加速度计，John 同意在接下来一周内全天 24 h 佩戴加速度计。测试的结果显示 John 的 24 h 能量消耗是 1981 kcal。这意味着预测公式每天少算了 146 kcal（7% 的差异）。按照 60 天计算，这相当于 2 lb（0.9 kg）脂肪的热量。解决了这个矛盾，体能教练就能为 John 设定正确的减重计划。

案例二：Jill 的体操成绩倒退

Jill 是一位体操运动员，她的教练坚决执行严格的团队训练计划。赛季末临近时，Jill 的运动表现一直在下滑。此外，Jill 还一直饱受伤病困扰和持续头痛。教练将 Jill 交给队中的体能教练，希望可以找到 Jill 成绩下降的原因，并解决它。与 Jill 的首次会谈了解到她认为教练制订严厉的训练计划的意思是她太胖了，需要减轻体重。Jill 对此的反应就是整个赛季进行节食。由于遇到一些情感问题，她先前看过心理医生。经过她的允许，体能教练向心理医生了解到：Jill 并没有饮食失调，但她有较长时间的节食经历。心理专家一直在关注她的身体感觉，并询问体能教练是否有一些客观的信息可以帮助 Jill 改变她的看法。

体能教练分析她的膳食，测试她的基础代谢率和体脂含量，心理医生认为 Jill 自己就是一个营养专家，经过测试，Jill 的体脂含量 15.2%，这个值对于女性运动员来说是偏瘦的。基础代谢率的值为 1600 kcal/d。采用哈里斯与本尼迪克特公式（见表 4.1），可以得到一个类似的数值。那么，体能教练认为对于 Jill 瘦弱的身材来说，基础代谢率测试是有效的。

Jill 的膳食分析显示她每天仅摄入 1250 kcal。那么，Jill 每天就有

350 kcal 的热量赤字，并且还没有考虑她日常活动的消耗量，这也提示了当计算 Jill 的代谢率与瘦体重之间的关系时，这个值为 18 kcal/ 千克瘦体重 /d，正常值为 25 kcal/ 千克瘦体重 /d（正常范围为 20~30 kcal/ 千克瘦体重 /d）。所以，可以认为是 Jill 的节食降低了她的代谢率。

下面是给 Jill 心理医生的反馈信息：

- Jill每天摄入的热量值比她维持健康需要的最低值少几百千卡。
- Jill的节食可能降低了她瘦体重的代谢率。
- Jill的体脂偏低，但并没有健康风险。此外，Jill不需要减体重。

没有开出严格的膳食处方，心理专家决定与营养学家共同来帮助 Jill 建立正确的饮食观。即学习根据身体有关饥饿与饱腹的提示，有目的的饮食。体能教练提供的信息可以同时帮助心理医生和 Jill 本人客观地看到问题所在。最后，可以向主教练汇报问题已经找到，并且 Jill 已经开始恢复，不过，在赛季结束前无法完全恢复。

小　结

- 新陈代谢描述的是人体生成、利用和调节能量的能力。
- 人体的能量消耗由三部分组成：食物热效应、基础代谢率和身体活动。其中基础代谢占到了60%~75%。影响基础代谢的首要因素是瘦体重（Cunningham，1982）。限制能量摄入会明显降低基础代谢率，甚至会降低基础代谢率/瘦体重的比率。瘦体重增加后基础代谢会略微增加，但大部分人并不能通过运动训练获得足够的瘦体重以明显地改变基础代谢率或身体整体的能量平衡。
- 身体活动或运动的能量消耗是唯一可以被控制的。
- 能量消耗或新陈代谢率可以直接和间接被测试，或是通过监控设备、预测公式和问卷来预估。一旦获得了客户的新陈代谢率数据，专业体能教练就可以根据测试的结果来制定饮食处方或运动处方，或是两者结合考虑，还可以用来监控客户的能量平衡。

　　• 运动能量消耗的有关知识有助于制定合适的运动强度、持续时间，以满足客户预防、治疗疾病和提高运动表现的目标。

第 5 章

有氧功率

乔纳森·H. 安宁（Jonathan H. Anning），PhD, CSCS*D

　　有氧功率指的是肌肉利用来自心肺的氧气产生能量的能力。当肌肉氧的利用率提高时，有氧能力也得到了改善。因此，在运动中通常采用 VO_2max（最大摄氧量）或主动肌最大耗氧量来监控有氧能力。

　　在发展有氧能力上，无氧运动员（即在无氧条件下进行能量代谢的运动）的训练程度要远低于长距离有氧项目的运动员。显然，长距离竞走、跑步、自行车运动、游泳，甚至越野滑雪都是典型的有氧供能项目。然而，长距离运动员的潜能并不完全取决于最大有氧能力，因为无氧阈的提高也能导致运动员之间产生竞技差异（见第 6 章）（Bosquet et al.，2002）。

　　通常情况下，不经常运动的人通过接近无氧阈强度的训练能够提高有氧能力，而对于专业运动员来说，必须采用高于无氧阈的强度训练（Londeree，1997）。不过，专门为测量竞走、赛跑、自行车或游泳项目中最大有氧能力而设计的测试，似乎最适用于比较和成绩相关的耐力能力。相反，有氧能力测试并不适合高强度的运动项目，因为这些运动主要是以无氧供能为主的。

由于无氧运动更容易导致疲劳，所以在此类运动持续过程中，有氧能力的价值局限于促进能量恢复。尽管没有现成的公式用于确定一项运动中所需要的有氧能力，如果比赛中有重复性高强度运动特征，那么无氧系统的恢复能力就十分重要。需要利用有氧能力来促进持续恢复的运动项目包括曲棍球、冰球、长曲棍球、搏击、高山滑雪、足球、摔跤，稍有延伸还有篮球和美式橄榄球（Baechle and Earlen，2008）。在整个比赛过程中，这些项目的运动员需要在高强度和低强度运动之间进行瞬间转换。

无氧项目运动员面临的另外一个挑战是其供能依赖于无氧糖酵解系统，它将碳水化合物分解产生能量的同时也降低了体内的 pH。pH 值降低被称作代谢性酸中毒，并影响运动员维持高水平运动的能力。为了使运动员能够克服代谢性酸中毒引起的疲劳，在恢复时，必须包括排除抑制性代谢产物和恢复能量储备两个方面。因此，运动员参与间歇性训练或通过调控运动/休息比率来最大限度发展糖酵解代谢的途径，可以同时改善有氧和无氧供能系统。

再有，无氧运动项目还需要注意基础体能训练以及遵守循序渐进原则。即便像棒球、田赛项目、高尔夫和举重对有氧供能的需求很少（Baechle and Earle，2008），但运动员的肌肉适应能力，只有在非赛季良好的心肺机能和健康的肌肉骨骼系统基础上，才能稳步提高。

针对无氧运动项目进行的有氧能力测试选择面比较大，但长距离项目运动员在有氧测试时必须考虑专项特点。为耐力项目运动员选择有氧测试方案时，首先要了解个人的训练特点，然后还要确保测试符合极限或次极限评估的标准。确保最大有氧能力测试结果精准性的主要标准是：受试者在 8～12 min 内达到主观感觉疲劳。其次，次极限有氧能力测试应该采用文献推荐的达到心率稳态的强度（ACSM，2010）。心率稳态指的是在给定负荷下运动时，心率和耗氧率保持在一个相对稳定的平台。判定平台期的方法是，测试员在测试期的最后两分钟分别测量心率，如果这两次心率的差值小于 6 次/min（bpm），则证明处于平台期。不过，测试人员除了用超过 12 min 以上的测试确定有氧能力外，采用最大或次最大有氧能力的测试方法更符合项目特征。

表 5.1 和表 5.2 分别总结了本章中提到的极限和次极限运动测试。为了让人们能够选择更加恰当的心肺测试，表中还列出了相关文献所报道的人

群特异相关性和标准误。Mayhew 和 Gifford（1975）报道预测的和观察到的 VO$_2$max 之间的相关系数最小为 0.60，但需要指出，两者之间的相关性最好是在 0.8 以上（Baumgartner and Jackson，1991）。另外，对于预测的有氧能力来说，±4.5 mL·kg^{-1}·min^{-1} 这个标准误是一个可以接受的范围（Dolgener et al.，1994；Greenhalgh et al.，2001）。在选择好适合运动员心肺测试精度的方案后，体能教练应该根据表格中给出的页码查看该测试方案的更多细节。

回归公式变量

表 5.1 和表 5.2 中的回归公式需要通过表 5.3 中的数据变量进行计算得出。有些数据很容易采集，例如年龄、身高和体重、完成测试时间（用秒表测量）、距离、跑步机速度和坡度、功率自行车的负荷（如加阻力后每分钟的转数）。相反，有些数据采集则需要专业技术。例如，用回归公式来确定健康年轻人的极限英里跑时（Buono et al.，1991），除了要测量所耗时间之外还要采集皮褶厚度总和。又如测量心率也需要专业技术，因为心率几乎是所有测试方案都需要的，尤其是用来评价有氧能力是否获得改善的次极限测试方案。第 2 章介绍了测量肱三头肌和肩胛下皮褶厚度的方法。第 3 章介绍了测量心率的叩诊法、心率监测仪和心电图方法。

极限运动测试方法

表 5.1 列出的实验室极限运动测试是评价有氧能力的最佳选择，因为它们为气体的测量提供了最佳的条件。该测试便于运动目标方案实现与监控，同时氧气和二氧化碳分析器能够收集气体。尽管这些气体分析器在测量心肺功能中的运用很复杂，但是管理并解释数据所需的专业技术却超出了本章的范畴。因此，在假设体能教练有时间进行测试并且运动员愿意做极限运动的前提下，将只讨论极限运动测试中的心率法。

表 5.1　用来预测有氧能力（VO$_2$max）的极限运动测试

		方式：跑步机		
测试方案	人群 （年龄）	回归公式 （VO$_2$max= mL $\cdot$ kg^{-1} $\cdot$ min^{-1}； r 值；SEE）	书中 页码	文献来源
Bruce	健康成年人 （18 ~ 29）	男性: 3.88+3.36 × 时间（min） 女性: 1.06+3.36 × 时间（min） r=0.91；SEE = 3.72	104	Spackman et al., 2001
	健康女性 （20 ~ 42）	4.38 × 时间（min）−3.9 r=0.91；SEE=2.7	104	Pollock et al., 1982
	健康成年人 （29 ~ 73）	男性: 3.88+3.36 × 时间（min） 女性: 1.06+3.36 × 时间（min） r=0.92；SEE = 3.22	104	Bruce et al., 1973
	健康男性 （35 ~ 55）	4.326 × 时间（min）−4.66	104	Pollock et al., 1976
	健康男性 （48.1±16.3）	14.76−1.38 × 时间 +0.451 × 时间^2−0.012 × 时间^3 r=0.977；SEE=3.35 注：时间单位是 min	104	Foster et al., 1984
	健康的不常运动和常运动的男性 （48.6±11.1）	不常运动: 3.288 × 时间（min）+4.07 常运动: 3.778 × 时间（min）+0.19 r=0.906；SEE=1.9	104	Bruce et al., 1973
Balke	健康女性 （20 ~ 42）	1.38 × 时间（min）+5.2 r=0.94；SEE=2.2	105	Pollock et al., 1982
	健康男性 （35 ~ 55）	1.444 × 时间（min）+14.99	104	Pollock et al., 1976

		方式：功率自行车		
测试方案	人群 （年龄）	回归公式 （VO$_2$max= L $\cdot$ min^{-1}；5 km； r 值；SEE）	书中 页码	文献来源
Storer-Davis	不常运动的成年人 （20 ~ 70）	9.39 × 负荷（W）+7.7 × 体重（kg）−5.88 × 年龄（岁）+136.7 r=0.932；SEE=1.47L $\cdot$ min^{-1} 注：负荷（W）= 阻力（kp）× 300/6.12	106	Storer et al., 1990
Andersen	健康成年人 （15 ~ 28）	0.0117 × 负荷（W）+0.16 r=0.88；SEE=10% 注：负荷（W）= 阻力（kp）× 300/6.12	106 ~ 107	Andersen, 1995

续表

测试方案	人群（年龄）	回归公式（VO₂max= L·min⁻¹;5 km; r 值；SEE）	书中页码	文献来源
5 km 自行车	健康成年人（27±5）	316−97.8×log 骑行时间（s）r=−0.83；SEE=14%	107	Buono et al., 1996

方式：定时实地测试

测试方案	人群（年龄）	回归公式（VO₂max= mL·kg⁻¹·min⁻¹; r 值；SEE）	书中页码	文献来源
5 min 赛跑	健康青年人（12 ~ 15）	12 岁：0.024×距离（m）+22.473；r=0.672 13 岁：0.034×距离（m）+15.257；r=0.751 14 岁：0.022×距离（m）+26.165；r=0.534 15 岁：0.035×距离（m）+16.197；r=0.685	107 ~ 109	MacNaughton et al., 1990
	不常运动和常运动的男性（18 ~ 46）	3.23×步速(km·hr⁻¹)+0.123；r=0.9；SEE=5% 注：步速=12×（km）	107 ~ 109	Berthon et al., 1997b
	受过训练的运动员和赛跑选手（20 ~ 46）	运动员：1.43×步速（km·hr⁻¹)+29.2；r=0.56；SEE=4.6% 赛跑选手：1.95×步速（km·hr⁻¹)+26.6；r=0.69；SEE=6.6%	107 ~ 109	Berthon et al., 1997a
Cooper 12 min 赛跑	男性军人（17 ~ 52）	35.97×距离（mile）−11.28；户外 1/4 圈 =0.0625 mile 35.97×距离（m）/1609−11.28；户外 1/4 圈 =100m r=0.89；注：最佳精度 ≥ 1.4 miles（英里）	107 ~ 109	Cooper, 1968
Cooper 12 min 游泳	中学游泳队员（13 ~ 17）	赛跑 VO₂max=10.69+0.059×距离（码）r=0.47；SEE=6.82	107 ~ 109	Huse et al., 2000
	健康男性（18 ~ 32）	游泳 VO₂max=0.028×距离（m）+34.1 r=0.40；SEE=5.7 赛跑 VO₂max=0.023×距离（m）+43.7 r=0.38；SEE=5.14	107 ~ 109	Conley et al., 1991
	健康女性（18 ~ 34）	游泳 VO₂max=0.026×距离（m）+24 r=0.42；SEE=4.5 赛跑 VO₂max=0.026×距离（m）+29.8 r=0.34；SEE=6.0	107 ~ 109	Conley et al., 1992

续表

测试方案	人群 （年龄）	回归公式 （ $VO_2max = mL \cdot kg^{-1} \cdot min^{-1}$; r 值；SEE）	书中 页码	文献来源
15 min 跑	健康青年人 （12～15）	12 岁：0.01× 距离（m）+ 19.331；r=0.881 13 岁：0.012× 距离（m）+ 18.809；r=0.851 14 岁：0.013× 距离（m）+ 18.756；r=0.671 15 岁：0.015× 距离（m）+ 16.429；r=0.881	107～ 109	MacNaughton et al.，1990
20 min 跑	中学生 （14～17）	男性：22.85+8.44× 距离（mile）+3.98 女性：22.85+8.44× 距离（mile） r=0.80；SEE=4.36	107～ 109	Murray et al.，1993

方式：固定距离实地测试

测试方案	人群 （年龄）	回归公式 （ $VO_2max = mL \cdot kg^{-1} \cdot min^{-1}$, 特殊说明除外；r 值；SEE）	书中 页码	文献来源
1 mile 跑 （1600m）	受过耐力训练 的儿童 （8～17）	总体：96.81−8.62× 时间 + 0.34× 时间 ^{2} 男性：98.49−9.06× 时间 + 0.38× 时间 ^{2} 女性：82.2−6.04× 时间 + 0.22× 时间 ^{2} r=0.70；SEE=3 注：时间单位是 min	109	Castro-Pinero et al.，2009
	健康男性和 女性 （8～25）	总体：96.81−8.62× 时间 + 0.34× 时间 ^{2} 男性：98.49−9.06× 时间 + 0.38× 时间 ^{2} 女性：82.2−6.04× 时间 + 0.22× 时间 ^{2} r=0.72；SEE=4.8 注：时间单位是 min	109	Cureton et al.，1995
	健康青年人 （10～12）	22.5903+12.2944× 速 度 −0.1755× 体重 r=0.804；SEE=5.54 注：速度单位是 $m \cdot s^{-1}$；体重 单位是 kg	109	Massicotte、Gauthier and Markon，1985
	健康青年人 （10～18）	男性：86.1−0.04× 时间 −0.08× 皮褶厚度之和 −4.7−0.15× 体重 女性：86.1−0.04× 时间 −0.08× 皮褶厚度之和 −9.4−0.15× 体重 r=0.84；SEE=9% 注：时间单位是 s；测量皮褶厚 度的方法参考第 2 章；体重单 位是 kg	109	Buono et al.，1991

测试方案	人群（年龄）	回归公式（$VO_2max=mL \cdot kg^{-1} \cdot min^{-1}$，特殊说明除外；$r$ 值；SEE）	书中页码	文献来源
1 mile 跑（1600m）	大学生（18 ~ 30）	男性：108.94-8.41×时间 +0.34×时间^2+0.21×年龄 -0.84×BMI 女性：108.94-8.41×时间 +0.34×时间^2-0.84×BMI r=0.7 ~ 0.84；SEE=4.8 ~ 5.28 注：时间单位是 mile；BMI 的计算方法参考第 2 章	109	Plowman and Liu, 1999
	受过训练的男性赛跑者（27.5±10.3）	2.5043×0.84×步速（km·hr^{-1}） r=0.95；SEE=2.3% 注：步速 =96.558/ 时间（min）	109	Tokmakidis et al., 1987
方式：固定距离实地测试				
1.5 mile 跑（2400m）	健康青年人（13 ~ 17）	22.5903+12.2944× 速度（m·s^{-1}）-0.1755× 体重（kg） r=0.804；SEE=5.54	109	Massico et al., 1985
	大学生（18 ~ 26）	男性：65.404+7.707-0.159×体重（kg）-0.843× 时间（min） 女性：65.404-0.159×体重（kg）-0.843× 时间（min） r=0.86；SEE=3.37	109	Larsen et al., 2002
	健康成年人（18 ~ 29）	男性：88.02+3.716-0.1656×体重（kg）-2.767× 时间（min） 女性：88.02-0.1656× 体重（kg）-2.767× 时间（min） r=0.90；SEE=2.8	109	George et al., 1993a
2 mile 跑（3200m）	健康女性（20 ~ 37）	72.9-177× 时间（min） r=0.89	109	Mello et al., 1988
	健康男性（20 ~ 51）	99.7-3.35× 时间（min） r=0.91；SEE=3.31	109	Mello et al., 1988
	女性赛跑者（31.1±5.7）	90.7-3.24× 时间（min）+0.04× 时间（min）^{2} r=0.94 ~ 0.96；SEE=2.78 ~ 3.58	109	Weltman et al., 1990
	男性赛跑者（31.1±8.3）	118.4-4.770× 时间（min） r=0.73；SEE=4.51	109	Weltman et al., 1987
3 mile 竞赛（5 km）	受过训练的男性赛跑运动员（27.5±10.3）	3.1747×0.9139× 步速（km·hr^{-1}） r=0.98；SEE=2.3% 注：步速 =300/ 时间（min）	109	Tokmakidis et al., 1987
6 mile 竞赛（10 km）	受过训练的男性赛跑运动员（27.5±10.3）	4.7226×0.8698× 步速（km·hr^{-1}） r=0.88；SEE=4.8% 注：步速 =600/ 时间（min）	109	Tokmakidis et al., 1987

续表

测试方案	人群 （年龄）	回归公式 （VO₂max=mL·kg⁻¹·min⁻¹， 特殊说明除外；r 值；SEE）	书中 页码	文献来源
马拉松 竞赛 （42 km）	受过训练的男 性赛跑运动员 （27.5±10.3）	$6.9021 \times 0.8246 \times$ 步速（km·hr⁻¹） $r=0.85$；SEE=5.6% 注：步速 =2531.7/ 时间（min）	109	Tokmakidis et al.，1987

注：kp 等于 1 kg 的力。

表 5.2　用来预测有氧能力 VO₂max 的次最大运动测试

方式：跑步机				
测试 方案	人群 （年龄）	回归公式（VO₂max=mL·kg⁻¹ ·min⁻¹；r 值；SEE）	书中 页码	文献来源
步行	健康成年人 （20 ~ 59）	男性 15.1 + 21.8(mph)−0.327 （HR）−0.263（mph× 年龄）+ 0.00504（HR× 年龄）+ 5.98 女性：15.1 + 21.8（mph）− 0.327（HR）−0.263（mph× 年龄）+ 0.00504（HR×年龄）+ 5.98 $r=0.91$;SEE=3.72 注：mph= 每 小 时 英 里 数； HR= 即刻运动心率	112	Ebbeling et al.， 1991
慢跑	健康成年人 （18 ~ 29）	男 性：54.07 + 7.062−0.193 （体重）+ 4.47（mph）−0.1453 （HR） 女性：54.07−0.193（体重）+ 4.47（mph）−0.1453（HR） $r=0.91$;SEE=3.1 注：体重是 kg，mph= 每小时 英里数；HR= 即刻运动心率	113	George et al.， 1993b
	健康成年人 （18 ~ 40）	男性：58.687 + 7.520+4.334 （mph）−0.211（体重）−0.148 （HR）−0.107（年龄） 女性：58.687+4.334（mph）− 0.211（体重）−0.148（HR）− 0.107（年龄） $r=0.91$;SEE=2.52	**113**	Vehrs et al.， 2007
走 / 慢跑 / 快跑	健康成年人 （18 ~ 65）	男性：30.04 + 6.37−0.243（年 龄）−0.122（体重）+ 32（mph）+ 0.391（PFA）+ 0.669（PA） 女性：30.04 + 0.243（年龄）+ 0.122（体重）+ 3.2（mph）+ 0.391（PFA）+ 0.669（PA） $r=0.94$；SEE=3.09 注：体重是 kg，mph= 每小 时英里数，PFA 和 PA 注解在 表 5.4 中	114	George et al.， 2009

右上角：续表

方式：功率自行车				
测试方案	人群（年龄）	回归公式（VO₂max=L·min⁻¹ 除了YMCA；SEE）	书中页码	文献来源
YMCA	男性和女性三项全能比赛运动员（19～41岁）	公式提供了没有传统统计分析的最大运动负荷：WL2＋[（WL2-WL1）/（HR2-HR1）]×（APMHR-HR2） 注：心率在110bpm和150bpm两个水平下对应的每分钟每千克体重的运动负荷[（最大运动负荷×1.8）+（体重×7）]/体重 注：体重单位是kg，运动负荷单位为kg·min⁻¹，等于单位时间内骑功率自行车一千克的力乘以300。 r=0.546；SEE=14% 注：根据年龄预测的HR_{max}在一般人群中的误差10%～15%	117	Golding et al., 1989; Dabney and Butlerr, 2006
Åstrand	成年运动员（20～30岁）和健康男性（18～33岁）	用图5.1中的图表和年龄校正系数确定有氧功率。 r=0.83～0.90;SEE=5.6～5.7 注：kg·min⁻¹等于单位时间内骑功率自行车一千克的力乘以300。HR=即刻运动心率	117	Åstrand and Rhyming, 1954；Cink and Tbomas, 1981
Åstrand的变形式	成年运动员（20～70岁）	用图5.1中的图表和年龄校正系数确定有氧功率。 男性：0.348(列线图L·min⁻¹)-0.035（年龄）+ 3.011 r=0.86；SEE=0.359 L·min⁻¹ 女性：0.302（列线图L·min⁻¹）-0.019（年龄）+ 1.593 r=0.97;SEE=0.199 L·min⁻¹ 注：kg·min⁻¹等于单位时间内骑功率自行车一kg的力乘以300。HR=即刻运动心率	118	Siconolfi et al., 1982

方式：实时实地测试				
测试方案	人群（年龄）	回归公式（VO₂max=mL·kg⁻¹·min⁻¹ 除了标注的r值;SEE）	书中页码	文献来源
1/4 mile步行	大学生（18～29岁）	男性 88.768＋8.892-0.0957×体重-1.4537×时间-0.1194×HR 女性：88.768-0.0957×体重-1.4537×时间-0.1194×HR r=0.84；SEE=4.03 注：体重的单位是lb，4×时间（min），HR=即刻运动心率	118～119	Greenhalgh et al., 2001
	大学生（18～29岁）	男性：132.853＋6.315-0.3877×年龄-0.1692×体重-3.2649×时间-0.1565×HR 女性：132.853-0.3877×年龄-0.1692×体重-3.2649×时间-0.1565×HR r=0.81；SEE=4.33	118～119	Greenhalgh et al., 2001

续表

测试方案	人群（年龄）	回归公式（VO$_2$max=mL·kg^{-1}·min^{-1} 除了标注的 r 值；SEE）	书中页码	文献来源
0.5 mile 步行	肥胖女性	53.23-1.98× 时间（min）-0.32×BMI-0.08× 年龄 r=0.76；SEE=2.89 注：请参考第 2 章 BMI 计算程序（最好的精度≤ 28kg·m^2）	118 ~ 119	Donnelly et al., 1992
1 mile 步行	高中学生（14 ~ 18）	男性：88.768 + 8.892-0.0957× 体重-1.4537× 时间-0.1194×HR 女性：88.768-0.0957× 体重-1.4537× 时间 -0.1194×HR r=0.84；SEE=4.5 注：体重的单位是 lb，时间单位是 min，HR= 即刻运动心率	118 ~ 119	McSwegin et al., 1998
	大学生（18 ~ 29）	男性：88.768 + 8.892-0.0957× 体重-1.4537× 时间-0.1194×HR 女性：88.768-0.0957× 体重-1.4537× 时间 -0.1194×HR r=0.85；SEE=7.93 注：体重的单位是 lb，时间单位是 min，HR= 即刻运动心率	118 ~ 119	Dolgener et al., 1994
	大学生（18 ~ 29）	男性：88.768 + 8.892-0.0957× 体重-1.4537× 时间-0.1194×HR 女性：88.768-0.0957× 体重-1.4537× 时间 -0.1194×HR r=0.85；SEE=3.93 注：体重的单位是 lb，时间单位是 min，HR= 即可运动心率	118 ~ 119	Greenhalgh et al., 2001
罗克波特英里步行	高中学生（14 ~ 18）	男性：132.852 + 6.315-0.3877× 年龄 -0.1692× 体重 - 3.2649× 时间 -0.1565×HR 女性：132.853-0.3877× 年龄 -0.1692× 体重 -3.2649× 时间 -0.1565×HR r=0.80；SEE=4.99 注：体重的单位是 lb，时间单位是 min，HR= 即刻运动心率	118 ~ 119	McSwegin et al., 1998
	大学生（18 ~ 29）	男性：132.852 + 6.315-0.3877× 年龄 -0.1692× 体重 - 3.2649× 时间 -0.1565×HR 女性：132.853-0.3877× 年龄 -0.1692× 体重 -3.2649× 时间 -0.1565×HR r=0.84；SEE=4.03 注：体重的单位是 lb，时间单位是 min，HR= 即刻运动心率	118 ~ 119	Greenhalgh et al., 2001

续表

测试方案	人群（年龄）	回归公式（ VO$_2$max=mL・kg^{-1}・min^{-1} 除了标注的 r 值;SEE ）	书中页码	文献来源
罗克波特英里步行	成年运动员（ 30 ~ 69 ）	男性: 132.852 + 6.315−0.3877× 年龄 −0.1692× 体重 − 3.2649× 时间 −0.1565×HR 女性: 132.853−0.3877× 年龄 −0.1692× 体重 −3.2649× 时间 −0.1565×HR r=0.88；SEE=5 注: 体重的单位是 lb，时间单位是 min，HR= 即刻运动心率	118 ~ 119	Kline et al., 1987
1.25 mile 步行	健康肥胖和不运动的成年人（ 25 ~ 65 ）	男性 189.6−5.32× 时间 −0.22× HR−0.32× 年龄 −0.24× 体重 r=0.81；SEE=6.2 注: 体重的单位是 kg，时间单位是 min，HR= 即刻运动心率	118 ~ 119	Oja et al., 1991
		女性 121.4−2.81× 时间 −0.12× HR−0.16× 年龄 −0.24× 体重 r=0.87；SEE=4.5 注: 体重的单位是 kg，时间单位是 min，HR= 即刻运动心率	118 ~ 119	Oja et al., 1991
1 mile 慢跑	健康成年人（ 18 ~ 29 ）	男性: 100.5 + 8.344−0.1636× 体重 −1.438× 时间 −0.1928×HR 女性: 100.5−0.1636× 体重 −1.438× 时间 −0.1928×HR r=0.87;SEE=3.1 注: 体重的单位是 kg，时间单位是 min，HR= 即刻运动心率	118 ~ 119	George et al., 1993a

注: PFA 是认知能力；PA 是体力活动。

表 5.3　回归方程数据收集变量

收集数据变量	单位	单位换算
年龄	年	
身高	英寸（ in ），厘米（ cm ），米（ m ）	1 英寸 /2.54=1 厘米 =1/100 米
体重	磅（ lb ），千克（ kg ）	2.2 磅 =1 千克
时间	秒（ s ），分（ min ）	60 秒 =1 分钟
距离	码,米(m),千米(km),英里(mile)	1 码 =0.9144 米 =9.144×10^{-4} 千米 =5.682×10^{-4} 英里
速度	迈（ mph ），米每秒（ m・s^{-1} ），千米每小时（ km・h^{-1} ）	1 迈 =0.44704 米每秒 =1.609344 千米每小时
运动负荷	千克每分钟（ kg・min^{-1} ），瓦特（ W ）	1 kg/min=6 W
问卷调查	PFA 和 PA 问卷调查（见表 5.4 ）	
身体成分	皮褶厚度总和，BMI	

收集数据变量	单位	单位换算
心率	次数每分钟	
有氧能力	毫升每分钟（mL·min^{-1}），升每分钟（L·min^{-1}），毫升每千克每分钟(mL·kg^{-1}min^{-1}),梅脱(MET)	1 毫升每分钟 =1/1000 升每分钟 1 梅脱 =3.5 毫升每千克每分钟

为确保有氧能力评估的准确性，关键是保证受试者在测试时全力以赴。在没有经验丰富的分析员通过分析气体和乳酸值来判定全力测试的结束点时，通常将心率高于 70% 心率储备或高于 85% 年龄预测的最大心率值（220- 年龄）作为判定全力测试结束的标准（ACSM，2010）。尽管这种最大心率的标准提供了一个相对简单的客观方法，但在将其作为判定极限运动终结点或极限运动基础时，所有年龄段的人群都会出现高达 10 ~ 12 bpm 的误差（ACSM，2000）。

用年龄来预测最大心率会出现青年人预测值偏高，而老年人预测值偏低的问题（Gellish et al.，2007）。为了减少对预测最大心率值的顾虑，建议30 ~ 75 岁人群采取这个公式：最大心率值 =207-（0.7 × 年龄），能将误差减小 5 ~ 8 bpm（ACSM，2010 ；Gellish et al.，2007）。此外，当运动员主动要求停止极限运动测试时，利用全力测试来确定最大心率预测值是否准确时，测试人员可以观察被测者主动要求停止测试时的疲劳程度以及动作变形的情况进行判断。第 3 章详细讨论了心率测试细节。

在解释极限运动测试的结果时，必须做出关键的假设。如果测试设备在没有校准的情况下，测试员必须依赖前面提到的耗氧量和心率的关系，即假设随着负荷增加直到运动极限，心率与负荷呈线性关系。在这个假设的基础上，预测公式的准确性将受限于某些相关系数较大、低标准误的特殊人群。不过，通过收集气体（即氧气和二氧化碳）来测量有氧能力的不二方法就是表 5.1 列出的极限运动测试方法（Balke and Ware，1959 ；Bruce et al.，1973 ；George，1996 ；Spackman et al.，2001 ；Storer et al.，1990）。

实验室的跑步机极限测试

在美国和欧洲，跑步机和功率自行车是最常见的运动测试方法（Maeder et al.，2005）。跑步机上出现的最大耗氧量似乎高于功率自行车上的（Hambrecht et al.，1992；Maeder et al.，2005；Myers et al.，1991；Wicks et al.，1978）。跑步机上出现的最大心率值也被发现高于功率自行车的（Buchfuhrer et al.，1983；Hambrecht et al.，1992；Wicks et al.，1978），但是还有其他研究发现二者所引发的心率值是差不多的（Maeder et al.，2005；Myers et al.，1991）。然而，如果不考虑测试方案，相比其他运动形式，在跑步机上测量出的有氧能力值是最高的。

Bruce 方案和 Balke-Ware 方案是临床和实验室最常用的跑步机测试方案，因为它们预测的准确度高、误差小（ACSM，2010；参考表 5.1 对它们的比较）。而且在 Bruce 和 Balke 的方案中，将运动到力竭所需的时间作为评价心肺功能和体适能的简单指标（Balke and Ware，1959；Bruce et al.，1973）。Bruce 等（1973）还根据慢跑、跑步或同等强度水平运动的参与度将受试者分成不常运动和常运动两组，对其进行了比较。

现在较为普遍的操作是这样的，当受试者是年轻的、经常运动的人时，速度和坡度的递增量就较大（2 ~ 3METs），如 Bruce 方案。而当受试者是年老的、患慢性病的或未受过训练的人时，递增量就较小（≤ 1MET），如 Balke 方案（ACSM，2010）。尽管 Balke 方案中的递增量较小，但是对于一些受试者（如慢性病患者）来说，测试前 5 min 的速度可能仍然太快（也就是坡度为 0%，速度为 3.1 mile/h）并具有挑战（也就是 20 mL·kg^{-1}·min^{-1}）。

Bruce 方案的改良版本应运而生。例如，当受试者为非常缺乏锻炼的人或冠心病患者时，添加了一个或两个预备阶段（也就是坡度为 0 和 5%，速度为 1.7 mile/h）。相反，当受试者为训练有素的运动员时，可以去掉开头的阶段。但是，只有在采用气体分析器的时候这些修改才有意义，因为回归公式的计算是以完成时间为基础的。

实验室跑步机最大测试一般指导原则

一旦根据人群特征选择了最适合的、最准确的公式（见表 5.1）之后，测试员便可以根据如下步骤采集数据：

1. 采集年龄、身高、体重和静息心率。

2. 采集运动心率，每分钟测一次心率。

3. 采集运动后 3 ～ 5 min 之内的恢复期心率，如果需要的话时间还可以更长，确保受试者安全恢复。

4. 从表 5.1 中找到最适合的回归公式来评估受试者的最大摄氧量。

5. 用最大摄氧量的绝对值（mL·min⁻¹）除以受试者的体重（kg）得到最大摄氧量的相对值（mL·kg⁻¹·min⁻¹）。

6. 将评估的最大摄氧量值在表 5.7（第 119 页）中进行比对，对受试者的有氧能力进行评级。

注：在整个测试过程中，应该全程监控、询问受试者，留意是否出现了需要终止测试的信号（如喘息、皮肤颜色发青或发白）和症状（如腿痉挛、眩晕、胸闷）。另外，测试员应该确保在测试结束时采集到心率，同时记录测试终止的原因。

BRUCE 方案

测试员采集每分钟的心率，将测试的总时间代入计算。

1. 0 ～ 3 min：受试者走步，速度为 1.7 mile/h，坡度为 10%。

2. 3 ～ 6 min：受试者走步，速度为 2.5 mile/h，坡度为 12%。

3. 6 ～ 9 min：受试者慢跑，速度为 3.4 mile/h，坡度为 14%。

4. 9 ～ 12 min：受试者慢跑，速度为 4.2 mile/h，坡度为 16%。

5. 12 ～ 15 min：受试者慢跑，速度为 5.0 mile/h，坡度为 18%。

6. 15 ～ 18 min：受试者慢跑，速度为 5.5 mile/h，坡度为 20%。

7. 18 ～ 21 min：受试者慢跑，速度为 6.0 mile/h，坡度为 22%。

BALKE 方案（男性）

测试员采集每分钟的心率，将测试的总时间代入计算。

1. 0 ～ 1 min：受试者走步，速度为 3.30 mile/h，坡度为 0。

2. 1 min 之后：坡度每分钟递增 1%，直到出现主观感觉疲劳或极限运动（力竭）为止。

BALKE 方案（女性）

测试员采集每分钟的心率，将测试的总时间代入计算。

1. 0 ~ 3 min：受试者走步，速度为 3 mile/h，坡度为 0。
2. 1 min 之后：坡度每 3 min 递增 2.5%，直到出现主观感觉疲劳或极限运动（力竭）为止。

实验室的功率自行车极限测试

实验室功率自行车测试也能有效用于心肺耐力的评价。然而，对于那些不熟悉原地骑自行车的受试者来说，由于出现过早疲劳而导致最大有氧能力的测试值低于跑步机上的测试值（相差 5% ~ 25%；ACSM，2010）。而那些接受过自行车训练的受试者则可能得益于这种测试形式。而且，原地自行车更适合那些伴有平衡和关节损伤的受试者，因为它能够提供一种稳定的、无负重的运动形式。

有两个常用的功率自行车方案（Storer-Davis and Andersen），其差别在于运动负荷的增加量的不同。美国运动医学会（2010）建议面对缺乏训练的、年长的受试者时，应该少量递增负荷值（也就是 ≤ 0.25 kp），这与 Storer-Davis 的方案吻合。Andersen 方案采取较大的负荷递增值，在开始采用 0.5 kp 递增值之后 5 ~ 10 min 容易出现疲劳。有趣的是，Jung 等（2001）发现 Andersen 方案的误差大于 Storer-Davis 方案。应该说明一点，这些公式之间的比较都是以 Storer-Davis 方案的测试为基础的，而 Andersen 的公式则是根据其相关方案得出的。然而，当与 Bruce 和 Balke 跑步机方案进行比较时，这两个功率自行车方案对有氧能力的预测误差都相对较小，这样它们就成了有效并可靠的备选方案。

实验室最大功率自行车测试一般指导原则

一旦根据人群特征选择了最适合的、最准确的公式（见表 5.1）之后，测试员便可以根据如下步骤采集数据：

1. 采集年龄、身高、体重、静息心率和血压（可选）。

2. 采集运动心率、血压（可选）和自感疲劳分级（RPE）。每分钟测一次心率，每三分钟的最后一分钟测量血压和RPE。

3. 采集运动后3 ~ 5 min之内的恢复期心率和血压（可选），如果需要的话时间还可以更长，确保受试者安全恢复。

4. 从表5.1中找到最适合的回归公式来评估受试者的最大摄氧量。

5. 将评估的最大摄氧量值在表5.7（第119页）中进行比对，对受试者的有氧能力进行评级。

注：在整个测试过程中，应该全程监控、询问受试者，留意是否出现了需要终止测试的信号（如喘息、皮肤颜色发青或发白）和症状（如腿痉挛、眩晕、胸闷），尤其是在跑步阶段由于手臂运动产生的噪音导致血压测量不准确（Maeder et al., 2005）。在测试结束时，及时收集所有的测量结果并记录测试终止的原因。

STORER-DAVIS 方案

测试员采集每分钟的心率，将测试的最大负荷值代入计算。

1. 0 ~ 4 min：受试者蹬车速度为60转/分钟（r/min），阻力为0 kp。

2. 4 min之后：受试者蹬车速度为60 r/min，阻力每分钟递增0.25 kp直到出现主观感觉疲劳为止。

ANDERSEN 方案（男）

测试员采集每分钟的心率，将测试的最大负荷值代入计算。

1. 0 ~ 7 min：受试者蹬车速度为70 r/min，阻力为1.5 kp。

2. 7 min之后：受试者蹬车速度为70 r/min，阻力每2 min递增0.5 kp直到出现主观感觉疲劳为止。

ANDERSEN 方案（女）

测试员采集每分钟的心率，将测试的最大负荷值代入计算。

1. 0 ~ 7 min：受试者蹬车速度为 70 r/min，阻力为 1.0 kp。

2. 7 min 之后：受试者蹬车速度为 70 r/min，阻力每 2 min 递增 0.5 kp 直到
   出现主观感觉疲劳为止。

5 km 自行车方案

成年的、受过训练的受试者可以考虑采用 5 km 功率自行车测试方案，需
要计量蹬 5 km 自行车所需的时间（Buono et al.，1996）。尽管受试者自己调节蹬
车的节奏，但是目标是以最快的速度蹬完 5 km，对抗的阻力值 = 体重（kg）×
0.5 kp/20。

1. 测量受试者蹬 5 km 自行车所用的时间。

2. 0 ~ 2 min：受试者自己选择节奏对抗 1.0 kp 阻力蹬车。

3. 2 ~ 3 min：受试者自己选择节奏对抗[体重（kg）× 0.5 kp/20]阻力蹬车。

4. 3 ~ 5 min：受试者休息。

5. 5 min 之后：受试者自己选择节奏继续对抗阻力蹬车直到完成 5 km 为止。

场地极限测试

场地极限测试提供了一种脱离实验室的、实际的运动环境。与需要复杂设
备和技术专员的实验室测试相比，场地测试通常更容易掌控。场地极限测试不
依赖实验室的测量，而是以距离或时间为基础对有氧能力进行评估。由于专项
化训练的影响，运动员可以提高其实际场地测试的成绩。

定时场地极限测试

有很多定时极限赛跑场地测试，时间范围为 5 ~ 20 min。这些定时场地测
试要求受试者在给定时间之内以最快的速度赛跑、骑自行车或游泳。由于时间
限制是此类测试的基础，所以需要检测的主要指标就是受试者完成的距离。测

试员必须在整个限定时间内全程观察受试者以保证能准确测量完成的距离。例如，如果所选的测试要求受试者在 12 min 之内以最快的速度赛跑、骑自行车或游泳，那么测试员就必须持续观察赛道或泳池。

Cooper（1968）采用了 12 min 跑来评价美国空军男军官的有氧能力。尽管预测公式是以 17 ~ 52 岁军官的运动为基础的，他们大部分的年龄都小于 25 岁；但是那些完成距离超过 1.4 mile 的受试者其测试准确度最高（Cooper，1968）。在另一项研究中，Cooper 对 17 ~ 54 岁受过训练的人进行的测试中，结果稍稍高估了他们的有氧能力，但是 Wyndham 等人（1971）不建议 40 多岁和 50 多岁的、不常运动的人选取这种测试方案。对于 18 ~ 46 岁的各种体适能水平的人来说，5 min 跑可能是一个可行的替代方案，因为它似乎能够准确评估心肺耐力（Berthon et al.，1997b；Dabonneville et al.，2003）。

MacNaughton 等人（1990）对中学校队学生进行有氧能力测试，并将 5 min 跑和 15 min 跑与 Bruce 方案进行了比较。结果很明显，Bruce 方案是最准确的有氧能力测试，其次是 15 min 跑，而 5 min 跑只是差强人意（MacNaughton et al.，1990）。巧合的是，15 min 跑评估的有氧能力与 20 min 跑评估的有氧能力的相关性相似，而且后者的标准误相对较低。这意味着较长的测试时间可能更适合中学生（Murray et al.，1993）。然而，由于青年人和未受过锻炼的人测试动力不足、局部肌肉疲劳和不适感的存在，使得有人建议将极限有氧能力测试的时间缩小到 8 ~ 10 min（Massicotte、Gauthier and Markon，1985）。

所有前面提到的定时场地测试都是以完成距离为基础来评估有氧能力的，但是也应该考虑到跑步经济性用以说明训练的效果。例如，多数体能教练会认为，如果测试形式与专项训练相似度高，测试结果就会提高。然而，Cooper（1968）发现重复测试 12 min 跑并没有带来明显的训练效果。因此，Berton 等人（1997a）建议通过测量受试者达到最大摄氧量时的步速来评价跑步经济性。这个建议的意义得到了如下研究的证明：对于中长跑和耐力运动员和运动员来说，不能像评估步速一样准确地评估有氧能力（Berthon et al.，1997a），而对于一般人群来说，二者都可以得到准确的评估（Berthon et al.，1997b）。总之，5 min 跑似乎太短了，不足以准确评估跑速（Berthon et al.，1997a；1997b）。

其他强调训练特异性的场地测试选择是定时游泳和公路自行车。Cooper（1982）发明了 12 min 游泳和 12 min 公路自行车测试。公路自行车比赛距离最好通过骑行方式，用里程表在风速不高于 10 mile/h 的平坦道路上进行测量。游泳（任何泳姿）距离的最佳测量方法是通过泳池的长度。尽管通过游泳评估有氧能力的公式很少，但是只记录完成的距离而不计算有氧能力似乎更有意义，因为其相关性和标准误较低。只测量完成距离这个建议同样适用于公路自行车。尽管没有相关文献出版，但是这些测试方法还是可以用于越野滑雪之类的耐力项目中。无论是哪种项目，经过一段时间的训练后，都可以通过测试距离的变化来反映游泳、公路自行车以及滑雪运动员的训练效果。

固定距离场地测试

除了用规定时间的场地测试来反映基础有氧能力外，有些体能教练还会选择另外一种固定距离的极限测试方案。无论何种方式（如走或跑），目的都是在最短的时间内完成某一设定距离。

针对极限赛跑测试预测有氧能力的公式有几个，距离范围从 1 mile 到马拉松（见表 5.1）。这个距离范围提示，受试者必须至少跑 1 mile 才能最准确地评估其心肺功能（Fernhall et al., 1996）。在建立跑步测试评估有氧能力的回归公式过程中，数据提示对于健康人群来说距离至少要 600 码才算理想，1 mile 或以上更加理想（Cureton et al., 1995 ; Disch、Frankiewicz and Jackson, 1975）。根据特异性原则，常识告诉我们根据竞技运动员的专项来安排特定的测试距离所得到的结果更为准确。另外，Tokmakidis 等人（1987）建议在相同情况下（即相同的健康状况、环境和过程）完成两次测试所得到的成绩将更加准确。由于跑步测试本身的高强度特征，所以对于那些不常运动的以及那些伴有心血管或肌骨骼风险的人来说，不应该采用这种全力跑的评估方式（ACSM, 2010）。

极限定时或固定距离田径测试的一般性指导

一旦选择了最适当的、最准确的、符合人群特征的公式之后（见表 5.1），测试员便可根据如下步骤收集数据：

1. 采集年龄、身高、体重和静息心率值。当选用 1 km 赛跑测试来评价 10 ~ 18 岁青少年时，还要测量肱三头肌和肩胛下的皮褶厚度（Buono et al., 1991）。第 2 章介绍了测量皮褶厚度的方法。

2. 在测试之前先让受试者做基础热身运动。

3. 让受试者在特定的时间或距离内进行运动。

4. 如果采用的是定时方案，需要记录完成的距离；如果采用的是固定距离方案，需要记录所耗时间。由于自行车和游泳测试评估有氧能力的准确性还存在疑问，所以选取运动距离作为监测训练进展的合理指标。尽管游泳和公路自行车的运动距离足以满足评估的目的，但是却还没有确定的相关表格（Cooper，1982）。

5. 根据人群的特征从表 5.1 中找到适合的回归公式来评估受试者的最大摄氧量。

6. 用代谢当量（MET）值乘以 3.5 得到相对最大摄氧量（mL·kg^{-1}·min^{-1}）。

7. 将最大摄氧量的评估值在表 5.7（第 119 页）中进行比对，将受试者的有氧能力进行评级。

次极限运动测试方法

采用次极限运动测试方法评估有氧能力具有时间效率。因为大部分次极限测试都是在 6 ~ 12 min 之内以较小的体力完成的，所以出现医学并发症的风险较低。只不过，此类运动处方的推算较难，因为测试的负荷是次极限的。在次极限测试时的心率变化特征是制定运动处方的重要参考依据。因为所观察到的心率只是在评估强度之下的，如果观测到的心率都在测试强度规定的区间内，任何高于范围的心率值必须通过最大心率公式进行推算。虽然次极限测试存在一些不足，但目前有不少该类测试方案证明对体能教练的从业者很有帮助。本章节提供了很多测试选择，表 5.2 具体介绍了包括跑步机、功率自行车、场地等测试方案。

实验室次极限跑步机测试

一旦选择了最适当的、最准确的、符合人群特征的次极限跑步机公式之后，测试员便可根据如下步骤收集数据：

表 5.4　感知功能能力（PFA）和身体活动度（PA）问卷

问题	评分
感知功能能力（2 个问题的总分 26 分制）	
1. 你能以多快的速度完成 1 mile 的赛程，同时不会气喘吁吁或极度疲劳？请诚实回答	1- 我能以较慢的步速（每英里 18 min 或更慢）走完全程 2- 我能以较慢的步速（每英里 17 min）走完全程 3- 我能以中等的步速（每英里 16 min）走完全程 4- 我能以中等的步速（每英里 15 min）走完全程 5- 我能以较快的步速（每英里 14 min）走完全程 6- 我能以较快的步速（每英里 13 min）走完全程 7- 我能以较慢的步速（每英里 12 min）慢跑完全程 8- 我能以较慢的步速（每英里 11 min）慢跑完全程 9- 我能以中等的步速（每英里 10 min）慢跑完全程 10- 我能以中等的步速（每英里 9 min）慢跑完全程 11- 我能以较快的步速（每英里 8 min）慢跑完全程 12- 我能以较快的步速（每英里 7.5 min）跑完全程 13- 我能以较快的步速（每英里 7 min）跑完全程
2. 你能以多快的速度完成 3 mile 的赛程，同时不会气喘吁吁或极度疲劳？请诚实回答	1- 我能以较慢的步速（每英里 18 min 或更慢）走完全程 2- 我能以较慢的步速（每英里 17 min）走完全程 3- 我能以中等的步速（每英里 16 min）走完全程 4- 我能以中等的步速（每英里 15 min）走完全程 5- 我能以较快的步速（每英里 14 min）走完全程 6- 我能以较快的步速（每英里 13 min）走完全程 7- 我能以较慢的步速（每英里 12 min）慢跑完全程 8- 我能以较慢的步速（每英里 11 min）慢跑完全程 9- 我能以中等的步速（每英里 10 min）慢跑完全程 10- 我能以中等的步速（每英里 9 min）慢跑完全程 11- 我能以较快的步速（每英里 8 min）慢跑完全程 12- 我能以较快的步速（每英里 7.5 min）跑完全程 13- 我能以较快的步速（每英里 7 min）跑完全程
身体活动度（10 分制）	
选择最能准确描述你在过去 6 个月中身体活动水平的分值	0- 避免步行：例如经常使用电梯，只要有可能都会选择开车而不是步行 1- 轻度活动：出于乐趣而散步，常爬楼梯，偶尔的运动足以引起严重的喘气或出汗 2- 中度活动：每周 10 ~ 60 min 中等强度的活动（如高尔夫、骑马、徒手体操、乒乓球、保龄球、举重、农活、收拾房间、出于锻炼的步行） 3- 中等活动：每周超过 1 h 如上所描述的中等强度的活动 4- 充沛活动：每周跑步 1 mile 以下，或每周不足 30 min 的重体力活动（例如跑步或慢跑、游泳、骑自行车、划船、有氧操、跳绳、原地跑、足球、篮球、网球、壁球或手球） 5- 充沛活动：每周跑 1 ~ 5 mile，或每周 30 ~ 60 min 如上描述的重体力活动 6- 充沛活动：每周跑 5 ~ 10 mile，或每周 1 ~ 3 h 如上描述的重体力活动 7- 充沛活动：每周跑 10 ~ 15 mile，或每周 3 ~ 6 h 如上描述的重体力活动 8- 充沛活动：每周跑 15 ~ 20 mile，或每周 6 ~ 7 h 如上描述的重体力活动 9- 充沛活动：每周跑 20 ~ 25 mile，或每周 7 ~ 8 h 如上描述的重体力活动 10- 充沛活动：每周跑 25 mile 以上，或每周超过 8 h 如上描述的重体力活动

来源说明：Reprinted, by permission, from J.D. George, W.J. Stone, and L.N. Burkett, 1997, "Non-exercise $\dot{V}O_2$max estimation for physically active college students," *Medicine and Science in Sports and Exercise* 29:415-423.

跑步机次极限测试的一般性指导

一旦选择了最适合的、最准确的、符合人群特征的公式（见表5.2）之后，测试员便可以按照如下步骤收集数据：

1. 采集年龄、身高、体重和静息心率。如果是走/慢跑/跑方案，则需要采集受试者PFA和PA的完整问卷。
2. 采集运动心率。每分钟测一次心率，但是将运动后的即刻心率代入计算。
3. 采集恢复期3～5 min之内的心率和血压（可选），如果需要的话时间还可以更长，确保受试者安全恢复。
4. 在表5.2中找到合适的、符合人群特征的公式来评估受试者的最大摄氧量。
5. 将最大摄氧量的评估值在表5.7（第119页）中进行对照评级，确定受试者的有氧能力。

跑步机单级次极限方案

走和慢跑的跑步机单级次极限方案简单并实用。体适能差的人或老年人似乎最适合通过跑步机次极限快走方案来评估其有氧能力（Ebbeling et al., 1991；Vehrs et al., 2007）。相反，跑步机次极限慢跑测试更适合18～29岁之间体适能水平相对较好的人群（≥ 35.9 mL·kg^{-1}·min^{-1}）（George et al., 1993b）。2007年，Vehrs等人在有氧能力预测公式之中添加了年龄，因为他们发现在面对体适能水平相对较高（≥ 33.4 mL·kg^{-1}·min^{-1}）的29岁以上人群时，评估的准确度较高。以下是跑步机次极限测试的指导。

跑步机次极限快走方案

1. 0～4 min：受试者在0坡度的跑步机上，在2～4.5 mile/h之间选择一个舒服的步速，使心率达到最大心率年龄预测值（220-年龄）的50%～70%。
2. 4～8 min：将跑步机坡度增加到5%，步速不变。这4 min内的心率应该达到最大心率年龄预测值（220-年龄）的50%～70%。

跑步机次极限慢跑测试方案（男性）

1. 0 ~ 2 min：受试者在 0 坡度的跑步机上，在 4.3 ~ 7.5 mile/h 之间选择一个舒服的步速。

2. 2 ~ 5 min：受试者维持之前的步速慢跑。后 3 min 内的心率不应超过最大心率年龄预测值的 85%（公式中代入运动后心率值）。

跑步机次极限慢跑测试方案（女性）

1. 0 ~ 2 min：受试者在 0 坡度的跑步机上，在 4.3 ~ 6.5 mile/h 之间选择一个舒服的步速。

2. 2 ~ 5 min：受试者维持之前的步速慢跑。后 3 min 内的心率不应超过最大心率年龄预测值的 85%（公式中代入运动后心率值）。

跑步机多级次极限方案

　　尽管跑步机多级次极限测试可能比一段式跑步机走、跑测试持续的时间长，但是 George 等人（2009）还是研发了一套走 / 慢跑 / 跑方案，为训练运动员提供了机会。除了完成运动测试之外，受试者还要回答表 5.4 列出的感知功能能力和身体活动度问卷。

　　跑步机多级次极限运动方案的结束指标是运动心率达到最大心率，即年龄预测值（220- 年龄）的 70% ~ 90%，此时所处的运动阶段可能是快走（体适能水平较低的人）、慢跑（体适能水平适中的人）或跑（体适能水平较高的人）。另外，受试者根据感知功能能力问卷将自己划分为快走组、慢跑组或跑步组，这有助于运动训练的选择。然后体能教练根据受试者最近 6 个月的身体活动度评分来讨论实际的训练习惯。

　　运动员的感知功能能力和身体活动度问卷也被纳入到表 5.2 中的多级跑步机公式中，用来评估有氧能力。如果受试者在跑步机上的表现与自身感知的能力不相符，体能教练则有机会讨论训练和生理反应之间的关系，这使受试者能够帮助体能教练从实际目标出发设计一套心肺训练计划。总之，走 / 慢跑 / 跑的跑步机次极限方案将受试者的自我感受与运动表现联系了起来，使得体能教练能够讲授如何选择安全的运动模式和有效的训练强度来实现实际的目标（George et al.，2009）。

次极限走／慢跑／跑方案

1. 0 ～ 4 min：在开始 20 s 内，受试者在 0 坡度的跑步机上，在 3 ～ 4 mile/h 之间选择一个舒服的步速。（如果受试者此阶段的心率达到最大心率年龄预测值 [220- 年龄] 的 70% ～ 90%，立即终止测试，在公式中带入跑步机速度。）

2. 4 ～ 8 min：在开始 20 s 内，受试者在 0 坡度的跑步机上，在 4.1 ～ 6 mile/h 之间选择一个舒服的步速。（如果受试者此阶段的心率达到最大心率年龄预测值 [220- 年龄] 的 70% ～ 90%，立即终止测试，在公式中代入跑步机速度。）

3. 8 ～ 12 min：在开始 20 s 内，受试者在 0 坡度的跑步机上，在 6 mile/h 以上选择一个舒服的步速。（如果受试者此阶段的心率达到最大心率年龄预测值 [220- 年龄] 的 70% ～ 90%，立即终止测试，在公式中代入跑步机速度。）

实验室的功率自行车次极限测试

尽管极限和次极限实验室功率自行车测试都有来自训练特异性方面的担心，但是次极限测试预测有氧能力的标准误似乎大于极限测试的。因此，应该特别注意方案中的踏板节奏以及向下蹬踏时腿的位置。当脚踩着踏板转动到最底部时，膝关节的屈曲度为 5° 时肌肉最有效率（ACSM，2010）。为了获得这个角度，需要事先调节自行车座椅的高度。

一篇对 Åstrand 和 YMCA 次极限自行车测试研究的回顾文献，突出了这些方案在有氧能力评估上的考虑。1954 年，Åstrand 和 Ryhmin 对未受过训练的男性和女性进行了 6 min 一段式测试，从而研发了一个用来评估有氧能力的诺谟图。在探索了各种不同的负荷之后，他们最终发现女子采用 900 kg · min^{-1}（150 W）的负荷，男子采用 1200 kg · min^{-1}（200 W）的负荷测试结果最准确。图 5.1 是最新的 Åstrand 列线图，其中年龄相关因素被修改过（Åstrand，1960）。为了区分不同体适能水平的男性，Cink 和 Thomas（1981）发现必须使用 Åstrand 的年龄相关因素来提高测试的准确性。

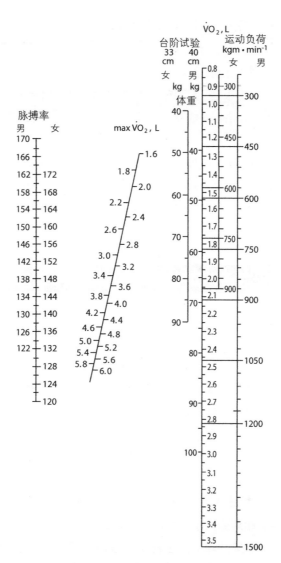

图 5.1　当前的 Åstrand 诺谟图是用年龄校正因子修正的

来 源 说 明: Reprinted, by permission, from I. Åstrand, 1960, "Aerobic work capacity in men and women with special reference to age,"*Acta Physiologica Scandinavica* 49 (Suppl. 169): 51.

　　Golding 等人（1989）引入了多级 YMCA 次极限自行车测试，也能根据不同体适能水平的人调整负荷。在这两种次极限方案的比较中（受试者为经常运动的人）发现，YMCA 方案（r=0.73）在有氧能力的评估上比 Åstrand 方案（*r*=0.56）更加准确（Kovaleski et al.，2005）。在 YMCA 次极限自行车测试与

Bruce 方案的比较中发现，YMCA 测试将有氧能力值低估了 14%（Dabney and Butler，2006）。这些发现提示，这些次极限自行车测试应该只限于评估受过训练的女性和经常运动的男性。

　　体能教练在面对未受过训练的受试者时还有其他选择。Siconolfi 等人（1982）修改了 Åstrand 次极限自行车测试，并且在诺谟图和年龄的基础上为不常运动的男性和女性研发了一个回归公式。另一个改变就是调整 50 r/min 这个传统的蹬车速度，虽然这个值正好处于蹬车速度的推荐范围内，即 40 ~ 70 r/min（Åstrand and Rodahl，1986）。Sharkey（1988）认为以 50 r/min 的速度对抗大阻力蹬车对于未受过训练的人群来说并不是一件容易的事，他们最好采用 60 ~ 70 r/min 的速度。

功率自行车次极限测试的一般性指导

　　一旦选择了最适合的、最准确的、符合人群特征的功率自行车次极限测试公式（见表 5.2）之后，测试员便可以按照如下步骤收集数据：

1. 采集年龄、身高、体重和静息心率。
2. 采集运动心率。每分钟测一次心率，将每个阶段结束后的即刻心率（YMCA）或测试结束后的即刻心率代入计算。
3. 采集恢复期 3 ~ 5 min 内的运动心率，如果需要的话时间还可以更长，确保受试者安全恢复。
4. 在表 5.2 中找到符合人群特征的公式来评估受试者的最大有氧量。
5. 将绝对最大摄氧量（L·min⁻¹）除以受试者的体重（kg）再乘以 1000 得到相对最大摄氧量值（L·kg⁻¹·min⁻¹）。
6. 将最大摄氧量的评估值在表 5.7（第 119 页）中进行对照评级，确定受试者的有氧能力。

YMCA 自行车次极限测试

1. **热身**：受试者以 50 r/min 的速度对抗 0 kp 阻力蹬车。
2. **阶段 1**：受试者以 50 r/min 的速度对抗 0.5 kp 的阻力蹬车 3 min 或更长时间达到稳态心率。
3. **阶段 2**：受试者以 50 r/min 的速度对抗相应阻力（对照表 5.5）蹬车

3 min。

表 5.5　YMCA 次极限自行车测试的阻力

第一阶段心率	第二阶段负荷
> 100 bpm	1 kp（50 W）
90 ~ 100 bpm	1.5 kp（75 W）
80 ~ 89 bpm	2.0 kp（100 W）
< 80 bpm	2.5 kp（125 W）

4. 附加阶段（如果需要的话）：如果第 1 阶段和第 2 阶段的稳态心率值不在 110 ~ 150 bpm 范围内，那么受试者继续以 50 r/min 的速度蹬车，每 3 min 或更长时间增加 0.5 kp 阻力直到达到稳态心率为止。蹬车速度始终不变，变化的是对抗的阻力，每次增加 0.5 kp 直到 110 ~ 150 bpm 范围内出现稳态心率为止。然后将两个阶段相对应的心率和负荷代入到表 5.2 中 YMCA 自行车测试的公式中，评价有氧能力。

Åstrand 自行车次极限测试（男性）

1. 0 ~ 3 min：受试者以 50 r/min 的速度对抗 0 kp 阻力蹬车。
2. 测试：根据表 5.6 安排阻力，让受试者以 50 r/min 的速度蹬车 6 min 或更长时间，使得在 130 ~ 170 bpm 范围内出现稳态心率。

表 5.6　Åstrand 次极限自行车测试的阻力

训练状态	测试负荷
未受过训练	1.5 kp（75 W）
适度训练	2 kp（100 W）
训练有素	3 kp（150 W）

3. 附加阶段（如果需要的话）：如果测试心率低于 130 bpm，那么就让受试者继续以 50 r/min 的速度再蹬 6 min 或更长时间，同时将阻力增加 1 ~ 2 kp，使得在 130 ~ 170 bpm 范围内出现稳态心率。然后将运动后的即刻心率和最后的负荷值代入到诺谟图中。

Åstrand 自行车次极限测试（女性）

1. 0 ~ 3 min：受试者以 50 r/min 的速度对抗 0 kp 阻力蹬车。

2. 测试：受试者以 50 r/min 的速度对抗 2 ~ 3 kp 的阻力蹬车 6 min 或更长时间，使得在 125 ~ 170 bpm 范围内出现稳态心率。然后将运动后的即刻心率和最后的负荷值代入到诺漠图中。

场地次极限测试

一旦选择了最适合的、最准确的、符合人群特征的场地次极限测试公式之后，测试员便可以按照如下步骤收集数据。

场地次极限测试一般指导原则

一旦选择了最适合的、最准确的、符合人群特征的场地次极限测试公式（见表 5.2）之后，测试员便可以按照如下步骤收集数据：

1. 采集年龄、身高、体重和静息心率。

2. 在测试开始之前进行全身热身活动。

3. 让受试者在特定方案要求的距离内完成运动。

4. 记录完成该特定距离所耗的时间，如果需要的话采集运动后的即刻心率。

5. 在表 5.2 中找到合适的、符合人群特征的公式来评估受试者的最大摄氧量。

6. 将最大摄氧量的评估值在表 5.7（第 119 页）中进行对照评级，确定受试者的有氧能力。

0.25 ~ 1.25 mile 次极限快走测试适用于所有年龄段的人群，但是似乎更适合那些体适能水平较低的人群和以快走为主要训练内容的人群。例如，老年人和有身体障碍的人（如超重、肥胖、智障、心肺疾病患者）适合采用快走测试方案进行评估（Larsen et al., 2002；McSwegin et al., 1998）。相反，当训练有素的人采用这种次极限快走方案时往往造成有氧能力的低估，因为他们的心

表 5.7　有氧能力等级

年龄段	低	尚可	平均	好	高	运动员	奥林匹克
女性							
20 ~ 29	< 28	29 ~ 34	35 ~ 43	44 ~ 48	49 ~ 53	54 ~ 59	60+
30 ~ 39	< 27	28 ~ 33	34 ~ 41	42 ~ 47	48 ~ 52	53 ~ 58	59+
40 ~ 49	< 25	26 ~ 31	32 ~ 40	41 ~ 45	46 ~ 50	51 ~ 56	57+
50 ~ 65	< 21	22 ~ 28	29 ~ 36	37 ~ 41	42 ~ 45	46 ~ 49	50+
男性							
20 ~ 29	< 38	39 ~ 43	44 ~ 51	52 ~ 56	57 ~ 62	63 ~ 69	70+
30 ~ 39	< 34	35 ~ 39	40 ~ 47	48 ~ 51	52 ~ 57	58 ~ 64	65+
40 ~ 49	< 30	31 ~ 35	36 ~ 43	44 ~ 47	48 ~ 53	54 ~ 60	61+
50 ~ 59	< 25	26 ~ 31	32 ~ 39	40 ~ 43	44 ~ 48	49 ~ 55	56+
60 ~ 69	< 21	22 ~ 26	27 ~ 35	36 ~ 39	40 ~ 44	45 ~ 49	50+

注：表中 VO_2max 单位为 mL/ 千克体重 /min。
来源说明：Adapted, by permission, from I. Åstrand, 1960, "Aerobic work capacity in men and women with special reference to age," *Acta Physiologica Scandinavica* 49 (Suppl. 169): 1 – 92.

肺系统没有得到充分的调动（Kline et al.，1987）。能够轻快走路同时心率不超过 110 bpm 的人都被认为是训练有素的（George et al.，1998）。

　　另一种场地次极限测试方法是测量步行或慢跑 1 mile 后的最终心率（Dolgener et al.，1994；George et al.，1993a；Kline et al.，1987）。需要注意的是 1 mile 慢跑必须花费男性 8 min 时间及女性 9 min 时间，且受试者必须保持心率低于 180 bpm（George et al.，1993）。

回归公式计算

　　除了要掌握数据采集的技巧，体能教练还必须了解运算的次序，从而进行回归公式的计算。有一个常用的技巧可以用来记住运算次序，即 PEMDAS，分别代表括号（Parentheses）、指数（Exponents）、乘和除（Multiplication 和 Division）、加和减（Addition 和 Subtraction）。这个短句 Please Excuse My Dear

Aunt Sally 有助于记住 PEMDAS 的字母顺序。在进行计算时，运算次序的等级排列如下：（1）括号；（2）指数；（3）乘和除，遵循从左到右的顺序；（4）加和减，遵循从左到右的顺序。举个例子，选择次极限跑步机走 / 慢跑 / 跑方案和回归公式之后，我们来讨论借此评估有氧能力的过程。考虑如下 4 个步骤。

1. 在次极限跑步机走 / 慢跑 / 跑测试过程中测量心率。如果借助心率表或心电图可能会更方便一些，因为手臂在运动时很难测心率。监测心率的目的是确定是否达到了心率稳态。心率稳态指的就是心率和耗氧率在给定负荷下趋于稳定，形成一个平台。在所有次极限测试中，测试员都能通过如下方法确认是否达到了平台期，即在走、慢跑和跑每个阶段的最后 2 min 的心率差（心率仪或心电图显示的）小于 6 bpm（ACSM，2010）。如果在测试方案的阶段末没有达到心率稳态，那么就将走、慢跑、跑每个阶段的时间延长至 4 min，直到心率达到最大心率年龄预测值（220- 年龄）的 70% ~ 90%。此时的跑步机速度将用于回归公式中。除了完成运动测试之外，受试者还需要回答感知功能能力问卷和身体活动度问卷（见表 5.4）。受试者的年龄和体重也要知道。下面是一些次极限跑步机走 / 慢跑 / 跑测试的结果，用于回归公式的计算：

年龄 =40 岁

体重 =70 kg

跑步机速度 =7 mile/h

感知功能能力（PFA）=24

身体活动度（PA）=8

2. 将上面的信息代入下面的公式计算有氧能力（男性）：

有氧能力 =30.04+6.37-0.243× 年龄 -0.122× 体重 +3.2× 速度（每小时英里数）+0.391×PFA+0.669×PA

有氧能力 =30.04+6.37-0.243×40-0.122×70+3.2×7+0.391×24+0.669×8

有氧能力 =30.04+6.37-9.72-8.54+22.4+9.384+5.352

有氧能力 =55.3 mL·kg^{-1}·min^{-1}

3. 心肺机能水平可以用有氧能力来反映，见表 5.7。用相对体重表示，即以 55 mL·kg^{-1}·min^{-1} 作为运动员的分级。应该注意，为了和表 5.7 的单位一致，如果使用的是绝对值和 MET 值，需要转换成相对值（考虑体重因素）。对照表 5.7 的数值虽然可以对受试者进行分级，但真正的目的是根据有氧能力预测结果，通过设计合理的运动处方提高受试者的心肺机能。

4. 在评价基础上，体能教练可以制定发展有氧能力的运动处方。无论体能教练的目标是建立基线水平还是通过训练提高心肺机能，对有氧能力值的理解都能够帮助他们监控专项化训练程度。专项化是指身体对运动刺激产生适应的针对性原则。例如，游泳运动员在水中训练，提高游泳的效率，但是并不意味着他们擅长赛跑或骑自行车。然而，作为耐力训练特异性的结果，无论哪种运动形式，有氧能力都将出现 5% ~ 30% 的提高（ACSM，2006）。因此，一个精心挑选的有氧能力测试方案应该能够使体能教练对运动员的训练计划进行监控和调整，从而在评估结果的基础上实现实际的目标。

专业应用

　　因为存在很多不同的心肺耐力测试方案，所以体能教练必须透彻了解并且能够为运动员的有氧能力评估选择最佳的测试方案。要想做出恰当的选择，首先要了解运动项目或活动的生理和生物力学规律。因此，将本章出现的极限测试（见表 5.1）和次极限测试（见表 5.2）组织到 SMARTS 图中，以探索运动选择的科学性和艺术性。

　　SMARTS 代表特异性（Specificity）、形式（Mode）、应用（Application）、研究（Research）和训练水平（Training Status）（见表 5.8 和表 5.9）。第一，体能教练必须了解运动项目或活动的特殊代谢需要，也就是从生理上讲是属于有氧代谢为主还是无氧代谢为主的运动。极限测试可能更适合那些强调有氧代谢的运动项目或活动，而次极限测试则最适合以无氧训练为主的运动员。很明显，需要在有氧代谢和无氧代谢之间不断变化的运动项目或活动既可以采用极限测试也可以采用次极限测试。

　　第二，体能教练必须选择一种最符合运动员训练或比赛的运动形式。例如，功率自行车测试可能适合于美式橄榄球防守队员，因为他们必须能够在整场比赛中支撑或克服阻力。

　　第三，体能教练必须确定有氧能力测试是否具有实用价值。还拿上述这个例子来说，确定了运动员的有氧能力之后，教练为了让橄榄球防守队员坚持完成整场比赛，可以根据他的有氧能力和运动时间的建议值来决定未来的训练策略。

表 5.8 关于极限运动测试选择的 SMARTS 图表

特异性←→形式				运动处方的应用、研究和训练状态		
跑步机	功率自行车	定时实地测试	固定距离实地测试			
亚利桑那州大学方案	Storer 方案		马拉松竞赛 6 mile 竞赛	强 ↑		训练有素 ↑
Bruce 方案	Andersen 方案	Cooper 12 min 跑 15 min 跑 20 min 跑	3 mile 竞赛	应用	研究情况	训练水平
Balke 方案		5 min 跑 Cooper 12 min 游泳	2 mile 跑 1.5 mile 跑		↓	↓
改良的 Bruce 方案	5 km 自行车方案		1 mile 跑	弱		新手

表 5.9 关于次极限运动测试选择的 SMARTS 图表

特异性←→形式			运动处方的应用、研究和训练状态		
跑步机	功率自行车	固定距离、实地测试			
慢跑方案 步行/慢跑/跑步方案 步行方案	YMCA 方案 改良的 Åstrand 方案 Åstrand 方案	英里慢跑 Rockport 英里步行 英里步行 1.25 mile 步行 0.25 mile 步行 0.5 mile 步行	强 ↑ 应用 研究情况 ↓ 弱		训练有素 ↑ 训练水平 ↓ 新手

第四，体能教练还应该参考有关人群特征相关性和标准误的研究，以保证所做的选择有理可依。因为无氧代谢的橄榄球防守队员可能会选择次极限功率自行车测试，研究说明 YMCA 方案比 Åstrand 方案更加合适。

第五，体能教练必须考虑到运动员的训练水平。即便 YMCA 方案在有氧能力的评估上更加准确，但是如果橄榄球防守队员在非赛季内经历了长时间的休息，那么传统的或改良的 Åstrand 方案可能更加合适。

体能教练应该知道这些知识只是用来说明如何实用 SMARTS 图表的例子，没有哪种方法最适合评估所有橄榄球防守队员或其他任何类型的运动员。然而，特异性、运动形式、应用、研究和训练水平都在有氧能力测试的选择中发挥重要的作用。

一旦选择了有氧能力测试，体能教练必须确定需要采集哪些数据变量。在变量基础上，任何所需的测试技巧都应该在测试开始之前罗列出来。否则，由于技术的缺乏可能会导致选择另外一种测试方案。体能教练应该在测试开始之前练习测试技巧，而不是凭借以往的经验，尤其是当他们已经长时间没有为别人做测试的时候。

在收集数据并计算有氧能力之后，体能教练可以根据受试者心肺机能的基础水平制订个体训练计划，从而设计个性化的训练计划，就能实现维持或提高运动员有氧能力的训练目标。另外，还应该记住，有氧能力的提高需要在无氧阈附近或高于无氧阈的强度坚持运动，这方面的评估将在下一章做出介绍。

小　结

● 测试方案的正确选择和执行很关键，因为它们能影响心肺功能测试结果的准确性。根据设备的可用性、技术专家和可用时间选择测试方案，且应符合特定的人群特征，同时出现的误差应最小。如果有多个心肺功能测试方案都能适用于某个运动员，那么体能教练可以通过比较其中两个或多个测试降低标准误。

● 在测试开始之前了解运动员的训练计划，根据运动的特征做出调整，从而有助于选择适当的心肺功能评价方案。无论如何，利用有氧能力来代表心肺机能时，需要考虑的问题是测试方案能否准确反映训练产生的适应变化以及训练效果。

第 6 章

乳酸阈

戴夫·莫里斯（Dave Morris），PhD

　　乳酸是葡萄糖或糖原在糖酵解过程中分解形成的代谢物。尽管许多细胞和组织都能够通过糖酵解途径产生乳酸，但在运动中，骨骼肌是产生乳酸的主要场所，其依赖糖酵解途径为肌肉收缩提供能量。

　　传统上，乳酸被认为是碳水化合物代谢后产生的无用之物。其实，肌肉工作产生的乳酸会留有一部分作为能量代谢物质；而剩余的那些没有被运动肌消耗掉的乳酸则扩散到血液里，血液中的乳酸浓度可以通过多种技术来测量。其中一个测量手段，即乳酸阈值测试，是要求测试者在递增动作功率条件下测试练习。测试期间，在固定的时间间歇中，抽取血液样本并分析其乳酸浓度。

　　通过乳酸阈值测试，研究者发现，在低强度的运动中，血中乳酸保持在相对较低且稳定的水平。然而，随着运动强度的增加，血中乳酸浓度突然开始增加，并随着锻炼强度的增加以成倍的量级继续上升。这个血中乳酸水平突然且显著增加的点被普遍定义为乳酸阈值。

　　由于乳酸在运动能量代谢中所起的重要作用，科学家们研究了其对运动的反应以了解生物能量学的细微差别。乳酸在运动过程中与能量供应的重要关系，激起了教练和运动员设计和实施更好的训练计划的兴趣。

能量转换途径与乳酸代谢

合理地设计、管理以及解读乳酸阈值测试需要对能量转换途径与乳酸代谢有一个全面细致的认识和了解。如上文所述，当运动肌需要使用糖酵解途径提供能量的时候，乳酸产生。

糖酵解的发生并不总意味着会有大量的乳酸产生或者血中乳酸堆积。在中低强度的运动中（用 BORG 主观疲劳感知度量表评价主观疲劳感知度大约在12 ~ 13），有氧氧化途径能够提供足够的能量来满足运动肌群的需求。随着运动强度的增加，对能量的需求开始超过有氧氧化途径的供能范围，迫使身体更多地依赖糖酵解途径来满足肌肉收缩所需要的能量。能量需求大、糖酵解程度高的运动会生成和堆积大量乳酸。

糖酵解是一种可以被迅速激活的代谢途径。它发生在肌细胞的细胞质基质中，消耗 6- 磷酸葡萄糖，利用该底物来产生 4 种对能量代谢至关重要的分子：三磷酸腺苷（ATP）、NADH + H^+、丙酮酸以及乳酸。

ATP 对运动代谢的重要性在于 ATP 分子中的磷酸键蕴藏着肌肉收缩时所需的自由能，必须通过化学反应来打破这些键使得能量得到释放，然后用这些能量实现肌肉收缩。由于糖酵解可以迅速地产生 ATP，身体需要它在短暂的运动回合（30 s ~ 1 min）中提供大量的 ATP。另外，在高强度的运动回合中，身体对 ATP 的需求高于氧化磷酸化所能提供的能量，此时糖酵解会变得十分活跃。

糖酵解产生 ATP 在两个反应中生成：磷酸甘油酸激酶和丙酮酸激酶反应。每消耗 1 个 6- 磷酸葡萄糖分子，就会在糖酵解过程中生成 2~3 个 ATP 分子。净 ATP 产量的差异取决于 6- 磷酸葡萄糖的来源。如果血糖形成 6- 磷酸葡萄糖，则需要 2 个 ATP 分子完成糖酵解，1 个 ATP 分子用于己糖激酶催化，另一个 ATP 分子用于磷酸果糖激酶催化，因此，当血糖作为 6- 磷酸葡萄糖的来源时，能收获 2 个 ATP 分子。如果肌糖原作为 6- 磷酸葡萄糖的来源，己糖激酶反应会被跳过，因而可以少消耗 1 个 ATP 分子，得到较高的净ATP 产量。

NADH+H^+ 是由烟酰胺腺嘌呤二核苷酸（NAD）经甘油醛 -3- 磷酸脱氢酶（G3PDH）反应生成的。如图 6.1 所示，氧化还原反应将一个氢原子从甘油醛 -3-

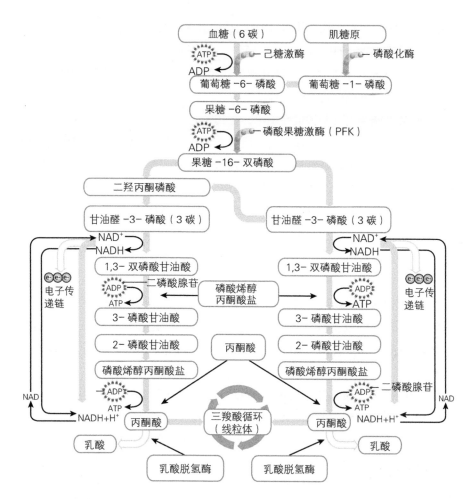

图 6.1　糖酵解过程

来源说明: Reprinted, by permission, from National Strength and Conditioning Association, 2008, *Bioenergetics of exercise and training*, by J. T. Cramer. In *Essentials of strength training and conditioning*, 3rd ed., edited by T.R. Baechle and R.W. Earle (Champaign, IL: Human Kinetics), 25.

磷酸中转移到 NAD 中去，形成了 NADH。NADH + H^+ 携带的氢来自于细胞液中的自由氢离子。它与 NADH 结合是由于烟酰胺分子上带正电荷的氢离子与带负电荷的电子相互吸引所致。

　　糖酵解产生 NADH + 和 H^+ 对于运动代谢的重要性表现在两个方面。第一，通过糖酵解生成的 NADH + H^+ 可以在线粒体中释放出氢给 NAD 和 FAD（flavin adenine dinucleotide，黄素腺嘌呤二核苷酸），形成线粒体 NADH + H^+ 和

$FADH_2$。这些新生成的线粒体 $NADH + H^+$ 或者 $FADH_2$ 继而被用在电子传递链上来再生成大量的 ATP。第二，甘油醛 -3- 磷酸脱氢酶反应中 $NADH + H^+$ 的生成，也促进形成了 1,3- 双磷酸甘油酸，磷酸基团继而被用在磷酸甘油酸激酶和丙酮酸激酶反应中再生成 ATP。

糖酵解可能会出现两种最终反应，在其中的一种反应中会形成丙酮酸。丙酮酸一旦在肌细胞中形成，通常会有两种结果：转化为乳酸，这一点将会在后面的章节中讨论；或者转移到线粒体中通过三羧酸（TCA）循环消耗掉。进入线粒体之后，丙酮酸会与辅酶 A 结合形成乙酰辅酶 A。此过程也包含一系列可以产生 $NADH + H^+$ 的反应，例如糖酵解产生的 $NADH + H^+$，会被电子传递链用来再生成 ATP。新生成的乙酰辅酶 A 进入 TCA 循环后会被用来产生 ATP、$NADH + H^+$ 和 $FADH_2$。其中 $NADH + H^+$ 和 $FADH_2$ 又将被用在电子传递链上再生成 ATP。

一个葡萄糖分子经过糖酵解、TCA 循环和电子传递链最终产生 36 ~ 39 个 ATP。产生 ATP 的数字略有不同，这取决于 6- 磷酸葡萄糖的来源，把细胞液中生成的 $NADH + H^+$ 转移至线粒体的方法，以及在电子传递链上氧化和磷酸化耦合的效率。

丙酮酸的第二条去路是转换为乳酸。乳酸是由丙酮酸接受经甘油醛 -3- 磷酸脱氢酶反应中形成的 $NADH + H^+$ 所释放的氢离子生成的。一旦在细胞中生成乳酸就有两种结果。在某些情况下，这些乳酸会变回丙酮酸，并被用作氧化途径的燃料。没有变回丙酮酸的乳酸被转移到肌肉外的其他组织中，用作多种用途。与丙酮酸不同的是，乳酸本身并不能被 TCA 循环所利用；所以，没有变回丙酮酸的乳酸不能马上被用来进一步产生 ATP。血液中出现乳酸说明 6- 葡萄糖磷酸释放出 ATP，每个 ATP 由糖酵解时生成的 2 ~ 3 个 ATP 分子提供。

由于 ATP 的产量高，在稳定运动时通过三羧酸循环、通过 TCA 循环来消耗丙酮酸这个方法无疑是丙酮酸代谢的首选方法。然而，线粒体通过丙酮酸产生 ATP 的能力却有限；而且随着运动强度的增加，必须满足 ATP 增长的需求，有些要通过加快糖酵解的速率来实现。但同时，糖酵解的自我限制机能也降低了它产生 ATP 的能力。

糖酵解必须拥有足够的 NAD 才能够在甘油醛 -3- 磷酸脱氢酶反应中产生 $NADH + H^+$。虽然 NADH + HNADH + H^+ 在电子传递链上对 ATP 再生有重要作用，但是糖酵解产生的大量 NADH + H⁺ 会造成细胞质基质中 NAD 数量的下降。在中等强度的训练中，线粒体能够消耗 NADH + H⁺ 中的氢使 NAD 的数量维持在稳定的水平。但是，在高强度运动下，糖酵解速度的加快会产生足够多的 NADH + H⁺ 去抵消线粒体所消耗的数量，使得 NADH + HNADH + H⁺ 得以逐渐累积而 NAD 的数量则下降。如果 NAD 的数量持续下降，甘油醛 -3- 磷酸脱氢酶（G3PDH）反应会因此而减缓，进而会导致糖酵解速度的减缓，ATP 产量下降以及运动员的疲劳。

在高强度的运动中，乳酸的形成在运动代谢、ATP 生成以及维持运动强度中起着极其关键的作用。丙酮酸向乳酸的转化会消耗掉来自 NADH +HNADH + H⁺ 中的氢离子，这有两个好处：促进 NAD 的再生，这样使得糖酵解以及 ATP 的生成可以持续保持在较高的速率；在运动过程中将 pH 维持在相对中性的水平（Robergs et al., 2004）。乳酸生成所带来的这些好处与传统中认为乳酸生成会在高强度运动中引起酸中毒以及疲劳的看法有明显不同。恰恰相反的是，乳酸的生成通常可以通过减轻酸中毒和维持足够的 NAD 供应来维持高强度的运动。

然而，大量乳酸的产生的确意味着身体正在使用它的最后一道防线来维持糖分解的 ATP 产量以及高强度的运动。一旦达到极限，运动功率的增加将最终会超过产生乳酸的能力范围，引起酸中毒、NAD 含量下降以及身体疲劳。因此，尽管乳酸的堆积与运动过程中的疲劳感是高度相关的，但并不能因此将乳酸当作是产生疲劳的原因。

尽管乳酸通常与高强度的运动有关，但事实上任何强度的运动都会产生一定数量的乳酸。但是，随着运动强度的增大，NADH +HNADH + H⁺ 和丙酮酸的累积会导致乳酸大量生成。一旦在运动肌肉中形成，没有在肌肉内代谢掉的乳酸会通过细胞膜被转运到血液中，在那里，它会被运送给各类组织并消耗掉。

丙酮酸生成乳酸的乳酸脱氢酶反应是可逆的，该反应允许各类组织，包括心脏和非运动骨骼肌利用输送进来的乳酸作为丙酮酸的来源实现 TCA 循环。这个过程使得这些组织能够在不消耗它们自身的糖原储备，以及不从血液中摄取葡萄糖的情况下来为氧化代谢提供基质。乳酸也可以从肝脏中提取，在肝脏中，通过糖异生这一过程，乳酸可以被转化为葡萄糖并释放到血液中供运动肌肉所使用。乳酸从运动肌被输送到肝脏中，转化为葡萄糖再返回到运动肌群的过程被称作乳酸循环（柯里氏循环）。

不管乳酸的结果如何，它在血液中的含量是其生成量与消耗量之差。在中低强度的运动过程中，乳酸的消耗量等于其生成量，使得血中乳酸含量较低且稳定。然而，随着运动强度的持续增加，糖酵解速度的加快最终导致乳酸的生成量大于其消耗量。如果继续进行高强度运动，生成量与消耗量的不平衡最终导致血中乳酸浓度的增加——乳酸阈值（见图 6.2）。

运动成绩与乳酸阈值

乳酸阈值测试的目的是确认运动强度：在以乳酸阈值强度运动时，身体严重依赖糖酵解供能并生成大量乳酸来满足能量需求。由于乳酸阈值测试显示有氧能量代谢途径的能力，它几乎专门被用于耐力运动员的身上，比如马拉松运动员以及长距离自行车运动员。它可以确定运动员开始更多依赖于体内有限的碳水化合物储备低效分解代谢时的运动负荷。拥有相对较高的乳酸阈值的运动员能更多更好地在高强度的运动中保存这些碳水化合物的储备。

进行乳酸阈值测试

在乳酸阈值测试中，测试对象在逐步递增的高速度负荷下运动，直到他们感觉到或者接近疲劳。测试期间，在固定的时间间隔内，提取血液样本以分析其乳酸浓度。测试从低负荷的运动开始并逐渐地增加负荷，这样一来，血中乳酸含量会在测试的早期阶段保持或者接近静息水平。随着运动负荷的加大，一般会在运动开始后的 12 ~ 20 min 时达到乳酸阈值。这种从低功率运动开始并逐渐加大运动负荷的方法可以确定血中乳酸的变化轨迹，从而帮助我们来确认血中乳酸开始堆积的时刻。

在进行乳酸阈值测试的时候，可以使用很多种运动模式。跑步机测试和功率自行车测试是最常用的方法。任何一种运动模式都适用于测试非耐力运动员，但对于耐力运动员来说，应该采用那些跟他们自身竞技项目最接近的运动方式来进行测试。这样做不仅能够让运动员得以在他们熟悉的运动项目下进行测试，更能为我们获得有用的信息以帮助我们设计和评估训练项目。

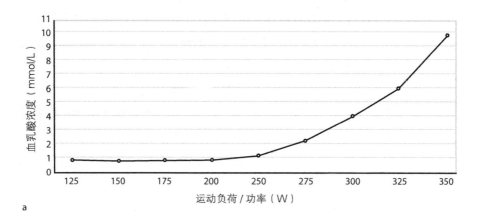

a

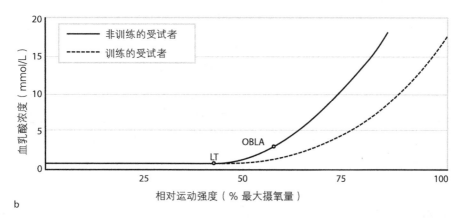

b

图 6.2　中低强度的运动过程中，乳酸的消耗量等于其生成量，使得血中乳酸含量较低且保持稳定。然而，随着运动强度的持续增加，糖酵解速度的加快最终导致乳酸的生成量大于运动中对其的消耗量

测试准备注意事项

在测试开始之前，测试对象需要做 10 ～ 15 min 的热身，从低负荷运动开始逐渐增加到最大的强度，也就是逐渐增强到乳酸阈值测试所需的初始功率。做热身运动的原因有 2 个。

● 有氧能量途径需要几分钟来达到最佳供能状态。在运动刚开始的时候，身体更多依赖于糖酵解来满足运动对ATP的需求，因而会产生一定量的乳酸。这样乳酸产量的增加会导致运动初期的血中乳酸含量并不能真实反应线粒体在最佳状态时的血中乳酸产量与消耗量之间的动态情况。

• 那些从来没有参加过乳酸阈值测试的人，在测试之前可能会有不安或紧张的情绪。这样的情绪会加速肾上腺素的循环，导致糖酵解和乳酸产量的增加。事实上，肾上腺素是非常强的乳酸刺激剂，以至于处于静息状态但焦虑的测试对象所产生的乳酸接近于进行高强度运动的测试对象产生的乳酸。这样异常高的血中乳酸会令我们更加难以确定血中乳酸产量开始加速积累的运动负荷，因而乳酸阈值的评估也将会变得不准确。通过测试开始前的热身活动，测试对象可以减少忧虑以及乳酸的产生，使得测试开始阶段的乳酸含量更为准确。

测试过程中的初始运动负荷与运动负荷的增加都是由测试对象自身的运动能力所决定的。确定这些数值的时候，应该要小心谨慎，确保测试对象可以在12 ~ 20 min 之内达到乳酸阈值。如果初始负荷过高，或者强度增加过快的话，可能无法确定运动基线，导致乳酸阈值无法确定。如果初始功率过低，或者强度增加过慢的话，则会浪费时间和材料。测试对象当前的训练强度和之前的乳酸阈值测试结果可以用来帮助设置一个合适的初始运动负荷。如果测试对象之前没有运动经验，那么最好保守一点设定初始负荷，否则，测试对象可能会因为初始运动负荷大于其乳酸阈运动负荷或者并没有建立起运动基线而不得不重复进行测试。

测试控制

测试开始后，运动负荷持续增加，这种测试设计被称作"斜坡方案"。"台阶方案"指的在固定的时间间隔内，一般是 3 ~ 4 min，增加固定量的运动负荷。"斜坡方案"在各种研究领域里被广泛使用，但是在衡量运动员的测试中，我们一般采用"台阶方案"，因为它能够更准确地确定到达乳酸阈值时的输出功率或速率。在"台阶方案"测试中，每一级运动负荷在起始负荷基础上提高5% ~ 15%。相比之下，斜坡式测试中运动负荷会在3 ~ 4 min 的时间内逐渐增加相同的幅度（见图6.3）。状态良好的自行车运动员，以 120 ~ 150 W 的功率开始测试，每隔 3 min 或 4 min 增加 20 W；状态良好的长跑运动员以 8 mile/h 的速度开始测试，每隔 3 min 或 4 min 将速度增加 0.5 mile/h。

　　测试过程中，在固定的时间间隔内，抽取血液样本分析其乳酸浓度。如果采用的是"斜坡方案"的话，则应该在不同的时间间隔内来提取血液样本。当测试对象接近乳酸阈值的时候，样本采集要变得更加频繁，通常是每隔 30 s ～ 1 min 之内采集

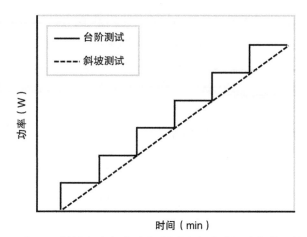

图 6.3　斜坡方案与台阶方案测试中递增运动负荷比较

一次。由于在"台阶方案"中，运动负荷在每个阶段内是保持稳定一致的，所以血液样本应在固定的时间间隔内提取，一般在每个阶段的最后 30 s 内来操作。

　　过早地提取血液样本会导致样本的乳酸读数不能准确地反映在某一个运动负荷时乳酸的产生速率，因为能量代谢途径需要一定的时间才会对高负荷的运动产生应答。另外，一旦糖酵解的速度和乳酸产生率对新工作负荷的应答稳定之后，乳酸到达血液并均匀地分布在血液里也需要一定的时间。只有到了那个时候，乳酸含量才能真正反映乳酸的生产水平。

　　血液样本可以从身体的多个部位提取，三个最常用的部位是手指、耳垂和肘前静脉。从手指和耳垂提取样本一般是在皮肤上穿刺，抽取大约 50 μL 的血来检测分析。最近几年，手指和耳垂采血很普遍，一是由于它微创，二是由于现在的乳酸分析仪只需要少量的血液（25 ～ 50 μL）就可以进行分析。某些血中乳酸分析方法，例如分光光度法则需要从手指或耳垂提取更多的血液样本。在这些情况下，通常会用导管或静脉穿刺的方法从肘前静脉抽血。

　　抽血的部位可能需要根据现有设备而定，但是另一方面也由取血者和测试对象来决定。需要注意的是，血中乳酸浓度可能会因抽血部位的不同而有 50% 或更大的差异（El-Sayed et al., 1993）；因此，一旦选定了一个抽血部位之后，在整个测试过程中都应该从相同部位进行采样。

一旦采集好血样，应该马上由乳酸分析人员进行分析。如果不能马上分析，样本应该尽快放在细胞溶解器皿中破坏红细胞，因为红细胞可以进行正常的代谢产生乳酸。如果不破坏红细胞，红细胞将会在采集样本之后继续产生乳酸，乳酸水平测试结果将不能反映工作肌群乳酸产生的量。

测试结束以及数据分析

乳酸阈值测试将一直持续到测试对象疲惫为止，或者是到血中乳酸随运动负荷的增加出现明确且持续上升的时候。如图 6.2 所示，在低负荷的运动期间，血中乳酸的浓度保持在较低且稳定的水平。即使负荷增加，血中乳酸浓度仍保持同样的水平，这时的血中乳酸浓度可作为基线，或是基线乳酸值。

当负荷超过一定水平，血中乳酸浓度开始随负荷的增大急剧上升。血中乳酸浓度的这个拐点被称为乳酸阈值，乳酸阈值通常可以通过观察血中乳酸浓度随运动负荷增大而变化的曲线来确定（Davis et al., 2007）。

可惜，乳酸的测量并不会总像图 6.2 中那样显示出一个清晰明确的阈值。图 6.4 展示了一个测试对象血中乳酸浓度逐渐增大的数据。这种情况下，采用观测的方法并不能得出一个确切的乳酸阈值。由于这种情况经常出现，许多运动生理学家建议使用更客观的方法来确定乳酸阈值。客观的方法包括 0.5

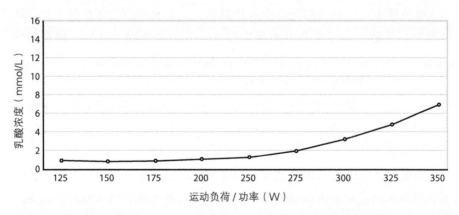

图 6.4　乳酸阈值结果，在乳酸阈测试中，该受试者的血乳酸持续上升，这种情况下，无法通过目测准确判定乳酸阈

mmol/L 标准法、1.0 mmol/L 标准法、外推法以及 D-max 法。

0.5 mmol/L 标准法与 1.0 mmol/L 标准法

0.5 mmol/L 标 准 法（Zoladz et al.，1995）以 及 1.0 mmol/L 标 准 法（Thoden，1991）均使用类似的方法来确定乳酸阈值，但是这两种方法的区别在于究竟乳酸浓度发生多大的变化才能被认为是达到了阈值。通过上述方法绘制出的乳酸图中，每个乳酸值都会对应一个运动功率，当连续完成两个递增运动功率无法引起 0.5 mmol/L 或 1.0 mmol/L 乳酸值上升时，该运动功率对应的乳酸浓度就是乳酸阈。之所以要求连续两次乳酸上升作为判断标准，是因为可以降低低强度运动时引起血乳酸不规律变化造成对乳酸阈值的误判。

在图 6.5 中，在 250 W 的负荷下血中乳酸浓度保持在较低且稳定的水平。在 275 W 的功率下，乳酸浓度的增加超过了 1 mmol/L。在 275 W 到 300 W 之间，又检测到乳酸浓度的上升，这样就满足了之前提到的，在连续两次增加运动负荷时，乳酸增量超过 1.0 mmol/L 的要求。

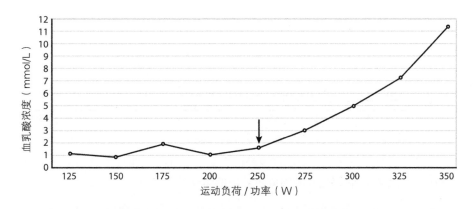

图 6.5　功率在 250 W 以下血乳酸相对较稳定也较低，但是从 250 W 到 275 W 血乳酸提升超过了 1 mmol/L

观测法以及 0.5 mmol/L 和 1.0 mmol/L 标准法的一个主要局限性在于，乳酸阈值的准确性在某些程度上取决于测试的每个阶段中负荷的增加值。例如，在图 6.2 中，乳酸阈值很明显是 250 W 所对应的血中乳酸浓度。

然而，由于乳酸值只在负荷为 250 W 与 275 W 时被测量，我们只能确定血中乳酸在负荷为 250 W 时没有大量堆积，而在负荷为 275 W 时已经堆积了。因此，我们并不能确定导致血中乳酸开始积累的准确运动负荷，只能确定这一负荷是在 250 W 与 275 W 之间。

回归分析

为了更精确地评估达到乳酸阈值时的运动负荷，一些运动生理学家提出采用回归分析法来分析血中乳酸数据。为了使用这种方法，乳酸曲线会被分成两部分：基线，包含血中乳酸浓度开始上升之前的所有数据；以及血中乳酸浓度在测试中呈指数上升的部分。对乳酸曲线的这两个部分单独进行回归分析，以此来生成最能反映每个部分数值情况的中心线，将这两条中心线延伸至它们相交。一条垂直线经过交点后继续延伸与 X 轴相交。与 X 轴相交的点标注的即是乳酸阈值按照推测应出现时对应的运动负荷（见图 6.6）。

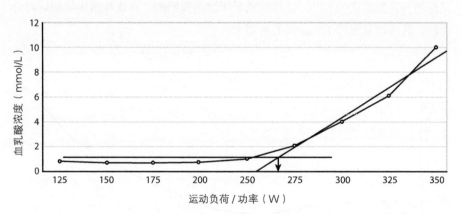

图 6.6   回归线注释：一条垂直线经过交叉点后继续延伸与 X 轴相交。与 X 轴相交的点标注的即是乳酸阈值所对应的运动负荷

有人质疑，用外推法确定乳酸阈值的缺陷在于，乳酸阈值会受到乳酸浓度拐点对应的负荷的影响。我们来参照两个运动员 A 和 B 的血中乳酸情况，如图 6.7 所示，在出现拐点之后，A 运动员血中乳酸的累积速度远高于 B 运动员。值得注意的是，从这两条回归线的交点来看，尽管两个运动员的乳酸拐点出现在相同的运动负荷下，A 运动员的乳酸阈值要高于 B 运动员。

在拐点出现之后，决定血中乳酸浓度增幅的因素，包括乳酸脱氢酶活性、

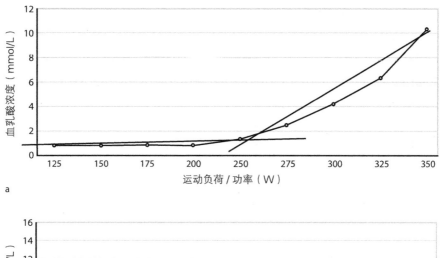

图 6.7　对比这两条回归线不难发现，尽管两个运动员的乳酸拐点出现在相同的运动负荷下，A 运动员的乳酸阈值要高于 B 运动员

肌肉纤维组成以及血容量等，与引起血中乳酸堆积的运动负荷并无关系。因此，通过外推法来确定乳酸阈值可能会受到与最初血中乳酸浓度增加不相关的因素的影响。

D-max 法

采用 D-max 法来进行乳酸浓度分析，测试对象必须在乳酸阈值测试中达到意识疲惫的状态（Cheng et al., 1992）。首先用三阶回归曲线绘制测试所得的数据。接下来，连接第一个和最后一个乳酸值画第一条直线。找到距离这条直线最远的一个乳酸值，再画一条与第一条线垂直的直线。从第二条直线与乳

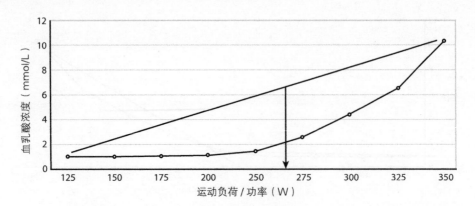

图 6.8 利用 D-max 法找到乳酸阈对应的运动负荷

酸曲线图的交点开始，向下再画第三条直线，直到与 X 轴相交。第三条直线与 X 轴相交的那一点即为乳酸阈值所对应的运动负荷。（见图 6.8）

　　尽管 D-max 法存在与外推法相同的批判，但这个方法具有很好的可重复性（Zhou and Weston，1997）。另外，用多种方法比较乳酸阈值强度下的 10 km 跑速，D-max 法预测赛跑成绩的准确性最高，说明这种方法能有效地评估运动员的竞赛水平。

最大乳酸稳态状态

　　尽管乳酸阈值测定是乳酸测定实验中最常用的测试，有些时候我们也需要进行最大乳酸稳态测试来预测人体在运动时所能承受的最大的运动负荷。这个测试监测的是在长时间的持续运动中监测血中乳酸的浓度，以此来确定在血中乳酸浓度保持相对稳定的状态时，人体所能承受的最大负荷（Beneke，2003）。

　　最大乳酸稳态状态这个概念是在人们对乳酸阈值概念存在批判的背景下产生的。因为尽管乳酸阈值标志着血中乳酸的堆积，但它并不能够确定在持续的高强度运动下，乳酸不再继续增加时能承受的最大负荷。

　　乳酸生成量以及血中乳酸含量的增加，有时会被错误地认为身体已经不能够在糖酵解途径中保持体内平衡。事实上，乳酸的产生可以为糖酵解提供足量的 NAD，以保证 ATP 产生速率保持在一个合理的水平。

有些人指出，对大多数人来说，尽管生成乳酸的水平有所提高，超出乳酸阈值对应负荷的运动是可以继续维持的（Morris and Shafer，2010）。最大乳酸稳态状态这一概念的支持者认为，尽管在给定的运动负荷下，乳酸水平比运动基线要高，但是其长期稳定状态表明，在糖酵解过程中，体内平衡是可以实现的，并且可以长期保持同样的运动强度。因此，最大乳酸稳态状态测试检测的是在一大段时间内血中乳酸对特定运动负荷的反应。

确定最大乳酸稳态状态需要进行一系列的测试，可能需要几天的时间来完成。首先，测试对象需要完成之前章节中所提到的乳酸阈值测试，以得出乳酸阈值对应的运动负荷。接着，测试对象要完成一系列相隔几分钟或者几小时的非连续运动。每个运动阶段的持续时间根据所选的方案而有所变化，通常是 9 ~ 30 min（Beneke，2003）。在每一个阶段，运动负荷保持在稳定的水平，同时在相同的时间间隔内提取血液样本分析其乳酸浓度。如果测试对象在一个阶段中的血中乳酸浓度保持稳定一致，那么这个阶段就是一个测试周期，然后以稍高的运动负荷重复此过程。这个策略一直持续直到在某一个阶段内观察到血中乳酸浓度有显著的提高为止。最大乳酸稳态状态负荷被认为是超过稳定状态标准的血中乳酸浓度不再增加时对应的最大运动负荷。

图 6.9 举例说明了最大乳酸稳态状态测试中两个连续负荷中的乳酸浓度。在 250 W 的功率下（见图 6.9a），测试对象能够在整个阶段中维持稳定的血中乳酸水平。在下一个阶段中，功率增加到了 260 W，乳酸浓度并没有保持稳定状态，而是随持续时间的延长而增加（见图 6.9b）。从这些数据中，我们可以

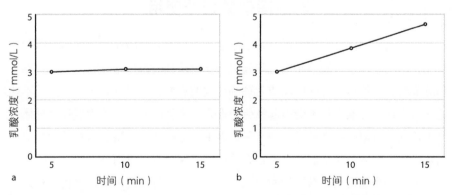

图 6.9 最大乳酸稳态状态测试中，两个连续的负荷阶段内乳酸浓度值；a：250 W，b：260 W

确定，250 W 就是这个测试对象的最大乳酸稳态状态功率。

　　每个阶段的持续时间和间隔时间，不同阶段之间负荷的增量，以及血中乳酸浓度上升的标准，会根据运动方式以及所采取的具体方案的不同有所差别。例如，如果每个阶段的时间是 30 min，那么每隔 5 min 就要测量一次血中乳酸浓度，而且在第 10 min 与第 30 min 之间，乳酸浓度的增加将不会超过 1 mmol/L（Beneke，2003）；而其他情况下，乳酸含量在第 20 min 与30 min 之间的增量将不会超过 0.5 mmol/L（Urhausen et al.，1993）。如果采取较短时间的方案，比如 9 min，那么每隔 3 min 就会测量一次血中乳酸浓度，且在第 3 min 与第 9 min 之间，血中乳酸的浓度上升将不会超过 1.0 mmol/L。（Morris et al.，2000）

　　每个阶段之间的间隔时间会根据采取某一方案所需时间的不同而改变，对于短时间的方案，间隔时间是 30 min，而对于每个阶段都是 30 min 的长时间方案来说，间隔时间则为 24 h。如果是评估那些以训练为目的的运动员，那么短时间的方案更为适合，因为运动员通常没有这么多的时间来完成为期几天的长时间的最大乳酸稳态测试。但是，长时间的方案能够更准确地确定最大乳酸稳态负荷，因此对研究人员也更具吸引力。

　　初始阶段的运动负荷一般会稍高于乳酸阈值负荷。而运动负荷的增量可以任意设置或者按初始负荷的百分比来计算。对于划船和自行车运动来说，通常的增量是 5 ~ 10 W；而对于跑步运动员来说，可以在每个阶段将速度增加0.3 ~ 0.5 km/h。

乳酸阈值数据的使用

　　乳酸阈值测试得出的数据有几个用途。通过了解乳酸在运动代谢中所起的作用，运动生理学家能够使用乳酸阈值测试所得到的数据来预测适当的比赛和训练节奏，评估运动员的体能或者训练计划的有效性。尽管乳酸产生量并不能造成酸中毒且乳酸本身不会引起疲劳，但是血中乳酸的堆积的确意味着身体在严重依赖无氧糖酵解来满足运动能量的需求，而得知这一情况是在什么样的运动强度下发生的，对我们来说是很有价值的，原因有以下两点。

　　第一，当葡萄糖和糖原代谢生成乳酸的时候，每消耗一个碳水化合物只会生成两三个 ATP 分子；而当丙酮酸通过氧化磷酸化作用被生成且消耗的时候，则会有 36 ~ 39 个 ATP 分子生成。因此，乳酸阈值的反映表明人体消耗葡萄糖和糖原的速度超过了 ATP 的产生速度，这样会最终导致碳水化合物过早的消耗和耗竭。因此，当运动员参与的项目挑战他们自身糖原储备的时候，他们在计划比赛战术的时候，应该考虑如何保存碳水化合物的储备。

第二，血中乳酸浓度的增加也说明测试对象的 ATP 消耗量开始超出了氧化途径所能提供的 ATP 含量。运动强度过渡中血中乳酸浓度增加表明身体必须依赖糖酵解来为运动肌肉提供足够的 ATP。尽管对乳酸的产生并不会导致酸中毒且其引起疲劳的说法也存在质疑，但是乳酸在血液中的堆积表明可承受的最大运动负荷和 ATP 产量即将达到临界值（Morris and Shafer，2010）。

乳酸阈值与碳水化合物储备消耗速度的关系，以及乳酸阈值与最大稳态状态负荷的关系使得乳酸成为耐力运动表现的一个很好的预测指标。以前的研究（Foxdal et al.，1994；Tanaka，1990）已经证明，乳酸阈对应的跑速与10 000m 到马拉松这样距离的长跑比赛的平均速度相差很小。在相关功率自行车测试的研究中，引起乳酸阈值的运动负荷与 60 ~ 90 min 计时赛的负荷很接近（Bentley et al.，2001；Bishop et al.，1998）。然而，在 25 ~ 30 min 的计时赛中，测试对象通常会保持大于乳酸阈值负荷的运动负荷。（Bentley et al.，2001；Kenefick et al.，2002）。尽管有这些差异，乳酸阈值对应的负荷与短时间计时赛的负荷保持着较高的相关度，意味着通过研究乳酸阈数据，我们能够合理预测运动员在这些运动中的成绩。

与许多生理和解剖系统一样，影响乳酸阈值的机制与运动训练息息相关。设计合理的训练计划可以通过增加对运动肌肉的氧气运输而提高氧化途径的能力（Schmidt et al.，1998），增加线粒体数量（Holloszy and Coyle，1984）以及增强氧化酶水平（Henriksson and Reitkan，1976）。氧化能力的改善可以提高肌肉产生 ATP 的能力、消耗丙酮酸以及再生 NAD 的能力，进而使得身体减少对乳酸的依赖，提高达到乳酸阈值所对应的负荷。

最大摄氧量容易受到遗传因素的影响（Bouchard et al.，1986），与其不同的是，乳酸阈值对运动训练的敏感性使得它能够有效地评估人体的有氧能力以及运动项目的有效性。训练良好的耐力运动员通常会在他们达到 80% 或以上的最大摄氧量强度的时候出现乳酸阈值。而没有经过训练的人们，其乳酸阈值的出现也会使得运动负荷引起乳酸的产生和累积速率增加（Henritze et al.，

1985），并因此提高训练计划实施的有效性。如图 6.10 所示，向右移动表示训练计划成功地提高了达到乳酸阈值的运动强度和可以承受的最大运动负荷。

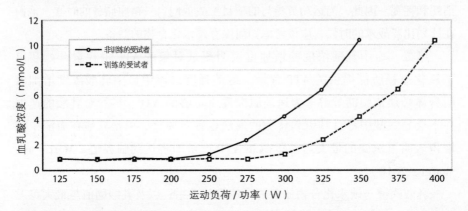

图 6.10　乳酸阈训练效应

　　乳酸阈值对训练的反应以及预测比赛成绩的能力使它可以有效地设定合理的训练强度。科学的证据为超负荷训练原则提供了支持（Weltman et al.，1992），这也意味着提高生理机能最有效的办法就是在超过当前能力的强度下进行训练。因此，有效的训练策略包括评估运动员当前的竞技能力以及采用超过运动员当前可以承受的最大的运动负荷的运动方式。毫无疑问，衡量运动员在某一项目上竞技能力的最正确方式就是在其进行这个项目的运动时评价。可惜，冗长的耐力项目例如马拉松是非常费力的，因此单纯地为了测试竞技能力而让运动员进行这个项目的测验的话，是非常不切实际的做法。但是，时间相对较短且压力更小的乳酸阈值测试就可成为理想的评估运动员竞技能力的方法。

Tim 是一个长跑运动员,他最近刚为自己设定了一个首次跑马拉松的目标。他曾经在 10 km 公路跑比赛中取得过很好的成绩,这次他想在自己的第一个马拉松上提高速度。Tim 认同递增超负荷训练理论,也知道如果要想提升自己跑马拉松的能力,他必须高于他在 26.2 mile 的马拉松全程中能保持的速度进行训练。但是,如果他训练的节奏过快,那么他不能在即将来临的比赛前很好地完成他的训练量。他深知自己在 10 km 长跑运动中的能力和速度,但是马拉松的距离差不多是 10 km 长跑的 4 倍,他也知道,他无法在马拉松全程中保持这一速度。

Tim 去拜访了一个同样是长跑运动员的运动生理学家,向他寻求建议。这位生理学家也认为,Tim 在 10 km 长跑中的速度要远高于他在马拉松全程中可以维持的速度。他知道有研究表明乳酸阈值速度通常与马拉松比赛中需要保持的速度非常接近,所以他建议 Tim 去做一个乳酸阈值测试。

初始速度必须能够保证 Tim 在血中乳酸浓度上升之前完成 4 个或 5 个运动阶段,这样就可能建立一个能够确定乳酸阈值的基线。Tim 用 36 min 的时间跑完了 10 km,大概是 6 mile/min,或者说 10 mile/h。训练良好的耐力运动员能够在 10 km 长跑中保持一个稍高于他们在乳酸阈值速度的强度。因此,9.5 mile/h 是对能引起乳酸阈值的速度的一个很好的估计。为了找出能够让 Tim 在 4 个阶段内能达到 9.5 mile/h 的初始速度,生理学家用运动阶段数(4)乘以每个阶段速度的增加值(0.5 mile/h),再从乳酸阈值速度 9.5 mile/h 中减掉计算得到的 2 mile/h,这样就算出了初始速度即 7.5 mile/h。

在开始测试之前,Tim 做了 12 min 的热身运动。热身运动开始的前 2 min,速度保持在相对较低的 5 mile/h,2 min 之后,速度每小时提高 0.5 mile,并且在接下来的热身运动中每 2 min 速度提高一次。这个渐进的过程能够使得 Tim 在热身运动中最后 1 min 内达到乳酸阈值测试的初始速度,即 7.5 mile/h。

这个方法能够达到 3 个效果:

- 使Tim的身体适应乳酸阈值测试中初始负荷下的代谢需求;
- 让Tim感受测试的初始速度并减少测试带来的不安;

- 让Tim体验到测试中每个阶段速度逐渐增加的过程。

完成热身运动之后，Tim从跑步机上走下，他和生理学家有4～5 min的时间来为测试做准备。对于 Tim 而言，这个准备包括去洗手间、做伸展运动或者系好鞋带，以确保测试一旦开始不会中断或停止。而生理学家则利用这几分钟的时间去确认相关设备已经准备好并校准过。

到开始测试的时候，运动生理学家打开跑步机，将初始速度设为7.5 mile/h。Tim 踏上跑步机之后，生理学家用秒表计时。跑了 3 min 之后，Tim 横跨在跑步机传送带两侧，生理学家用针在 Tim 的手指上刺孔，抽取少量的血液样本并马上拿到乳酸分析仪上进行分析。接下来生理学家拿一小块纱布放在 Tim 手指的伤口上，然后将跑步机的速度每小时增加0.5 mile，Tim 回到跑步机传送带上继续跑。这个过程重复多次，直到观察到血中乳酸浓度在运动阶段中出现明显而持续的增加。

测试结束的时候，运动生理学家将绘制不同跑速与对应的乳酸值的图，并观察到在速度为 9.5 mile/h 的时候出现了一个明显的拐点。这个速度很可能就是 Tim 能够在马拉松比赛中能保持的平均速度。由于 Tim 的目的是要在比赛之前提高自身的速度和能力，因此，Tim 将 9.5 mile/h 作为自己在长跑运动训练中的最低速度，而且在间歇性训练中将速度设定在高于 10 mile/h。

通过合理的训练，Tim 的乳酸阈值将增大，他的最低训练速度也会因此增加。在 4～6 周的时间内，他的进步有望体现出来，那时他需要再进行一次乳酸值测试。随着 Tim 能力的提升，定期重新评估对衡量训练项目的有效性以及重新设定合理的训练速度方面会有很大的帮助。

小　结

- 乳酸阈值测试是用来评估耐力运动的能力。
- 乳酸阈值通常表示血中乳酸浓度随运动强度的增加出现急剧上升的拐点。
- 血中乳酸浓度在增长的运动负荷下的变化，为我们研究运动员有效地利用碳水化合物分解来供能提供了很好的认识。
- 乳酸阈值能够反映运动员可以承受的最大运动负荷，因此被用来预测运动成绩和设定训练强度。
- 乳酸阈值能够反映耐力训练的情况，因此可以被用来评估训练项目的有效性。

第 7 章

肌肉力量

加文·L. 莫尔（Gavin L. Moir）, PhD

　　长期以来，肌肉力量被定义为运动表现和健康的重要组成部分（Dorchester, 1944 ; Murray and Karpovich, 1956 ; Paschall, 1954 ; Sampon, 1895）。基于这个原因，肌肉力量测试过去常用于提供诊断和预测的信息，这些肌肉力量的信息对于专业体能教练具有极其重大的意义。在与运动员有关的工作中，测试肌肉力量水平对于运动员的能力具有明显的实用价值。例如，肌肉力量测试已经被建议用于监控人体对训练方案的反应（Stone et al., 2007 ; Zatsiorsky, 1995）；来判断在抗阻力训练中的训练负荷（Baechle et al., 2008 ; Bompa and Haff, 2009）；以及监控受伤后的康复情况。肌肉力量测试同时可以帮助我们发掘那些有运动天赋的运动员，如橄榄球和足球项目（Pienaar et al., 1998 ; Reilly et al., 2000）。

　　除了应用于运动表现方面外，肌肉力量测试已经被用于评估老年人摔倒风险项目的临床工作中（Perry et al., 2007 ; Wyszomierki et al., 2009），并且强调了肌力衰弱症的功能性结果（Vandervoort and Symons, 1997）。除此之外，在老年人群中，肌肉力量与骨密度呈现正相关性。因此，对于研究人员和从业者，选择正确合适的肌肉力量测试是非常重要的一项内容。

　　本章的目的是为您呈现正确的肌肉力量测试方法，特别是最大肌肉力量。同时，测试方法的可靠性和有效性会尽可能被标注提醒。在开始定义肌肉力量之前，我们需要简短讨论一下力学因素和生物学因素对肌肉力量表现的影响。

肌肉力量的定义

肌肉力量经常被定义为肌力（Siff，2000；Stone et al.，2007；Zatsiorsky，1995），也被定义为一块或一个肌肉群可以产生对抗外部阻力的能力。基于这个定义，肌肉力量的表现是介于零（没有力量产生）到可以产生最大肌力（最大肌肉力量）的持续变化量。力是一种基本概念，它用以或趋向于改变外部阻力的移动（请注意，因为肌动球蛋白循环的结果是肌肉产生"拉"或张力，结果导致多数由肌肉产生的张力是与力相对抗的。但是，为了方便理解，我们这里仍然使用力这个名词）。牛顿第二定律重新定义外在阻力中作用力（F）、质量（m）和加速度（a）之间的关系。

$$F=ma$$

其中

F= 作用的力，单位是牛顿（N）

m= 质量，单位是千克（kg）

a= 加速度，单位是米每平方秒（m/s^2）

因此，力的大小可以决定外阻力的加速度。力，不管怎样，外阻力的运动需要时间去改变，因此力与时间的乘积叫作冲量，在力学中它的计算公式是

$$I=Ft$$

其中

I= 冲量，单位是牛顿·秒（N·s）

F= 作用的力，单位是牛顿（N）

t= 时间，单位是为秒（s）

在冲量与线性动量的关系中，力的冲量的重要性显而易见（可以从以下运动关系方程式中得以证明）：

$$Ft=mv_f-mv_i$$

其中

Ft= 作用力的冲量，单位是牛顿·秒（N·s）

mv_f= 外部作用力结束时的线性动量，单位是千克米每秒（kg·m·s^{-1}）

mv_i= 外部作用力开始时的线性动量，单位是千克米每秒（kg·m·s^{-1}）

在这个关系中，力的冲量扮演着改变外部阻力动量的角色。考虑到线性动量是由质量和线性速度产生的，并且在一个作用力的影响时间内，外部阻力的质量在运动和临床情况下是保持不变的。前面的公式定义已经告诉了我们冲量－动量的关系是改变外部阻力的线性速度。因此，我们需使用一个冲量，即一个在一段时间产生作用的力。

在主要的体育运动或者日常活动中，我们需要去改变外部阻力的速度。这或许来自于我们自身的质量或他人的质量，又或是一个目标物或工具的质量。冲量－动量的关系告诉我们，可以通过增加外在平均阻力的大小，增加作用力的作用时间，或者两者同时改变，用于增加外部阻力的移动变化。因此，力的冲量对力学本身或者实践角度来说都是很重要的。

一块肌肉或者一个肌肉群的肌力与产生力量的能力是相关的，尤其是肌肉力量在体育运动和临床环境中的重要性。在肌肉力量的定义中，肌肉生产力量的能力已经包含了大量的信息，这是由于众多力学和生物学因素对骨骼肌系统产生力量有影响。因此，这些因素被考虑作为肌肉力量测试的组成部分。

影响肌肉力量产生的因素

影响骨骼肌产生力量的因素包括收缩类型、肌肉结构、肌肉纤维类型、收缩过程和神经影响。在这一节我们会讨论这些因素以及关节力矩，并以肌肉最大力量的定义作为结束。

收缩类型

一块肌肉只会在静止（肌肉长度保持恒定），或者动态（肌肉长度变化）当中的其中一种状态下产生力量。当产生力量的同时肌肉长度保持恒定，肌肉表现为等长收缩。在动态条件下，肌肉可以产生离心收缩（产生力量同时肌肉被拉长），或者向心收缩（产生力量同时肌肉被缩短）。近期，有肌肉生理学家宣称，离心收缩和向心收缩的术语是不正确和误解的（Faulkner，2003）；但是，这些术语仍被广泛应用于体育训练范围内，也应用于此。

等动收缩是一种特殊的动态收缩。在这种情况下，力量由肌肉产生且可能是离心收缩，也可能是向心收缩，但是收缩的速度明显保持恒定。这种类型的收缩，会在本章后半部分有更多描述（详见等动收缩测试）。

应该注意的是，尽管可以明显地用肉眼观察到肌肉的收缩类型，但是这种区别在体内并不明显。例如，近期有研究人员已经展示了肌肉活动并不一定是相应关节的活动，这是由于肌腱与肌肉是连接在一起的，并具有延展性（Reeves and Narci，2003）。具体来说，当一个关节被加速伸展时，跨过该关节的肌肉会进行离心收缩，这种情况有可能是因为在肌腱被拉伸的同时，肌肉进行等长收缩。这些因素或许会影响到肌肉力量测试的外在有效性。

在等长收缩的状态下，肌肉产生的力量的大小取决于肌肉长度，这种认识已经达到共识（Passier et al.，1999）。这种力与长度的关系（Lieber，2002），是由于改变了肌纤维重叠的变化和粗肌丝对接的Z线的关系。这种肌肉力量的大小随着肌肉长度的变化而改变的现象，在特定的力量测试中会随着关节角度的选择而发生变化。

尽管力量与长度的关系，可以解释为力量是该部位的肌肉等长收缩产生的，但是不能理解为是肌肉动态收缩行为。相反，力量与速度的关系（Lieber，2002）也可以表述成肌肉发生离心或向心收缩时产生力量。当缩短速度增加速率时，力的生成会快速减小，这个可以依照肌动球蛋白循环的化学反应循环速率作解释；同时，这在肌肉收缩的横桥理论中有所描述。使用经典的横桥理论来解释当肌肉离心收缩时力有所增加的关系并不容易接受。因此，一些研究人员提出用肌节的不均匀性来解释这个问题。

应注意的是，Lieber（2002）得出的关于力量与速度的关系，是由一系列实验得来的。实验采用一块独立完整的肌肉，并且这块肌肉收缩对抗多种负荷（严格来说，这才是负重与速度的关系）。在活体上使用等动功率计测量这种关系，结果发现不可能完全得出理想的关系；离心收缩力量并不比等长收缩力大（Dudley et al.，1990）。这些不同的结果可能由于当活体进行收缩时，反射动作出现抑制作用。

可以确定的研究结果是，无论是活体测试还是标本测试，离心收缩产生的力远远大于向心收缩所产生的力（Drury et al.，2006；Harry et al.，1990）。尽管体能教练经常测量活体的向心收缩能力，因为在无特殊设备的情况下测量离心收缩能力是非常困难的（如等动功率计或力量平台）。考虑到离心收缩力在许多移动中的重要性（LaStayo et al.，2003），有关离心收缩力测量的相关问题将在本章后部阐述。

　　研究人员已经模拟演示了进行离心收缩后，肌肉进行向心收缩而产生的力量会增加（Finni et al., 2001）。向心和离心的肌肉收缩排序依据的是拉长–缩短循环（SSC），研究人员同时证明了增强向心收缩力的生成需要通过机制性改变，这其中包括了弹性能量贡献、反射激活反应和结构性变动。由于拉长–缩短循环是一个自然的肌肉收缩顺序，并广泛应用于体育运动和日常活动中，若这一效应发生在肌肉力量测试中会影响到测试的有效性。

肌肉结构

　　能影响肌肉力量表现的结构特征，主要是肌肉的横断面积和羽状角。

横断面积

　　肌肉的横断面积与并行的肌小节数量相关。这个数量会影响到肌肉产生力量的能力，较大的肌肉横断面积会产生较大的力，两者是有关联的。因此，使肌肉肥大是一种帮助增加肌肉产生力量的手段。对一块肌肉来说，肌肉的横断面积对产生力量很重要，但是这种关系不适用于羽状肌。羽状肌肌肉纤维走向与作用力方向存在一个角度（如股直肌）。在这种情况下，生理学的肌肉横断面积是可以计算的，但肌肉起点纤维束与肌肉作用之间的角度（羽状角）需要作为考虑的因素。

羽状角

　　羽状角，即肌肉纤维方向与肌肉的作用力方向的夹角，这对肌肉力量的产生有明显影响——羽状角越大，纤维束中肌纤维越多，产生力量的能力越强（Ichinose et al., 1998）。研究人员已经报道了肌肉厚度与羽状角有高度正相关性，并建议提高肌肉的羽状角可以提高肌肉肥大的水平。由于肌肉的羽状角可以根据关节的角度而改变，在一个特定的力量测试中，一块肌肉生成力量的能力会受到测试关节角度的影响。

肌肉纤维类型

骨骼肌是由肌纤维按照不同的收缩特性构成的。这种收缩的异质性很大程度上是由于肌球蛋白重链异形体的影响。肌球蛋白重链异形体的类型（在人类骨骼肌内找到的有 I 、IIa 和 IIx）被用于定义肌肉纤维类型（Baldwin and Haddad，2001）。这些肌肉纤维在人体内的研究显示出，肌球蛋白重链 IIx 型比 I 型纤维具有更明显的张力。在人体标本测试中则进一步证明了这一发现。研究人员也发现，肌球蛋白重链 II 型纤维的含量比例与肌肉力量呈现正相关性。相反的，肌球蛋白重链 I 型纤维有着明显的氧化能力，因此具有更好的耐力（Bottinelli and Reggiani，2000）。

收缩史

肌肉的前期收缩，在肌肉生成力量的过程中，疲劳和激活后增强效应都会受到非常显著的影响。

疲劳

疲劳可被定义为，随着肌肉活动的持续，肌肉表现发生可恢复的下降，其特点是由肌肉产生的力量逐渐降低（Allen et al.，2008）。在最大收缩的情况下力量的衰减更明显，在次最大收缩的情况下相对不明显。疲劳的表现即没有能力去维持肌肉活动所需要的强度（Allen et al.，2008）。在多次重复收缩中，含有高比例的肌球蛋白重链 I 性纤维拥有比较好的对抗疲劳的能力（Bottinelli and Reggiani，2000）。虽然针对任务产生的疲劳表现，其潜在机制非常的复杂且特殊，不过可以确定的是，前期肌肉的收缩对肌肉力量的输出有明显的作用。

值得注意的是，疲劳不只是一个急性现象，它在肌肉收缩后立刻产生、快速消失并恢复肌肉的功能。它导致的力量生成下降的情况可能持续几天，尤其是当动作包括了拉长 - 缩短循环。因此，长期或短期的前期肌肉的收缩对肌肉产生力量的影响，在肌肉力量测试时应被考虑。

激活后增强效应

研究表明在执行最大或次最大肌肉收缩时，受刺激肌肉可以短期内提高最大力量的生成，这种现象被称为激活后增强效应（Hodgson et al.，2005）。运动时诱发激活后增强效应和运动表现之间，该效应的影响机制是十分特殊的（Hodgson et al.，2005）。虽然，激活后增强效应的机制还不完全清晰（Robbins，2005），激活后增强效应或许可以在短期内作为一种增加肌肉力量输出的方法。

神经性因素对肌肉力量的影响

到目前为止，我们仅考虑了骨骼肌或肌肉群如何影响力量产生的机械性变量。可是，在内部运动系统中肌肉持续做功时，中枢神经系统对力量的生成有更深远的影响。增加被募集的运动单位能提高自主收缩肌肉力量的级别，神经单元动作电位调动越多，力量越大。在不同的肌肉中，力量在哪一个自助募集的运动单位是完全不一样的（Moritz et al.，2005；Oya et al.，2009）。

理解神经因素对力量生成的影响有助于发展一些提高肌肉力量的方法。例如，在最大自主收缩时，已经证明重叠增加电刺激可以提高力量生成的量级（Paillard et al.，2005）。正因为如此，一些作者会去区分自主收缩力量和绝对（重叠刺激）肌肉力量（Zatsiorsky，1995）。虽然，这样的叠加方法已经被用于测量独立的肌肉力量或者肌肉对单关节活动的影响；但应用于复杂及多关节运动（如职业运动动作或者日常生活动作），无论是实用性还是安全性方面都受到质疑（Stone et al.，2007）。

前文所述，在一个特定的测试中肌肉力量的表现，有可能是来自于一组肌肉在一个互相作用下力量生成的结果。简单来说，关节由一组拮抗肌提供活动，主动肌的收缩力量会被拮抗肌的活动影响。因此，在一个特定的活动中的净力产生，是取决于跨过关节的一组拮抗肌的共激活作用。研究人员发现，运动员比久坐的人群显示出较少的共激活作用（Amiridis et al.，1996），这或许解释了在测试过程中较大的力量值来自于受过良好训练的人群。

最后，在执行一个任务时激活的运动单元，会受到人体环节所在的运动方向（Brown et al.，1996；Person，1974）和指定的运动中应力方向的影响（Ter Haar Romney et al.，1982；1984）。这就意味着展示肌肉力量会受到身体姿态的影响。

关节力矩

前文虽然提到了神经机械的特性决定了骨骼肌力量的生成。在人体活动中，肢体环节的运动是力矩作用在关节上抵抗肌肉产生的力量的结果［从严格的力学角度来说，一个力矩包含纯粹的旋转；正确的力学技术用语是指用力矩，或者简单的力矩，作用于关节（Chapman 2008）。当然这些术语将在本章使用］。力矩是一个作用于人体可以产生旋转效果的力，即是在固定的轴心迫使旋转的力。力矩的计算方式是力量乘以轴心到力量的作用线的垂直距离。

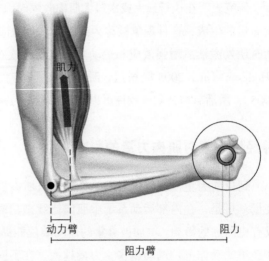

图 7.1 单关节运动时肌力矩示意图

来源说明: Reprinted, with permission, from National Strength and Conditioning Association, 2008, Biomechanics of resistance training, by E. Harman. In *Essentials of Strength Training and Conditioning*, 3rd ed., edited by T.R. Baechle and R.W. Earle (Champaign, IL: Human Kinetics), 70.

$$\tau=Fd$$

其中

τ= 肌肉的力矩，单位是牛顿·米（N·m）

F= 肌肉力量，单位是牛顿（N）

d= 轴心到力的作用线的垂直距离即力臂，单位是米（m）

图 7.1 是在手部施加外界阻力后，肌力矩（肌力 × 动力臂）和阻力矩（阻力 × 阻力臂）的示意。

轴心到力量的作用线的垂直距离我们称为力臂。从这个肌肉力矩的方程式中，可以清楚地看到力量的变化或者力臂的变化都会改变力矩的结果。值得注意的是，当关节角度发生改变时，力臂伴随着肌肉力量将会改变（见图 7.2）。

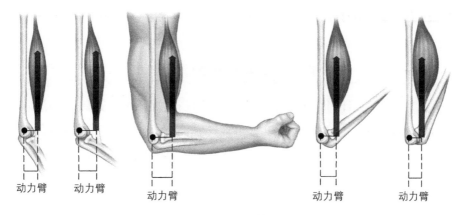

图 7.2 关节运动时，肌力矩中力臂的变化情况

来源说明：Reprinted, with permission, from National Strength and Conditioning Association, 2008, Biomechanics of resistance training, by E. Harman. In *Essentials of Strength Training and Conditioning*, 3rd ed., edited by T.R. Baechle and R.W. Earle (Champaign, IL: Human Kinetics), 71.

　　在运动力学分析中，力矩是围绕旋转轴施加的净力矩，这被误认为是跨关节的肌肉群的作用所导致的（参考 Zajac 与 Gordon，1989，多关节活动中活动肌对关节力矩影响的复杂性探讨）。在一些肌肉力量测试中，关节是被孤立的，这样力矩可以被认为是跨越关节的肌肉组织产生的结果（参考等动力量测试）。这样的测试或许不能有效应用于评价多关节运动，如体育运动或日常行为。

　　动态肌肉收缩经常被认为是等张收缩，也就是说，张力在肌肉收缩过程中保持不变（Lieber，2002）。虽然这种情况在单独的肌肉的准备时期是真的，但是伴随着力臂的改变，这不可能发生在人体内。因此，等惯性力量已经被建议用来描述当肌肉在执行动态收缩时，对抗的负重具有恒定的质量（Abernethy et al.，1995）。本章后部会提到。

　　我们需要认识到人体关节活动很少由单一肌肉产生的力矩所形成，它是由若干肌肉同时产生的，每块肌肉都有独特的力学特性（如纤维种类、结构及力臂）。因此，在一个特定的测试中力量的表现是来自于多组被激活的肌肉间互相作用的力学属性而产生的。

肌肉力量的定义

　　考虑到力学及生理学的因素对肌肉生成力量的贡献，我们对肌肉力量的定义可以提炼为：在特定的肌肉活动、运动速度和体位下，一块或者几组肌肉自主产生力量或力矩对抗外部阻力的能力。

运动表现与肌肉力量

在为运动员设计训练计划时，第一步需要进行需求分析，评估该运动项目及运动员的体能特征（Baechle et al.，2008）。体能测试应该用于鉴别薄弱区域，并与针对性的运动需求相关。这能帮助设计适当的运动计划。当运动员有进步时，训练计划的有效性能通过评估测试出来。最大肌肉力量的表现，已经表明了其对多种运动的重要性，例如棒球、篮球、美式橄榄球、英式橄榄球、足球和短跑。显而易见，最大肌肉力量的测试可以帮助体能教练提高及监控这些项目运动员的训练计划。

不同运动项目中，运动员产生力量的时间会限制运动表现。例如，跳远或跳高选手的足部接触地面的时间是 220ms 甚至更少（Dapena and Chung，1988；Luhtanen et al.，1979），短跑运动员接触地面的时间则是 120ms 甚至更少（Kuitunen et al.，2002）。由于最大肌肉力量测试通常并不限定时间，有些作者已经建议，这样的测试并不能表明肌肉的力学能力（Green，1992；Komi，1984；Tidow，1990）。因此，测试在有限时间内完成力量生成（发力率）已经被广泛建议（在第 9 章会讨论）。

由于最大肌肉力量似乎和快速生成力量的能力有强烈的关联性，强壮的人能够快速产生力量纵使外部负荷的重量相对较轻（Moss et al.，1997）。事实上，Schmidtbleicher（1992）认为最大力量是肌肉发展爆发力的基础。因此，在训练计划中提高最大力量的小周期，应优先于强化肌肉爆发力的小周期（Bompa and Haff，2009；Stone and Sands，2007）。测量最大肌肉力量可以决定在训练小周期内的训练负重。这里再次强调最大肌肉力量测试的重要性，特别是对体能教练来说。

测量方法

在进行肌肉力量测试时，虽然有很多因素影响着肌肉力量的表现，且不在专业人士的控制范围内，但我们还是有很多事情可以做。因此，在选择特定的肌肉力量测试时，专业体能教练必须考虑肌肉力量测试的特定性、热身的方案、测试时间及顺序。

肌肉力量的特异性

从之前讨论的力学和生理因素对肌肉力量的影响中，我们应知道测量不同肌肉的力量应有不同的测试方法。进行肌肉力量测试时，使用力学上不同于运动表现的方法，会影响到数据收集的外部预测的有效性。例如，在训练和测试动作时，选用的肌肉收缩类型、开链与闭链运动、对称性运动与非对称性运动等都存在差异性，通过长时间的抗阻训练，会对肌肉力量的增长有所影响。因此，体能专业人士应该考虑到所选用的力量测试的动作属性及在力学因素这方面动作应与运动表现相似。

运动模式

- 运动的复杂度：包括单关节与多关节的运动因素。
- 体位因素：特定运动所需采用的体位对肌肉力量的产生有影响。
- 关节活动度与力量生成的范围：在一个典型的运动中，肌肉的力量和力矩会随着一个关节活动的改变而发生变化。这类信息可以通过对运动进行生物力学分析而获得。
- 肌肉动作：这里所指的是肌肉进行向心收缩、离心收缩或等长收缩。正如前面强调的，这些信息不是凭直觉或者通过观察关节动作就可确定的。

力量的大小（峰值与均值）

当运动时，关节力矩和地面反作用力用力的大小来表示。这些信息通常来自于生物力学分析。

力量的产生速率（峰值与均值）

力量的产生速率是指关节力矩和地面反作用力的产生速率。

加速度和速度参数

在体育运动和日常活动中，速度与加速度的特点会随着运动而改变。速度被定义为身体位置在单位时间内的位移变化率；同时，加速度是速度在单位时间内的变化率。根据牛顿第二定律 $a=F/m$，最大的净力作用在身体上时会出现最大加速度。然而，最大的速度未必和最大的加速度与最大的净力一致。

冲击运动与非冲击运动

冲击运动是由肌肉收缩的起始脉冲引起的，最后伴随肌肉放松。动量是身体持续运动的原因，这是初始冲量的过程（冲量与动量的关系）。与之形成对比的是，在非冲击运动时，整个过程中肌肉收缩是持续稳定的。这一类的运动包含了不同的神经控制机制。

考虑到这些力学变量，会增加选择肌肉力量测试的有效性。研究人员已经着重观察力量测试的因变量之间的关系（如举起的最大外部负重、最大力量的产生），以及很少被真实评估的运动表现变量的关系（Abernethy et al.，1995；Murphy and Wilson，1997）。在本章的后部将对这些关系进行讨论。

测试肌肉力量的设备类型对测试结果有很大影响。例如，在器械上进行肌肉力量测试，可以固定测试动作；若是使用自由重量，运动相对不受控制。然而，一个在器械上执行的测试不一定会产生使用自由重量测试时一样的结果。Cotterman 等（2005）报道了在深蹲和平板卧推动作中，使用史密斯架测试和自由重量测试得出的最大肌肉力量的数值是不同的。使用不同类型的设备测试肌肉力量会产生明显的系统性偏差，因此对测试的可靠性及外在有效性有很严重的影响。

热身因素

热身运动通常在训练前开始，其主要目的是强化运动效果并减少受伤概率（Bishop，2003a and 2003b；Shellock and Prentice，1985）。如前文所述，肌肉力量的能力可以受前期收缩的影响导致力的减小（疲劳），或者力的增加（激活后增强效应）。事实上，疲劳和激活后增强效应都将会出现在骨骼肌持续收缩的两端（Rassier，2000）。因此，进行的训练动作作为热身的一部分，会显著改变在测试过程中肌肉的力量输出。

有报道指出，在被动或主动的热身中，肌肉做功时温度会升高（Bishop，2003a and 2003 b）。可是，提高温度对最大肌肉力量测试的影响还不清楚；已有作者提出对最大等长收缩力矩会有增加效果（Bergh and Ekblom，1979），然而其他的报告中显示没有差别（de Ruiter et al.，1999）。

在运动员的热身流程中通常包括静态拉伸。研究人员发现，在急性静态拉伸后会明显减小肌肉的最大自主收缩力量（Behm et al.，2001；Kokkonen et al.，1998），一些学者认为也许会影响到爆发力的表现（Young and Behm，2002）。可是 Rubini 等（2007）注意到在许多的静态拉伸方法中，发现通常是在拉伸训练中保持拉伸时间过长导致肌肉的力量受影响。因此，只要总拉伸时间不要过长（对每一组肌肉进行 4 次的拉伸，每次建议在 10 ~ 30 s）；同时拉伸方法在随后的测试中保持一致。这样，静态拉伸作为力量测试的热身部分才是合理的。

显而易见，在力量测试之前进行热身会对肌肉力量的表现有着重要的影响。因此，测试人员在提出热身方案时需要全面考虑。然而，对热身的最重要的考虑因素是每次测试前热身动作的一致性，任何热身动作的改变都会影响测试的有效性和可靠性。Jeffreys（2008）列出了热身的框架原则：

● 一般的热身：5 ~ 10 min 的低强度活动，目标是提高心率、增加血液流动、提高深层肌肉的温度和呼吸率。

● 特殊的热身：8 ~ 12 min 的动态拉伸，选择的动作其幅度应满足于后续动作的活动范围。此期间逐步增加特定动态动作的强度。

时间与测试顺序

研究人员发现，在等长收缩和等动收缩的情况下，力量表现会受到一天中不同测试时段的影响，较大的力量值出现在傍晚时段的测试中（Guette et al.，2005；Nicolas et al.，2005）。尽管，一天中不同时段对测试结果影响的机制仍然不清楚，在实际应用中测试人员需要考虑在一天中哪一时段进行测试比较合适，并应考虑保证未来测试时间的一致性。

非疲劳性测试（人体测量）

敏捷性测试

最大爆发力和力量测试

短跑测试

肌肉耐力测试

疲劳性无氧测试

有氧能力测试

根据以上的顺序来使每一个测试的可靠性最大化。

肌肉力量的现场试验

现场测试并不需要特定的实验室设备，如测力台或功率计。肌肉力量的现场测试倾向于等惯性力量，意味着受试者在一个指定的动作中举起重物；重物的量级提供了测量最大肌肉力量的数据。虽然许多现场测试需要配合肌肉的拉长-缩短循环，但只测试向心收缩和离心收缩同样也是可行的。

最大肌肉力量现场测试的方法是使用指定动作，配合正确的技术，在低重复次数（通常是 1 次或 3 次重复）重物被举起的最大重量。在特定的测试中最大重量的数值被测试人员记录下来，这个数值经常被表达为与受试者体重相关的一个公式（最大重量/体重$^{\frac{2}{3}}$），这样就能计算出在不同的人体测量中对最大肌肉力量表现的影响（Jaric et al.，2005）。这样的技术可以更好地比较最大肌肉力量在不同测试者之间的差异。

一些人注意到，在最大举起负荷测试中，使用 3 次重复次数测试与举起 1 次相比（3 次最大重复次数或者 3RM）是更为安全和可靠的（1RM）（Tan，

1999)。但是对于儿童与老年人而言，更多的是采用 1RM 的测试（Faigenbaum et al.，2003)(Adams et al.，1990 ；Rydwik et al.，2007)，且没有任何损伤的报告。同时，1RM 测试在不同动作中也表现出可以接受的可靠性（相关系数 ≥ 0.79)(Braith et al.，1993 ；Hoeger et al.，1990 ；Ploutz-Snyder and Giamis，2001 ；Rydwik et al.，2007)。因此，我们在这里只讨论 1RM 的测试：后深蹲、弓步蹲、腿举和平板卧推（自由重量和器械）。同时，只进行有清楚测试步骤和包含已公布的可靠性数据（系统性偏差、重复测试法的相关系数、受试者的相关参数）的测试。应当注意到，所有在这里讨论的测试步骤需要测试人员预先估算受试者相当于 1RM 的重量，允许最后数值存在误差。

1RM 双侧后深蹲

1RM 双侧后深蹲的测试方案已经被用于有运动习惯的大学男生。1RM 值通过 5 次测量获得平均值(Moir et al.，2005；2007)。McBride 及其同事（2002)使用这个测试方案并配合史密斯架的使用，成功为训练有素的抗阻力训练运动员测得数据。Adams 和同事（2000)使用类似的测试方案，使用腿举器械测得老年女性的 1RM 数据（平均年龄 51 岁）。

设备
- 标准蹲举架（横杆放在合适的高度）。
- 标准杠铃。
- 标准杠铃片。

技巧（Earle and Baechle，2008)
受试者双手略宽于肩，正握杠铃。杠铃应放置在三角肌后束上方。受试者站立时双脚略宽于肩，脚尖向外略微打开。在测试下降过程中，最低点是大腿平行于地面（见图 7.3）；然后，在没有助力的情况下将杠铃持续地抬起。为了安全起见，最少有 2 名保护者跟随注意杠铃的上行和下行的移动。

测试步骤（Baechle et al.，2008）

1. 受试者进行 5 ～ 10 次的负重热身。

2. 休息 1 min。

3. 在热身阶段的重量基础上大概增加 30 ～ 40 lb 或在步骤 1 中的重量基础上增加 10% ～ 20%，重复 3 ～ 5 次。

4. 休息 2 min。

5. 预估接近最大重量基础上增加 30 ～ 40 lb 或在步骤 3 中的重量基础上增加 10% ～ 20%，使受试者可以完成 2 ～ 3 次。

6. 休息 2 ～ 4 min。

7. 受试者尝试执行 1RM，以步骤 5 中的重量增加 30 ～ 40 lb 或重量增加 10% ～ 20%。

图 7.3 后深蹲最大力量测试时最低点的位置，而且杠铃杆在身体上放置的部位较高

8. 休息 2 ～ 4 min。

9. 如果受试者尝试 1RM 深蹲失败，应减少负载 15 ～ 20 lb 或者 5% ～ 10%，并让受试者重新测试 1RM。

10. 休息 2 ～ 4 min。

11. 继续增加或减少重量直至受试者可以使用正确的技巧完成 1RM 测试。受试者应该 5 次尝试中获取 1RM 数值。

可靠性

1RM 后深蹲测试在使用上列的方案，并应用于有运动习惯及有进行抗阻力训练的男性，重复测试法的相关系数介于 0.92 ～ 0.99（McBride et al.，2002；Sanborn et al.，2000）。

有效性

报道指出，1RM 后深蹲测试与运动员的运动表现（如短跑和敏捷性）存在中等（r=0.47）至高等（r=0.85）的相互关系（Chaouachi et al.，2009；Rhea，2006；Requena et al.，2009；Yound and Bilby，1993）。1RM 后深蹲负

重数据能用于区分美国大学篮球和美式橄榄球选手的差异水平（Barbuhn et al.，
2008; Latin et al.，1994）；同时，更能区分美式足球大学运动员的水平。除此
之外，1RM 后深蹲负重数据也被用于预测大学篮球运动员的能力。不同年龄、
不同竞技水平的 1RM 后深蹲百分比数据在下表显示（见表 7.1）。

表 7.1　美式橄榄球不同年龄及竞技水平运动员最大后深蹲力量百分位值

% 等级	高中 14~15 岁		高中 16~18 岁		NCAA 第 1 组		NCAA 第 3 组	
	lb	kg	lb	kg	lb	kg	lb	kg
90	385	175	465	211	500	227	470	214
80	344	156	425	193	455	207	425	193
70	325	148	405	184	430	195	405	184
60	305	139	365	166	405	184	385	175
50	295	134	335	152	395	180	365	166
40	275	125	315	143	375	170	365	166
30	255	116	295	134	355	161	335	152
20	236	107	275	125	330	150	315	143
10	205	93	250	114	300	136	283	129
平均值	294	134	348	158	395	180	375	170
标准差	73	33	88	40	77	35	75	34
数量	170		249		1074		588	

来源说明：Data from Hoffman，2006.

1RM 单侧后深蹲

　　由于许多运动和日常行为都需要下肢非对称性产生力量（如走路、跑步、
踢），这里将讨论 1RM 的单侧后深蹲。

设备

- 标准蹲举架（横杆放在合适的高度）。
- 标准杠铃。
- 标准杠铃片。
- 额外需要一个支撑平面，用于在运动过程中支撑非测试腿的足部。

技巧（Mccurdy et al., 2004）

参照1RM的深蹲，受试者举起杠铃。非测试腿的脚放置在后侧支撑物表面，放置距离应使非测试腿保持髋伸展状态。基于安全考虑，最少有2名保护者站在2侧同时注意杠铃的上行和下行的移动。受试者测试腿弯曲至胫骨与股骨夹角达至90°，然后开始往上提高身体（见图7.4）。

在下降过程中，测试人员需要观察受试者的测试腿和杠铃。一次成功的试举取决于杠铃没有向后移动和膝关节没有向前或向后移动，从而确保负重主要在测试腿上。

图7.4 单侧后深蹲测试。图中，被测试者处于测试动作最低点，膝关节角度为90°

测试步骤（Mccurdy et al., 2004）

1. 熟悉测试过程，选择合适的次最大重量，以保证受试者可以完成动作5 ~ 10次。
2. 受试者进行5 min慢跑和进行主动拉伸。
3. 选择一个可以完成5 ~ 10次的负重重量。
4. 休息1 min。
5. 负重增加10% ~ 20%，受试者执行5次。
6. 休息3 ~ 5 min。
7. 负重增加20% ~ 30%，受试者尝试完成1次。
8. 如果受试者完成1RM测试，休息3 ~ 5 min，增加10% ~ 20%负重尝试另一次测试。如果没有完成，休息3 ~ 5 min，减少配重5% ~ 10%，再尝试完成1RM测试。

9. 继续增加或减少负重直至完成测试，受试者应在 5 次尝试中获取 1RM
数值。

可靠性

1RM 弓步蹲测试使用上列的方案，并应用于有受训经验的大学年龄段的男性
和女性，重复测试法的相关系数介于 0.98 ~ 0.99（McCurdy et al., 2004）。在未受
训的大学年龄段的男性和女性的相关系数为 0.99 ~ 0.97（McCurdy et al., 2004）。

有效性

这些未发表的数据，可以用来证实测试的有效性。

1RM 器械腿举

考虑到安全因素，专业体适能人士不希望为老年测试者使用自由重量完成
1RM 测试（Hoffman，2006）。1RM 器械腿举经常被用来测量老年测试者下肢
的最大力量。

设备

多种类型的器械被用于 1RM 腿举测试中。例如，Foldvari 和同事（2000）
使用气动阻力训练设备（Keiser Sports Health Equipment Inc, Freson, CA），
Phillips 和 同 事（2004） 使
用杠铃片的平台加载设备
（Paramount Fitness Corp LA,
CA）。这里列出的测试方案是
使用杠铃片的平台加载设备。

技巧（Phillips et al., 2004）

受试者坐在腿举椅上，双
足放在脚板上，膝关节屈曲角
度为 90°（见图 7.5）。在测试
过程中受试者的腰椎不要过度
前弯。

图 7.5　1RM 器械腿举

测试步骤（Phillips et al.，2004）

1. 受试者在固定自行车上进行 5 min 热身。

2. 受试者进行若干次较低阻力或零阻力的训练，用以熟悉动作。

3. 选择一个初始阻力，其应略高于熟悉动作时的阻力（增加 5 ~ 15 lb）。

4. 受试者再使用良好的技术进行一次蹬起。

5. 使用自我运动强度感觉表（6 ~ 20），自我认定运动强度。

6. 如果自我认定运动强度低于 12，休息 1 min；如果自我认定运动强度高于 12，休息 2 min。

7. 依据步骤 4 中受试者的反应增加 5 ~ 10 lb。

8. 请受试者重复至力竭（受试者不能继续）或者意志疲劳（受试者不愿意继续）。

9. 记录最大负重值。

可靠性

Phillips 和同事（2004）发现，通过熟悉测试过程，老年男性（平均 75.8 岁）和老年女性（平均 75.5 岁）受试者自身变量的影响分别在 3.4% 与 5.6%。

有效性

Foldvari 和同事报道（2000），老年妇女（平均年龄 74.8 岁）在 1RM 腿举负重与功能性状态只有中等的相关系数（$r= -0.43$）。可是在力量关系中，1RM 腿举与老年妇女的功能性状态差异少于 20% 的变化量。1RM 标准化腿举相对于身体重量的百分比数值，见表 7.2（请注意，1RM 数值是以 lb 记录的）。

表 7.2　考虑体重条件下最大标准化腿举力量百分位值

等级（%）	20 ~ 29 岁		30 ~ 39 岁		40 ~ 49 岁		50 ~ 59 岁		60 岁以上	
	M	F	M	F	M	F	M	F	M	F
90	2.27	2.05	2.07	1.73	1.92	1.63	1.80	1.51	1.73	1.40
80	2.13	1.66	1.93	1.50	1.82	1.46	1.71	1.30	1.62	1.25
70	2.05	1.42	1.85	1.47	1.74	1.35	1.64	1.24	1.56	1.18
60	1.97	1.36	1.77	1.32	1.68	1.26	1.58	1.18	1.49	1.15
50	1.91	1.32	1.71	1.26	1.62	1.19	1.52	1.09	1.43	1.08

等级（%）	20 ~ 29 岁		30 ~ 39 岁		40 ~ 49 岁		50 ~ 59 岁		60 岁以上	
	M	F	M	F	M	F	M	F	M	F
40	1.83	1.25	1.65	1.21	1.57	1.12	1.46	1.03	1.38	1.04
30	1.74	1.23	1.59	1.16	1.51	1.03	1.39	0.95	1.30	0.98
20	1.63	1.13	1.52	1.09	1.44	0.94	1.32	0.86	1.25	0.94
10	1.51	1.02	1.43	0.94	1.35	0.76	1.22	0.75	1.16	0.84

来源说明：Reprinted, by permission, from J. Hoffman, 2006, *Norms for fitness, performance, and health* (Champaign, IL: Human Kinetics), 35.

离心收缩腿举

由于离心收缩对肌肉力量表现有重要影响（LaStayo et al.，2003），Hollander 和同事使用了改装的腿举设备用于测量腿举过程中的离心收缩力量。

设备

改装配重片设备（Mater Trainer, Rayne, LA），在受试者进行离心收缩测试前，保护者能举起及保持该负重。

技巧（Hollander et al.，2007）

保护者固定在合适的位置手持负重物，然后指导受试者在 3 s 内放下负重。下降过程需要观察确保动作正确。

测试步骤（Hollander et al.，2007）

1. 受试者执行 2 ~ 3 组，每组重复 5 ~ 10 次，使用预估最大重量的 40% ~ 60%，组间休息 3 ~ 5 min。
2. 受试者执行 1 ~ 2 组，每组重复 5 次，使用预估最大重量的 80%，组间休息 3 ~ 5 min。
3. 受试者尝试举起预估 1RM 的重量。
4. 休息 3 ~ 5 min，负重增加或减少取决于受试者能否成功完成举起预估的 1RM 重量。
5. 重复这个过程，知道受试者可以达到 5 次 1RM。

可靠性

当前没有公布针对该测试的可靠性数据。

有效性

当前没有公布针对该测试的有效性数据。

1RM 平板卧推 （自由重量）

1RM 平板卧推测试方案被用于有锻炼习惯的大学生中的男生，通过 4 次尝试测试取平均值得到 1RM 数值（Moir et al.，2007）。Adams 及其同事（2000）使用类似的测试方案成功测得老年女性（平均年龄 51 岁）的最大肌肉力量。

设备

- 标准平板卧推架。
- 标准杠铃。
- 标准杠铃片。

技巧（Earle and Baechle，2008）

受试者平躺于平板上，头部、肩部、臀部与平板接触，双脚触地（5 点接触）。正握杠铃，双手略宽于肩。保护员协助受试者将杠铃拿下至开始位置，此时受试者肘关节处于伸展状态。出于安全考虑，保护员需要站在靠近受试者头部的位置。正反虚握杠铃，并确保在上升及下降的过程中，本人不会触碰杠铃。每次动作重复都将始于开始位置；下降时，杠铃需触及胸部，与乳头线水平；之后，用连贯的动作推举杠铃直至肘关节完全伸展（见图 7.6）。测试过程中，受试者需要保证良好的 5 点接触，杠铃在位于最低点时，不可与胸部接触并借力反弹。

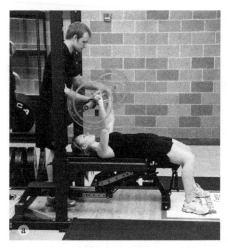

图 7.6 最大卧推力量测试时起始和最低位置

来源说明：Photos courtesy of Gavin L. Moir.

测试步骤（Baechle et al.，2008）

1. 受试者重复举起负重 5 ~ 10 次作为热身。

2. 休息 1 min。

3. 估算一个全新的热身负荷，这个负荷应达到以下标准：在增加 10 ~ 20 lb 或者用步骤 1 中的重量增加 5% ~ 10%，受试者可以完成 3 ~ 5 次重复动作。

4. 休息 2 min。

5. 以步骤 5 中的负荷为基础，增加 10 ~ 20 lb 或 5% ~ 10%，引导受试者完成 1RM。

6. 休息 2 ~ 4 min。

7. 步骤 5 中的重量增加 10 ~ 20 lb 或 5% ~ 10%，使受试者可以完成 1RM。

8. 休息 2 ~ 4 min。

9. 如果受试者 1RM 尝试失败，减少负重 5 ~ 10 lb 或 2.5% ~ 5%。

10. 休息 2 ~ 4 min。

11. 继续增加或减少负重直至使用适当技术测得 1RM。1RM 应该在 5 次尝试内达到。

可靠性

当前没有公布针对该测试的可靠性数据。

有效性

最大力量的平板卧推测试可以用来区分大学美式橄榄球运动员的能力（Fry and Kraemer，1991）。使用史密斯设备获得的 1RM 数值能用以区分英式橄榄球运动员的能力（Baker，2001；Baker and Newton，2006）。研究发现，1RM 平板卧推负荷和手球运动员的投球速度之间有比较大的相关系数（r=0.64）（Marques et al.，2007）。平板卧推 1RM 的标准值见表 7.3。

表 7.3　美式橄榄球不同年龄及竞技水平运动员平板卧推最大力量百分位值

排位（%）	高中（14 ~ 15 岁）		高中（16 ~ 18 岁）		全美大学生体育协会（一级）		全美大学生体育协会（二级）	
	lb	kg	lb	kg	lb	kg	lb	kg
90	243	110	275	125	370	168	365	166
80	210	95	250	114	345	157	325	148
70	195	89	235	107	325	148	307	140
60	185	84	225	102	315	143	295	134
50	170	77	215	98	300	136	280	127
40	165	75	205	93	285	130	273	124
30	155	70	195	89	270	123	255	116
20	145	66	175	80	255	116	245	111
10	125	57	160	73	240	109	225	102
平均值	179	81	214	97	301	137	287	130
标准差	45	20	44	20	53	24	57	26
数量	214		339		1189		591	

1RM 平板卧推（器械）

基于安全考虑，测试人员希望通过使用器械来测定年龄较大人群的最大上肢力量（Humphries et al.，1999；Izquierdo et al.，1999；Smith et al.，2003）。

设备

和 1RM 腿举一样，多种器械被使用在 1RM 平板卧推的测试中，用于测量老年人的肌肉力量。Smith 及其同事（2003）使用杠铃片平台负重器械（Global Gym and Fitness Equipment Ltd, Weston, On）；而 Izquierdo 及其同事（1999）使用了一台史密斯设备。在实验设计中，阐述了对于平板卧推器械的使用方法。

技巧（Phillips et al., 2004）

受试者平躺在平板上，双脚根据受试者习惯放在平板两侧地面或者放在平板上。正握杠铃，杠铃应该在胸部中间的正上方，肘关节在杠铃的正下方，前臂与上臂成 90° 角，这种姿势决定了每位受试者双手间抓握的宽度。在测试过程中，受试者背部和平板有良好的接触，推起同时呼气，放下时吸气。

测试步骤（Phillips et al., 2004）

1. 受试者在固定自行车上热身 5 min。
2. 受试者进行若干较低或者零阻力的训练，熟悉测试动作。
3. 选择一个初始阻力，其值应略高于熟悉动作时的阻力。
4. 使用正确的技巧来完成推举。
5. 受试者使用自觉运动强度表感觉范围在 6 ~ 20。
6. 如果自我认定运动强度低于 12，休息 1 min；如果自我认定运动强度高于 12，休息 2 min。
7. 基于步骤 4 的运动强度，增加 5 ~ 10 lb。
8. 受试者重复过程至力竭（受试者不能继续）或者意志疲劳（受试者不愿意继续）。
9. 记录最大负重值。

可靠性

Phillips 及其同事（2004）报道，在缺乏对动作熟悉的情况下，老年男性（平均 75.8 岁）和老年女性（平均 75.2 岁）的变量分别为 5.4% 和 5.2%。

有效性

1RM 平板卧推被用于区分中年（35 ~ 46 岁）和老年男性（60 ~ 74 岁）的动态力量强度，也用于区分中年（45 ~ 49 岁）和老年女性（60 ~ 64 岁）的动态力量强度。

基于多次重复的 1RM 值预测

大量的研究文献反对进行最大肌肉力量测试，主要原因包括容易对缺乏训练的受试者或老年人造成伤害，且测试时间较长。尽管这些反对看法的有效性被质疑，帮助专业人士预估 1RM 的数值的公式已经被研究并应用，它是基于多次重复使用次最大重量的方法。一般情况下，次最大重量测量的进行次数增加，这些公式的精准性会下降。值得注意的是，这些研究出来的公式已经用于特定的人群及进行特定的动作。

这些预测公式潜在的假设是，最大肌肉力量和 1RM 重复的比值百分比不会随训练发生变化。在大学男生中进行多关节运动（如平板卧推和腿举），这个假设趋近于真实，但是不适用于单关节运动（如手臂弯举和腿伸展）（Hoeger et al.，1990；Shimano et al.，2006）。在这里我们需要讨论的就是在平板卧推、深蹲和腿举的 1RM 测试中，分别对应于年轻测试人群（小于 40 岁）和老年测试人群（大于 40 岁）的预测公式。

年轻受试者的评估方程

LeSure 和同事（1997）使用混合编组大学男生和女生，从而比较多种等式。以下是比较准确用于预测深蹲和平板卧推 1RM 数值的等式，其重复次数是小于 10 次。

$$1RM = 100 \times l\,[\,48.8 + 53.8 \times e\,(\,-0.75 \times r\,)\,]$$

l 为负重，e 约等于 2.7181。r 为重复次数。

上述方程预测出的深蹲与卧推最大力量比实际值高出不到 1%。另外，Kravitz 等人则在对男子高中力量举运动员（15 ~ 18 岁）进行 10 ~ 16（RM）最大重复次数对应的负重进行测试时得出以下预测回归方程。

$$1RM = 159.9 + (\,0.103 + r+l\,) + (\,-11.552 + r\,)$$

其中

r 为重复次数，l 为负重。

用该方程对深蹲最大力量进行预测时，误差约为 5 kg。同时，Kravitz 等人通过对相同测试对象进行 14 ~ 18（RM）最大重复次数对应的负重测试时得出卧推最大力量预测回归方程。

$$1RM = 90.66 + (0.085 \times r \times l) + (-5.306 \times r)$$

其中

r 为重复次数，l 为负重。

该方程在预测平板卧推最大力量时的误差值在 3 kg 以内。

老年受试者评估方程

很少有公式用来预测老年受试者的 1RM，特别是为老年男性。以下是
Knutzen、Brilla 和 Caine（1999）通过一个混合型组别；老年男性（平均 73.1
岁），老年女性（平均 69.1 岁），得出比较准确用于预测平板卧推 1RM 数值的
等式，其重复次数在 7 到 10 次。

$$1RM = 100 \times l / [52.2 + 41.9 \times e (-0.55 + r)]$$

其中

l 为负重，e 接近于 2.7181，r 为重复次数。

尽管，公式低估了实际负重，但预测值和真实负重值的相关系数为 0.90。
KemmLer 及其同事（2006）使用 3～5 次、6～10 次、11～15 次和 16～20
次最大重复次数（RM）开发了下面的多项式方程，用于预测受过训练的绝经
后妇女（平均年龄 57.4 岁）1RM 的腿举和平板卧推力量。

$$1RM = l (0.988 - 0.0000584r^3 + 0.00190r^2 + 0.0104r)$$

其中

l 为负重，r 为重复次数。

虽然 1RM 腿举及平板卧推负重在这个预测等式的误差比较小（≥ 2.5%），
但数值通常被低估。

综上所述，预测公式对专业体能教练或许具有一定的实用性，但是所有的
这些等式都会高估或低估了实际的 1RM 数值。最大肌肉力量数值应该由测量直
接获得。

实验室测试最大肌肉力量

实验室需要使用专业设备来测试最大肌肉力量，通常在专门制定的方法中使用测力台（Blazevich et al.，2002; Kwawmori et al.，2006）或者力传感器（Requena et al.，2009）。最大肌肉力量的实验室测试通常比现场测试更能提供一个客观的评价。在这里主要讨论测力台在最大肌肉力量测试中的应用。

测力台允许在多关节、闭合链运动中直接测得地面反作用力。通常情况下，在肌肉力量测试时地面反作用力的垂直分量是可以被测量的。峰值是一种常见的测量指标，尽管测得的也有可能是力的冲量，但很少被记录。在运动人体科学中最常见的力学测力台可以分为压电式测力台和应变式测力台（如Advanced Meachanical Technologies Inc.，型号BP400600）。所有的测力台应具有高线性度、低滞后、低串扰以及系统的灵敏度（这些变量详情参阅Bartlett，2007）。

测试最大肌肉力量时，地面反作用力最大值的精确测量取决于系统的灵敏度，而系统的灵敏度反过来又依赖于模拟数字（A/D）转换器的使用。理想情况下，在最大力量的测试中，一个12位的转换器可用以把误差最小化。然而模拟数字（A/D）转化器的类型缺乏方法论的支撑。同样地，很少有其他的信号处理过程（如在分析前对力跟踪滤波）被报道有明确的方法论。这样的过程明显影响到了测试的精确度。实验室测试肌肉力量所使用的测力台可以测试包括动力学的或肌肉的等长收缩，这些都会在这里讨论。

肌肉最大力量的动态测试

在肌肉力量的动态测试中使用测力台的优点是离心收缩的力量可以被直接测量。尽管只有后深蹲有相关可靠数据，但用于测量后深蹲及平板卧推的离心力量的测试方法已经发表。在运动中用于记录离心力所使用的负荷在绝对负荷（或体重百分比）及最大力量百分比（1RM）之间存在差异。

双向后深蹲中的离心收缩的峰值力量

使用并安装在采样频率设定为1000Hz的压电式测力平台（Kistler）的改良史密斯设备（Plyopower Technologies，Lismore, Australia），为积极参与课外活动的大学生年龄的男性测试后深蹲离心收缩阶段的峰值力量。测试时使用负荷为身体重量的 200%，杠铃下降最低至膝关节夹角为 109°。

　　按照指示，受试者被指导尽可能使用最大的力量，快速对抗加速的重量。测试时使用的负荷是受试者能进行离心及向心运动的最大负荷（测试者在下蹲状态下能举起的重量）。可是，对峰值离心力值的可靠性统计并没有被报道。然而，据称虽然想要提高运动表现测试的结果（短跑及自行车）及增加 1RM 的后深蹲负荷而经过 8 周的抗阻训练，但离心收缩力量的峰值数值没有显著的改变。

　　Frohm 等人（2005）在测试常运动的男性组的离心收缩力量时使用液压设备协助受试者举起负重，并在离心阶段控制速度至恒定的数值。测试中，使用负重为 200 kg。这些报告的重复测试法的相关系数为 0.81，个体之内测试变数为 9%。

卧推时的离心收缩的峰值力量

　　两个不同研究都使用放置在压电式测力平台上的改良的史密斯架来测量卧推时离心收缩的峰值力量（Murphy et al.，1994; Wilson et al.，1996）。在卧推时两个研究所使用的负荷是根据受试者最大肌肉力量所得到的。Wilson 与同事（1996）采用负重相当于 1RM 的 130%；Murphy 与同事（1994）采用负重相当于 1RM 的 150%。Murphy 与同事（1994）发现离心收缩的力量与上身一系列的表现测试有很高的关联性（$r>0.78$）。可是，Wilson 与同事（1996）发现，离心收缩力量并没有随着 8 周的抗阻训练而改变。另外，两个研究中都没有测试方式的可靠性报告。

肌肉最大力量的等长测量

　　如前所述，等长收缩发生于当肌肉力量产生但肌肉长度保持不变时。关于肌肉最大力量的等长测试在已发表的文献中十分普遍。总的来说，这些测试已经展现出很高的可靠性，尽管这些测试的有效性在用于运动人员身上时备受质疑（综述请参阅 Wilson，2000）。

　　等长肌肉力量测试的问题主要归因于用于神经和生物力学的不同而导致的等长肌肉测试和动力学表现能力之间的较低的相关性。确实有证据支持这个观点。例如，对于训练有素的足球运动员的冲刺能力的表现来说，单侧、单关节运动（膝关节伸展）的等长肌力峰值的相关性仅有中度水平（$r=-0.42$）（Requena et al.，2009）。然而，这仅仅比最大肌肉力量等惯量测试和冲刺能力表现之间的相关性稍弱（r=-0.47）。Baker等人（1994）的报告称跟踪训练有素的男性进行12周的等惯量抗阻力训练之后，发现等长肌力和动力学测试在最大肌力方面的改变相对来说是无关的（r=0.12 ~ 0.15）。

　　尽管这些研究表明等长肌力测试和动力学特性之间的相关性较低，其他一些研究却有相反的结论。例如，在多关节训练动作中（大腿中部的上提动作），等长肌力峰值和训练有素的自行车手的骑行冲刺能力之间表现出较大的相关性（r ⩾ 0.50）（Stone et al.，2004），与训练有素的举重运动员的垂直纵跳能力之间表现出更大的相关性（r=0.87）（Kawamori et al.，2006）。另外，Stone与同事（2003）报道在多关节运动中等长肌力峰值和运动表现之间有着较大，甚至更大的相关性（r=0.67 ~ 0.75）。在临床环境中，腿举动作中等长肌力峰值与老年女性（平均年龄68.8岁）的功能性测试之间表现出较大的相关性，虽然在功能性测试中小于40%的变异是由等长肌力峰值所解释的（Forte and Macaluso，2008）。

　　综合以上考虑，最大肌肉力量的等长收缩测试可以用来分析在运动表现中几乎高达80%的指标。这并不是说一些在这里讨论过的动力学肌力测试是不相同的。而等长肌肉力量测试的优点在于就时间而言，其相对更方便地执行并需要较少的技能来执行动作。

等长收缩测试方法的通用流程

　　在等长收缩的测试中，关节角度很大程度地影响着肌肉力量（请参阅肌肉力量产生的影响因素的章节）；应该将关节置于一个可以引发峰值力量的角度（Murphy et al.，1995；Stone et al.，2003）。在典型的等长收缩测试中，力量的记录将要保持至少3 s，每次收缩的间隔休息时间最少是1 min（Bazett-Jones et al.，2005; Blazevich et al.，2002; Brock Symons et al.，2004; Cheng and Rice，2005; Heinonen et al.，1994）。力量追踪应该平均持续一个时间间隔（1 s），这样可以减少信号中噪音的影响。同时，至少记录2次测试数据并将测试中所取得的等长肌肉力量峰值的最大值用于分析（Ahtiainen et al.，2005; Bazett-Jones et al.，2005; Blazevich et al.，2002; Brock Symons et al.，2004; Cheng and Rice，2005; Heinonen et al.，1994; Kawamori et al.，2006）。当结果变量是等长肌肉力量的峰值时，受试者应该被告知在测试过程中尽自己的最大能力收缩肌肉以确保肌力是最大的。

深蹲的等长肌力峰值

设备（Blazevich et al., 2002）

这个练习在史密斯架上进行，并使用采样频率为 1000Hz 的压电式测力台追踪记录垂直方向的力量。

技巧（Blazevich et al., 2002）

受试者进行负重深蹲，屈膝到膝关节夹角为 90° 的同时，在这个姿势下测量髋关节的角度。之后受试者在史密斯架上手握杠铃杆进行此测试，从直立姿势下降到膝关节和髋关节到达要求的角度。然后将杠铃杆锁定到这个高度防止其他运动发生。

测试步骤（Blazevich et al., 2002）

1. 受试者在 5 min 中等强度跑步热身后，会进行几次自由负重深蹲作为测试热身。
2. 受试者在史密斯架上重复进行 2 组史密斯架的静力性蹲热身，一组是达到最大重量的 60%，另一组达到最大重量的 80%。
3. 受试者进行 3 组最大重量的静力性蹲，每组持续 4 s，组间休息 3 min。

Newton 与同事（2002）使用了一个相似的测试方案，受试者是一组老年人（平均年龄 61 岁），他们使用链锁式力传感器测试最大肌力。

可靠性

一个重复测试法的相关系数达到 0.97，以经常运动的大学年龄的男性进行该测试的方案已经被报道（Blazevich et al., 2002）。

有效性

在使用此测试方案获取的等长肌力和使用自由重量进行的 1RM 深蹲之间具有较高的相关性（$r=0.77$）已经被报道。然而，在深蹲运动表现中，仍然有40% 以上的变量不能解释。

大腿中部的上提动作的等长力量峰值

设备（Kawamori et al., 2006）

该实验使用一个定制可调节的深蹲架（Sorinex Inc., Irmo, SC）并将杠铃杆放在合适的高度。其力量数据通过采样频率为 500Hz 的测力台采集（Advanced Mechanical Technologies Inc., Newton, MA）。受试者用举重护腕或者运动贴布缠住杠铃杆。

技巧（Kawamori et al., 2006）

杠铃杆的高度取决于受试者的膝和髋关节角度。而这些角度基于在训练中从大腿中部开始的动态上提的姿势（膝关节平均角度为 141°，髋关节平均角度为 124°）。受试者靠近并手握杠铃进行从大腿中部的动态上提测试。

测试步骤（Kawamori et al., 2006）

1. 受试者进行热身活动包括动态练习的重点是预热参与测试的肌肉群和 5 次高翻动作，其负重要达到当前 1RM 的 30% ~ 50%。
2. 受试者在杠铃杆下采取合适的姿势，练习 3 组等长提拉。
3. 接下来休息 3 min，之后受试者尽可能快地和尽最大努力地进行第一次等长提拉。
4. 接下来休息 3 min，受试者进行第二次即最后一次等长提拉。

可靠性

在男性举重运动员中重复测试法的相关系数达到 0.97（Kawamori et al., 2006）。

有效性

对于训练有素的举重运动员来说，在进行大腿中部的上提动作时，静力性和动力性的最大峰值力量存在中度到高度的相关性（$r=0.55 \sim 0.82$），尤其是在动态运动使用的负重增加时这种相关性更高（Haff et al.，1997；Kawamori et al.，2006）。有这样一种考虑是在动态运动中的负重增加有可能催生"准 - 等长收缩"的产生。然而，有报道称在静力性大腿中部的上提动作的峰值力量和垂直纵跳的成绩之间有很高的相关性（$r=0.82 \sim 0.87$）（Kawamori et al.，2006）。

Stone 和同事（2003）的研究结果显示，针对一组大学投掷项目中的运动员，大腿中部的上提动作的等长收缩力量的峰值和他们投掷的距离有中等到较大的相关性（$r=0.67 \sim 0.75$）。有趣的是，当受试者进行了 8 周的针对增加最大力量和爆发力的训练后，以上两者的相关性更强了。然而，这些相关性在运动员的运动能力方面仍然有很大一部分差异不能解释。

平板卧推的等长力量峰值

设备（Falvo et al.，2007）

使用标准的卧推及深蹲架放置在商业等级的地板上并附有 4 个采样率在 1000Hz 的压力传感器（Rice Lake Weighing Systems, Rice Lake, WI）进行垂直力量的测试。

技巧（Falvo et al.，2007）

受试者抓住卧推架上的杠铃杆。杠铃杆相对于地面的高度要调整至上臂能平行于地板并保持肘关节的角度是 90°。杠铃杆应该与胸骨的中部在一条直线上。然后将杠铃杆保持在这个位置上。

测试步骤（Falvo et al.，2007）

1. 受试者用自我感觉最大力量的 50% ~ 75% 进行卧推，重复 2 次。
2. 受试者在指导下尽可能快且尽最大力量进行 3 ~ 5 s 最大等长收缩。

3. 接下来休息 30 s，然后进行第二次的最大等长收缩。
4. 记录滤波后的力量数据采用巴特沃茨的四阶滤波截止频率设置在 30Hz，并从 2 次测试中选取最大力量的峰值数值进行记录。

可靠性

对于有力量训练经验的大学年龄的男性进行测试，Falvo 等人（2007）的研究中发现重复测试法的相关系数达到 0.90，且其等长力量峰值的被试内可变性约为 6.6%。

有效性

Ojanen 等人（2007）发现卧推测试的等长力量峰值能区别不同年龄的男性投掷项目运动员（标枪、铁饼、链球）和运动员及其相应年龄的对照组之间表现出不同的结果。

相关研究中已经显示等长收缩力量的峰值在进行离心收缩的卧推练习后显著下降（Falvo et al., 2007）。但是，在其他方面，在卧推测试中等长力量峰值只能解释动态上身动力学的运动表现的差异小于 30%（Murphy and Wilson, 1996）。

等动收缩的力量测试

等动收缩是以恒定的速度，具体到关节，就是以恒定的角速度，即被测力计带动肢体以恒定的速度通过运动中的角度范围（显然，在通过整个运动范围时不可能一直恒定，一定会在开始阶段加速，而在结束时减速）。等动肌力测量器利用液压或者电磁的机械原理又或者两者共同来控制，它可以使关节绕着一个固定的轴以预先设定的角速度旋转。

有一点需要我们注意的是，虽然在等动测试中关节运动是以恒定速度通过整个运动范围，但是正在收缩的肌肉纤维变短的速率并不一样。此外，很多测试都是以单关节、开链运动为主，在这些测试中要求做向心和离心的运动。然而，有部分测力计可以进行多关节、闭链运动，但对于儿童应该限制进行该项测试。目前等动肌力测试的评定重点在单关节的旋转测试中最大力矩的变量。

等动收缩肌肉力量测试的有效性

关于等动测试的一个争论是，测试中能达到的角速度不及实际运动中达到的速度。例如，等动肌肉力量测试的仪器最高能达到的角速度是555° /s（Baltzopoulos，2008）。然而，膝关节在冲刺跑的过程中膝伸展速率可高达 1000° /s。在棒球运动的投球过程中，肩关节内旋的角速度超过5800° /s（Chu et al.，2009）。

因此，这些关于等动肌肉力量测试有效性的争论是有一定道理的。然而，大多数的最大肌肉力量测试是以低速度的运动完成，甚至在等长肌肉力量测试中没有关节运动。然而，这些测试在运动员中仍被广泛使用。而且特别需要我们注意的是，等动肌肉力量测试的目的是在已定的速率中评估力矩的大小，而不是在已定的运动中需要达到的最大角速度。

以冲刺跑为例，Johnson 和 Buckley（2001）报道髋伸展肌群在脚触地期的最大力矩为 337 N·m 而关节的角速度约为 400° /s（在最大力矩产生后，髋伸展肌群的最大关节的角速度约为 800° /s）。当测试训练有素的短跑运动员最大等动髋伸展力矩过程时，Blazevich 与 Jenkis（2002）报道平均速率在 600° /s 时，力矩为 302 N·m；平均速率在 480° /s 时，力矩为254 N·m。这些力矩的数值在经过一段时期的阻力训练之后会有增加，同时，短跑冲刺速度都有提高，也同等程度地提高等惯性力量测试的肌肉力量（1RM 后深蹲）。

在棒球投球过程中，Chu 与同事（2009）报道肩关节内旋的最大力矩约65 N·m，而肩关节内旋的角速度超过 5800° /s。Cater 与同事（2007）报道在等动肌力测试仪器上获取的肩关节内旋的最大力矩是约 60 N·m，而角速度约300° /s。同样地，在一段时间的爆发力训练之后力矩增大，并导致投球速率的增加。

等动肌力测试仪器似乎不能产生在运动中实际角速度的速度，但是能引发并观察到关节力矩的大小。正如我们早已知道的，力量或力矩的大小是力量测试的重要组成的特殊部分。

另一个关于等动肌力测试的争论，是在运动中和每天的活动中，很少有关节以恒定角速度进行运动。事实上，这原因用于反对等动肌力测试，比当前的等动肌力测试仪器运用相对较低的速度来测试肌力的理据更有效及更难辩护。另外，在等动测试阶段所采取的姿势可能会限制获取数据的有效性。事实上，训练有素的跑手和业余跑手的冲刺运动表现力，与低速（60°/s）、中速（180°/s）和高速（270°/s）的单关节膝伸展最大力矩的测试结果只有中等的相关系数（$r \leqslant 0.31$）（Murph and Wilson，1997；Requena et al.，2009）。这些相关系数低于前期报道使用的动态和等长最大肌肉力量测试。

Abernethy 和 Jurimae（1996）的报告指出通过等惯性训练获取的肌肉力量增加，并不能马上由等动肌力测试最大力矩的数据中表现出来。纵使，通过观察等惯性表现甚至等长最大肌肉力量测试的数据有改善，等动肌力测试获取的力量增加数据需要几周后才能表现出来。

尽管有些研究对等动肌肉力量测试的有效性提出质疑，还是有些研究支持它的有效性。例如，大学女子网球运动员发球的速度峰值与肩内旋在210°/s 的力矩峰值有高相关性（$r=0.86$）（Kraemer et al.，2000）。在训练有素的标枪运动员投掷标枪的距离与肩外旋的最大力矩在240°/s 和400°/s 中有很大的相关性（$r \geqslant 0.76$）（Forthomme et al.，2007）。另外有些研究报道了多种等动测试与冲刺跑的表现能力具有中度相关性（$r>0.55$）（Dowson et al.，1998; Nesser et al.，1996）。同样地，短跑运动员、橄榄球运动员和久坐人群在膝伸展肌群向心收缩和离心收缩的力矩峰值也有明显的区别。

在实际的应用中，每项运动测试设定所需要的时间、高昂成本以及放置设备的空间需求，都是导致等动力量测试不适合于大部分的健身专业人士。Baltopoulos（2008）以及 Wrigley 和 Strauss（2000）提出了关于这些问题的完整论述。

等动收缩肌肉力量测试的可靠性

一般来说，关于最大肌肉力量（力矩峰值）的等动收缩测试，已经显示出可接受的可靠性。例如，Maffiuletti 与 colleagues（2007）报告了对一群活跃的男性和女性进行膝伸展肌群和膝屈曲肌群向心力矩峰值的重复测试法为（$\geqslant 0.98$），受试者在60°/s 和180°/s 之间速度的个体变异为 $\leqslant 3.3\%$。对于踝关节的力矩峰值可靠性倾向较低。

一组平均年龄为72岁的老年妇女其向心和离心收缩得到的膝伸展力矩峰

值表现出可靠性（重复测试法的相关系数为（ ≥ 0.88）（Brock Symons et al., 2004）。平均年龄 10.1 岁的儿童使用改装的测力计，其肘关节和膝关节的伸展力矩峰值在低（30° /s）和中等（180° /s）速度的重复测试的相关系数为 ≥ 0.72，受试者个体变异 ≤ 0.15%。屈曲力矩峰值可靠性较低（重复测试法相关系数为 ≥ 0.55；个体内变异 ≤ 15%）。

等速收缩的通用测试流程

对肌肉力量进行等速测试时，应遵循基本的测试流程。下面介绍 Baltzopoulos（2008）以及 Wrigley 和 Strauss（2000）在测试流程中的注意事项。

- 测力仪器的校对。在测试前，应进行等速测力仪校对，从而保证测试的信效度。校对通常包括对低速条件下测力仪臂杆质量负载的清零以及用测角仪对角位置的校准工作。

- 重力校正。测试前的重力校正有助于降低测试误差。多数等速测力仪都有重力校正的计算机程序。

- 测试速度顺序设定。通常情况下，由低速测试开始，随后逐渐增加测试速度。

- 测试时的身体位置。测试时，测试者的测试姿势应保证能够准确记录被测关节上的肌力矩。因此，需要用背带或带子固定对侧肢体和躯干。同样，被测肢体要固定在测试臂上，防止出现"过冲"力矩或撞击伤。测试时，要保证适宜的关节测量角度，有可能在测试时，某些关节在实际运动中不会出现（特别是对双关节肌的测试）。等速测力时，一定要确保测力臂和被测关节转动轴在同一条直线上。虽然有些解剖轴很难用视觉辨得清（事实上，在运动中关节轴会发生变化），但可以在明显突起的关节上进行标记（如为了观察膝关节，而在股骨外上髁处作标记）。由于肌肉静息和用力状态时关节位置有可能会发生明显的变化，因此，有必要在肌肉最大或次最大收缩用力时，标记出关节位置。

- 指导与反馈。测试人员应向受试者讲明测试目的，并要求测试时需尽全力。在正式测试前，受试者应熟悉测试仪器。测试过程中，受试者可以看到关节力矩的变化情况，同时测试人员应给予口头指导和鼓励。

- 休息。每次测试间建议休息40~60 s。

屈膝与伸膝肌最大力量

最大力量是指肌肉在预定收缩速度下产生的峰值扭矩。

设备（Maffiuletti et al.，2007）

Con-Trex 测力仪（Con-Trex MJ, CMV AG, Dübendorf, Switzerland）可以测量角速度在 60°/s、120°/s、180°/s 下的向心收缩力和 -60°/s 的离心收缩力。力矩采集频率为 100Hz。

技巧（Maffiuletti et al.，2007）

受试者坐在测试椅上，髋角调整至 85°。调节测力臂远端胫骨测试垫长度，使其距离测试腿外侧踝 2~3 cm。用固定带对受试者胸部、骨盆和大腿中部进行固定，防止在测试时出现多余动作。受试者双臂胸前交叉，双手置于肩部，防止测试时手臂参与。每次测试前，确保测力仪转轴与膝关节轴在同一直线上。测试过程中，要有语言鼓励和实时反馈（显示关节力矩数值）。屈膝动作幅度为 70°，即从 80° 到 10°（0° 为膝关节完全伸展）。

测试步骤（Maffiuletti et al.，2007）

1. 受试者交替在低速向心和离心（15°/s）进行 20 次热身练习（用力为最大力量的 20%~80%）。
2. 受试者在 60°/s 的速度下连续进行 3 次伸膝和屈膝最大用力收缩。
3. 受试者被动休息 60 s。
4. 在 120°/s 和 180°/s 下重复步骤 2 和步骤 3。
5. 受试者在屈膝 60°/s 条件下，交替进行 3 次伸膝、屈膝等长收缩，每次收缩后被动休息 60 s。
6. 受试者在 -60°/s 条件下进行 3 次伸膝肌最大离心收缩，每次收缩间被动休息 60 s。
7. 重复步骤 6，进行屈膝肌测试。

可靠性

伸膝肌向心和离心峰值力矩测试时，Maffiuletti 等（2007）对经常运动的男女样本分别在向心 60° /s、120° /s、180° /s 和离心 -60° /s 条件下的测与重测的相关系数 ≥ 0.99。60° /s、120° /s 和 180° /s 向心收缩时主体内变异分别为 2.8%、1.9% 和 1.9%。-60° /s 离心收缩时的主体内变异度为 3.4%。相比之下，屈膝肌的测与重测相关系数同样 ≥ 0.99。不过，屈膝肌向心收缩时的主体内变异度略高于伸膝肌，60° /s、120° /s 和 180° /s 向心收缩时主体内变异分别为 3.6%、2.9% 和 2.7%。

表 7.4 显示的是不同运动项目运动员等速伸膝、屈膝峰值力矩。

表 7.4　不同项目运动员伸膝和屈膝肌峰值力矩（N·m）

运动项目	性别	60° · s⁻¹		180° · s⁻¹		300° · s⁻¹	
		屈	伸	屈	伸	屈	伸
全美大学生体育协会 DI 篮球	男	165.4 ± 26.2	178.1 ± 32.9	133.2 ± 21.2	135.3 ± 29.7	101.1 ± 30.7	96.9 ± 34.0
全美大学生体育协会 DI 足球	男	152.0 ± 9.3	240.3 ± 11.1				
全美大学生体育协会 DI 摔跤	男	156.9 ± 9.9	256.2 ± 12.1			98.6 ± 7.0	100.8 ± 6.8
全美大学生体育协会 DI 排球	女	77.8 ± 10.3	153.3 ± 26.2	59.2 ± 9.1	115.8 ± 21.0	48.5 ± 8.1	88.8 ± 19.4

注：数据为平均数 ± 标准差。

来源说明：Adapted, by permission, from J. Hoffman, 2006, *Norms for fitness, performance, and health* (Champaign, IL: Human Kinetics), 30.

表 7.5 最大肌肉力量测试的实践总结

测试	收缩类型	所需器材	效度验证	信度验证	是否有常模／描述	操作特点	技术要求
双侧后深蹲	SSC 多关节	自由力量和力量架	是	是	是	费时，恢复时间长	需熟练掌握双侧后深蹲动作
单侧后深蹲	SSC 多关节	自由力量和下蹲架	否	是	否	费时，恢复时间长	需熟练掌握单侧后深蹲动作
器械腿举	向心＋离心收缩，多关节	器械配重可调	是，但效度低	是	是	费时，恢复时间长	对技术动作要求适中
离心式器械腿举	离心收缩，多关节	改装的配重训练器	否	否	否	费时，恢复时间长	对技术动作要求适中
平板卧推（自由重量）	SSC 多关节	自由负重和力量架	是	否	是	费时，恢复时间长	需熟练掌握卧推动作
器械平板卧推	向心＋离心收缩，多关节	器械配置可调	是	是	否	费时，恢复时间长	对技术动作要求适中
最大静力深蹲	等长多关节	测力台	是	是	否	操作时间较短，间歇时间不长	对技术动作要求适中
最大静力提拉	等长多关节	测力台	是	是	否	操作时间较短，间歇时间不长	对技术动作要求适中

续表

测试	收缩类型	所需器材	效度验证	信度验证	是否有常模/描述	操作特点	技术要求
最大静力卧推	等长，多关节	测力台	是，但效度低	是	否	操作时间较短，间歇时间不长	对技术动作要求适中
等速伸膝与屈膝峰值力矩	等速，单关节	等速测力仪	是	是	是	费时，离心测试的恢复时间长	对技术动作要求适中

注：SSC=Stretch-Shortening Cycle

比较肌肉力量测试方法

表 7.5 总结了本章中讨论过的场地测试及实验室测试，并以肌肉收缩类型、需求的资源、可靠性及有效性的数据公布、提供标准值数据、组织管理及对受试者的技术要求提供测试的评级。

有许多最大肌肉力量测试的方法可以使用，每一个有其各自的优点与缺陷。没有一个测试能够看待为最大肌肉力量测试的黄金标准。体能教练应该基于受测群体，基于测试与运动表现的力学特性、设备、数据的分析、解读难易度及允许时间来确定使用哪一个最大肌肉力量测试。

所需时间指的不仅是该次特定测试时间，还需要考虑受试者在完成测试后需要的恢复时间。在前面已经提到过，高强度运动会牵涉到拉长-缩短循环，导致持续数天的疲劳出现（Nicol et al.，2006）。这需要考虑到大部分的体育运动都会牵涉到拉长-缩短循环。同时，最大肌肉力量测试与运动的力学特性是高度相似的，同样会牵涉到拉长-缩短循环。因此，完成整个测试导致的严重疲劳，可能会妨碍运动员正常的训练计划。要强

专业应用

调的是体能教练在运动员的长期训练周期中，需要精心计划及安排测试课程。

运动员在训练计划中，什么时候安排测试课程同样是需要谨慎考虑的。一般会安排测试在完成训练小周期后，从而确定训练周期的有效性。可是，研究已经确认通过周期的训练获取的进步是有时间的滞后性。特定的身体能力提高（如最大肌肉力量）不一定能马上体现在刚刚结束的特定训练周期（Siff，2000；Store et al.，2007）。

特定训练周期引起的进步，有可能与特定的最大肌肉力量测试，或训练计划的动作有关。Abernethy 与 jurimae（1996）指出，动态等惯性最大力量测试、比等长收缩或等动收缩测试更能表现力量由于阻力训练计划（包含等惯性运动）导致的力量增加。

选择没有针对性的最大肌肉力量测试方法，可能会导致体能教练错误地认为训练计划是无效的。最大肌肉力量测试方法是不能交替使用的。一旦体能教练确认在该情况下最合适的测试方案，只有当需要测试最大肌肉力量时，才会进行该项测试。使用同一测试方法对不同特定的体能进行评估的失败，会影响体能教练有效监控运动员的进步。

这里所使用的最大肌肉力量测试方法，不管是等惯性、等长及等速，它们的测试得分及运动表现存在高相关系数。但是，有些人提出：肌肉力量测试方法的有效性是需要用测试获取的得分的改变与运动训练干预前后的得分的改变的相关性来证明的（Abernethy et al.，1995；Murphy and Wilson，1997）。可是，这样的分析在研究报告中通常是缺乏的。在测试及运动表现的相关性中可以看出，动态等惯性测试似乎更能跟踪运动动态表现的改变，这是由力量特性的原则所决定的。

不管是使用哪一类型的力量测试方法，什么时间将测试放进运动员的训练计划中，体能教练都需要一致地执行测试（如热身、测试中的指引、体态、测试当日的时间安排）。这样能确保记录的有效性及监控运动员的表现。

小　结

- 最大肌肉力量可以定义为，在由身体排列、肌肉动作和移动速度的构成特点条件下，一块或一组肌肉产生最大的力量或力矩来对抗外部阻力的能力。

- 体能教练应该基于受测群体，基于测试与运动表现的力学特性、设备及所需时间来确定使用哪一个最大肌肉力量测试。

- 体能教练应该直接测量最大肌肉力量值，而不是通过使用次最大重量的多次重复测试法来推测最大肌肉力量值。

- 可靠性对任何体能测试都十分重要。肌肉力量通过训练导致的真实变化，可以从可靠性数据得出，同时样本的大小可以通过计算获得。就其本身而论，最大肌肉力量和肌肉耐力的测试的可靠性对研究人员和体能教练同样重要。Hopkins（2000）提出以下3项重要的可靠性统计信息：

1. 系统性偏差（平均值的改变会影响到连续测试的结果）。

2. 受试者自身的可变性。

3. 重复测试法的相互关系（同类相关数据应与双变量统计数据对照并使用）。

- 缺乏可靠性统计时，体能教练就不能做出明确的决策，为特定人群进行力量测试。在这里，尽管很多测试是双变量统计（Pearson's r），但许多测试评论都使用了重复测试法的统计方法，这样会限制对比测试结果。很少有测试报道了系统性偏差或者受试者内在因素的信息。从理论上来说，这是一个本质性的偏差，需要在未来的研究中进行标注。

- 体能教练需要执行一致的测试过程（如热身、测试过程中的引导、测试中使用的体位及一天中测试进行的时间）。

第8章

肌肉耐力

加文·L. 莫尔，PhD

第7章介绍了肌肉力量，在选择合适的肌肉力量测试的时候，应该考虑到体能专家在运动、临床和一般人群中的处理。本章集中讨论肌肉耐力。

与最大肌肉力量测试相比较，肌肉耐力的测试通常不用于运动员。但是，肌肉耐力测试通常出现在儿童、军人、执法人员和消防员的一系列身体测试中（Baumgartner et al.，2007；Hoffman，2006），事实上，很多肌肉耐力测试的分数都被用作门槛限制的标准。这种测试通常都是很多受试者同时进行，这样便于监管和控制。根据人群的规模，有大量的常模数据可供使用。本章介绍了肌肉耐力的测试方法，并且鉴别了关于可靠性和有效性的数据。首先，我们从定义肌肉耐力开始。

肌肉耐力的定义

肌肉力量通常等同于肌肉力，被定义为一块肌肉或一组肌肉群为对抗外界阻力而产生力的能力（Siff，2000；Stone et al.，2007；Zatsiorsky，1995），意味着肌肉力量的表现处于0（没有产生力）到最大力（最大肌肉力量）之间。

第 7 章介绍了影响肌肉力量表现的生理和生化因素。这些因素包括收缩类型（等长收缩、离心收缩、向心收缩）、肌纤维的结构特征（横截面积、羽状角）、纤维类型和收缩史（疲劳、激活后增强）。从这个角度来说，最大肌肉力量的定义是指肌肉在特定状态（肌肉动作、动作速度和姿势）下自发产生最大力或力矩的能力。现在我们可以将肌肉耐力定义为：肌肉对抗次极限外界阻力或以特定姿势维持所需次极限力量而尽可能以最长的时间自发产生力或力矩的能力。

极限肌肉力量和肌肉耐力之间存在着关联（Reynolds et al.，2006）。在这种关联的基础上建立了 1RM 的预测公式，即通过在一个测试内完成多次的次极限举重来评估 1RM 值，详见第 7 章。肌肉耐力的测试结果（采用一个负荷重复运动到力竭）往往和最大肌肉力量相关，肌肉力量越强的人，重复的次数越多，所做的功就越多（Stone et al.，2006；Zatsiorsky,1995）。相反，根据受试者的力量来选择负荷值可以使受试者完成相同的重复次数，与力量大小无关。

通常使用两种不同的方法用来测试肌肉耐力。第一个方法，要求受试者对抗一个次极限负荷，并尽可能多地重复运动直到出现主观感觉疲劳为止，其中包含肌肉离心和向心收缩（如俯卧撑至力竭）。第二个方法，受试者尽可能长时间地保持一种特定的姿势，主要包含等长收缩（如屈臂悬挂）。尽管这两种评价肌肉耐力的方法在数量和性质上有所不同，但是其定义特征都是主动肌抵抗疲劳的能力，指的是肌肉表现的可逆性衰退，其中肌肉活动的特点是肌肉产生的力逐渐减小（Allen et al.，2008）。

有一个与肌肉耐力定义相关的问题需要提出来，即确定测试（出现主观感觉疲劳之前完成的重复次数作为因变量）中的次极限负荷值。次极限负荷的选择可以依据体重百分比（Baumgartner et al.，2002）、最大肌肉力量百分比（Mazzetti et al.，2000；Rana et al.，2008；Woods et al.，1992）或绝对负荷值（Baker and Newton，2006；Mayhew et al.，2004；Vescovi et al.，2007）。每种方法都有内在的问题。例如，通过体重百分比确定负荷时，只假设认为体重和肌肉力量之间存在线性关系，但是并没有准确考虑受试者之间身体成分的差别。而通过最大肌肉力量百分比确定负荷时，首先需要完成一次 1RM 测试，从而延长了测试的时间。

一些作者已经质疑了肌肉耐力相关测试的效用，认为无论是在体育运动中还是日常生活中都几乎不可能遇到相关于最大肌肉力量甚至是体重的类似活动（Stone et al.，2006）。较为常用的方法是每个受试者都采用相同的绝对负荷值。然而，在采用绝对负荷值来评价肌肉耐力的时候有一个问题，就是所选的负荷对于某些受试者来说是不是太大了，有可能肌肉耐力测试转变成极限力量测试。Kraemer 等人（2002）建议肌肉耐力测试中至少需要 10 ~ 25 次或更多的重复次数。这些数字可以作为肌肉耐力测试（重复运动到力竭的）的指导。

还有一个需要考虑的因素就是测试（重复运动到力竭）中动作重复的节奏。LaChance 和 Hortobagyi（1994）指出节奏的选择可以显著影响力量运动中重复的次数。然而，在所发表的肌肉耐力测试中很少人规定动作节奏，都是让受试者自己决定。这样就降低了测试的可靠性，但如果选择了动作节奏又会影响测试的外部效度。这两种情况都将限制测试过程中追踪受试者随时间的增长而产生变化的能力。

另一种肌肉耐力测试需要让受试者通过等长收缩尽可能长的时间维持某一特定姿势。通过记录受试者的维持时间来评价肌肉耐力。前面提到过，当外界负荷重复施加时，需要规范最小的重复次数以确保它是一项肌肉耐力测试，那么相应的，如果需要规范一个时间（受试者必须维持特定的姿势）阈值来确保肌肉耐力测试的性质，却是困难的。

和所有肌肉力量的等长测试一样，姿势的选择（当然涉及关节角度）很重要，因为力量 - 张力之间的关系直接影响力量的表现（Rassier et al.，1999）。如何选择最恰当的姿势便成了问题。体能专家应该参考采用受试者训练时常用的姿势，遵照特异性原则。这要求在选择测试之前对受试者的运动做出彻底的分析。

肌肉耐力测试不能交替使用，因为据报道测试之间的相关性不高，即便是当主动肌相同时也是如此（Clemons et al.，2004；Halet et al.，2009；Sherman and Barfield，2006）。这反映了测试特异性的重要性，还强调了需要细心选择测试方案，并且在对同一个人的肌肉耐力进行追踪测试的时候必须选择同样的测试方案。如果没有使用相同的测试方案，将不能有效监测受试者的进步。

肌肉耐力的实地测试

本书介绍的肌肉耐力实地测试主要针对腹肌和上肢肌肉。这里讨论的测试包括卧推、俯卧撑、引体向上、仰卧起坐和腿举或深蹲，都是运动到力竭，还讨论了一个特定姿势的等长收缩测试，即屈臂悬挂；还介绍了测试中外界阻力的选择方法。即便是同一种测试（如卧推）都有好多种形式，这里只详细讨论那些发表过可靠性和效用数据的方案。

卧推至力竭（根据体重百分比确定负荷）

Baumgartner 等人（2002）对大学年龄的男性和女性进行了测试，内容是让他们在卧推器械上运动到力竭。男性的负荷值是体重的 70%，女性的负荷值是体重的 40%。尽管这个测试没有报道过可靠性数据，但是结果为男性的重复次数（平均 15.2）显著高于女性（平均 13.6）。尽管这两个平均值都落在了 Kraemer 等人（2002）给出的力量耐力测试重复次数的建议范围内，但是受试者之间的重复次数差异很大；有些人甚至一次也完成不了。因此，男性选择 70% 体重、女性选择 40% 体重的负荷值可能会影响该测试对一般人群的效用。

卧推至力竭（根据 1RM 百分比确定负荷）

Mazzetti 等人（2000）对中等训练水平的男性进行了重复至力竭的卧推测试，所采用的负荷值为 1RM 的 80%，动作是在自由重量器械上完成的。作者报道所完成的重复次数（6 ~ 8 次）并没有改变接下来 12 周的抗阻训练计划，尽管其 1RM 值确实出现了显著的提高。

Baker（2009）对训练有素的橄榄球运动员进行了重复至力竭的卧推测试，所采用的负荷值为 1RM 的 60%，动作是在史密斯架上完成的。所测得的重复次数并没能区分出橄榄球队员的运动水平，尽管高水平和低水平的队员在测试中都取得了 20 次以上重复次数的平均值。

Adams 等人（2000）对老年女性（平均年龄 51 岁）进行了重复至力竭的卧推测试，所采用的负荷值为 1RM 的 50%，动作是在自由重量器械上完成的。结果受试者达到了 20 次以上（波动范围 10 ~ 30 次）重复次数的平均值。

Woods 等人（1992）对青春期前的男孩和女孩（平均年龄 10 岁）进行了重复至力竭的卧推测试以评估他们的上肢肌肉耐力，所采用的负荷为 1RM 的 50%，动作是在力量器械上完成的。结果受试者的平均重复次数为 18.3（男孩平均值 19.9；女孩平均值 17.3）。不幸的是，到目前为止，还没有关于采用极限肌肉力量负荷重复运动到主观感觉疲劳的卧推测试的可靠性数据。

卧推至力竭（绝对负荷值）

Vescovi 等（2007）使用 150 lb 的负荷对训练有素的冰球队员进行了肌肉耐力测试，动作是在自由重量器械上完成的。在测试中，受试者需要以 50 次 / min 的速度进行卧推，当受试者无法再以这个速度完成动作时，测试结束。结果，研究者可以根据队员在疲劳之前完成的重复次数区分他们在比赛中的位置：守门员平均完成 3.3 次，防守队员平均完成 9.2 次。

Mayhew 等人（2004）采用了 225 lb 的负荷对 NCAA II 级美式足球队员进行了卧推测试。尽管没有规定动作节奏，但是鼓励受试者在连续的两次上举之间不能停顿超过 2 s。当杠铃接触到胸部时记为一次，但是不能从胸部弹起，到上方时肘关节要完全伸展。运动员在疲劳前平均能完成 11.7 次。

其他研究者（Chapman et al., 1998）也选用了相似受试者样本进行了同样的测试，得到了 7.2 次的平均值。Baker（2009）采用了 225 lb 进行了重复动作测试，结果可以区分橄榄球队员的不同运动能力，但是低水平队员的平均重复次数非常低（平均 5.9）。

既然肌肉耐力训练所采用重复次数的推荐值是 10 以上（Kraemer et al., 2002），那么对于很多运动员来说，这些绝对负荷值似乎并不适合测试肌肉耐力。而且，没有关于采用 225 lb 负荷重复卧推至力竭可靠性的报道，尽管它被广泛使用，尤其是用于美式足球（Chapman et al., 1998；Mayhew et al., 2004）。

采用 132 lb（60 kg）的负荷卧推至力竭

Baker 和 Newton（2006）采用了 132 lb 的负荷对训练有素的橄榄球队员进行了卧推测试评价他们的肌肉耐力，动作是在自由重量器械上完成的。这里讨论了他们使用的测试方案。

技巧（Earle and Baechle，2008）

受试者仰卧位躺在长椅上，头、肩和臀部都要接触到长椅，双脚踩地（五点式接触）。双手闭合正握杠铃，双手之间的距离略宽于肩。测试员协助受试者将杠铃放到起始位置，即肘关节完全伸直。每个动作都从这个位置开。将杠铃拉下接触到胸部乳头附近的位置，然后继续上举直至肘关节完全伸展（见图8.1）。在整个动作中，要保持住五点式接触，而且当杠铃到达最低点时，受试者不应将其从胸部弹起来。

测试步骤（Baker and Newton，2006）

1. 在他们的研究中，Baker 和 Newton（2006）首先让橄榄球运动员完成 1RM 卧推测试，然后再进行肌肉耐力测试。然而，体能专家应该在测试之前安排适当的热身环节避免疲劳。

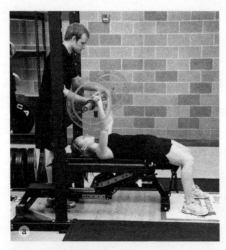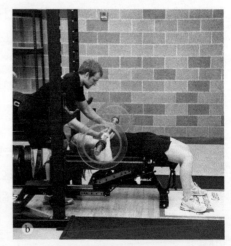

图 8.1　卧推动作的起始姿势和最低位置

表 8.1 YMCA 卧推至力竭测试中完成次数的标准值

%等级	18 ~ 25岁		26 ~ 35岁		36 ~ 45岁		46 ~ 55岁		56 ~ 65岁		65岁以上	
	男性	女性	男性	女性	男性	女性	男性	女性	男性	女性	男性	女性
95	42	42	40	40	34	32	28	30	24	30	20	22
75	30	28	26	25	24	21	20	20	14	16	10	12
50	22	20	20	17	17	13	12	11	8	9	6	6
25	13	12	12	9	10	8	6	5	4	3	2	2
5	2	2	2	1	2	1	1	0	0	0	0	0

来源说明：Reprinted, by permission, from J. Hoffman, 2006, *Norms for fitness, performance, and health* (Champaign, IL: Human Kinetics), 47; Adapted from *YMCA fitness testing and assessment manual*, 4th ed., 2000, with permission of YMCA of the USA, 101 N. Wacker Drive, Chicago, IL 60606.

2. 将杠铃负荷加到 132 lb（60 kg）。

3. 受试者需要尽可能多地完成动作次数直到出现主观感觉疲劳或技术变形为止。本测试没有规定动作频率，但是在两个连续动作之间不能停顿。

可靠性

对于采用 132 lb（60 kg）负荷对橄榄球队员进行的不规定动作节奏的、重复至力竭的卧推测试，测试和重测试之间的相关性是 0.94（Baker and Newton，2006）。

有效性

结果发现，此项测试中完成的重复动作次数与橄榄球队员的能力有关，优秀的运动员平均完成35.6次动作，而低水平运动员平均完成23.8次动作（Baker and Newton，2006）。这些数值恰好与肌肉耐力文献中的推荐值相符（Kraemer et al.，2002）。并没有关于女性受试者使用此测试的相关数据。

对于普通人群来说，132 lb（60 kg）的绝对负荷可能太大了。可以选择 YMCA 卧推测试，规定男性采用 80 lb（36.3 kg），女性采用 35 lb（15.9 kg）（Hoffman，2006）。这项测试规定动作频率为 30 次 /min。表 8.1 给出了一般人群在 YMCA 卧推至力竭测试中完成次数的标准值。

俯卧撑至力竭

测试步骤（Baumgartner et al., 2002）

1. 受试者俯卧位趴在地板上，双手分开与肩同宽，手指方向向前，肘关节指向后方（见图8.2）。
2. 起始位置是这样的：受试者身体呈直线向上推起，直至手臂完全伸展，体呈直线的意思是由身体肩关节指向踝关节为一条直线。
3. 然后让受试者将身体重心降低直到胸部着地。
4. 然后在上升至手臂完全伸展，保持身体始终呈直线。
5. 受试者以一个舒适的速度（20 ~ 30次/min）继续完成动作直到不能再做出符合标准的动作为止。
6. 每当受试者到达推起位置时，计数一次，两次动作之间不能停顿休息。

可靠性

对于大学男性和女性的俯卧撑测试，测试和重测试之间的相关性分别为0.95和0.91（Baumgartner et al., 2002）。

有效性

Williford等人（1999）报道，俯卧撑至力竭测试中完成的动作次数（41）能够明显区别出一组消防队员之间消防能力的差别。以50次/min的节奏完成的俯卧撑次数能够区别冰球运动员的位置；守门员平均完成22.7次，而防守队员平均完成26.6次（Vescovi et al., 2007）。在对大学男性和女性的研究中发现，俯卧撑至力竭和卧推至力竭之间存在非常大的相关性（r值分别为0.80和0.87）（Baumgartner et al., 2002）。在这项研究中，男性俯卧撑的平均完成次数为26.4次，女性的为9.5次。

有研究者专门为女性修改了俯卧撑（见图8.3），让她们将膝盖放在地板上，双脚在后面交叉（Boland et al., 2009）。这样一来，女性就可以平均完成20次以上了。还可以将俯卧撑修改成适合儿童的，从起始位置开始，下降到肘关节形成90°，以20次/min的速度重复这个过程（Saint Romain and Mahar,

图 8.2　俯卧撑的起始姿势和结束姿势

图 8.3　修改过的俯卧撑的起始姿势和结束姿势

2001）。这个修改的测试重复测试之间的相关性大于 0.97（Saint Romain and Mahar，2001）。

　　有些测试人员采用 60 s 内完成的俯卧撑次数作为肌肉耐力的评价手段。这个手段已经用于执法者的评估中，并且也被证实能够区分不同项目的运动员（Rivera et al.，1998）。在对军人进行测试时，通常采用 120 s 内完成的俯卧撑次数（Hoffman，2006）。表 8.2、表 8.3 和表 8.4 列出来不同人群俯卧撑至力竭的标准次数。

表 8.2　一般成年人俯卧撑至力竭的标准次数

% 等级	20 ~ 29 岁		30 ~ 39 岁		40 ~ 49 岁		50 ~ 59 岁		60 岁以上	
	男性	女性	男性	女性	男性	女性	男性	女性	男性	女性
90	57	42	46	36	36	28	30	25	26	17
80	47	36	39	31	30	24	25	21	23	15
70	41	32	34	28	26	20	21	19	21	14
60	37	30	30	24	24	18	19	17	18	12
50	33	26	27	21	21	15	15	13	15	8
40	29	23	24	19	18	13	13	12	10	5
30	26	20	20	15	15	10	10	9	8	3
20	22	17	17	11	11	6	9	6	6	2
10	18	12	13	8	9	2	6	1	4	0

来源说明: Reprinted, by permission, from J. Hoffman, 2006, *Norms for fitness, performance, and health* (Champaign, IL: Human Kinetics), 45; Adapted from D.C. Nieman, 1999, *Exercise testing & prescription: A health related approach*, 4th ed. (Mountain View, CA: Mayfield Publishing), with permission of The McGraw-Hill Companies.

表 8.3　青少年俯卧撑至力竭的标准次数

% 等级	年龄（岁）											
	6	7	8	9	10	11	12	13	14	15	16	17+
男孩												
90	11	17	19	20	25	30	34	41	41	44	46	56
80	9	13	15	17	21	26	30	35	37	40	41	50
70	7	11	1	15	18	23	25	31	30	35	36	44
60	7	9	11	13	16	19	20	28	25	32	32	41
50	7	8	9	12	14	15	18	24	24	30	30	37
40	5	7	8	10	12	14	15	20	21	27	28	34
30	4	5	7	8	11	10	13	16	18	25	25	30
20	3	4	6	7	10	8	10	12	15	21	23	25
10	2	3	4	5	7	3	7	9	11	18	20	21
女孩												
90	11	17	19	20	21	20	21	22	21	23	26	28
80	9	13	15	17	19	18	20	17	19	20	22	22
70	7	11	13	15	17	17	15	15	12	18	19	19
60	6	9	11	13	14	15	11	13	10	16	15	17
50	6	8	9	12	13	11	10	11	9	15	12	16
40	5	7	8	10	10	8	8	10	8	13	12	15
30	4	5	7	8	9	7	5	7	5	11	10	12
20	3	4	6	7	8	6	3	5	5	10	5	9
10	2	3	4	5	4	2	1	3	2	5	3	5

来源说明: Reprinted, by permission, from J. Hoffman, 2006, *Norms for fitness, performance, and health* (Champaign, IL: Human Kinetics), 46; Adapted, by permission, from Presidents Council for Physical Fitness, Presidents Challenge Normative Data Spreadsheet [Online].

表 8.4　警察部门人员俯卧撑至力竭的标准次数

20 ~ 29 岁		30 ~ 39 岁		40 ~ 49 岁		50 ~ 59 岁	
男	女	男	女	男	女	男	女
29	15	24	11	18	9	13	9

来源说明：Adapted from Hoffman 2006.

引体向上至力竭

测试步骤（Hoffman，2006）

1. 受试者双手正握杠，双臂伸直，为起始姿势（见图 8.4a）。
2. 受试者将身体向上拉起直到下巴高出杠子（见图 8.4b）。
3. 然后再回到起始姿势。
4. 在过程中身体不要出现摆动。
5. 记录出现主观感觉疲劳前完成的次数。

可靠性

有研究报道了男学生和女学生引体向上重复测试之间具有较高的相关系数（＞ 0.83）（Engelman and Morrow，1991）。然而，并没有评价成年人测试可靠性的相关数据。而且，文献中也没有特别指出双手之间的距离。这个变量可能影响测试的可靠性，测试人员应该对此进行控制。

有效性

研究发现引体向上至力竭的次数与消防员在某种消防任务中的表现能力非常相关（Williford et al.，1999）。还有研究报道，青春期前的女孩和男孩（平均年龄 8.4 岁）在经过 8 周的训练之后引体向上的次数出现了显著升高（Siegel et al.，1989）。

有一个修改版测试是在攀登板上进行的，研究显示此测试能够区分出不同水平的攀登运动员（Grant et al.，1996；2001）。相似的，还有一个修改版是针对儿童的，即起始姿势时让受试者躺在板子上，然后双手握杠拉起身体（见图 8.5）。研究显示此版本作为儿童肌肉耐力的测试方法同时具有可靠性和有效性（Saint Romain and Mahar，2001）。表 8.5 列出了青少年引体向上至力竭的标准次数；表 8.6 列出了大学男性的引体向上测试评估。

图 8.4 　一个合格引体向上的起始姿势和终止姿势

图 8.5 　儿童引体向上的修改版。这里受试者已经完成了一次动作

表 8.5　青少年引体向上至力竭的标准次数

% 等级	年龄（岁）											
	6	7	8	9	10	11	12	13	14	15	16	17+
男孩												
90	3	5	6	6	7	7	8	9	11	12	12	15
80	1	4	4	4	5	5	6	4	9	10	10	12
70	1	2	3	3	4	4	5	5	7	9	9	10
60	0	2	2	2	3	3	3	4	6	7	8	10
50	0	1	1	1	2	2		3	5	6	7	8
40	0	1	1	1	1	1	1	2	4	5	6	7
30	0	0	0	0	0	0	1	1	3	4	5	5
20	0	0	0	0	0	0	0	0	1	2	4	4
10	0	0	0	0	0	0	0	0	0	1	2	2
女孩												
90	3	3	3	3	3	3	3	2	3	2	2	2
80	1	1	2	2	2	2	2	1	1	1	1	1
70	1	1	1	1	1	1	1	0	1	1	1	1
60	0	0	0	0	0	0	0	0	0	0	0	0
50	0	0	0	0	0	0	0	0	0	0	0	0
40	0	0	0	0	0	0	0	0	0	0	0	0
30	0	0	0	0	0	0	0	0	0	0	0	0
20	0	0	0	0	0	0	0	0	0	0	0	0
10	0	0	0	0	0	0	0	0	0	0	0	0

来源说明：Reprinted, by permission, from J. Hoffman, 2006, *Norms for fitness, performance, and health* (Champaign, IL: Human Kinetics), 44; Adapted with permission from the *Journal of Physical Education, Recreation & Dance*, 1985, 44–90. JOPERD is a publication of the American Alliance for Health, Physical Education, Recreation and Dance, 1900 Association Dr., Reston, VA 20191.

表 8.6　大学适龄人群引体向上至力竭的能力评估

分级	引体向上次数
非常好	15 以上
好	12 ~ 14
中等	8 ~ 11
还行	5 ~ 7
差	0 ~ 4

来源说明：Reprinted, by permission, from J. Hoffman, 2006, *Norms for fitness, performance, and health* (Champaign, IL: Human Kinetics), 44; Adapted from AAHPERD, 1976, *AAHPERD youth fitness test manual* (Reston, VA: Author).

屈腿仰卧起坐

技巧

在屈腿仰卧起坐中，受试者躯干部分的动作和传统仰卧起坐中的一样。这种方式消除了臀部屈肌带来的影响（Baumgartner et al.，2007）。通常在测试中，受试者需要在特定时间内尽可能多地完成动作，例如60 s或120 s，并且经常还会设定节奏。

测试步骤（Hoffman，2006）

1. 在地板上放置两条相距10 cm的平行线（有些研究者将两条线的间距设置为12 cm）（Grant et al.，2001）。
2. 受试者躺在地板上，屈膝，手臂完全伸展，手指碰触第一条线（见图8.6a）。
3. 受试者开始运动，圈起上背部使得双手的中指都触碰到第二条线为止，同时双脚在地板上保持不动（见图8.6b）。
4. 受试者以20个动作 / 分钟（40 bpm）的节奏在60 s内尽可能多的完成动作次数。[有些研究员采用了50 bpm（Grant et al.，2001）]。

可靠性

至今还没有关于此项测试可靠性数据的报道。

有效性

研究报道，60 s内屈腿仰卧起坐的完成次数能够区分不同项目的运动员（Rivera et al.，1998）。然而，研究报道青春期前的儿童经过8周抗阻训练之后

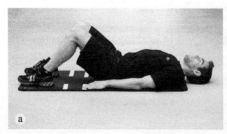

图8.6　卷腹测试开始及结束姿势。注意，被测试者独立完成，无须测试人员固定其双脚

并没有发现改善（Siegel et al.，1989）。相似的，研究者报道，出现主观感觉疲劳之前完成的次数不能区分攀登运动员的能力水平（Grant et al.，1996；2001）或橄榄球队员所在的位置（Meir et al.，2001）。表 8.7 列出了成年人测试的标准数据；表 8.8 列出了青少年的数据；表 8.9 列出了警察仰卧起坐的标准次数。

腿举或深蹲至力竭（根据 1RM 百分比确定负荷）

老年人经常采用肌肉耐力的惯性测试来评价下肢肌肉系统，测量方式仍然是重复动作至主观感觉疲劳。作者采用的负荷值是通过 1RM 百分比确定的，范围是 60% ~ 90%（Adams et al.，2000；Foldvari et al.，2000；Henwood et al.，2008；Rana et al.，2008）。在对一组老年女性（平均年龄 51.0 岁）的测试中，Adams 等人（2000）报道，采用 70%1RM 负荷完成腿举动作的次数为 7 ~ 18 次。Foldvari 等人（2000）报道老年女性采用 90%1RM 负荷完成腿举动作的次数为 0 ~ 26 次。有人可能会质疑这个负荷值是否合适，尤其是在得知有些人完成的次数时。有趣的是，完成的次数与受试者的功能状态并没有显著的关联性。Henwood 等人（2008）对男女混合老年人（65 ~ 84 岁）进行了研究，给他们制订了 22 周抗阻训练计划，分别在训练前后采用 70%1RM 负荷通过腿举

表 8.7　成年人屈腿仰卧起坐至力竭的标准次数

% 等级	20 ~ 29 岁		30 ~ 39 岁		40 ~ 49 岁		50 ~ 59 岁		60 ~ 69 岁	
	男	女	男	女	男	女	男	女	男	女
90	75	70	75	55	75	50	74	48	53	50
80	56	45	69	43	75	42	60	30	33	30
70	41	37	46	34	67	33	45	23	26	24
60	31	32	36	28	51	28	35	16	19	19
50	27	27	31	21	39	25	27	9	16	9
40	23	21	26	15	31	20	23	2	9	3
30	20	17	19	12	26	14	19	0	6	0
20	13	12	13	0	21	5	13	0	0	0
10	4	5	0	0	13	0	0	0	0	0

来源说明：Reprinted, by permission, from ACSM, 2000, *ACSM's guidelines for exercise testing and prescription*, 8th ed. (Lippincott, Williams, and Wilkins), 86.

表 8.8 青少年屈腿仰卧起坐至力竭的标准次数

%等级	年龄（岁）											
	6	7	8	9	10	11	12	13	14	15	16	17+
男孩												
90	23	27	31	41	38	49	100	60	77	100	79	82
80	20	23	27	33	35	40	58	55	58	70	61	63
70	15	20	25	27	29	35	48	48	52	60	48	50
60	12	16	20	23	27	29	36	42	48	50	40	47
50	10	13	17	20	24	26	32	39	40	45	37	42
40	9	12	15	18	20	22	31	35	33	40	34	39
30	8	10	13	15	19	21	27	31	30	32	30	31
20	7	9	11	14	14	18	24	30	28	29	28	28
10	5	7	9	11	10	13	18	21	24	22	23	24
女孩												
90	23	27	31	41	36	44	56	63	51	45	50	60
80	20	23	27	33	29	40	49	52	44	37	41	50
70	15	20	25	27	27	37	40	46	40	35	32	48
60	12	16	20	23	25	32	34	41	33	30	27	42
50	10	13	17	20	24	27	30	40	30	26	26	40
40	9	12	15	18	21	24	26	36	28	25	23	33
30	8	10	13	15	19	21	24	32	25	22	20	30
20	7	9	11	14	17	18	21	27	21	19	19	28
10	5	7	9	11	12	18	16	20	16	13	15	24

来源说明：Reprinted, by permission, from J. Hoffman, 2006, *Norms for fitness, performance, and health* (Champaign, IL: Human Kinetics), 43; Adapted, by permission, from Presidents Council for Physical Fitness, Presidents Challenge Normative Data Spreadsheet.

表 8.9 警察 60 s 仰卧起坐的标准次数

20 ~ 29 岁		30 ~ 39 岁		40 ~ 49 岁		50 ~ 59 岁	
男	女	男	女	男	女	男	女
39	32	35	25	29	20	24	14

来源说明：Adapted, by permission, from J. Hoffman, 2006, *Norms for fitness, performance, and health* (Champaign, IL: Human Kinetics), 48.

训练器对他们进行了腿举测试，发现训练前后没有发生显著性变化。不幸的是，腿举完成次数并没有报告出来。

　　相反，Rana 等人（2008）对大学女生进行了研究，给她们制订了 6 周抗阻训练计划，分别在训练前后采用 60%1RM 负荷对她们进行了后深蹲测试，发现完成次数出现了显著增加。测试前平均大约做 15 次，而训练后达到了 20 多次。

　　根据上述有限的研究，考虑到肌肉耐力抗阻训练所需的重复次数，似乎 70% 1RM 或以下的负荷是较为合适的。然而，这里讨论的每一个测试都没有关于其可靠性的数据报道。

　　如前所述，如果采用 1RM 百分比作为负荷值的局限性在于，需要在测试前首先评价其 1RM 值，而且日常生活或运动中也通常不会遇到 1RM 的负荷，没有关于下肢肌肉耐力测试绝对负荷值的相关数据可用。

屈臂悬挂

　　肌肉耐力的悬挂测试与目前所讨论的其他测试的不同之处在于，它测量是保持一种姿势所需的时间，而其他测量的是所完成的重复次数。这项测试允许出现技术变量。例如，可以采用正手握杠也可以采用反手握杠。相似的，文献中还出现过姿势变量，通过肘关节的不同角度使得下巴位于杠上或杠下（Clemons et al.，2004）。本文中所讨论的变量（正握并且下巴位于杠上）（见图 8.7）。

测试步骤（Hoffman，2006）

1. 杠的高度必须超过身高。
2. 受试者正手握杠，拇指与其他四指相对。（注意这里没有提到双手之间的宽度。但是，测试员应该记录这个宽度，并且在整个测试过程中保持不变。）

图 8.7　屈臂悬挂测试的起始姿势

3. 在测试员的帮助下，受试者身体升高使得下巴位于杠上，但是不要碰到杠（见图8.7）。

4. 受试者需要在没有支持的情况下尽可能长时间地保持这个姿势。记录从测试员松手到受试者下巴碰到杠或下落至杠下所用的时间。

可靠性

女性曲臂悬垂重复测试之间的相关性为0.97（Clemons et al.，2004）。

有效性

屈臂悬挂测试能够区分青少年长跑运动员的性别差异（Eisenmann and Malina，2003）。相似的，Siegel等人（1989）报道，青春期前的女孩和男孩（平均年龄8.4岁）经过8周抗阻训练之后，其屈臂悬挂的测试结果出现了显著增加。有一种修改版本的测试是在攀登板上进行的，其测试结果能够区分优秀和业余的攀登运动员（Grant et al.，1996）。

其他研究者指出，女性屈臂悬挂的能力与其他关于上肢肌肉耐力的测试结果没有相关性，但是却与最大肌肉力量测试结果相关（Clemons et al.，2004）。此研究中受试者平均完成的时间是6.1 s，而在肌肉耐力测试中平均完成了13.8次重复动作（下拉至力竭，采用负荷为70% 1RM）。这可能反映了需要确定评价肌肉耐力测试所需的最短时间值，就像重复动作肌肉耐力测试需要确定最少次数一样。

表8.10列出了青少年屈臂悬挂测试的标准值。

肌肉耐力的实验室测试

有很多针对肌肉耐力的实验室测试，每个都需要使用测力计。所有这些测试都是根据科研喜好而来的，而且几乎没有报道过标准步骤。这里讨论的肌肉耐力实验室测试是一项需要测力计的等速测试。关于等动力测定方法请参考第7章。

表 8.10　青少年屈臂悬挂测试常模

% 等 级	年龄（岁）											
	6	7	8	9	10	11	12	13	14	15	16	17+
男孩												
90	16	23	28	28	38	37	36	37	61	62	61	56
80	12	17	18	20	25	26	25	29	40	49	46	45
70	9	13	15	16	20	19	19	22	31	40	39	39
60	8	10	12	12	15	15	15	18	25	35	33	35
50	6	8	10	10	12	11	12	14	20	30	28	30
40	5	6	8	8	8	9	9	10	15	25	22	26
30	3	4	5	5	6	6	6	8	11	20	18	20
20	2	3	3	3	3	4	4	5	8	14	12	15
10	1	1	1	2	1	1	1	2	3	8	7	8
女孩												
90	15	21	21	23	29	25	27	28	31	34	30	29
80	11	14	15	16	19	16	16	19	21	23	21	20
70	9	11	11	12	14	13	13	14	16	15	16	15
60	6	8	10	10	11	9	10	10	11	10	10	11
50	5	6	8	8	8	7	7	8	9	7	7	7
40	4	5	6	6	6	5	5	5	6	5	5	5
30	3	4	4	4	4	4	3	4	4	4	3	4
20	1	2	3	2	2	2	1	1	2	2	2	2
10	0	0	0	0	0	0	0	0	0	1	0	1

（注：单位为 s）

来源说明：Adapted, by permission, from J. Hoffman, 2006, *Norms for fitness, performance, and health* (Champaign, IL: Human Kinetics), 47; Adapted, by permission, from Presidents Council for Physical Fitness, Presidents Challenge Normative Data Spreadsheet.

肌肉耐力的等速实验室测试

这项测试评价膝关节屈肌和伸肌以 180°/s 速度运动时的肌肉耐力。通过一系列重复收缩中峰值力矩的变化来确定肌肉耐力。

设备和技巧（Maffiuletti et al.，2007）

在最大肌肉力量的等速测试中使用相同的设备和技术。

测试步骤（Maffiuletti et al.，2007）

1. 受试者按照最大肌肉力量中列出的等速测试步骤进行测试。

表 8.11 肌肉耐力测试的应用总结

测试	收缩类型	所需器材	效度验证	信度验证	是否有常模/描述	操作特点	技术要求
卧推至力竭	SSC多关节	自由重量、长椅和杠铃架	有	有	YMCA测试有	一旦选择了绝对负荷值，则很容易操作。由于设备原因限制了受试者的人数	熟悉卧推
俯卧撑至力竭	SSC多关节	无	有	有	有	容易操作	熟悉俯卧撑
引体向上至力竭	SSC多关节	引体向上杠或杠铃架（为儿童采用修改版本时）	有	儿童版本有	有	借助合适的设备容易操作	熟悉引体向上
屈腿仰卧起坐至力竭	SSC多关节	地板标志	有	无	有	容易操作	熟悉仰卧起坐
腿举或深蹲至力竭	SSC多关节	举腿训练器、自由重量和深蹲训练架	有	无	无	一旦选择了绝对负荷值，则很容易操作。由于设备原因限制了受试者的人数	有限的腿举技术。熟悉深蹲
屈臂悬挂	等长多关节	引体向上杠	有	有	有	借助合适的设备容易操作	有限的技术
膝关节屈肌和伸肌的耐力	等速单关节	等速测力计	有	有	无	所用的时间	有限的技术

注：SSC=Stretch-Shortening Cycle。

2. 受试者以 180° /s 的角速度完成 20 次屈肌和伸肌的交互收缩。

3. 通过两种方式来确定疲劳：（a）计算第 2 次至第 5 次以及第 17 次至第 20 次之间的平均力矩，根据这两个平均值之间的百分比差异（百分率损耗）来确定疲劳；（b）通过线性回归分析计算第 2 次和第 20 次收缩之间峰值力矩的下滑。

可靠性

Maffiuletti 等人（2007）通过对一组业余体育爱好者（男性和女性）的测试报告了，出现疲劳时的百分率损耗在重复测试中的相关性为 0.81，而疲劳的下坡率在重复测试中的相关性为 0.78。

有效性

没有关于此测试效用的数据。

肌肉耐力测试方法的比较

表 8.11 总结了本章讨论的实地和实验室测试，并且从肌肉收缩类型、所需器材、发表过的效用和可靠性、出版过的标准化数据、操作难易度以及受试者所需技术这些方面对测试进行了评估。

和大部分身体能力一样，有很多测试用于评价肌肉耐力。这里讨论的实地测试易于操作，而且很多都不需要设备。而且，体能专家在数据的分析和理解上应该不会出现问题。当然，肌肉耐力的实地测试似乎适用于多种人群。但是，体能专家需要考虑到特异性原则，选择符合受试者训练内容的测试。

肌肉耐力测试前所需的热身内容没有在文献中详细写出来。关于一系列测试的前后顺序，Harman（2008）提出肌肉耐力测试应该在灵敏度测试、最大爆发力和肌力测试以及全力跑测试之后。这个顺序保证了受试者在肌肉耐力测试之前得到了充分的热身，尽管测试员应该避免让受试者出现疲劳。（第 7 章列出了适当的热身内容。）

在一项对训练有素运动员的研究中（Baker and Newton，2006），肌

专业应用

肉耐力测试和最大肌肉力量测试被安排在了同一个测试阶段。这种方案只适用于上肢肌肉，因为相对于下肢肌肉来说它在抗阻训练后的恢复更快一些（Hoffman et al.，1990），因此不适用于下肢肌肉耐力测试。测试员需要考虑到系列中其他测试引起的疲劳，尤其是包含离心和拉长－缩短循环动作时。在系列测试中，还应该考虑到测试的一致性。

在重复施加次极限负荷至力竭的肌肉耐力测试中，测试员应该保证完成次数的最小值。Kraemer 等人（2002）建议最少 10 次重复动作才能锻炼肌肉耐力，所以这个阈值也适用于肌肉耐力的测试中（Baker and Newton，2006）。这一点很重要，如果外界负荷（无论是绝对的还是相对的）只能够被移动一次，那么这项测试就不能有效地衡量肌肉耐力。

当测试用于特定人群的时候，重复阈值可能会给测试效用带来问题（如俯卧撑至力竭、引体向上至力竭）。而且，当测试内容是受试者保持某种姿势的时间时（如屈臂悬挂），问题又出现了，即至少多长时间才能确保肌肉耐力得到了有效的测量。例如，如果受试者保持某种姿势 2 秒钟，那么就会有人质疑这更接近最大肌力测试。因此这项测试是在评价最大肌肉力量。确定保持姿势最少时间的阈值以确保肌肉耐力的有效测量，似乎充满困难，可以排除这种测试。

当受试者需要重复动作至主观感觉疲劳时，就出现了节奏的问题。没有规定动作节奏可能会降低测试的可靠性，而规范了动作节奏可能会降低测试的外部效度（人们在日常生活或运动中几乎不会根据规定的节奏来重复运动）。这两种情况都限制了通过测试追踪个人运动能力随时间产生变化的能力。LaChance 和 Hortobagyi（1994）报道，节奏对力量运动的重复次数具有明显的作用。

有一个方法可以解决动作节奏的问题，就是让受试者自己确定节奏，并且同时记录达到主观感觉疲劳时所用的时间。借助这些数据可以得出受试者测试过程中的平均输出功率（完成的重复次数代表所做的功，然后除以所用时间，便得到了功率）。当使用外界绝对负荷值时，这个方法更加适合。这一点也支持了绝对负荷值的使用，因为人们在日常生活和运动中几乎不会遇到与最大肌力或体重相关的负荷（Stone et al.，2006）。

尽管采用绝对负荷值进行肌肉耐力测试的效用已经得到了证实，但是这些方案可能无法准确反映出训练产生的特异性适应。特别是当受试者采用外界绝对负荷值进行肌肉耐力测试时，最大肌肉力量和肌肉耐力之间存在着关联（Stone et al.，2007；Zatsiorsky，1995）。结果可能导致肌肉耐力因为最大肌力的增大而增强，这似乎违背了特异性原则。

　　基于所有这些因素，可能会出现这个问题：体能专家怎样才能获得最大肌肉力量测试中无法获得的数据？因为很多最大肌肉力量的实地测试所需的时间较多，所以可以反过来问：为什么不只采用重复运动至力竭的肌肉耐力测试，然后通过结果来计算最大肌肉力量呢？肌肉耐力的实地测试当然更容易操作，而且可以和他人同时进行。然而，第 7 章提到了，现有的预测公式并不完全准确，所以专家建议与其通过次极限负荷重复运动来预测，不如直接测试最大肌力。

　　肌肉耐力测试在对于运动员的应用中似乎受到限制，除非体能专家需要对大量运动员进行测试。相反，肌肉耐力的实地测试似乎更适合用于一般人群。

　　最后，尽管一些肌肉耐力测试能够区分不同水平的运动员，但是很少有人通过实地测试来追踪训练带来的肌肉耐力的变化，当然这是对于成年人来说的。要想确认力量测试的效用，需要评价测试分值和运动能力之间的关系（Abernethy et al.，1995；Murphy and Wilson，1997）。和其他大部分力量测试一样，这些分析还没有用到肌肉耐力的测试中。

小　结

• 肌肉耐力的定义：肌肉对抗次极限外界阻力或以特定姿势维持所需次极限力量而尽可能以最长的时间主动产生力或力矩的能力。

• 通常使用两种类型的测试来评价肌肉耐力，这两种都需要受试者对抗疲劳：

1. 对抗次极限外界阻力重复运动至出现主观感觉疲劳。

2. 尽可能长时间地维持某种特定姿势。

• 肌肉耐力的测试通常都是人群的整体测试，例如儿童、军人和执法者、消防员。

• 肌肉耐力的实地测试易于操作和理解。

• 对于重复运动至主观感觉疲劳的实地测试，应该采用绝对负荷值而不是相对负荷值，尤其是在卧推测试中。

• 没有研究采用绝对外界负荷来评价下肢肌肉耐力。

• 通常，上肢肌肉耐力的实地测试（如俯卧撑和引体向上测试）都有针对女性和儿童的修改版本。

• 体能专家应该在特异性原则的基础上来评价一项测试的效用。

• 一旦选择了测试，那么就需要在热身、受试者的指导、操作时间等问题上保持一致。

第 9 章

功率

马克·D. 彼得森，PhD, CSCS*D

　　根据训练的专项性原则（Principle of Specificity），我们知道运动表现评估是一个系统的、差别对待的过程。在这一过程中，测试者要对不同的身体素质分别进行测试、评估和解释。训练适应的特异性原则是基于人们对身体素质的以下两种认识：其一，各身体素质之间存在明显差异性；其二，不同的训练刺激会使不同的身体素质产生特异变化 / 反应。教练根据不同的运动专项而组织不同形式的训练课目，作为训练组织过程中的一部分，测试与评估是训练组织的客观基础。通过测试与评估可以监控运动表现的变化过程。功率生成（Power Production）涉及诸多因素，因此当我们针对功率生成讨论"训练的特异性原则"时，则尤显复杂。肌肉功率评估以及训练涉及锻炼科学的不同学科，在训练界是充满争论并引发广泛思考的主题之一。

　　无论是对于高水平运动员，还是对于老年病人，功率与他们的动作都有着密切的联系（Bean et al., 2002；Earles et al., 1997）。神经肌肉的测量经常忽略原始力量的测量。很多研究者认为功率输出能力是评估动作协调、动作功能或功能紊乱（Evans, 2000；Suzuki et al., 2001；Puthoff and Nielsen, 2007）、急性功率不足（如神经肌肉疲劳）的最好指标（Nordlund et al., 2004；Racinais et al., 2007）。此外，也有很多研究者认为控制训练变量调节功率的适应性变化是主要的训练目标。总之，全面理解影响功率生成以及爆发性动作能力的因素可以为训练监控、训练计划的制订、运动表现的提升提供坚实的基础。

215

功率

对于一般大众来讲，他们通常认为功率是一个包含了速度、力量因素或两者的非特定动作名称。在竞技领域，对于功率有多种不同的描述，它可能指大重量-低动作速度的动作（如奥林匹克举重），也可能指低重量-高动作速度的活动（如网球发球）。尽管对功率没有统一的定义，但是可以明确的是：有很多神经肌肉因素与最大力的生成以及力的生成率有关。

通过动作协调来表示功率也取决于外在形态学和生物力学因素，如肌肉收缩类型、举起的质量（可以是自身重量或肢体重量，也可以包括外部负重）、人体测量学特征（如肢体长度）、肌肉结构（如肌纤维组成、肌肉羽状角角度、肌肉横截面积、串联肌小节的数量）、肌腱和结缔组织刚度、关节活动度以及力矩（Cormie et al.，2011a）。尽管这些因素都对功率会产生影响，运动员还是使用所谓的"功率训练"试图通过练习强化特定的适应性反应，进而将其转化为爆发性动作能力。

鉴于"功率"这一名词易使人产生"高速运动"的概念，很多人倾向于接受表面意义上的特异性原则："练得快，就能更快"。然而，为了使训练和适应更为系统化，我们有必要将功率分解为测量和训练原理

随着功率训练在体能教练、私人教练和运动员当中的日益盛行，如何对功率输出或爆发性动作表现进行标准化评估更显重要。目前的测试方法包括基本的场地测试、运动表现实验室复杂的生物力学评估以及通过活检技术对肌肉在体外进行测试。此外，对于训练界功率训练的关注也使生产商开始研发大量的功率训练与测试工具。的确，无论是从训练科学领域还是服务商的角度，他们都发生了积极的变化。但是，功率评估方法必须更加系统化和标准化，从而保证测试结果具有更高的信效度。这样的测试体系可以使专业人员相互分享常模标准，以及可以对研究结果进行生理和运动表现因素的检验（如在控制年龄、性别、身体形态、训练水平等因素的基础上，通过回归模型认识不同竞技项目运动最大力生成与跳跃能力间的关系）。

功率生成的机制与表达

对于功率输出机制的研究由来已久。然而，对于研究者而言，将实践经验转化为运动表现的提升是非常困难的，就指导以后的训练而言也容易产生混乱。运动员完成动作时功率的表达涉及很多生理因素、生物力学因素，也受外负荷的影响。因此，尽管"最大功率"是运动员完成动作力量与速度交互关系过程中的某个"关键点"（Cronin and Sleivert，2005），但是这仅是在特定实验条件下表现出来的。依据使用的测试方法不同，肌肉功率的实际表现受以下内部生理因素的影响：

- 测试中所使用到的特定肌肉中的ATP储备量。
- 快肌（即 Ⅱ 型肌纤维）和慢肌（即 Ⅰ 型肌纤维）比例。
- 肌肉体积或横截面积（CSA）。
- 肌肉结构（即羽状角度）。
- 肌肉内协调能力（即肌肉中募集的肌纤维数）。
- 肌肉内协调（即完成动作时协同肌的募集）。
- 拮抗肌的协调。
- 频率编码（即轴突传导速率和刺激频率）。
- 拉长-缩短循环（即主动拉长肌纤维后立即收缩）。

很多运动项目中，运动员的表现与体重相关，因此在很多情况下，研究者在进行纵向研究或不同群体的对比研究时，还必须考虑受测者体型（body size）上的差异。

尽管在某些程度上训练的特异性原则只是一种理论上的模型，但是很多研究者在设计测试方案或训练计划时都会使用这一原则。然后，当适用于肌肉功率输出时，众多相关因素使特异性原则变复杂。因此，这就提示我们不仅要考虑在进行爆发性动作时功率输出表现本身，还要考虑抑制或增强功率适应的生理学特征。与其他身体素质相比（如最大耗氧量），对功率输出进行评估时，应采用系统的方法全面考虑与其相关的各种因素，如绝对力的生成、力的生成率、代谢特征、动作速率、做功能力和体重－功率比。

研究者对于力－速率的关系进行了大量的研究。作为肌肉组织众所周知的基本特征，力－速度关系简单地表述了肌肉收缩速率与力的生成量之间的关系。1938 年最先由 A.V.HILL 证实了离体肌肉力 - 速率的关系，并且于 1964 年再次证明了这个关系。很多对单独的肌肉以及进行动态动作时肌肉群的后续报道也确认了这一生理现象。本书主要使用 Hill 的模型说明力 - 速率以及功率 - 速率的关系（Faulkner et al.，1986）（见图 9.1）。

Wu 与 Herzog（1999）指出 Hill 的模型没有充分考虑分子层面以及肌肉结构特点。横桥模型（Wu and Herzog，1999）和解剖结构模型（Yucesoy et al.，2002）除了考虑到肌纤维排列以及被动弹性结缔组织特征外，还考虑到分子层面力的反应。

即使不用这些模型去进行解释，我们也可以知道特定动作的最大速率取决于完成动作时所需要克服的阻力大小。相对于较小的负荷，人体在肌肉最大主动收缩以克服大负荷时的动作速率更慢。在运动员进行大负荷抗阻训练时，负荷变大速率变慢的这种情况正是速度与力的这种关系的说明。在这种关系相对应的某个点上，如果负荷足够大，动作速率甚至会接近零，即出现所谓的等长收缩现象。

此外，对产生动作的力进行界定时，需要考虑动作负荷和动作速度。对于次最大用力（即相对速度或负荷小于最大主动收缩力），肌肉收缩速度则相对较小。如果外部负荷减少至几乎可以忽略不计，则可能会产生最大的动作速率。速率 - 力量曲线的所有点都对应着相应的肌肉收缩力与相应的动作速率。例如在某一个点上，力最大，动作速率则非常小。也存在这样的一个点，在这个点上力与速率的乘积最大。这个乘积就是所谓的峰值功率。它与绝对力量以及动作速度相关，但并不相同。如图 9.1 所示，功率 - 速率曲线的顶点即为峰值功率。尽管与力量、速度以及功率输出的概念有交叉，但这些概念本质上是不同的，它们通过训练都可以改变。

根据牛顿第二定律，力等于物体的质量乘于加速度（力 = 质量 × 加速度）。就像运动员在举重时一样，当力施加在物体上使其运动时，它不仅会抵消重力对于物体的作用，还会使物体向与重力作用相反的方向移动。关于抗阻训练（一个经常使用的说法是肌肉力量训练），则被定义为通过一种特殊的运动类型、速度或发力速度，所能达到的最大发力能力。（Stone et al.，2000）。

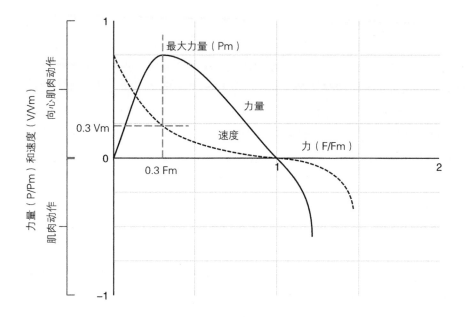

图 9.1　力 – 速度与力量 – 速度的关系

来源说明: Reprinted, by permission, from National Strength and Conditioning Association, 2008, Speed, agility, and speed-endurance development, by S.S. Plisk. In *Essentials of strength training and conditioning*, 3rd ed., edited by T.R. Baechle and R W. Earle (Champaign, IL: Human Kinetics), 460; Adapted, by permission, from J.A. Faulkner, D.R. Claflin, and K.K. McCully, 1986, Power output of fast and slow fibers from human skeletal muscles. In *Human muscle power*, edited by N.L. Jones, N. McCartney, and A.J. McCornas (Champaign, IL: Human Kinetics), 88.

　　肌肉力量和功率经常被人混为一谈，实则两者截然不同。例如，有时虽然力产生较大，但物体可能根本就不会动（如等长收缩），显然这时并没有功率产生。相反，动态的肌肉收缩活动是产生功率的必要条件——功率是单位时间内完成的功（即功 = 力 × 距离）。在肌肉等长最大主动收缩（Maximal Voluntary Contraction，MVC）时，肌肉产生的力非常大，但由于物体没有移动、没有产生功，所以功率仍然为零。只有肌肉在完成相同量的功时时间缩短，或在相同时间内完成更大量的功时功率生成能力才会更高。于是，肌肉爆发力便最终表现为产生出速度的所有肌肉动作，并可以被简单地定义为在一定的运动范围内，肌肉产生力的速度（爆发力 = 力 × 速度）（Cronin and Sleivert，2005）。

肌肉功率表现为肌肉活动时形成的速度，也可以说是完成一个动作时产生肌肉力量的速率（功率＝力 × 速度）（Cronin and Sleivert，2005）。

尽管上述的定义一般仅指线性动作，但很多情况下，我们还要考虑位移可能是以角位移的方式呈现的。例如，在以关节为轴的运动中或在功率器械上运动时（如功率计），功的呈现方式是角运动。在角位移时，旋转速度（即角速度）和转矩是区别直线位移的重要特征。角速度用每秒所划的弧度表示（rad/s），力矩用牛顿·米（N•m）表示。因此，发生角位移时所做的功表示为：力矩 × 角位移。虽然这种做功计算公式有所不同，但功率的计算方法同样是单位时间所做的功，即功率＝功 / 时间。随后提到的几个测试都是通过转动功对功率进行估算，是一个广泛关注的研究领域。

在提高运动表现的领域中，肌肉做功能力的概念也深入人心，因此，我们需要弄清绝对力量与最大动作速度的区别。然而，就像力量抑或是速度的测试一样，目前都有大量的"与任务特征有关的"功率测试方法，这些方法中都涉及肌肉收缩及功率产生的时程（即数据采集的时间）。测试的结果不能反映相同的结果或功率输出生成的潜在机制，因此这些测试不能相互替代。

在训练专家应用这些数据进行计划设计时，一定谨记在某一条件下表现出来的功率不一定会在另一条件下表现出来（Atha，1981）。因为功率反映的是肌肉力的生成与速度之间的交互作用，力与速度两者任何一方面的变化都会直接改变功率生成能力。

本章中，我们将说明次最大功率生成以及测量最大功率的方式，涉及的功率范围下至等长收缩时的 0 瓦特，上至奥林匹克举重运动员进行高翻时的 7000 W 功率（Garhammer，1993）。不同方式的动态肌肉收缩以及各自的功率输出在这个范围内有关明显的变化，因此，我们非常有必要区分与动作相关的最大功率的表现能力以及合适的测试方法。

功率的类型与影响因素

将与功率输出相关的基本因素进行分解不仅对于测试的选择，而且对于设计和调整训练计划都是非常有必要的（Cormie et al., 2011b）。的确，与其他素质的测试一样，如果测试项目本身缺乏针对性，我们就很难找到问题的症结。因此，在对功率进行测试前，我们需要理解功率的类型以及与功率输出和爆发性协调动作的相关因素。因此，体能训练专家必须根据产生功率的时程和代谢需求来对功率的类型加以区分（如无氧功和爆发性动作，或瞬时功）。

体能训练专家需要全面认识与功率输出或爆发性动作相关的因素，但就其本质而言，传统上可能不被认为是爆发力表现的一种结果。同样，体能训练专家在分析功率输出或爆发协调式动作时也要考虑到上述因素，但它们本身并不是功率的常规表达方式。有两个因素是直接与爆发性表现有关的，它们是力的生成率和反应力量能力。全面分析这些因素对于真正发现运动员的训练重点是非常必要的，同时也会有助于系统地、有针对性地最大限度上提高运动员的运动表现。

无氧功

传统上一般将无氧功的概念等同于最大功，但是无氧功更多的是反映了在单次或多次对次最大负荷最大用力时三磷酸腺苷的使用率。无氧活动发生在练习的开始阶段，反映的是肌肉功率的积累，此时并没有有氧代谢的参与。早在 20 世纪 10 年代，Krogh 与 Lindhard（1913）就提出了在中高强度活动的第 1 分钟内的活动时，会出现这种"氧债"。

无氧活动时的强度有时可能会超过最大摄氧量强度，在这种情况下人体需要根据练习的强度提供足够的能量以维持运动强度。无氧糖酵解系统（即乳酸能系统）和磷酸肌酸系统（即 PC 系统或无氧非乳酸系统）为人体的活动提供 ATP 的速率比有氧代谢系统提供的速率更快。但是与低强度活动时的情况不同，在使用无氧代谢系统以提供 ATP 时，ATP 的提供速率快，但更有限。当人体使用磷酸肌酸系统对高强度活动进行供能时，能量基质的耗竭非常迅速。

表 9.1　不同时间运动的相对强度、能量系统以及功率

运动持续时间	相对强度	能量系统	功率
0 ~ 6 s	最大	磷酸原	最大
6 ~ 30 s	很大	磷酸原 - 无氧糖酵解	很大
30 s ~ 2 min	中等 - 大	无氧糖酵解	中等 - 大
2 ~ 3 min	中等	无氧糖酵解 - 有氧代谢	中等
>3 min	低	有氧代谢	低

注：相对强度为不考虑时间单位的最大运动能力。

　　根据人体活动的相对强度（可以表示为相对最大力的生成），可以在一次用力或 6 s 后，疲劳或不能维持在该强度活动的情况下就会发生，此时人体使用的是磷酸肌酸系统。一般情况下，在进行 6 s ~ 2 min 左右的高强度无氧活动时，人体就要动用无氧糖酵解系统（见表 9.1）。在超过 2 min 后，则需要动用有氧代谢系统以完成额外功。糖原（即储备的碳水化合物）、血糖、APT 和 CP（储存于肌肉组织）是有氧代谢时的主要能量来源。尽管这些能量物质的总量有限，但是在练习之间的恢复阶段，它们会快速地补充（例如，ATP 再合成的时间为 3 ~ 5 min、CP 的恢复时间为 8 min、糖原恢复的时间为 24 h）（Friedman et al.，1991；Harris et al.，1976）。

　　最大无氧能力的评估是运动生理测试的一个重要方面。无氧功率既可用瞬间动作功率，也可用一段时间内的功率输出进行评价。因此，峰值无氧功率是指特定时间内最大功率输出或功率生成。

　　目前在体育科学界已经有几个无氧功测试被广泛关注。其中 30 s Wingate 无氧测试已经被认为是功率生成能力测试的黄金标准。该测试之所以被广泛接受是由于它简单易行且信效度较高（Bar-Or，1987）。通过该测试可以计算运动员的峰值功率、无氧能力和无氧疲劳（详见下文）。的确，峰值功率、无氧能力和无氧疲劳都是影响无氧表现的重要因素，也直接影响专项运动表现。然而，这一测试也有它本身的局限性，这是因为通过该测试不能了解受神经通路影响的瞬时功率表现。此外，从生物力学的角度来讲，它仅适合自行车运动员，而对其他运动项目缺乏针对性。因此，该测试对于那些在运动中运动员身体不受支撑、不需要重复进行某固定角度动作的运动项目来看具有天然的局限性。

最大瞬时功率

最大瞬时功率（Gollnick and Bayly，1986）是运动员在进行单次或多次动作时可产生的最大功率。因此，一般也称其为最大功率，它是运动员在完成动作时，最大力量与速率相乘之结果。

由于最大功率与神经肌肉系统在短时间内产生力的能力有关（即取决于力的生成率），因此对于那些需要运动员在对抗恒定负荷情况下产生最大速率的活动来讲是影响动作速率（特别是在冲击点或出手点，如踢、击打、跳跃）的重要因素。此外，在很多运动项目中，教练都将最大功率作为重要的测试指标和训练提高的目标。

很多研究者都已经致力于探讨运动员在完成下肢组合动作（如蹲举、高翻、蹲跳和纵跳）时负荷与功率的关系。研究表明，根据动作类型的不同，运动员在完成不同的动作类型时最大效率出现在不同的峰值力生成百分比条件下，其范围从蹲跳时 0% 的最大力生成（即无所在负荷）至高翻时 80%1RM（Cormie et al.，2007）。相反，对于等阻收缩（即固定负荷）来讲，运动员完成动作时最大功率出现在 30% 最大主动等长收缩时（Josephson，1993）。在进行下肢功率评估时需要特别注意的是，研究者应该将运动员的体重也考虑在内（即将体重或一部分体重与外部负荷相加）。

力的生成率

力的生成率（RFD、RFP 或 RTD）在肌肉开始收缩后收缩力（或力矩）的上升率。我们可以使用力的斜率或关节的力矩 – 时间曲线来说明 RDF。峰值 RFD 是力 – 时间曲线之最大斜率，它表明了肌肉（或肌群）快速产生力和张力（N·s）的能力。对于像冲刺或跳跃这样的需要非常快速和有力的肌肉收缩的协调动作来讲，RFD 是非常重要的。在进行这些活动时，肌肉收缩发力的时间往往低为 50ms，这一时间远远低于最大力生成的时间（即 > 400ms）（Aagaard et al.，2002；Thorstensson et al.，1976）。RDF 对于与姿势稳定与平衡、高力 – 高速离心性的收缩活动（如为了防止滑倒时）是非常重要的（Suetta et al.，2007）。

RFD 的提高意味着运动员在相同的时程内力的生成能力的提高（Aagaard et al.，2002）。更重要的是，在进行那些不可能发挥出最大力或功率的活动中（即极速的离心或向心收缩），运动员所具有的在短时间内产生更大肌力的能力（即高 RFD）对于运动表现的影响要大于他所具有的绝对力量或功率。

反应力量

肌肉功率并不仅仅取决于肌肉的收缩机能。肌肉－肌腱复合体中的非收缩成分在肌肉离心收缩过程中起到储存弹性势能的作用，这对于之后的向心收缩以及爆发性动作表现都是非常重要的影响因素（Wilson et al.，1994）。此外 Cheely 与 Denis（2001）的研究表明，肌肉－肌腱刚度（Musculotendinous Stiffness，MTS）与可以在向心、爆发性活动中起到协同性因素的势能之间存在直接的关系。

在过去的十多年间，无论是研究领域还是在实践层面都对反应力量这个主题给予了极大的关注。这种关注与人们普遍认为通过训练可以改善肌肉－肌腱复合体的解剖特征有关。Poussen 等人（1990）的研究表明 MTS 的适应性改变与负荷史有关；MTS 的适应性改变对于离心负荷和反复增强式活动更为敏感。随着肌肉－肌腱复合体刚度的提高，在运动员完成高速反向动作时就可以储存更多的弹性能量，从而在之后动作的向心阶段产生更大的力（Chelly and Denis，2001）。

反应力量这一概念包含了能量储存以及随后的肌肉活动表现两个因素。充分利用拉长－缩短循环（Stretch-Shortening Cycle，SSC）可以提高在最短时间内肌肉－肌腱复合体生成最大力的能力（Chmielewski et al.，2006）。在肌肉离心阶段快速在施加负荷，不仅有利于弹性势能的储存，还可以通过对机械感受器（即肌梭）的刺激引发牵张反射。由肌梭发出的信息通过单突触反射弧传入 CNS，为预负荷肌肉（主动肌）提供兴奋性反馈信息。无论是负荷的速率还是负荷的量级都直接影响牵张反射以及对主动肌的刺激（Bobbert et al.，1996）。

鉴于 SSC 活动比非 SSC 活动更为高效（即代谢效率）（Alexander，2000），我们需要特别关注 SSC 对于峰值功率输出能力，即在运动员进行像跳跃这样的增强式训练时的功率表现。对于那些既需要向心收缩功率输出，又需要离心－向心活动的运动员来讲，区分非 SSC 和 SSC 活动的能力是非常重要的。

功率与运动表现

功率的正确评估对于运动表现训练计划的安排非常重要。以下内容是关于教练在训练中如何使用功率测试结果的几个要点：

• 在安排功率训练计划时使用测试数据。很多研究者都指出功率训练时负荷的安排应该保证运动员在完成动作时能够输出最大功率（Kaneko et al.，1983）。如果在训练中想要达到这种效果，教练需要掌握特定练习的负荷-功率曲线从而发现峰值功率对应的负荷。与上述观点相反，有些专家认为由于最大功率只是瞬间力的生成与速度相乘后的结果，在针对功率进行训练时就有体系地强调负荷-功率的相互关系，因此会有很多因素影响运动员完成动作时功率的表现（即最大力量、力量-速度、速度、RFD和反应力量）。在某种情况下运动员完成动作时功率虽然是一样的，但力的生成和动作速度上并不相同，例如尽管运动员在练习时使用两种不同的负荷，但完成动作的功率也可能是相同的：负荷低时动作速率快，负荷高时动作速度慢（Baker et al.，2001）

• 体重的影响。尽管对于在训练时使用功率数据来确定训练安排是否合适仍有争议（Cronin and Sleivert，2005；Cormie and Flanagan，2008），但是很多专家都一致认为无论是在进行测试还是训练时都要将体重这个因素考虑在内。这是因为对于很多运动项目来讲，运动员都需要在一定程度上高效地控制自身体重（如跳跃、加速、变向等）。当我们在评估爆发性动作时要充分考虑体重对功率的影响。此外，考虑到一定时期内体重的变化，我们记录功率-体重比的变化也是非常有必要的。无论对于无氧或有氧运动项目，功率-体重比都是预测运动员专项表现提高的重要指标（Gibala et al.，2006；Lunn et al.，2009），因此教练需要不断监控它的变化（见纵跳实践应用之案例部分内容）。

• 影响运动表现的因素的分层模型。在对竞技表现的各方面进行建模时，运动科学家需要系统地、定性化地分析动作，以确定哪些因素对于运动表现的提高影响更大（Bartlett，2007；Ham et al.，2007）。在对运动表现的各因素进行模型分层时，运动科学家需要将动作根据生物力学和生理学贡献因子进行分解，以解释运动表现结果的变化。目前对于何为提高功率输出和提高运动表现的策略存在诸多争议，因此运动科学家更应该进行研究以阐明影响运动表现的生物力学和生理学问题，从而解释最大力量、RFD、最大功率输出的相互关系，以及如何将上述能力转化为爆发性动作。

功率测试

本章的后半部分将介绍几种功率及爆发力的测评方法。教练可以非常容易地将这些测评方法融入个人的训练计划之中。这些测试的信效度已经经过检验，它们可以根据专项需求应用于运动员。如前所述，功率测量与测试功率的方式有关（如功率生成的时程、肌肉收缩的类型），因此它们不能与其他测试相互替换。

下肢功率测试

与功率测试有关的大量研究都集中在下肢功率测试方面。这可能是由于人们直观地认识到下肢肌肉可以直接在应用地面反作用力以产生加速、减速、跳跃、落地、快速变向的动作。

无氧功测试

Wingate 无氧测试是 20 世纪 70 年代由 Wingate 学院测试的一种评估峰值无氧功、无氧能力和无氧疲劳的测试方法。测试时，运动员需要在功率计上进行 30 s 的蹬骑。峰值无氧功一般是前 5 s 的做功，一般表达为总功率（W）或总功率/体重（W/kg）。此外，计算 30 s 的总做功可以了解无氧能力（AC），它的表达方式为总外部功，以千焦（kJ）的单位来表达。最后，通过 Wingate 无氧测试可以了解运动员无氧疲劳，它主要是通过了解在测试全程中功率输出下降的百分比来计算（即疲劳指数）。

设备
• 力学制动功率计。在Wingate测试时，一般使用Monark功率计。其他功率计（如Fleisch功率计）需要不同的负荷指标；

• 通过光学传感器以探测和计算飞轮的反光标记；

• 计算机及相关软件（如Sports Medicine Industries, Inc.）。

测试步骤

1. 热身：在熟悉和对功率计进行调整后，受试者进行 3 ~ 5 min 的轻松蹬骑，负荷一般为 20% 的实测时的负荷。在热身时的每一分钟的最后阶段，受试者进行 5 s 的全力蹬骑。

2. 在进行完专项热身后，受试者需要进行轻微的动态拉伸，拉伸部位包括：股四头肌、腘绳肌和小腿肌肉。在这一段时间内，测试人员可以进一步向受试者解释进行测试指导。

3. 在测试开始时，受试者首先在没有负荷的情况下全力蹬骑。一旦达到最大速度（一般在 1 ~ 3 s 后），受试者需要在外加负荷的情况下全力蹬骑 30 s。负荷为 0.075 kg/ 千克体重（Monark 功率计）。

4. 在外加负荷实施后，30 s 的测试即开始，数据记录过程也相应开始。受试者在测试过程中不能离开自行车座。

5. 计算机会自行记录飞轮每分钟转动次数（r/min），并且会根据最大飞轮转动次数推算出最峰值功率（通过为前 5 s 的总功），以及角距。对于 Monark 功率计来说，每一个飞轮转动的距离为 1.615m。

6. 在 30 s 全力蹬骑后，测试结束。在测试后，建议受试者在功率计上进行 2 ~ 5 min 的放松式蹬骑。

测试结果计算

1. 峰值功率（PP）=（最高速的 5 s 时间内飞轮每分钟转动次数 ×1.615m）×（阻力 × 9.8）。

2. 平均功率（MP），在整体 30 s 中，以 5 s 为间隔计算每 5 s 各分段的功率，之后进行计算平均值。它通常可以认为是无氧耐力的指标。

3. 无氧能力（AC）以千焦（kJ）为单位，它是整个 30 s 运动员的做功总量。

4. 无氧疲劳指的是功率输出下降，计算方式如下：无氧疲劳（AF）=[（最高的 5 s 功率 – 最低的 5 s/ 功率）/ 最高的 5 s 功率]× 100。

5. 疲劳指数（FI）也可用峰值功率的下降百分比来表示：FI=[1–（最低功率输出 / 峰值功）× 100]。

补充信息及测试方式的变化

与本测试有关的更为详细的说明可以参阅 Inbar 等编写的教材（Inbar et

al.，1996）。根据测试目标的不同，测试人员可以对本项测试进行改动。例如，如果测试人员仅仅想获得峰值功率数据，则不需要将测试的全时程安排为 30 s。5 ~ 10 s 的测试时程就可以达到这个目的。此外，通过改动也可以将这个测试的目标人群定位于老年人（Bar-Or，1992）将测试全时程调整为 15 s。然而，在这个测试时，飞轮的阻力设置为 9.5% 的瘦体重量。因此，测试人员需要首先采用有效的体成分分析方法确定瘦体重（如体积扫描法或水下称重法）

表 9.1 和 表 9.2 提 供 男 女 Wingate 无氧能力训练的百分位数。

表 9.2 Wingate 无氧能力测试：18 ~ 28 岁经常运动男女百分位数

百分位数	W		W ／千克体重	
	男	女	男	女
95	676.6	483	8.6	7.5
90	661.8	469.9	8.2	7.3
85	630.5	437	8.1	7.1
80	617.9	429.4	8	7
75	604.3	413.5	8	6.9
70	600	409.7	7.9	6.8
65	591.7	402.2	7.7	6.7
60	576.8	391.4	7.6	6.6
55	574.5	386	7.5	6.5
50	564.6	381.1	7.4	6.4
45	552.8	376.9	7.3	6.2
40	547.6	366.9	7.1	6.2
35	234.6	360.5	7.1	6.1
30	529.7	353.2	7	6
25	520.6	346.8	6.8	5.8
20	496.1	336.5	6.6	5.7
15	494.6	320.3	6.4	5.6
10	470.9	306.1	6	5.3
5	453.2	286.5	5.6	5.1

来源说明· Adapted with permission from *Research Quarterly for Exercise and Sport* Vol. 60, No. 2, 144 - 151. Copyright 1989 by the American Alliance for Health, Physical Education, Recreation and Dance, 1900 Association Drive, Reston, VA 20191.

迈格瑞 - 卡拉曼测试

Margaria 等（1966）以及 Kalamen（1968）设计了台阶冲刺测试来预测功率输出。如今我们引用的测试是几个版本中最有可信度的一种测试版本，我们将其称之为 Margaria-Kalamen 功测试（Fox et al.，1993；McArdle et al.，2007）。通过该测试，测试人员可以根据垂直移动距离、总时长、体重等很容易地计算出功率输出。该测试已被广泛地应用于不同的人群，它也是一个有效地测量峰值功率的方法。研究表明该项测试的测试结果与其他爆发性动作表现有正向相关关系。

设备

· 至少具有 9 个台阶的楼梯。每一阶的高度应该约为 18 cm，预跑区域至少有 6m。
· 体重测试仪。
· 皮尺。
· 电子计时器（包括有起开与停止开关）。也可以用秒表计时，但是其有精确度不足的弱点。

测试步骤

1. 首先测量并记录每个台阶的高度。计算时，垂直距离即为第 3 个台阶至第 9 个台阶的高度（即台阶高度 ×6）。高度以 m 为单位。
2. 将电子计时器的开关装置安放于第 3 个台阶和第 9 个台阶。

表 9.3　全美体育协会 I 级男女运动员温盖特峰值功率与无氧运动能力等级

等级	峰值功率（W）	峰值功率（W／千克体重）	无氧运动能力（W）	无氧运动能力（W／千克体重）
女子				
优	>730	>11.07	>541	>8.22
好	686 ~ 730	10.58 ~ 11.07	510 ~ 541	7.86 ~ 8.22
略高于平均值	642 ~ 685	10.08 ~ 10.57	478 ~ 509	7.51 ~ 7.85
平均值	554 ~ 641	9.10 ~ 10.07	414 ~ 477	6.81 ~ 7.5
略低于平均值	510 ~ 553	8.60 ~ 9.09	382 ~ 413	6.45 ~ 6.80
一般	467 ~ 509	8.11 ~ 8.59	351 ~ 381	6.1 ~ 6.44
差	<467	<8.11	<351	<6.1
男子				
优	>1163	>13.74	>823	>9.79
好	1092 ~ 1163	13.03 ~ 13.74	778 ~ 823	9.35 ~ 9.79
略高于平均值	1021 ~ 1091	12.35 ~ 13.02	732 ~ 777	8.91 ~ 9.34
平均值	880 ~ 1020	11.65 ~ 12.34	640 ~ 731	8.02 ~ 8.90
略低于平均值	809 ~ 879	10.96 ~ 11.64	595 ~ 639	7.58 ~ 8.01
一般	739 ~ 808	9.57 ~ 10.95	549 ~ 594	7.14 ~ 7.57
差	<739	<9.57	<549	<7.14

来源说明：Adapted, by permission, from M.F. Zupan et al., 2009, "Wingate Anaerobic Test peak power and anaerobic capacity classifications for men and women intercollegiate athletes," *Journal of Strength and Conditioning Research* 23 (9): 2598 - 2604.

3. 测量运动员的体重，并将单位转换为牛顿。

4. 热身：在初步地熟悉测试过程后，运动员进行 5 分钟的中等强度有氧活动（最好采用走路或慢跑的方式），之后再进行针对髋屈肌、髋伸肌、腘绳肌、股四头肌、小腿肌肉的动态活动度的练习。最后，运动员再进行两次 50% ~ 80% 最大能力的试测。通过热身有助于有效地使运动员在测试时表现出最大功率输出。

5. 测试时，运动员首先进行一段距离的预跑。测试人员提示开始后，运动员即开始冲刺跑向楼梯。

6. 运动员采用每 3 阶触地一次的方式快速冲刺过第 3、6、9 级台阶。

7. 在脚触第 3、9 台阶时计时，计时精确到 0.01。

8. 每名运动员进行 1 ~ 2 次测试，并记录最好成绩。两次测试之间要有 2 ~ 3 min 的恢复时间。

测试结果计算

将运动员的体重（以 N 为单位）、纵向移动距离（以 m 为单位）以及时间（以 s 为单位）代入以下公式，即可获得功率值（以 W 为单位）。

$$功率（W）=（体重 \times 高度）/ 时间$$

表 9.4 列举了亚格瑞 - 卡拉曼测试的标准数据。

表 9.4   迈格瑞·卡拉曼台阶冲跑参考值（W）

等级	15 ~ 20 岁	20 ~ 30 岁	30 ~ 40 岁	40 ~ 50 岁	50 岁以上
女子					
优	>1785	>1648	>1226	>961	>736
好	1491 ~ 1785	1383 ~ 1648	1040 ~ 1226	814 ~ 961	608 ~ 736
中等	1187 ~ 1481	1098 ~ 1373	834 ~ 1030	647 ~ 804	481 ~ 598
一般	902 ~ 1177	834 ~ 1089	637 ~ 824	490 ~ 637	373 ~ 471
差	<902	<834	<637	<490	<373
男子					
优	>2197	>2059	>1648	>1226	>961
好	1844 ~ 2197	1726 ~ 2059	1383 ~ 1648	1040 ~ 1226	814 ~ 961
中等	1471 ~ 1824	1373 ~ 1716	1098 ~ 1373	834 ~ 1030	647 ~ 804
一般	1108 ~ 1461	1040 ~ 1363	834 ~ 1088	637 ~ 824	490 ~ 637
差	<1108	<1040	<834	<637	<490

来源说明：Adapted, by permission, from Fox, Bowers, and Foss, 1993, The physiological basis for exercise and sport, 5th ed. (Dubuque, IA: Wm C. Brown), 676, ©The McGraw-Hill Companies.

补充信息及测试方式的变化

McArdle 等（2007 年）针对该测试发表了不同年龄人群的测试标准。此外，为了适应不同人群的需要，也出现了几个亚格瑞－卡拉曼测试的修正版本。例如，由于有些人群不能够根据原来版本的要求每次跨越 3 个台阶，Harrison（2008）设计了一个包含 11 个台阶的测试版本。该测试版本不要求运动员先进行预跑，因此测试时可以使用一般的台阶即可。在向上跑时，运动员先上一个台阶（即第一个台阶），之后以每次 2 个台阶的方式向上跑。该版本测试中，运动员需要纵向移动的距离为 2.04m，计时从踏上第 1 个台阶开始至第 11 个台阶停止，计时的单位为秒。功率的计算公式为：功率（W）= 体重（kg）× 2.04（m）× 9.81/ 时间（s）。

纵跳测试

纵跳是一项常用的测试功率和爆发力的方法。该项测试不仅简单易行，而且测试结果可以直接应用于很多涉及跳跃以及对下肢功率输出要求非常高的项目（如举重）。如前所述，很多因素影响运动员的纵跳表现，也因此有很多不同的跳跃能力测试项目。纵跳测试的不同版本包括下蹲跳、蹲跳及助跑跳。本书将首先介绍下蹲跳，在本章的后半部分将介绍其他相关纵跳测试版本。

设备

- 商用Vertec测试器（Sports Imports, Columbus, OH）（见图9.2）。
或
- 表面光滑且足够高的墙面（即天花板的高度要高于运动员的纵跳摸高高度）。
- 白粉。
- 皮尺。

测试步骤（使用 Vertec 设备）

1. 测量运动员的体重，并以 kg 为单位（或转换为 kg）。

2. 首先测量并记录受试者的站姿摸高高度。测试时，受试者站在器械的正下方，用强侧手在脚跟不离地的情况下尽可能高地触够 Vertec 的塑料叶片。每个叶片之间的距离为 0.5in，红色叶片之间的间隔距离为 6in。

3. 热身：在受试者熟悉了测试流程和 Vertec 器械后，首先进行 5 min 左右的中等强度有氧练习（最好是上坡走或跑），之后进行针对髋关节、腘绳肌、股四头肌、小腿和肩关节的动态活动度练习。最后，受试者可以进行几次试跳，从而熟悉下蹲跳动作。

4. 测量并记录受试者的下蹲跳成绩。

图 9.2　使用 Vertec 测试器时受试者的起跳姿势与摸高动作

5. 本测试中，受试者不得在跳跃前有助跑。在完成动作时，受试者需要原
   地快速下蹲、摆臂（见图 9.2）。之后快速起跳并用强侧手触够塑料叶片。
6. 3 次试跳，记录最好成绩。

使用墙壁与白粉

提示：体重记录、热身过程如前述。

1. 记录受试者站姿时能够触够到的最高高度。
2. 首先受试者在强侧手的中指上涂抹白粉。
3. 强侧手的一侧靠近墙面站立，之后尽可能高地将白粉标记在墙上。
4. 采用下蹲跳的方式，受试者尽可能向上跳，并用手指在墙面上用白粉打
   上标志；共进行 3 次试跳，记录最好成绩。

测试结果计算

1. 纵跳成绩 = 最好成绩 - 原地摸高高度。不同人群的相关测试标准数据（非
   运动员人群和高校健康学生：Patterson and Peterson，2004；不同专项运
   动员：Hoffman，2006）。
2. 功率估算。研究者提供了几个功率估算公式，从而可以通过纵跳测试成
   绩估算出功率。体重与跳跃高度及瞬间功率相关，例如，如果两个人可
   以跳起同样的高度，但是他们的体重各不相同，他们在完成同样的高度
   时所做的功是不同的。对同一个人来讲，多次测试的成绩对比时都适用
   于这个道理。如果在不同的测试时间某人体重下降或升高，则相应的纵
   跳高度和功率生成也可能发生变化。因此，从这个意义上讲，纵跳高度
   对于爆发功率表现来讲，只是一个相对粗糙的代用品。最常用的纵跳 -
   功率转换公式是 Sayers 公式（1999）：

   峰值功率（W）=60.7 × （纵跳高度）+45.3 × （体重）-2055

本公式具有较高的信效度，并且不受性别的影响（Sayers et al.，1999）。
此外，研究表明本方法是一个评估下肢峰值功率以及高水平运动员举重能力的
有效方法（Carlock et al.，2004）。Harman 等（1991）提出了其他的公式以估
算峰值功率和平均功率：

   峰值功率（W）=61.9 × （纵跳高度）+ 36 × （体重）+1822
   平均功率（W）=21.2 × （纵跳高度）+ 23 × （体重）-1393

表9.5 经常从事体育活动的男女大学生纵跳成绩

性别	普通健康大学生		业余体育大学生		竞技体育大学生	
	in	cm	in	cm	in	cm
女子	14.1	35.81	15 ~ 15.5	38 ~ 39	16 ~ 18.5	41 ~ 47
男子	22. 2	56.39	24	61.00	25 ~ 25.5	64 ~ 65

来源说明: Reprinted, by permission, from J. Hoffman, 2006, *Norms for fitness, performance, and health* (Champaign, IL: Human Kinetics), 60.

表9.6 高中及大学橄榄球运动员纵跳百分位成绩

百分位	9 年级		10 年级		11 年级		12 年级		全美大学生体育协会 III 级运动员		全美大学生体育协会 I 级运动员	
	in	cm	in	cm	in	cm	in	cm	in	cm	in	cm
90	27.6	70.1	27.4	69.6	28.5	72.4	30	76.2	30	76.2	33.5	85.1
80	25.5	64.8	26	66	26.9	68.3	28	71.1	28.5	72.4	31.5	80
70	24	61	24.6	62.5	25.5	64.8	26.5	67.3	27.5	69.9	30	76.2
60	23.5	58.7	23.9	60.7	25	63.5	26	66	26.5	67.3	29	73.7
50	22.3	56.6	23	58.4	24	61	25	63.5	25.5	64.8	28	71.1
40	21.9	55.6	22	55.9	23.5	59.7	23.5	59.7	24.5	62.2	27	68.6
30	21.2	53.8	21	53.3	22	55.9	22.5	57.2	23.5	59.7	25.5	64.8
20	19.3	49	19	48.3	20.5	52.1	21.5	54.6	22	55.9	24	61
10	17.7	45	18	45.7	18.8	47.8	19.5	49.5	20	50.8	21.5	54.6

来源说明: Adapted, by permission, from J. Hoffman, 2006, *Norms for fitness, performance, and health* (Champaign, IL: Human Kinetics), 60.

表 9.7 全美体育协会一级女子排球、垒球、游泳运动员纵跳百分位成绩

百分位	排球		垒球		游泳	
	in	cm	in	cm	in	cm
90	20	50.8	18.5	47	19.9	50.5
80	18.9	48	17	43.2	18	45.7
70	18	45.7	16	40.6	17.4	44.2
60	17.5	44.5	15	38.1	16.1	40.9
50	17	43.2	14.5	36.8	15	38.1
40	16.7	42.4	14	35.6	14.5	36.8
30	16.5	41.9	13	33	13	33
20	16	40.6	12	30.5	12.5	31.8
10	15.5	39.4	11	27.9	11.6	29.5

来源说明: Adapted, by permission, from J. Hoffman, 2006, *Norms for fitness, performance, and health* (Champaign, IL: Human Kinetics), 62.

就上述公式而言，目前还没有相应的标准化数据。因此，使用上述公式的目的在于通过估算被测对象（无论是健身者还是运动员）的输出功率提高内部效度，而不是和标准值进行参考比较。表 9.5、表 9.6 和表 9.7 提供了不同群体纵跳测试百分位成绩。

补充信息及测试方式的变化

除了下蹲跳之外，教练还可以安排受试者进行静蹲跳测试。除了在静蹲跳时受试者不能在起跳前做反向动作之外，静蹲跳时的基本程序与下蹲跳相同。受试者首先要降低重心至全蹲的姿势（即大腿与地面平行或膝关节呈 90°），之后在这个姿势上保持 1 ~ 2 s。在听到口令后，受试者在不做反向动作的前提下尽可能向上跳。根据要求不同，有些专家在进行测试时甚至要求受试者不

用使用手臂动作（如将双手分别放在腰上，或双手交叉放在头后）。由于使用双臂后，虽然提高纵跳的表现但影响了下肢功率生成测试的准确性，因此，在可以使用测试垫或测力台的情况下，我们一般不推荐受试者在起跳时使用双臂动作。

静蹲跳测试是评估运动员仅使用向心收缩方式进行爆发性动作的有效方法，因此很多教练都将它作为传统的下蹲跳测试的补充手段。由于其固有的信效度，Sayers 的公式仍适用于该测试（Sayers et al.，1999）。有些教练为了避免受试者在测试时有反向动作甚至会让受试者先坐在椅子上。但是，由于椅子会影响受试者起跳后的安全下落，这种方式具有危险性。

助跑纵跳测试时，受试者在进行最大用力的反向跳跃之前会有几步助跑。由于与专项爆发性动作相近，很多教练会使用这种方法进行测试。这种测试方法也有几种变式（如单脚或双脚起跳、一步助跑或几步助跑），但是从获得可信度的数据角度来讲，教练应该采用一致的测试方法，或进行多次测试（即不同的受试者或一名受试者进行多次试跳）。

反应力量指数（RSI）

在很多运动项目中，运动员在完成爆发性动作时肌肉-肌腱复合体通常利用拉长-缩短循环，这种反射性收缩的方式就是反应力量的表现。在运动员完成那些包括对力和速度都要求非常高的肌肉和关节动作时（如纵跳），力-速率曲线会受到之前负荷阶段（即反向动作）的影响，从而使运动员在任何既定的动作速度下，产生更大的力（即使力-速率曲线右移）。在进行增强式练习和离心练习后，人体神经肌肉会适应和改变，进而提高肌肉-肌腱刚度（Poussen et al.，1990。）由于通过训练肌肉的刚度是可以改变的，因此我们需要可信、有效的方式对其进行评估。

评估反应力量的方法有很多，其中对比下蹲跳与静蹲跳高度的方法是最常用的（Walshe et al.，1996）。近年来，教练经常采用的测试 RSI 的方法是通过评估运动员进行深跳练习时的表现量化增强式练习或 SSC（Flanagan and Harrison，2007）。在测试后，我们可以通过纵跳成绩和触地时间（即运动员由落地至再起跳之间的时间）来计算 RSI，这种方法业已被证明是了解爆发力的可信、有效的方法（Flanagan et al.，2008）。

设备

• 不同高度的跳箱/或可调高度的跳箱。该测试信效度是在30 cm高度测试条件下建立的（Flanagan et al.，2008）。

• 商用接触垫。

测试步骤

1. 热身：受试者在熟悉了测试程序后，进行5 min的中等强度有氧练习（慢跑等），之后进行几项针对髋屈肌、髋伸肌、腘绳肌、股四头肌、小腿和肩关节的动态活动度练习。之后，受试者可以进行几次非全力的试跳。这一测试对于下肢肌肉和关节要求比较高，因此充分的热身非常重要；

2. 开始测试后，受试者首先站在跳箱上，之后从跳箱跳下，双腿同时落地。在落地后，尽可能高地向上纵跳。特别需要强调的是，受试者在完成动作时，应尽可能在进行向心收缩前减少离心收缩以及触地的时间；

3. 运动员进行2～3次测试，间歇时间至少在90 s。

测试结果计算

1. 受试者的跳跃高度以及与地面的接触时间由接触垫记录。使用滞空时间，我们可以计算出受试者的跳跃高度：跳跃高度 =（9.81× 滞空时间^2）/8。

2. 触地时间为落地至起跳后离地的时间（Flanagan et al.，2008）。

3. 反应力量指数（RSI）= 跳跃高度 / 触地时间。

补充信息及测试方式的变化

教练也可以采用其他方法了解SSC的作用，以及SSC与爆发性动作和运动表现的关系。通过测试获得下蹲跳与静蹲跳成绩的比率（即离心使用率，Eccentric Utilization Ratio：EUR），也是了解RSI的一种方法（McGuigan et al.，2006）。公式如下：

[（下蹲跳成绩 − 静蹲跳成绩）/ 静蹲跳成绩]× 100

通过上述这些测试，教练可以了解训练后SSC及肌肉 − 肌腱刚强度的变化。

立定跳远

立定跳远（SLJ）也是常用的下肢爆发力表现测试之一。教练可以将立定跳远测试与纵跳测试一起进行综合分析，因为立定跳远反映的是横向位移能力，而纵跳反映的是纵向位移能力。如果教练在训练中安排运动员进行立定跳远式的练习，该测试反映的结果则显得更为重要。使用立定跳远测试的结果，教练可以以最好成绩百分比的方式组织训练（例如 3 次 90% 立定跳远最好成绩）。

设备

- 平坦的场地，至少6m长。室内场地（如篮球场、排球场）、塑胶跑道、人工草地等均可以使用；
- 皮尺；
- 标志胶带；
- 也可以使用商用立定跳远测试垫（如Gill Athletics，Champaign，IL）。

测试步骤

1. 用 1m 的标志胶带画出起跳线。
2. 热身：受试者在熟悉了立定跳远测试程序后，进行 5 min 的中等强度有氧练习（慢跑等），之后进行几项针对髋屈肌、髋伸肌、腘绳肌、股四头肌、小腿和肩关节的动态活动度练习。之后，受试者可以进行几次非全力的试跳。如 RSI 测试相同，这一测试对于下肢肌肉和关节要求比较高，因此充分的热身非常重要。
3. 测试并记录受试者的成绩。受试者脚趾立于起跳线后，先进行一个下蹲反向动作之后尽力跳远。用小的胶带标记受试者最近的一只脚脚跟的位置。
4. 记录三次试跳的最好成绩，精确到 0.5in。
5. 记录受试者脚趾至最近的一只脚脚跟的距离。

测试结果计算

立定跳远成绩等于标志线至脚跟的直线距离。表 9.8 为 15 ~ 16 岁男女生的标准成绩（Chu，1996）。

表 9.8 优秀运动员及 15 ~ 16 岁少年男女运动员立定跳远百分位成绩

百分位	优秀男子运动员		优秀女子运动员	
	in	cm	in	cm
90	148	375.9	124	315
80	133	337.8	115	292.1
70	122	309.9	110	279.4
60	116	294.6	104	264.2
50	110	279.4	98	248.9
40	104	264.2	92	233.7
30	98	248.9	86	218.4
20	92	233.7	80	203.2
10	86	218.4	74	188
等级	15 ~ 16 岁少年男子运动员		15 ~ 16 岁少年女子运动员	
	in	cm	in	cm
优秀	79	200.7	65	165.1
平均以上	73	185.4	61	154.9
平均	69	175.3	57	144.8
平均以下	65	165.1	53	134.6
差	<65	<165	<53	<135

来源说明: Adapted, by permission, from J. Hoffman, 2006, *Norms for fitness, performance, and health* (Champaign, IL: Human Kinetics), 58; Adapted, by permission, from D.A. Chu, 1996, *Explosive power and strength* (Champaign, IL: Human Kinetics), 171.

补充信息

由于本测试有使受试者受伤的风险，因此仅适用于无伤或肌肉骨骼系统无不适的人士。如前所述，测试前正确的热身也是非常重要的。此外，在热身的最后阶段受试者应进行几次试跳。

上肢功率测试

与功率有关的测试大部分都是为下肢设计的，但是上肢功率生成与表现对于很多运动项目来讲也是非常重要的。上肢 Wingate 无氧功率测试和推实心球测试是目前主要的两个测试上肢功率方法。这两个测试已经被证实对不同的人群都具有较高的信效度。

上肢 Wingate 无氧功测试

与传统的下肢 Wingate 无氧功测试相似，上肢 Wingate 无氧功测试一般是在实验室条件下进行的，通过测试教练可以获得与上肢无氧能力有关的数种结果。测试时，受试者需要在改装的手摇式功率计上进行 30 s 的运动。峰值功率一般是受试者前 3 ~ 5 s 的做功，峰值功率的以总瓦特（W）或功率 - 体重比来表示（W/kg）。此外，通过计算整个 30 s 的做功可以了解受试者的无氧能力（Anaerobic Capacity，AC），此时的做功一般用千焦表示（kJ）。最后，通过测量整个过程中功率输出的下降百分比，我们可以获得无氧疲劳（即疲劳指数）的数据。

设备

- 机械制动式手摇功率计。
- 放置手摇功率计的桌子。桌子至少有 70 cm 高，桌子下方应有放置腿的地方。
- 功率计要固定好，防止在测试时移动。
- 光学感应器感应飞轮上的反射点。
- 相应的软件（如 Sports Medicine Industries，Inc.）。

测试步骤

1. 受试者应该很舒适地坐在功率计后，脚可以平放在地面上。这种姿势可以使受试者自如地进行手上动作。
2. 热身：在受试者熟悉并调整上肢功率计后进行 3 ~ 5 min 的轻阻力（无阻力或 20% 实测时的阻力）手摇。在热身最后阶段，受试者进行 5 s 最大速度的手摇动作。
3. 在进行完专项热身后，受试者要对整个肩关节、胸大肌、肱二头肌、肱三头肌、上臂肌肉进行轻度动态拉伸。
4. 在测试开始时，受试者首先在无负荷的情况下最大速度摇动手柄。一旦达到最大速度（一般在 3 ~ 5 s 后），受试者就要在施加外加负荷的情况下全力摇动手柄 30 s。负荷为 0.050 kg/ 千克体重（Monark 功率计）（Nindl et al.，1995）。

5. 在负荷施加后，30 s 计时开始，同时功率计开始记录数据。在测试过程中受试者需要一直处于坐姿状态。

6. 计算机会记录飞轮的转速、峰值功率（一般为前 5 s 的功率）和角距离。飞轮每一转的长度等于 1.615m。

7. 在 30 s 的全力手摇后测试即结束。在测试后，建议受试者进行 2 ~ 5 min 的放松。

测试结果

表 9.9 提供了男性及女性上肢 Wingate 无氧测试的相关数据。

推实心球

针对上肢功率的场地测试方法主要是坐姿推实心球（Clemons et al.，2010）。该项测试被广泛使用的原因有二，其一测试简单易行；其二与专项动作相仿，例如篮球运动员的胸前传球或搏击运动员的前冲拳等。此外，由于运动员在训练时经常会进行这种练习，测试结果可以直接应用于训练实践。

设备

- 角度为45° 的练习凳。
- 实心球，女性使用6 kg，男性9 kg（Clemons et al.，2010）。
- 镁粉。
- 皮尺。
- 至少有8m长的空场地。

测试步骤

1. 将皮尺拉开，放置在地面上；起点放在练习凳的下方，并固定。

2. 皮尺应放在实心球外侧的正下面（当实心球置于运动员胸前时）（Clemons et al.，2010）（见图 9.3）。

表 9.9　Wingate 上肢无氧能力测试：男女不同年龄峰值功率和平均功率

等级	年龄（岁）							
	10 以下	10 ~ 12	12 ~ 14	14 ~ 16	16 ~ 18	18 ~ 25	25 ~ 35	35 以上
男性峰值功率								
优秀	205	192	473	473	575	658	565	589
很好	164	171	389	411	484	556	501	510
好	143	159	343	379	438	507	469	471
中等	122	148	298	348	393	458	437	433
中等偏下	101	137	253	316	347	409	405	394
低	80	126	207	284	301	360	373	356
很低	60	115	162	252	256	311	341	317
男性平均功率								
优秀	161	159	333	380	409	477	415	454
很好	136	142	276	321	349	403	375	395
好	118	133	248	293	318	366	355	366
中等	100	124	220	264	288	329	335	337
中等偏下	83	116	192	236	258	292	315	308
低	65	107	165	207	227	255	294	279
很低	47	98	137	179	197	218	274	249
女性峰值功率								
优秀	201	176	214	–	–	–	–	–
很好	152	159	199	–	–	–	–	–
好	135	141	184	–	–	–	–	–
中等	119	124	170	–	–	–	–	–
中等偏下	102	106	155	–	–	–	–	–
低	86	89	140	–	–	–	–	–
很低	53	55	110	–	–	–	–	–
女性平均功率								
优秀	153	158	194	–	–	–	–	–
很好	130	137	165	–	–	–	–	–
好	118	126	151	–	–	–	–	–
中等	107	116	137	–	–	–	–	–
中等偏下	96	105	122	–	–	–	–	–
低	84	94	108	–	–	–	–	–
很低	73	83	93	–	–	–	–	–

来源说明：Adapted, by permission, from J. Hoffman, 2006, *Norms for fitness, performance and health* (Champaign, IL: Human Kinetics), 56; Adapted from O. Inbar, O. Bar-Or, and J.S. Skinner, 1996, *The Wingate anaerobic test* (Champaign, IL: Human Kinetics), 82, 84, 91, 92.

3. 皮尺向外至少拉出 8m。

4. 热身：在受试者熟悉练习凳的使用以及推实心球的过程后，进行 5 min 的中等强度有氧练习；之后再进行肩、肘关节的动态活动度练习（如不同方式的俯卧撑练习），并进行几次非最大用力的试推。

5. 在测试时，受试者应该舒适地坐在斜凳上，双脚平放、实心球置于胸前。

6. 双手持实心球，手放在实心球的侧面。

7. 受试者在没有任何其他身体动作的情况下（如躯干或颈部的屈曲、反向动作等）向前推实心球，实心球的出手角度应该是 45°。

8. 球的运行轨迹应该是直线向前的。

9. 每名受试者可以测试 3 ~ 5 次，两次测试之间的休息时间至少为 2 min。

测试结果

测量每次前推的结果。

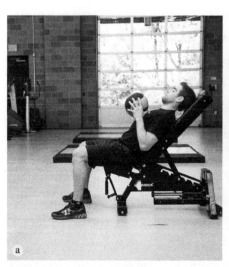

图 9.3　坐姿实心球前推的开始动作和出手动作

来源说明: Adapted from Clemons, J.M., B. Campbell, and C. Jeansonne. 2010. Validity and reliability of a new test of upper body power. *Journal of Strength and Conditioning Research* 24（6）: 1559–1565.

测试方式的变化

推实心球测试是一个常用的上肢功率测试方法，有些教练会使用不同重量的实心球、针对不同的人群安排这种测试。此外，有些研究中采用的方法是让运动员直体坐在练习凳上（而非45°）。在为保证测试标准的统一，针对同一对象或群体而言，前后测试安排应该是一致的。

热身与激活后增强效应（PAP）：
针对功率测试的考量

教练在设计一个提高肌肉表现的训练计划，并选择某单个练习时必须将练习后的即时反应以及可能引起的长期适应都考虑在内。与之相似，教练为评估运动员的基础能力以及训练进展而安排测试时，也要考虑热身后的即时反应、测试过程以及测试顺序——这些因素都会对测试结果产生重大影响。

根据适应-疲劳模型（Bannister，1991；Chiu and Barnes，2003），测试或训练课产生的应激会影响之后短时表现的生理反应，以及长期适应性反应。适应-疲劳模型基于以下两种现象：增加运动表现的后效应和抑制运动表现的疲劳后效应。与本章相关，第一种现象与即刻、有提升作用的生理反应相关——通过急性刺激引发第一种现象（即通过有策略的热身活动）。如果应用得合理，通过这种急性的刺激可以对神经肌肉系统功率生成能力带来直接的影响，特别是对于瞬时最大功率测试来讲更是这样。

研究者就这方面的主题进行研究时也发现，对动物的肌纤维进行电刺激后肌肉收缩和力的生成为出现"增强"的现象。研究也表明，人体在进行高负荷主动肌肉收缩后表现出即刻的力量生成增加现象（Baudry and Duchateau，2007）。这种与时间有关的运动表现提高机制很难解释，但是有研究者认为出现这一现象是由于收缩蛋白对于钙离子敏感性的增强导致横桥接触率增加所致（Baudry and Duchateau，2007）。这个急性反应是通过提高收缩力和力的生成率来引发运动表现的提高。从实践的层面来讲，高强度刺激后的激活后增强效应（PAP）也可以提高力的生成率、纵跳高度和冲刺成绩（Chiu and Barnes，2003；Chatzopoulos et al.，2007）。

很显然，教练可以安排运动员进行有策略的热身，从而利用这种神经机制提高比赛和测试成绩。动态热身活动应该包括一系列从低强度至高强度的动作，从而使身体为最大功率生成做好准备。

　　PAP 的影响对于不同运动员的作用是不同的。某一刺激对于某一运动员可能是合适的，但可能对于另一名运动员来讲会引发疲劳。因此，教练要根据运动员训练水平和肌肉能力的不同安排不同的热身方式。

　　实际上，人类所有肌肉活动都会通过功率表现出来；无论是日常生活中的活动或是高水平运动员的活动，功率与动作密切相关。因此，我们可以将功率作为协调动作、慢性功能能力、急性能力不足的重要指标。全面理解影响功率生成的因素以及功率向爆发性动作的转化过程将有助于教练监控、设计、改进运动表现以提升训练计划。

　　功率的评估不应仅作为运动员或客户整体身体表现特征（即需求分析）的重要因素，而且应作为长期运动表现适应性改变的监控指标。由于功率的表达涉及大量生理学因素，我们只有通过不同的测试项目才能全面了解运动员的各种能力（如 RFD、最大瞬间功、5 ~ 10 s 内用力的峰值功、15 ~ 30 s 用力的最大及平均功率），进而了解运动员的优点和不足。相反，对功率进行评估时，仅使用一种方法，我们很难发现运动员不足之所在。由于功率的表达受多种因素影响，一个因素或多个因素的改变都会对其产生影响，因此若不进行全面评估，就很难了解运动员的不足之处。在了解特定活动或专项（即能量代谢系统、生物力学、肌肉收缩方式）需要的基础上，使用全面的方法，教练就能够安排合理的测试，并针对运动员 / 客户的不足进行训练，从而最大限度地提高运动员 / 客户的适应性，进而提高运动表现。

　　然而，与其他素质的测试一样，功率测试的方法也具有任务特异性；并且根据动作的生物力学特征以及数据获取的时间框架，测试的方法也有所不同。这些测试方法不能相互替代，这是因为测试的结果不能达到同样的效果，不能指导特定的训练日程安排或专项训练。此外，运动员在某种条件下完成动作时表现出来的功率，并不一定会在另一种条件下表现出来。因此，教练应当"分离"并评估特定的可以通过训练改变的因素，明确哪些因素是抑制或促进功率输出能力适应性提高的。与本章所述，评估功率时教练应该采用系统的方法，全面了解运动员的绝对力量生成、力的

专业应用

生成率、代谢特征、动作速率、一般运动能力、功率－体重比等。

　　由于功率反映了力与速率的交互关系，因此改变两个因素中的任一个都会直接影响功率生成能力。然而，由于某些专项要求运动员具备控制自身体重的能力（如跳跃、加速、变向等），教练在评估爆发性动作时充分考虑体重的影响。纵向综合体重变化进行分析，可以使我们更为准确地了解体重－功率比的变化。

　　对于很多运动专项而方，体重－功率比是预判运动员专项表现的因素。仅就经验直觉而论，运动员在进行很多活动时都需要控制自己的自身体重，因此仅仅通过功率输出的提高或仅仅通过减少自身体重，或者两者同时改变（功率提高，同时体重下降）都会提高运动表现。尽管在很多情况下，教练不会在训练计划中特意安排针对体重下降的训练，但是在某些情况下应该考虑减少运动员的体脂。如果一名运动员体脂过量，通过减脂训练则可以提高运动表现，同时对于长期代谢健康也有积极作用。

　　下文以某运动员为例说明体重、峰值功率对于纵跳表现的影响。通过这个案例，我们可以了解如何通过改变一个或多个变量／因素来促进爆发性动作表现的提高。本案例可以作为运动员完成其他需要控制体重的爆发性或非爆发性动作训练的范例。

运动员基本情况

　　性别：男

　　年龄：18 岁

　　运动专项：美式橄榄球 Division I

　　体重：235 lb（106.6 kg）

　　身体：6ft1in（185.4 cm）

　　BMI：31 kg/m^2

　　体成分：体脂率18%；绝对体脂重量42.3 lb（19.2 kg）

　　力量：1RM 蹲 365 lb（165.5 kg）

　　纵跳高度：25in（63.5 cm）

　　使用 Sayers 公式，可以估算出该运动员的峰值功率为：

　　峰值功率（PP）（W）=60.7×（纵跳高度）+45.3×（体重）-2055

　　PP =（60.7×63.5 cm）+（45.3×106.6 kg）-2055

PP = 6628.4 W

使用代数的方法，将纵跳高度作为因变量，我们可以将公式变化为如下的表达。采用这种方式，PP 和体重为自变量，常量仍保持不变。

纵跳高度（cm）=（2005+PP）-（45.3×体重）/60.7

根据新公式，如果运动员体重变化的情况下，我们可以预测其纵跳成绩的变化。因此，如果上述运动员能够保持肌肉功率，同时减少 5% 的脂肪（即 11.75 lb），他的体重将是 223.2 lb。将这些新数据代入公式，我们即可预测该运动员新的纵跳高度变化。

Δ 纵跳高度变化 =[（2055+6628.4）-（45.3×之后体重）]/ 60.7
　　　　　　-[（2055+6628.4）-（45.3×之前体重）]/ 60.7

Δ 纵跳高度变化 =[（2055+6628.4）-（45.3×101.3 kg）]/ 60.7 -
　　　　　　[（2055+6628.4）-（45.3×106.6 kg）]/ 60.7

Δ 纵跳高度变化 = 67.5 cm-63.5 cm

Δ 纵跳高度变化 = 4 cm

在不改变体重的情况下，仅仅通过改变峰值功率的方式提高纵跳高度看似也是一种有效的训练策略。尽管原始的回归方程是在使用测力台分析静蹲跳和下蹲跳时纵向地面反作用力的条件下产生的（Sayers，1999），Cormie 等人的研究表明无论是高强度力量训练或高速率的功率训练都可以提高纵跳时的峰值功率（Cormie et al.，2007；Cormie et al.，2011b）。因此根据分析，我们认为有数种可行的方法可以改变功率和纵跳高度。

提升运动表现可行方式：

仅提高力量的方法：高强度力量训练

仅提高速度的方法：高速度反应力量练习和功率练习

仅减少体重的方法：密切监控和合理减少绝对体脂量

增加力量 + 提高速度的方法：综合训练，传统训练分期式训练，或两者同用

增加力量 + 减少体重

提高速度 + 减少体重

增加力量 + 提高速度 + 减少体重

通过上述简单的案例说明了我们可以采用不同的方式提高运动员的纵跳成绩。由于教练在设计训练计划时通常不会将体脂改变的内容考虑在内（但是，在安排肌肉围度增加的练习时教练应该考虑体脂的减少），而更多地强调改变可以提高纵跳表现的其他指标。很明显，其他诸如 RFD 和反应力量能力的改变都会影响纵跳成绩。此外，对于不同的人群（即性别、年龄、训练状态）来讲，并不是每种因素的改变都可以起到同样的作用。但是，通过这个案例使我们明确功率和爆发性动作表现是受多因素影响的。最终，通过综合评估不同的因素，教练更有可能针对性地提高运动员的运动表现。

小　结

- 肌肉功率与不同水平的动作表现密切相关。

- 功率输出的评估与神经肌肉和能量传递等因素有关，但这些往往在一般的力量和速度测试中是被忽视的。

- 功率输出是一个非常重要的协调动作能力的指标，功率输出的表达受诸多生理学因素和生物力学因素影响。

- 在职业体育领域，我们需要对被评估人群进行全面的、系统的测试。

- 在测量肌肉功率生成时有很多可以选择的方法，但每种方法都有与其测试安排本身相对应的特异性。

- 在进行测试前，教练需要对运动员进行全面的需求分析；需要考虑生理学、生物力学以及其他与测试本身有关的外在因素；需要分析测试本身是否符合特定运动员的个人需要。

- 在功率评估时，体重也应被考虑在内，从而获得功率-体重比这一重要数据。

第 10 章

速度和灵敏

N. 特拉维斯·特里普利特（N. Travis Triplett），PhD, CSCS*D, FNSCA

对于几乎所有项目的运动员来说，速度和灵敏都是决定他们运动表现的重要因素（Hoffman, 2006）。速度和灵敏都包括尽可能快地进行身体移动，但是灵敏还包括了变向的因素。专项教练在进行速度和灵敏训练时一般会重点关注动作技术或反应时间（Plisk, 2008）。速度的测试相对比较简单，而灵敏的测试则相对多变。这是由于在进行灵敏测试中包含细微的动作、冲刺 - 变向时的步法，同时还涉及是否需要运动员对各种刺激做出反应。测试人员根据特定的专项或任务，在速度与灵敏测试的选择上也可以根据项目以及所需任务进行灵活的设计。

通过速度和灵敏测试，教练可以发现运动员需要提高的方面，从而确定训练目标（Harman and Garhammer, 2008）。例如，由于速度、灵敏对于有些运动项目来讲是决定运动表现的直接因素，通过测试教练可以了解其所设计的练习是否有效；同时教练也可以将运动员与同项目或同位置的其他运动员的成绩进行对比分析。基于这些测试结果，教练可以针对性地调整训练计划，或对某运动员进行针对个人的训练安排。

速度

经典的关于速度的定义如下：速度就是一个物体在完成特定距离的运动时，所需要花费的最短时间。在不考虑"方向"因素的情况下，速度与速率（velocity）是相同的（Harman and Garhammer, 2008）。从实践的角度上讲，速度是指身体在最短时间内完成特定距离的能力。然而，速度的表述则更为复杂，这是由于在完成全程跑动距离的过程中，速度不是一直不变的。因此，我们可以将其划分成不同的阶段（Plisk，2008）。第一个阶段是加速阶段，或者称之为加速至最大速度的速度变化率。第二个阶段是速度保持阶段。加速阶段与最大速度阶段的距离依测试的全程距离不同而有所差异。例如，40m 全速跑的加速阶段的距离大约为 10m；100m 全速跑的加速阶段的距离大约为 30 ~ 40m（Plisk, 2008）。

如果全程距离更长（>200m），运动员在全程的某些阶段会出现减速。全程中的减速阶段是应该尽量避免的（Harman and Garhammer，2008）。由于在全力跑时，不可避免地会出现加速和减速情况，速度测试本身实质上为我们提供的信息是"平均速度"。由于我们不可能长时间保持最大速度，因此速度测试的全程距离必须小于 200m，一般速度测试的全程速度小于或等于 100m（Harman and Garhammer，2008）。这就避免了运动员在全程跑的某个阶段出现明显的速度下降 / 减速；此外，需要指出的是速度测试并不是测量运动员的有氧或无氧能力（Harman and Garhammer，2008）。测试有氧或无氧能力的方法见其他章节（第 5 章及第 7 章）。

灵敏

通常灵敏一般被定义为快速变向的能力（Altug et al.，1987）。灵敏测试的形式有很多，简单的如步法；复杂的灵敏测试时，可能会要求受试者在高速跑时改变身体的运动方向。因此，灵敏包含了速度因素。但是，速度并不是决定灵敏的最重要因素。Plisk（2008）指出，传统的关于灵敏的定义过于简单，这是因为灵敏的表现不仅包含速度因素，还包含平衡、协调、以及对环境变化做出反应的能力等因素。有些灵敏测试甚至还涉及肌肉或心肺耐力的因素，但是，实质上这应该应类于无氧能力测试（见第 8 章）。

速度与灵敏测试的最大不同是在进行灵敏测试时，受试者需要制动，并向另一个方向再起动。因此，受试者需要在跑动的过程中减速、之后再向一个新的方向加速，而这些是在速度测试中应该予以避免的。灵敏测试时，受试者的目标是以最快和最有效的方式减速和加速。与之不同，速度测试时，受试者的目标则是在全程跑中不出现减速，并且尽快达到最大速度，并保持最大速度。由于速度是影响灵敏的因素之一，因此，这些指标有一定的相关性。

一名运动员可能变向非常快，但是如果在灵敏测试由减速向加速阶段的中间过程表现不好，则整个测试成绩就会受到影响。因此，测试员应当理解何为正确的加速与减速技术，并将这些技术传授于受试者，从而保证测试结果不受技术因素的影响。

一般情况下，正确的加速（加速至最大速度）技术包括步幅与步频的增加、身体倾斜角度的减小（Plisk，2008）。速度测试时的加速与灵敏测试时的加速有着明显的区别，在灵敏测试时受试者加速的距离更短，先前加速与变向时的身体姿势也会影响受试者后续达到全步幅和步频。就减速技术而言，应包括以下几个方面：增加身体倾斜角度、支撑脚应全脚掌与地面接触（Plisk，2008）。

测试的设置也影响变向的角度，有些测试时，需要受试者完成大角度的变身（如切步后反方向变向）；而有些测试时，则需要运动员仅以较小的角度变向（如绕过标志盘）。一般情况下，变向的角度越大，则更需要受试者在变向点减速以及身体的倾斜角度加大。因此，合理的减速是灵敏测试表现的重要影响因素（Plisk，2008）。

在全程测试的最后阶段，教练应该要求受试者不要降低速度，而是要全力冲过终点线及电子门。此外，除了在进行身体一直朝向某一方向的侧滑步这类的测试，教练还要指导受试者在测试时目光盯住目标物（如标志盘、标志线）。

在灵敏测试的基础上增加一个新的因素——测试员给予信号后，受试者做出反应再变向——则可以使测试本身更专项化。不是所有的灵敏测试都会加入这一因素。这种方法大多会被作为一种更高级的训练方法，以提高训练的专项性。

没有刺激信号变化的灵敏测试通常被认为是"闭式技能"（closed-skill）测试（Plisk，2008）。在进行这些测试时，测试环境相对稳定，受试者事先知道测试过程以及变向的方向。相对应的，"开式技能"测试时，很多行为是不可预测的，变向的方向由教练临时决定。因此，开式测试对于反应能力、平衡和协调要求更高。闭式测试更为常用，其原因在于测试条件更加标准化，也存在相应的测试标准。此外，由于测试过程对于某一受试者每次都是相同的，闭式测试通常具有更强的测试－再测试可信度。由于开式技能具有可变性，因此这种方法通常用作训练手段，或可以作为了解运动员在某一特定训练日运动表现的快速评估方法，而不考虑将其作为在一定训练阶段后是否进步的标准。

运动表现与速度、灵敏

速度或灵敏是影响大部分运动项目，甚至包括耐力性项目运动表现的因素。在田径场上跑步及在游泳池中游泳时，运动员很少或没有变向动作，但对于大部分运动项目来讲速度和灵敏都是非常重要的。例如，对于非常优秀的美式橄榄球边锋来讲，他就需要具备快速对球做出反应，并以最快的速度摆脱防守队员然后接到球。此外，优秀的足球或冰球运动员可以带球快速变向。在可控的条件下，采用与专项相符的方法评估速度和灵敏对于教练设计专项训练方法以提高专项运动表现是非常有用的。

测试项目选择

就测试而言，最重要的步骤不是发生在测试地点，而是在实施测试之前。测试项目选择对于测试来讲至关重要，这是因为它影响着结果的效度。体能教练在选择测试项目时，首先要考虑的是测试应符合专项的生理要求，因此，体能教练必须认识到基本能量系统和其他生理特征会影响运动表现，如体格。由于大多数运动项目都需要运动员具备不同的能力（如速度、灵敏、功率、无氧能力），因此，体能教练需要选择一套测试方法来评估不同的身体能力。

生物力学因素，如动作模式的专项性，也是选择测试项目时需要考虑的重要因素。例如，一个适合冰球运动员的灵敏测试不一定适合网球运动员。运动员的训练水平也是需要考虑的重要因素。由于新手运动员技术较差或体能不足，因此那些体能或技能要求高的测试项目不适合他们，使用这些测试项目会限制他们的测试表现。同样，在选择测试项目时，还要考虑运动员的年龄与性别。女性在完成某些测试项目时会有难度（如引体向上），还有一些项目不适合青春期前的儿童。

通过改变测试中的一些环节可以使测试项目更符合专项特征。例如，美式橄榄球运动员在进行灵敏测试时，教练可以要求他们手持球。虽然教练可以通过改变测试中的某些环节使其更符合专项特征，但是在变化时一定要考虑测试的效度，从而保证通过测试项目真正能够了解我们所期望获得的素质。

速度和灵敏测试的全程跑动时间应该安排得很短，通常小于20 s；如果时间过长则会动员其他能量系统，疲劳也会影响测试结果。例如，如果灵敏测

表 10.1　速度、灵敏测试特征的总结表

测试项目	难易度	测试条件	信度	测试目标
40 码	易	计时系统 田径场或球场	0.89 ~ 0.97	速度
10 码	易	计时系统 田径场或球场	0.89	加速
60 码冲刺 −30码分段计时	中	计时系统（多测试门） 田径场	NA	加速 最大速度 速度保持能力
5−10−5（Pro−灵敏测试）	易	秒表 标志盘 田径场或球场	0.91	灵敏（向前跑）
T− 测试	中	秒表 标志盘 田径场或球场	0.93 ~ 0.98	灵敏（向前跑、后退跑、侧向跑）
3 标志桶测试	难	秒表 标志盘 田径场或球场	NA	灵敏（向前跑）
埃德格伦侧步测试	中	秒表 标志线 田径场或球场	NA	步法
六边形跳	中	秒表 标志线 田径场或球场	0.86 ~ 0.95	步法

试的设置过于复杂，受试者则很难在不同的变向之间加速。在任何情况下，如果测试设置总是不断地变化，则很难使用测试标准数据进行对比分析。想要建立新的数据测试标准一般需要多次的测试。表 10.1 为速度、灵敏测试特征的总结表。

测量方法

无论速度还是闭式灵敏测试都仅需要少量的设备。完成这些测试仅需要一个秒表、一个皮尺、场地的标识（如标志盘）。使用电子计时设备可以提高测试结果的准确性，但是需要同一名测试者实施才可以保证测试结果的可靠性。由于增加了测试环境 / 条件不可预测性，开式灵敏测试非常难于标准化。标准化的测试过程，诸如变向次数、变向后固定的移动距离，才会提高测试的可信度。

在进行测试之前，受试者需要进行适当的热身活动。尽管对于测试前的热身没有特定的标准，但是一般情况下我们建议受试者首先需要进行 3 ~ 5 min 的低强度、大肌肉群活动，如慢跑或慢速骑自行车，从而提高全身的循环。之后，可以使用一半或四分之三的速度模拟测试，进行更加有效的热身。

如果受试者存在下肢关节活动度上的限制，则在测试前需要进行轻微的动态拉伸（Bandy et al.，1998；Hedrick，2000; Mann and Jones，1999）。由于其他类型的拉伸，特别是静态拉伸对于随后的速度、力量和功率活动的表现有负面影响，因此拉伸应以热身与活动关节为主要目的。（Behm et al.，2001；Church et al.，2001；Fletcher and Jones，2004；Nelson and Kokkonen，2001；Power et al.，2004；Young and Behm，2003）。

影响测试成绩的因素

为了提高测试结果的可信度，测试者需要全面考虑，比如对测试过程的管理（即对测试员进行培训）。环境条件也会影响测试结果，特别是进行室外测试时，天气（温度、湿度、降水）会影响测试结果。此外，受试者的补水和营养也是需要考虑的因素。在测试前应该给予测试者补水和饮食方面的指导。研究表明，脱水会影响运动表现，并且受试者最好不要空腹进行测试。最后，受试者在测试前应该得到充分的休息（距上次训练课至少 48 h），在一套测试项目的测试之间应该进行一定的休息（5 ~ 20 min）。

速度测试

为了了解受试者的最大速度，速度测试的全程距离应该较短（<200m），并且在测试过程中不能包括变向。此外，在设置全程距离时，应考虑加速阶段的距离，从而保证测试能够获得最大速度，并在最大速度上保持几秒。因此，速度测试的最短距离应达到 30 ~ 40 码。这种测试方法减小了诸如疲劳或减速对结果的影响，更能准确地测量受试者的速度能力。

40 码测试

40 码冲刺跑是最常用的速度测试之一。在美国，不仅很多高校运动队，还包括美式足球联盟（NFL）都会使用 40 码跑对运动员进行测试。此外，它也经常作为运动科学或体育教育系院的实验室测试方法被使用。该项测试非常适合于像足球、曲棍球、长曲棍球及美式橄榄球这样的项目。该项测试总距离较短、时程也较短（＜ 7 s）。测试者也可以加长或缩短测试距离，以符合专项的需要（如篮球或棒球）。不同距离跑的测试数据 / 测试标准见表 10.2。对于所有的速度测试而言，最重要的是受试者需要以最快的速度完成全程；同时测试的总跑步次数一般不超过 3 次，其目的是减少由于疲劳引发的运动表现下降。

设备

- 田径场或可以测距的场地。

- 皮尺。

- 秒表或电子测试门。

- 标志盘（标记起点与终点）。

- 测试人员（位于起点和终点）。

测试步骤

在指导受试者如何进行测试后，进入以下步骤。

1. 受试者立于起跑线后。根据专项可以选择不同的起步姿势（比如，美式橄榄球运动员可以采用 3 点式起跑姿势，见图 10.1a ；或 4 点起动姿势，见图 10.1b）。

2. 可以通过倒计时的方式提醒受试者起动。如果使用电子测试设备，可以用电子设备设置倒计时。此外，也可以使用运动员起动，电子测试设备

图 10.1　40 码冲刺跑测试时的 3 点式起动和 4 点式起动

自动激活的方式。

3. 每位受试者可以进行 2 ~ 3 次测试，但两次测试之间需要安排 3 ~ 5 min 的休息，从而保证受试者充分恢复。

4. 如果使用秒表计时，计时员应在受试者第一个动作后开始计时。计时的单位一般为 0.01 s。与电子计时相比，手计时的最后结果往往要快 0.24 s（Harman and Garhammer, 2008）。因此，进行多次测试时，测试员需注意测试方法要统一。

5. 测试者可以根据专项来调整测试距离，如篮球运动员采用 30 码跑、棒球运动员采用 60 码跑。测试的距离可以自行选择，但并不是所有的距离都有测试标准。

可靠性

40 码冲刺跑测试是一个具有高可信度的测试，测试 - 重测信度一般高于 0.95（介于 0.89 与 0.97 之间）

测试标准

见表 10.2。

10 码跑

由于在 40 码跑的加速阶段大约为 10 码，因此，通过 10 码跑测试，我们可以了解一个人的加速能力。尽管该项测试并不常用，但是它为我们提供了运动员加速能力的相关信息。由于该项测试模拟了很多运动项目（如美式橄榄球、速滑、体操、篮球、英式橄榄球、棒球、网球等）中运动员起跑或快速接近球的过程，因此它非常适合这些专项运动。与 40 码测试相同，受试者的目标是以最短的时间完成测试。由于与 40 码跑相比，该测试时的疲劳因素更小，因此测试时受试者可以进行 4 ~ 5 次试跑，两次跑之间的间歇时间为 2 ~ 3 min。

设备

- 田径场或可以测距的场地。
- 皮尺。
- 秒表或电子测试门。
- 标志盘（标记起点与终点）。
- 测试人员（位于起点与终点）。

表 10.2 不同运动项目速度测试标准（s）

各项目不同等级运动员	性别	10 码	30 码	40 码	60 码
棒球——全美大学生体育协会 I 级运动员	男				7.05 ± 0.28
棒球——职棒联盟	男		3.75 ± 0.11		6.96 ± 0.16
篮球——全美大学生体育协会 I 级运动员	男		3.79 ± 0.19	4.81 ± 0.26	
曲棍球 *	女			6.37 ± 0.27	
橄榄球——全美大学生体育协会 I 级运动员	男			4.74 ± 0.3	
防守前锋（DL）				4.85 ± 0.2	
线卫（LB）				4.64 ± 0.2	
后卫（DB）				4.52 ± 0.2	
四分卫（QB）				4.70 ± 0.1	
跑卫（RB）				4.53 ± 0.2	
外接手（WR）				4.48 ± 0.1	
进攻内锋（OL）				5.12 ± 0.2	
近端锋（TE）				4.78 ± 0.2	
全美橄榄球联盟入役队员	男			4.81 ± 0.31	
长曲棍球——全美大学生体育协会 III 级运动员 [4]	女			5.40 ± 0.16	
英式橄榄球 *	男			5.32 ± 0.26	
英式橄榄球 *[2]	女	2.00 ± 0.11		6.45 ± 0.36	
足球——全美大学生体育协会 I 级运动员 [1]	男	1.63 ± 0.08		4.87 ± 0.16	
足球——全美大学生体育协会 III 级运动员	男			4.73 ± 0.18	
足球——全美大学生体育协会 III 级运动员	女			5.34 ± 0.17	
网球——全美大学生体育协会 I 级运动员 [5]	男	1.79 ± 0.03			
排球——全美大学生体育协会 I 级运动员	女			5.62 ± 0.24	
排球——国家青年排球运动员 *[3]	女	1.90 ± 0.01			
排球——国家青年排球运动员 *[3]	男	1.80 ± 0.02			

注：将距离换算成以 m 为单位。[1] Gressy et al.，2007；[2]Grabbett 2007；[3]Grabbett and Greorgieft，2007；[4]Hoffmon et al.，2009；[5]Kovas et al.，2007.

来源说明：Adapted, by permission, from J. Hoffman, 2006, *Norms for fitness, performance, and health* (Champaign, IL: Human Kinetics), 111, 112.

测试步骤

在指导受试者如何进行测试后，进入以下步骤。

1. 受试者立于起跑线后。根据专项可以选择不同的起步姿势（例如美式橄榄球运动员可以采用 3 点式起跑姿势，田径运动员可以采用 4 点起动姿势）。

2. 可以通过倒计时的方式提醒受试者起动。如果使用电子测试设备，可以用电子设备设置倒计时。此外，也可以使用受试者起动、电子测试设备自动激活的方式。

3. 可允许受试者测试 2 ~ 3 次，测试间歇 3 ~ 5 min，确保机体完全恢复。

4. 如果使用秒表计时，计时员应在受试者第一个动作后开始计时。计时的单位一般为 0.01 s。与电子计时相比，手计时的成绩往往更快。因此，进行多次测试时，测试员要注意测试方法要统一。

可靠性

10 码冲刺跑测试是一个具有高可信度的测试，测试 – 重测信度为 0.89。

测试标准

见表 10.2。

---

60 码跑（30 码分段计时）

在进行 60 码跑测试时，我们可以在受试者起跑后另外记录其在 10 码至 40 码之间的成绩，用这种方式获得的 30 码成绩是受试者已经完成加速后的成绩（而非 3 点起动或 4 点起动后跑完 30 码的成绩）。通过这一测试，我们可以了解受试者加速、速度保持及最大速度的能力。因此，可以获得受试者加速和保持速度的数据。这一测试更适合需要不同跑距的运动项目，如棒球、足球、曲棍球及长曲棍球。在测试时，受试者要以最短完成 2 ~ 3 次测试，并尽力减小因疲劳带来的表现下降的影响。这是因为与 40 码测试相比，测试成绩受疲劳因素的影响会更大。

设备

• 田径场或可以测距的场地。

- 皮尺。
- 秒表或电子测试门。
- 标志盘（标记起点、中间点及终点）。

测试步骤

在指导受试者如何进行测试后，进入以下步骤。

1. 受试者立于起跑线后。根据专项可以选择不同的起步姿势（比如，美式橄榄球运动员可以采用 3 点式起跑姿势，田径运动员可以采用 4 点起动姿势）。

2. 可以通过倒计时的方式提醒受试者起动。如果使用电子测试设备，可以用电子设备设置倒计时。此外，也可以使用受试者起动、电子测试设备自动激活的方式。

3. 每位受试者可以进行 2 ~ 3 次测试，但两次测试之间需要安排 3 ~ 5 min 的休息，从而保证受试者充分恢复。

4. 安排测试工作人员于起点、终点，以及 10 码及 40 码处。记录以下成绩：
- 0 ~ 10码（加速）。
- 0 ~ 40码（高速）。
- 10 ~ 40码（30码分段计时成绩）。
- 0 ~ 60码（速度保持）。

5. 如果使用秒表计时，计时员应在受试者第一个动作后开始计时。计时的单位一般为 0.01 s。与电子计时相比，手计时的成绩往往更快。因此，进行多次测试时，测试员要注意测试方法要统一。

测试标准

见表 10.2。

灵敏测试

决定一个人灵敏素质的因素更为复杂，因为它包含了加速、速度保持、减速、平衡和协调等因素。在安排灵敏测试时，总速度应该更短（＜ 40 码），并包含多个变向。由于灵敏测试受受试者个人的加速与减速能力影响较大，因此，为了获得更准确的测试结果，测试人员要指导受试者正确的加速与减速技术。

5-10-5 测试（Pro- 灵敏测试）

5-10-5 测试是最常见的灵敏测试之一，又称 Pro- 灵敏测试或 20 码往返跑。在美国，不仅很多高校运动队，还包括美式足球联盟（NFL）都使用 5-10-5 测试对运动员进行灵敏能力的评估。它也是体育科学以及体育学中对于灵敏的实验室评估手段。该项测试非常适合那些需要短距离加速及变向的运动项目，如篮球、棒球、垒球、足球、排球以及美式橄榄球等。与速度测试一样，测试时要求受试者尽力快速完成全程。受试者测试的次数控制在 3 次以下，以减少疲劳带来的影响。

设备

- 田径场或可以测距的场地。
- 皮尺。
- 秒表或电子测试门。
- 标志盘（标记起点、中间点及终点）（见图10.2）。

测试步骤

在指导受试者如何进行测试后，进入以下步骤。

1. 受试者采用骑跨的方式面向前方立于中线。

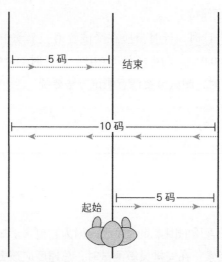

图 10.2 5-10-5/ pro- 灵敏测试

来源说明：Reprinted, by permission, from M.P. Reiman and R.C. Manske, 2009, *Functional testing in human performance*（Champaign, IL: Human Kinetics），193.

注：10 码 =9.14 米。

2. 可以通过倒计时的方式提醒受试者起动。如果使用电子测试设备，可以用电子设备设置倒计时。此外，也可以使用受试者起动、电子测试设备自动激活的方式。

3. 受试者首先向左跑 5 码；之后变向并而右跑 10 码，再变向跑 5 码。运动员每次变向脚都要触到标志线。

4. 每位受试者可以进行 2 ~ 3 次测试，但两次测试之间需要安排 3 ~ 5 min 的休息，从而保证受试者充分恢复。

5. 在起点和终点安排测试工作人员。本测试的起点和终点在同一条目标线上。

6. 如果使用秒表计时，计时员应在受试者第一个动作后开始计时。计时的单位一般为 0.01 s。与电子计时相比，手计时的成绩往往更快。因此，进行多次测试时，测试员要注意测试方法要统一。

7. 受试者可以根据专项来调整测试方式，如橄榄球队员手持橄榄球进行测试，或采用 3 点或 4 点式起跑方式等，但并不是所有的方式都有测试数据测试标准。

可靠性
本测试的测试 – 重测信度为 0.91。

测试标准
见表 10.3。

T 测试

T 测试也是常用的灵敏测试之一。在美国，它不仅被很多高校运动队所采用，而且也是很多运动科学或体育教育专业院系的实验室测试研究方法。该测试适合那些包含了向前冲刺、侧向移动以及后退跑的运动项目，如美式橄榄球、足球、棒球、垒球和排球等。与速度测试相同，测试时要求受试者尽力快速完成全程。受试者试测的次数控制在 3 次以下，以减少疲劳带来的影响。

设备
- 田径场或可以测距的场地。
- 皮尺。
- 秒表或电子测试门。
- 标志桶（标记起点、中间点及终点）（见图10.3）。

表 10.3　不同运动项目灵敏测试标准（s 或次）

各项目不同等级运动员	性别	Pro- 灵敏	T 形跑	三标志桶测试	埃德格伦侧步测试 #	六边形跳
棒球——全美大学校际体育协会运动员	男		10.11 ± 0.64			
篮球——全美大学生体育协会 I 级运动员	男		8.95 ± 0.53			
大学竞技运动员[3]	女					5.5
大学竞技运动员[3]	男					5.0
橄榄球——全美大学生体育协会 I 级运动员	男	4.53 ± 0.22				
进攻内锋、防守前锋		4.35 ± 0.11				
外接手、后卫		4.35 ± 0.12				
跑锋、近端锋、线卫		4.6 ± 0.2				
全美橄榄球联盟入役队员	男			7.23 ± 0.41		
冰球[2]	男				29.0 ± 2.4	12.6 ± 1.1
长曲棍球——全美大学生体育协会 III 级运动员	女	4.92 ± 0.22	10.5 ± 0.6			
足球——高水平少年 U16 运动员	男		11.7 ± 0.1			
足球——全美大学生体育协会 III 级运动员	女	4.88 ± 0.18				
足球——全美大学生体育协会 III 级运动员	男	4.43 ± 0.17				
排球——全美大学生体育协会 I 级运动员	女		11.16 ± 0.38			
排球——全美大学生体育协会 III 级运动员	女	4.75 ± 0.19				
排球——国家青年排球运动员[1]	女		10.33 ± 0.13			
排球——国家青年排球运动员[1]	男		9.90 ± 0.17			

注：# 为次数，而非时间。[1]Grabbett and Greogieff，2007；[2]Farlinger et al.，2007；[3]Harman and Gar hammer，2008；[4]Hoffman et al.，2009.

来源说明：Adapted, by permission, from J. Hoffman, 2006, *Norms for fitness, performance, and health* (Champaign, IL: Human Kinetics), 114 - 115.

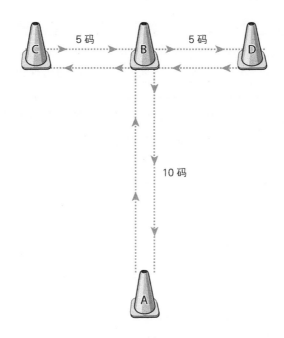

图 10.3　T 形跑

来源说明：Reprinted, by permission, from M.P. Reiman, 2009, *Functional testing in human performance* (Champaign, IL: Human Kinetics), 192.

测试步骤

在指导受试者如何进行测试后，进入以下步骤。

1. 受试者点在起点，即 A 标志桶处。受试者面朝跑动方向，一般采用高姿起跑方式。

2. 可以通过倒计时的方式提醒运动员起动。如果使用电子测试设备，可以用电子设备设置倒计时。此外，也可以使用受试者起动、电子测试设备自动激活的方式。

3. 受试者起跑后，首先跑至 B 点，并用右手触 B 标志桶。之后侧滑步至 C 点，并用左手触 C 标志桶。之后侧滑步至 D 点，并用右手触 D 标志桶。最后再从 D 点侧滑步至 B 点，并用左手触 B 标志桶，并后退跑至 A 点（起点）。在测试过程中，受试者始终面朝前，在侧滑步时，不能采用交叉跑的方式。此外，在从 C 点侧滑至 D 点时，身体不能触碰到 B 标志桶。

4. 在第一次跑至 B 点后，受试者也可以采用先侧滑至 D 点，再侧滑至 C 点的跑动线路。也可以结合专项进行其他一点变化，如在 C 点和 D 点悬挂网球，让测试人在 C 和 D 点采用正手和反手的方式击打网球。

5. 每位受试者可以进行 2 ~ 3 次测试，但两次测试之间需要安排 3 ~ 5 min 的休息，从而保证受试者充分恢复。

6. 在起点和终点安排测试工作人员。本测试的起点和终点在同一条目标线上。

7. 如果使用秒表计时，计时员应在受试者第一个动作后开始计时。计时的单位一般为 0.01 s。与电子计时相比，手计时的成绩往往更快。因此，进行多次测试时，测试员要注意测试方法要统一。

测试标准
见表 10.3。

标志桶测试（Three-Cone TEST）

标志桶测试也是常用的灵敏测试。在美国，不仅很多高校运动队，还包括美式足球联盟（NFL）都使用该测试对运动员进行灵敏能力的评估。但是，由于该测试主要由橄榄球项目所采用，因此目前我们仅掌握了橄榄球运动员的数据标准。与其他灵敏测试相同，测试时要求运动员尽力快速完成全程，并要求运动员在测试过程中的转向时不要浪费太多的时间。受试者试测的次数控制在3 次以下，以减少疲劳带来的影响。

设备
- 田径场或可以测距的场地。
- 皮尺。
- 秒表或电子测试门。
- 标志盘（标记起点、中间点及终点）（见图10.4）。

测试步骤
在指导受试者如何进行测试后，进入以下步骤。

1. 受试者立于起点线（A 标志桶）；受试者面朝跑动方向，一般采用高姿起跑方式。

2. 可以通过倒计时的方式提醒受试者起动。如果使用电子测试设备，可以用电子设备设置倒计时。此外，也可以使用受试者起动、电子测试设备

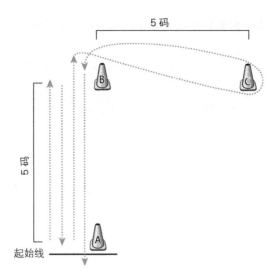

图 10.4　3 标志桶测试

来源说明：Reprinted, by permission, from M.P. Reiman, 2009, *Functional testing in human performance* (Champaign, IL: Human Kinetics), 196.

自动激活的方式。

3. 受试者起动后冲刺至 B 点手触标志桶，之后转身冲刺回 A，并手触 A 标志桶；随即再折返至 B 标志桶，并绕过 B 标志桶跑向 C 点；再绕过 C 点经 B 点回到 A 点。在整个过程中，受试者仅在测试在前半部分需要用手触标志桶。

4. 受试者可以根据专项来调整测试方式，如橄榄球队员手持橄榄球进行测试，或采用 3 点或 4 点式起跑方式等，但并不是所有的方式都有测试数据测试标准。

5. 每位受试者可以进行 2 ~ 3 次测试，但两次测试之间需要安排 3 ~ 5 min 的休息，从而保证受试者充分恢复。

6. 在起点和终点安排测试工作人员。本测试的起点和终点在同一条目标线上。

7. 如果使用秒表计时，计时员应在受试者第一个动作后开始计时。计时的单位一般为 0.01 s。与电子计时相比，手计时的成绩往往更快。因此，进行多次测试时，测试员要注意测试方法要统一。

测试标准

见表 10.3。

埃德格伦侧步测试（Edgren Side Step Test）

通过埃德格伦侧步测试可以评估运动员的步法。该测试并不常用，测试数据也主要来自于冰球项目。该测试主要评估运动员快速变向的能力。测试时，受试者总试测次数控制在 3 次以下，以避免疲劳对测试结果准确性的影响。

设备
- 田径场或可以测距的场地。
- 皮尺。
- 秒表。
- 标志桶（标记起点、中间点及终点）（见图10.5）。

测试步骤
在指导受试者如何进行测试后，进入以下步骤。

1. 受试者采用骑跨的方式立于中线；受试者一般采用高姿起跑方式，并面向前。
2. 受试者首先向右侧移动，到最右侧时，右脚要越过右侧的线；之后再向左侧移步，同样，左脚要越过左侧的线。如果受试者在 10 s 内不断地左右移步。测试工作人员在计算运动员在 10 s 内越过的线数。
3. 测试时，受试者不能采用交叉点的方式；如果使用这种方式测扣 1 分。
4. 每位受试者可以进行 2 ~ 3 次测试，但两次测试之间需要安排 3 ~ 5 min 的休息，从而保证运动员充分恢复。
5. 测试人员立于起点。
6. 在受试者起动后开始计时，计时的单位一般为 0.01 s。

测试标准
见表 10.3。

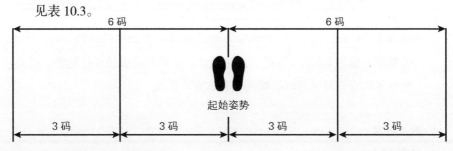

图 10.5　埃德格伦侧步测试

来源说明：Reprinted, by permission, from M.P. Reiman, 2009, *Functional testing in human performance* (Champaign, IL: Human Kinetics) , 196.

六边形跳（Hexagon Test）

六边形跳测试也是一个评估受试者步法的一个灵敏测试。该项测试可以应用于需要完成切步动作的运动项目中，如篮球、足球、英式橄榄球、美式橄榄球，但目前可以获得的测试数据标准来自于冰球等少数几个项目。测试时，要求受试者尽可能快地完成测试全程，同时保持身体平衡。受试者总试测次数控制在 3 次以下，以避免疲劳对测试结果准确性的影响。

设备

- 该测试最好在室内场地（可以测距）进行。
- 皮尺。
- 秒表。
- 标志桶或胶带（标记场地）（见图10.6）。
- 计时员和观察员。

测试步骤

在指导受试者如何进行测试后，进入以下步骤。

1. 受试者站在六角形的中点；采用高姿站立的方式，并面向前。
2. 受试者采用双脚跳的方式，跳出六角形的一条边并再跳回中点。受试者沿着顺时针的方式逐个边跳跃，连续跳 3 圈。
3. 在整体测试过程中，受试者应始终面朝一个方向；跳跃时不同踩在边线上或失去平衡。如果出现上述问题，则应停止并重跳。
4. 在受试者开始第一个动作后计时，在受试者最后一跳回到中点时停止计时。

可靠性

本测试的测试－重测信度为 0.86 ~ 0.95。

测试标准

见表 10.3。

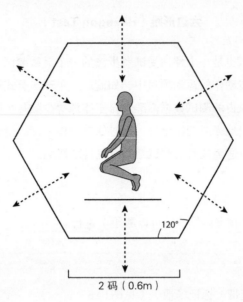

120°

2 码（0.6m）

图 10.6　六边形跳

来源说明: Reprinted, by permission, from M.P. Reiman, 2009, *Functional testing in human performance* (Champaign, IL: Human Kinetics), 194.

专业应用

　　进行任何测试的主要目的是通过测试了解运动员该指标的成绩与测试标准的差距。测试成绩有多种用途：了解新运动员的基础水平、了解针对性训练的效果、了解赛季中或阶段训练后测试成绩的变化等。测试结果通常作为下一阶段训练计划设计的依据。

　　测试项目的选择是测试的重要环节，这是因为所有测试项目都有其指向性，不是所有的测试（如速度与灵敏）都适合特定的专项要求。例如，尽管 40 码跑是非常常用的冲刺能力测试，但是对于如英式橄榄球运动项目，它并不合适。因为英式橄榄球运动员在进行冲撞前通常只进行非常短距离的全力跑，因此，10 码跑测试对于他们来说更为合适。与之不同的是，更长距离的冲刺（如 60 码）更适合棒球运动员，特别是外场手。

　　灵敏测试更要考虑测试与专项要求相一致。5-10-5 测试非常适合网球运动员，因为这种测试接近底线打法运动员的跑动特征。T 测试对于网球运动来说，也是一个非常合适的测试手段，因为这种测试方法中包含了向前跑、侧向跑、后退跑动作。这些动作与网球比赛中上网、网前移动、返身回底线等动作更为相近。但是，3 标志筒测试更适合于橄榄球运动员，因为这种测试中的动作与橄榄球运动员在比赛中的活动相似，在比赛中运动员向前跑，但之后返身再跑向另一方向（或左或右）。

大多数运动项目都需要运动员具备多种运动能力，除了田径运动中运动员的表现主要体现在速度能力（和耐力）方面，更多的时候运动员同时需要具备速度和灵敏能力。因此，教练需要选择多种测试方法进行测试，以对运动员进行全面评估。如果进行多种能力测试，为了最低限度地消除疲劳对于测试结果的影响，则教练对测试顺序的安排是非常重要的。

由于在进行速度和灵敏测试时运动员动用的能量系统基本相似，因此两者在测试顺序上没有特别的先后次序要求。在速度和灵敏测试时，最需要考虑的是测试之间的休息，以及测试之前的热身。根据同一测试项目测试次数的不同，一般来讲，速度和灵敏测试之间需要 10 ~ 15 min 的间隔。由于速度和灵敏全程测试耗时非常短，在每次测试之间都要提供足够的休息时间（2 ~ 5 min）。

为了保证受试者能够尽最大能力地表现自己的能力，测试环境也非常重要。测试环境的安全是首先需要考虑的方面，同时为了能够将测试结果与测试标准数据进行对比，测试场地应尽量统一，如田径场或比赛场地。但是，很多专项测试结果都是在运动员进行训练或比赛时获得的。尽管在田径场上安排速度测试更易于标定距离、使测试场地标准统一，但是只要有足够的测试者进行测试，并建立新的测试标准，在足球场上对足球运动员进行 40 码速度测试也不失为更符合专项的选择。但是，如果测试的目的是建立训练目标，则不要考虑是否与专项运动场地条件相一致这一问题，测试场地的选择应尽可能与标准测试统一。

最后，一旦获得测试结果，测试人员一定要给予其合理的解释。如果测试条件与标准测试时的条件不同，则没有必要将运动员的测试结果与测试标准进行对比。其他因素，如训练经验也会影响测试结果，因为对测试的熟知程度也会影响测试表现。训练年度 / 赛季的不同测试时间点也会影响运动员的测试表现。例如，一组篮球运动员在休赛期或训练的保持阶段进行的灵敏测试成绩一般不会比赛季前的测试结果好。

为了合理地选择测试项目，教练需要理解专项的生理和力学特征。同时，测试条件和安全和可控将有助于得到可信的测试数据。据此，教练可以使用测试获得的信息设计更好的训练计划。

小　结

• 无论运动科学研究者、体育或运动科学工作者、力量与体能训练工作者，还是在健身俱乐部的人们都会进行速度和灵敏测试。

• 速度和灵敏测试非常易于管理，测试时不需要昂贵的设备；通过测试，能够提供关于运动员优缺点、与训练计划或阶段训练进度相关的、有价值的信息。

• 在进行测试项目的选择时，教练应考虑运动员的能力、训练目标、运动专项等。

• 此外，测试人员可以根据需要对本章提供的测试进行修改（根据专项需求或其他情况），以便通过测试获得更多的信息。

第 11 章

灵活性

肖恩·P. 费拉纳根（Sean P. Flanagan），PhD, ATC, CSCS

灵活性或活动的容易程度，是人体运动的基本需要。完成任何一个任务，无论日常生活还是一项运动，都需要一定限度的灵活性。灵活性是由复合运动所涉及的所有关节组成的运动链决定的。[1]过多（运动过度）或过少（运动受限）的活动可能对表现产生负面的影响并增加受伤的可能。因此，综合地评价关节灵活性应该成为评估私人训练客户或运动员的一部分。

本章调查了与灵活性相关的基本概念及运动过度或受限对运动表现、潜在受伤的影响。最后就几种测量方法及如何解释结果进行了调查。

在讨论之前，我们需要区分灵活性与柔韧性，说明时下关于静态牵拉的争论和误解。灵活性是一个关节（或一组关节）能达到的活动量，以及关节在这个活动范围（ROM）内移动的容易程度。柔韧性指特定结构（如肌肉、肌腱、筋膜）的延展性，仅是限制 ROM 和阻碍移动的因素之一。越来越多的文献

1　很多人意识到人体活动就像一个由刚性身体节段组成的锁链，各部分互相关联共同活动。在工程学上，这样的系统叫作运动链（Kinematic chain），因为它描述了各节段的运动而没有注意到造成这些运动的力。在运动科学中，术语动力链（kinetic chain）和运动链经常交换使用，即使动力链在工程学中并不存在。动力更多地涉及产生运动的力。因此，在没有实用的检测说明力是如何在链上传导时，讨论活动度使用运动链这一术语更加准确。

（Haff et al., 2006）表明静态牵拉也许不能提升表现或减少伤病。有几项研究也证明在静态牵拉后长达一个小时内可以暂时性地减少峰力矩、发力速率及功率输出（Stone et al., 2006）。

尽管研究发现似乎表明没必要增加柔韧性（或活动度），还是有两点需要强调。首先，牵拉的急性影响是与牵拉的长期影响相分离的（Stone et al., 2006）。正是因为静态牵拉的急性效果看起来对损伤减少无益，可能对表现产生不利的影响，但这并不意味着静态牵拉不能在长期实践中产生有益的影响。其次，许多关于牵拉对于损伤和表现有长期影响的结论是基于错误的前提（如越多即越好）。如果做蛋糕的菜谱要求放两杯糖，只加一杯的话会必定降低蛋糕的品质，但加四杯也未必会做出更好的蛋糕。

为了最佳的表现，每个活动都需要某些灵活性。如果人在没有足够灵活性的情况下完成那个动作，表现水准的下降或增加潜在的受伤风险是必然的结果。甚至最热情的柔软度训练支持者也似乎承认这一观点（Haff et al., 2006）。因此，体能专家必须理解灵活性，判定运动或任务的灵活性需求，评估运动员的灵活性以确保那项运动或任务的恰当表现。

灵活性的基本概念

个体关节运动由两部分组成：骨运动学和关节运动学（Levangie and Norkin, 2001）。两根骨头围绕一个共同的轴在一个平面内旋转是指骨运动学，而关节运动学是指发生在关节面之间的相对运动（滑动、旋转、滚动）。骨运动学是关节运动的主要构成因素，也是本章的关注点。

活动范围（ROM）是指在一个关节上可有的转动量，或者是一个对骨运动学的测量。关节在每个平面上可以活动的范围称为自由度（DOF）。如果一个关节只能在矢状面上旋转，它只有一个单一自由度；可以在三个平面上活动的就有三个自由度。在每一个自由度上，活动可以是两个方向的（如矢状面上的屈和伸）。整个动力链上的自由度是动力链上每个关节自由度的总和。

自由度的数量及关节在每个自由度上的活动范围是由如下几个因素决定的：

- 关节结构的形状
- 关节学的运动形式
- 特定结构的可伸展性
- 活动涉及的关节数目

　　关节表面的形状很大程度上决定了自由度的数目（Levangie and Norkin，2001），软骨和韧带的结构将引导骨骼在这个自由度里的运动。例如，颅骨的结构实质上是没有活动的，反之肋骨的滑液关节允许相对大的活动范围。另外，铰链和滑车关节（如肘和前臂关节）只有一个自由度，而肩和髋的球窝关节有三个自由度。其他滑液关节多数都有两个自由度。明白关节的形状对于了解用何种动作检测以及哪个动作是反常的非常重要，所以检测人需要对被测的关节类型进行鉴别。四肢和脊椎的关节活动范围已分别列在表 11.1 和表 11.2。

表 11.1　四肢的特征及量角器的位置

关节	运动面	动作	旋转轴	固定臂	移动臂	末端感觉	正常范围
趾间关节	矢状面	屈	IP 关节中线	近端趾骨的中线	远端趾骨的中线	温和	90°
		伸				坚实	0°
跖趾关节	矢状面	屈	MTP 关节中线	跖骨中线	近端趾骨中线	坚实	20°
		伸				坚实	80°
	水平面	外展	MTP 关节中线	跖骨中线	近端趾骨中线	坚实	20°
		内收				坚实	0°
距下关节	冠状面	内翻	跟腱	腿的中线	跟骨的中线	坚实	35°
		外翻				强硬	20°
踝关节	矢状面	跖屈	外踝	腓骨的中线	平行第五跖骨中线	坚实	50°
		背屈				坚实	20°
膝关节	矢状面	屈	上髁	股骨的中线	腓骨	温和	145°
		伸				坚实	0°
	水平面	内旋	跟骨	沿第二跖骨起始	沿第二跖骨结束	坚实	20°
		外旋				坚实	30°
髋关节	矢状面	屈	粗隆	躯干中线	股骨中线	温和	120°
		伸				坚实	20°
	冠状面	外展	同侧 ASIS	异侧 ASIS	股骨中线	坚实	45°
		内收				坚实	30°
	水平面	内旋	髌骨	垂直地面	胫骨中线	坚实	40°
		外旋				坚实	40°

续表

关节	运动面	动作	旋转轴	固定臂	移动臂	末端感觉	正常范围
肩关节	矢状面	屈	肩峰	胸胸腔中线	肱骨中线	坚实	165°
		伸				坚实	160°
	冠状面	外展	肩峰	平行于胸骨	肱骨中线	坚实	165°
		内收				坚实	0°
	水平面	内旋	鹰嘴	垂直地面	前臂尺侧缘	坚实	70°
		外旋				坚实	90°
		水平外展	肩峰	垂直躯干	肱骨长轴	坚实	45°
		水平内收				温和	135°
肘关节	矢状面	屈	侧上髁	肱骨中线	桡骨中线	温和	140°
		伸				强硬	0°
前臂关节	水平面	旋前	第三掌骨头	垂直地面	与手握的铅笔平行	坚实	80°
		旋后				坚实	80°
腕关节	矢状面	屈	三角骨	尺骨中线	第五掌骨中线	坚实	80°
		伸				坚实	70°
	冠状面	水平外展	腕骨	前臂中线	第三掌骨中线	强硬	20°
		水平内收				坚实	30°
掌指关节	矢状面	屈	MCP 关节中线	掌骨中线	近端指骨中线	强硬	90°
		伸				坚实	20°
	水平面	外展	MCP 关节中线	掌骨中线	近端指骨中线	温和	25°
		内收				坚实	0°
指间关节	矢状面	屈	IP 关节中线	近端指骨中线	远端指骨中线	坚实	100°
		伸				坚实	10°

来源说明: Data from Berryman Reese and Bandy 2002; Kendall et al. 1993; Norkin and White 1995; Shultz et al. 2005; Starkey and Ryan 2002.

表 11.2 脊柱的特性和测量

关节	活动面	活动	末端感觉	倾角计方法 上级标记	倾角计方法 下级标记	倾角计方法 正常范围	卷尺方法 上级标记	卷尺方法 下级标记	卷尺方法 卷尺测量（cm）
胸腰椎	矢状面	屈	坚实	C7 棘突	S2 棘突	60°	C7 棘突	S2 棘突	6 ~ 7
		伸	强硬			30°			
	额状面	侧屈	坚实	S2 上 15 cm	S2 棘突	30°			
	水平面	旋转	坚实	T12 棘突	T1 棘突	6°			
颈椎	矢状面	屈	坚实	头顶[1]	T1 棘突	50°	下巴	胸骨切迹	1 ~ 4
		伸	强硬			60°	下巴	胸骨切迹	20
	额状面	侧屈	坚实	头顶[1]	T1 棘突	45°	乳突	肩峰	15
	水平面	旋转	坚实	N/A[2]		80°	下巴	肩峰	10

1. 鼻到枕骨的连线的中点。
2. 在仰卧位完成。
来源说明：Data from Berryman Reese and Bandy 2002; Kendall et al., 1993; Norkin and White 1995; Shultz et al., 2005; Starkey and Ryan 2002.

　　如前面提到的在关节的表面发生的关节运动学的动作是小的，附属的，如滑动和旋转（Levangie and Norkin，2001）。这将影响到骨运动学动作可达到的程度。当一根骨头相对另一根骨头（固定的）旋转时，为保持关节面之间的一致性，一定幅度的滑动是必需的；滑动上的限制将制约旋转的幅度。例如，伸腕需要近侧腕骨滑向手掌。对手掌方向滑动的限制制约了腕伸的幅度。

　　关节运动是由关节自身的结构所决定的：关节面的形状和软骨、韧带的结构。过度的关节面活动被称为关节松动，而不正常的低的活动范围被称为关节受限。评价关节运动超出了本文的领域；如果必要，被怀疑有不正常关节活动的人应该找合适的保健专家来提供更进一步的评估和治疗。

　　特定结构（如肌肉、肌腱、韧带）的延展性限制了在自由度中活动范围的大小。如果没在关节病理学的因素（除非特别说明，这是贯穿本章其他部分所做的一个假设），ROM 经常被用来检测这些特定结构的延展性。特定结构的延展性是关节所特有的。人们通常接受的说法是柔软度不是一个人的一般特性，而是关节所特有的。因此，没有一项检测能确定一个人有多"柔软"。

理解身体的关节不能孤立地运动是非常重要的。当然他们可以作为一个运动链的一部分运动。当力臂的末端可以自由移动（如开放动力链），一块肌肉的延展性将影响到与它的解剖分类动作方向相反的、它所跨过的关节的 ROM。

单关节肌肉穿过一个关节并影响这个关节的活动范围（如臀大肌跨过髋关节并影响髋关节屈的活动度）。多关节肌肉跨过两个（双关节的）或更多（多关节的）关节。一块双关节肌肉影响它经过的两个关节（股四头肌跨过髋关节和膝关节，影响屈髋和伸膝的活动度），多关节肌肉（如肱二头肌的长头）影响每个它经过的关节。当肌肉的运动造成关节在多个平面上的旋转，它的延展性影响与它解剖动作相反的（关节）旋转活动度。例如，臀大肌可以延伸和外旋髋关节。因此它的延展性既影响髋关节的屈曲又影响髋关节的内旋。

当骨的远端固定或持续向同一个方向运动（如闭链），肌肉的延展性将影响力臂上每一个关节的活动范围，不管它经不经过此关节。例如，如果脚平放在地面，躯干垂直（就像单腿蹲起），膝关节的活动范围则由踝和髋的屈曲度决定（Zatsiorsky，1998）。对无论是髋、膝、踝任何一个关节活动范围的限制都会影响到其他两个关节，因为这个动作是多关节旋转的组合。同理，双关节运动（如深蹲）涉及两个并联运动的骨骼。为保持双关节的对称性，关节运动不仅在同一力臂的两个关节之间耦合，还在相反力臂的关节间耦合。

运动表现与活动度

将运动表现或潜在损伤与任何一个变量相关联都是困难的，因为就本质而言，人体运动是多因素的（涉及灵活性、力量、爆发力、耐力和神经肌肉控制）。另外，后果（表现、损伤）还涉及人、任务及环境。一个任务的最理想结果需要用熟悉的方式完成特定动作模式的同时，一定要有可接受的偏差范围，在必要时执行人应有足够的灵活性去利用这些偏差。基于压倒性的证据，似乎合理的结论是执行人每完成一个任务都需要一个适合的活动范围以保持姿势正确，肌肉可以释放或吸收能量，终效应器（手、脚）可以在空间正确地摆放。

对于一个给定的任务，可接受的灵活性也许会在不同的方向跨过数度而不是受限于特定的角度。在这个范围内，灵活性的增加或减少不影响表现或潜在损伤（Thacker et al.，2004）。但是如不及时纠正，过度增加和受限的灵活性可能对表现有负面的影响并导致肌肉与骨骼的损伤。如果运动没有被控制，过大的活动度会导致关节的不稳定（稳定性将在第 12 章讨论）。灵活性受限会导致的负面结果将在以下进行讨论。

姿势

当人体保持理想姿势时，节间反作用力和内力流过骨，骨以最好的结构可以应对这些力。当力量的组合理想时，所有跨过关节的肌肉张力必须都是平衡的。一侧关节的肌肉张力大，相应的另一侧松弛，可能将骨节拉出基准线并需要其他的结构（如韧带）去承受更大比例的压力。例如人们发现下背部屈曲度增加的人，他们腰椎韧带的张力也增加，包括牵拉在内的姿势稳定练习可以减少这一现象。

另外，此姿势是所有运动开始和结束的位置，由于组织疲于应付增加的压力，错误的姿势可能使一个人更容易受伤。例如，在落地时距下内旋和髋内旋是正常能量吸收动作中的一部分。人开始落地时更多的距下内旋和髋内旋（或者两者都有）很可能导致他们也以更多的距下内旋和髋内旋（以获得同样多的活动范围）结束落地动作。但这些增加的活动范围会导致前交叉韧带张力增加，并最终撕裂它（Sigwar et al.，2008）。

能量释放和吸收

能量的释放和吸收需要涉及的关节在一定的活动范围内产生一个力。如果在那个平面里关节的活动范围不够，动作就可能在同一个关节或不同关节的不同平面产生以补偿活动范围的不足。如果肌肉在一个大的活动范围内完成收缩，它可以产生更大的能量，提高表现。例如棒球投手肩外旋的活动度是正常人的两倍（Werner et al.，2008）。但是这个动作幅度是必需的，因为肩外旋和球出手的速度呈高度相关（Whiteley，2007）。增加外旋意味着投手可以在更大的活动范围内发力，从而增加了传导到球上的能量。

同理，如果一块肌肉可以在一个更大的活动范围内产生力，它也能吸收更多的能量。在身体的各个结构（如骨骼、软骨、韧带）中，肌肉拥有最大的能量吸收能力。所以棒球投手肩关节内旋范围的减小导致他们的关节窝上唇容易撕裂就不足为奇了（Burkhart et al.，2003）。这是因为在球投出后外旋肌（小圆肌、冈下肌）通过收缩以使手臂减速所能吸收的能量少了。

　　这些影响并不局限于肌肉跨过的关节。就像先前解释的那样，在负重练习（Zatsiorsky，1998）时髋、膝、踝关节的屈是联动的，任何一个关节的活动范围受限都可能导致动力链上其他关节的活动范围减小。踝跖屈受限会导致胫骨向前的幅度减少，限制了可由跖屈肌吸收的能量。如果试图沿运动力链吸收能量，在额状面上的动作幅度就会增加（Sigward et al.，2008），挤压膝关节呈内翻位（见图11.1）。不幸的是，这个姿势通过膝韧带增加了能量的吸收（Markolf et al.，1995）。同样地，正确跳跃需要能量由近端的大腿传到远端的脚（Bobbert et al.，1998）。矢状面上的ROM受限可减少由腿部肌肉施放的能量，而结果就是降低了跳的高度；能量在额状面的"流失"除了增加受伤风险之外，对于提高跳的高度也不是很有用。

图11.1　外翻位

效应器末端的位置

　　日常生活或体育运动经常需要手或脚放在空间的某个位置。髋关节活动的限制可以导致下腰部的损伤。像在硬拉活动中腘绳肌紧张造成髋屈曲度的减少，导致只能通过增加脊柱的屈曲度来加以补偿。但是，脊柱屈曲导致竖脊肌的后剪切力下降了60%（McGill et al.，2000），并限制了臀部肌肉组织推或拉负荷的能力（Lett and McGill，2006）。同样，盂肱关节的活动度下降需要胸腰椎在完成抓取东西任务时进行补偿运动，这将潜在性地使脊柱偏离它能传导力的最佳位置。

活动度检测

人们通过确定运动所涉及的每个 DOF 的 ROM 来评估活动度。ROM 可以在给定的四种可能排列方式下主动或被动地进行检测，单独地进行检测或与动力链上其他部分综合地进行检测。每次重排都有独一无二的 ROM 价值。因为价值的效用在于与其他事物进行比较，体能专家应当预先决定他们希望怎样鉴定 ROM 才便于他们做出合适的比较。

活动范围可分为主动（AROM）或被动（PROM）。人们通常认为 AROM 就是受试者自己移动自己的关节，而 PROM 就是检测人（如私人教练、力量教练或教练）移动受试者的关节。但是，这样的解释并不完全正确。AROM 更准确的定义为肌肉移动关节从而完成了运动。相反，PROM 的定义是一个力而不是那些肌肉移动了关节。例如，腘绳肌主动收缩以屈膝就是 AROM 的一个例子。如果评估者使膝关节屈曲或受试者用她的手臂让自己的膝关节屈曲，那就是 PROM。尽管站姿手触脚趾被认为是 AROM，但也有争论说它是 PROM，因为在屈髋和屈脊柱时重力的作用也有涉及。通常，一个关节的 PROM 比AROM 大，因为外力具备在活动范围的尽头施加超压的能力（Shultz et al.，2005），但情况不总是这样（Berryman Reese and Bandy，2002）。

AROM/PROM 都被用来评定一个关节的活动。AROM 提供关于关节可以有的活动以及肌肉产生这一活动的能力的信息。但是因为 AROM 需要肌肉产生足够的力矩来完成动作，所以不可能区分限制活动范围的原因到底是肌肉的力量弱或疼痛、柔软度缺乏还是关节的其他病理学。这也是为什么对于那些怀疑有身体缺陷的人美国医学会建议两者都要进行检测。

对于健康和无症状的人，通常检测 AROM 或 PROM 其中一项就足够了，而非两者都测。Corkery 和他的同事（2007）讨论了 AROM 可以削除检测人的检测偏差和标准差，因为受试者被要求将活动进行到他们能忍受的最大限度。看起来只检测健康、无症状受试者的 AROM 是合理的，但这是一个体能教练的个人偏好问题。不管用哪种方法，检测人需要关注用哪种检测方法并相应地做出评价。

在决定用 AROM 或 PROM 后，体能专家不得不决定是否孤立地检测肌肉或将它作为动力链的一部分进行检测，以及如何检测它们。表 11.4 中列出了不同活动度检测方法的比较。检测动力链的活动度可以是简单地观察任务（如步态，投掷），或者操控为检测动力链活动范围专门设计的多关节动作监测屏幕（Cook，2001）。用高速数码摄像机记录动作，摄像机必须具备慢速回放功能以使检测人关注到裸眼有可能错过的异常行为。分析数码影像用商业软件可以让检测人更准确地量化每个关节的动作，也使得检测具备高度地可信性和有效性。

监视屏幕由 Cook 开发，包括一组评价动力链活动度的检测：深蹲、跨栏步、直线弓步、肩关节活动度、动态直腿举、躯干稳定俯卧撑、躯干旋转稳定性检测。本书中既无关节监视屏幕的有效性也无可靠性内容发表在同行评审期刊中，但这些屏幕的运用可能支持了对损伤的预测（Kiesel et al.，2007）。还需要做进一步的调查。

独立检测包括单关节检测和肌肉长度检测。在单关节检测中，所有跨过多关节的肌肉都要在它们跨过的关节上收缩（除了要检测的关节）。例如，在测髋关节屈曲时，膝关节也要屈曲以便多关节的腘绳肌在膝关节处缩短而在髋关节处拉长。这样一个检测可以用来评估单关节髋伸肌柔软度（Kendall et al.，1993）。

肌肉长度检测通过测量跨过多关节肌肉的长度来评估多关节肌肉的柔软度（Kendall et al.，1993）。例如，要测腘绳肌的柔软度时屈髋伸膝，检测跨过这两个关节的肌肉的长度。单关节肌肉正常情况下拥有足够的柔软度可以使关节达到它的最大活动范围，而多关节肌肉通常不能达到最大活动范围除非它们在其他跨过的关节缩短（Kendall et al.，1993）。

在独立和综合检测之间有个组合检测，在这种检测中，即使是处于非功能模式，其动作也需要在两个或以上关节处被测量（Berryman Reeese and Bandy，2002）。最熟悉的组合检测例子是坐位体前屈检测。它测量了髋和腰椎屈曲的组合动作。其他组合检测的例子包括耸肩检测、指尖触地检测、抓痕检测（Berryman Reeese and Bandy，2002）。这类检测的问题是它们不能揭示每个单关节对完成动作的贡献。在坐位体前屈检测中，臀部伸肌群可动性的增加会补偿可动性减少的躯干伸肌，反之亦然。因此这些检测的作用是有限的。

一个对健康无症状人群全面活动度的评估分为两步（见图 11.2）。第一步

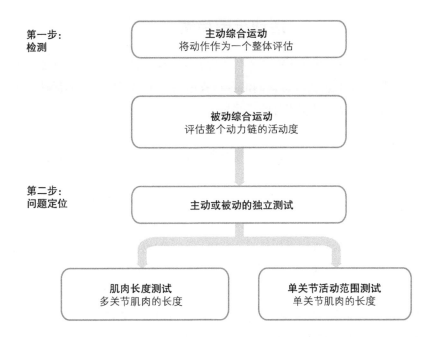

图 11.2 评估活动度。步骤从作为整体进行检测看有没有问题存在开始，然后在失重或被动情况下运动的检测以确认活动度确实有问题。如果有，需要完成独立的关节检测以明确是动力链上的哪个关节出了问题

是分析通常表现很积极的关节活动，它是综合动力链活动的一部分。因为将要在全身每个关节完成的检测，数量较大，这些屏幕能通过提示检测人关注异常的运动模式，方便今后进一步观察以节省时间。如果一个异常的运动模式被标记，检测人可以让受试者在重力消除的位置模仿这一模式，或者被动地移动受试者。这样消除了力量、爆发力或神经肌肉控制，使检测人可以明确其是否是影响活动度的原因之一。

为判断其他地方存在的问题（如果一个问题已经存在了），下一步就涉及孤立地检查动力链上的每一个关节。独立检测需要单关节检测和肌肉长度检测。独立检测应在所有的"问题"关节上进行，哪些地方有可能运动过度或运动不足，不是因为历史遗留问题就是因为经常要例行完成的任务。例如，跨栏选手有腘绳肌过度疲劳的病史就应该定期地检测腘绳肌的柔软度。一个棒球投手就算没受伤，也应在伤病预防计划中加入定期的盂肱关节内旋活动度评估。

活动范围检测

在这样篇幅的章节里不可能把所有的功能运动模式都包括进来。体能专家需要熟知生物力学原理去训练他们的客户或运动员正确完成专项的活动，明白哪些活动是正常哪些是不正常的，并相应地观察不正常的运动模式。尽管动作视频也许有帮助，但在提出建议时科学证据还是不足作为借鉴。考虑到不建议执行组合检测以评估柔软度，因此本章余下的部分只关注肌肉柔软度独立的ROM 检测。

在测量 ROM 时，检测人应鉴别 DOF 的质、量还有末端感觉。每一检测都提供唯一的信息，并应作为一个整体评估的一部分来考虑。ROM 的定性测量是对于检测人和受试者来说动作感觉是怎样的，因此可以主观地评价。正常动作是圆满而流畅的。不规范、犹豫、不平稳或产生疼痛是动作有问题的信号（Houglum，2005）。

对测试人员和受试者来说，评价动作幅度（ROM）带有感知觉因素，具有主观性。正常动作应完整而连贯，如果做动作时，出现不规则、不流畅、急拉或疼痛，则表明该动作有问题（Houglum，2005）。

ROM 的定量测量是指在一个关节处可以活动的范围。可被主观或客观地测量。不管怎样，有一些研究者已经证明客观测量比主观测量准确可信（Brosseaut et al.，2001；Croxford et al.，1998；Youdas et al.，1993）。定性检测是检测人检查旋转并主观检测 ROM 是否在正常范围、活动过度或活动性减少。定量检测是检测人用量角器、倾角计、卷尺在活动范围的末端测量实际的关节角度。四肢及脊柱每个关节正常的活动范围分别列在表 11.1 和表 11.2 中。

末端感觉是限制活动范围的，可以主观地进行测量。正常的末端感觉是温和、坚实和强硬的（Norkin White，1995）。当两块肌肉的肌腹接触会产生温和的末端感觉（例如当一个人屈肘时，前臂和上臂的肌肉互相接触限制了更进一步的活动）。坚实的末端感觉来自于软组织的抵抗力以阻止进一步活动，例如，伸膝时腘绳肌或关节囊阻碍了进一步活动。当两块骨骼接触时末端感觉是强硬的，例如，在伸肘时鹰嘴后伸与鹰嘴窝接触。在表 11.1 和表 11.2 中也列出了各关节的末端感觉。

ROM 无论是在定性检测或末端感觉上不正常都是非常严重的，这超出了体能专家实践的范围。如果标注这些问题，有问题的人可以找合适的保健医生。改变活动范围是大多数体能专家的职责，所以他们清楚如何正确地完成检测和解释结果是非常重要的。在表 11.4 列出了 ROM 评估的比较。

单关节检测

单关节的 ROM 可以通过目测检查，询问受试者以使关节到达它的 ROM 最尽头而定性地进行测量，也可以用特殊的设备，包括量角器，倾角计和卷尺进行定量测量（见图 11.3）。不管怎样，被测的关节在进行全范围活动时其他关节要保持稳定。检测人要确认每个多关节肌都固定在它的松弛（或缩短）状态。接着记录每个自由度的双向 ROM。

设备
量角器、倾角计和卷尺。

测试步骤
1. 量角器有两条臂，在它中间有一个标记着 360 度的环。有环的臂是固定臂，应该沿较重的（近端的）骨为参考线放置。
2. 量角器的旋转轴应与关节的旋转轴一致。另一臂是移动臂，它应以较轻的（通常是近端的）骨为参考线放置。
3. 无论是 AROM 还是 PROM，关节都应移动到它活动范围的尽头，然后用量角器测量角度。
4. 在表 11.1 中列出了检测的近端臂、远端臂和旋转轴。

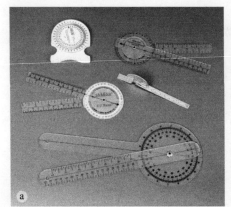
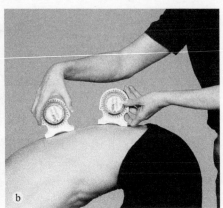

图 11.3 常用检测装置：（a）量角器；
（b）倾角计；（c）卷尺

来源说明：Figure 11.4a reprinted, by permission, from P.A. Houglum, 2011, Therapeutic exercise for musculoskeletal injuries, 3rd ed. (Champaign, IL: Human Kinetics), 136, 137. Figure 11.4b reprinted, by permission, from V. Heyward, 2010, Advanced fitness assessment and exercise prescription, 6th ed. (Champaign, IL: Human Kinetics), 272.
Figure 11.4c Reprinted, by permission, from P.A. Houglum, 2011, *Therapeutic exercise for musculoskeletal injuries*, 3rd ed. (Champaign, IL: Human Kinetics), 137.

额外的考虑

　　对于有些关节，如脊柱是很难使用量角器的。在这种情况下，可以用卷尺或倾角计。应该对移动骨和固定的参考点之间的绝对距离（用卷尺测量）或骨角度（用倾角计测量）进行测量，而不是相对的关节角度。用卷尺来测量两节脊椎之间的距离，尽管也适合颈椎的所有活动，但通常只测量胸腰椎段的脊柱屈。倾角计利用了与重力方向相比较之下骨的起始位置与结束位置之间的差异，类似于木匠的水平尺（Berryman Reese and Bandy，2002）。用下一级标记度数减去上一级标记度数就是 ROM。胸腰椎和颈椎通常作为不同的骨进行测量，表 11.2 中列出了代表值。

肌肉长度测量

肌肉长度被用来测量多关节肌肉的柔软度。

程序

尽管测量肌肉长度与那些单关节检测程序相同，但关节的位置是不一样的。在单关节检测，每块多关节肌肉都是固定在它的松弛（或缩短）状态并只在被测的关节处拉长。当测量肌肉长度时，它在近端关节和远端关节都要拉长，检测过程是一样的。至于多关节肌肉测量，肌肉在它经过的每个关节都要拉长。在表 11.3 中列出了下肢单关节和肌肉长度测量的关节位置。

标准

肌肉长度检测，Kendall 等（1993）建议肌肉长度的标准是两关节整个活动范围的 80%。并给出了一个腘绳肌的例子。髋关节最大活动度为 135°（10° 伸，125° 屈），膝关节最大活动度是 140°。两关节的组合活动度为 135° 与 140° 的和，或 275°。当髋屈曲 80°，膝关节的活动度应是 140°（或者 275° 的 80%）。如果髋屈曲 90°，膝关节的活动度应是 130°（从 10° 到 130° 屈曲）。

目前没有上肢标准的或相对的肌肉长度。这些检测更适合保健医生，有兴趣的读者可以参考别的文献（Berryman Reese and Bandy，2002; Kendall et al.，1993）。

表 11.3 单关节检测和肌肉长度检测下肢的位置

关节动作	单关节检测		肌肉长度检测			
	近端关节位置或动作	远端关节位置或动作	近端关节位置或动作	远端关节位置或动作	被测肌肉	远端关节 ROM
足背屈	膝关节屈曲	背屈	膝关节伸	背屈	臀小肌	4°
屈膝	髋屈	膝屈曲	髋伸	膝屈曲	股直肌	53°
伸膝	髋伸	膝伸	髋屈	膝伸	腘绳肌	28°
屈髋	髋屈	膝屈曲	见上股直肌检测			
伸髋	髋伸	膝伸	见上腘绳肌检测			

来源说明：Data from Berryman Reese and Bandy 2002; Kendall et al. 1993; Corkery et al. 2007.

结果解释

测量完活动度后，结果需要解释。解释通常涉及将测量值与标准值相比较，或与完成动作需要的最小值相比较。数值可双侧比较，也可按时间纵向相比较。

得到的数据可以同标准值比较，例如表 11.1 和表 11.3 所列。但因为没有通用的活动度标准，在做比较时应当注意。例如，尽管认为 90° 的肩外旋是正常的，棒球投手的肩关节可能（也需要）有两倍的范围（Werner et al.，2008）

得到的数据也可以同完成任务的基本需要相比较。例如，背屈的正常范围是 20°，但正常行走步态需要 10°，正常跑步步态需要 15°，尽管最近的研究显示行走的步态实际需求可以有 12° ~ 22° 很大的变化。必需鉴别生物力学和不同任务的变化性才能很好地理解完成那些任务的活动度。

比较同一个人的双侧（如比较右侧和左侧）是另一种解释结果的办法。对于两者之间的差异多少是可以接受的并没有共识。但是，一些作者建议两侧的差异应该在 10%（Burkhart et al.，2003）和 15%（Knapik et al.，1991）之间。对于大多数人来说这是一个合理的标准。

最后，一个关节的数据可以同之前测量的同一关节的数据进行比较。一段时间后比较同一个人的相同检测是一种非常好的量化训练、年龄增长、伤病所带来改变的办法。因为温度的影响和柔软度的激活，检测人为得到有效的数据就应确保检测条件的一致性。当预先检测条件标准化后，这些比较就是确定干预计划效果的最好办法。

应评估活动范围以鉴定活动度的不足；不存在活动度不足的运动员可能会意识到可从增加活动度中稍稍获益（Haff et al.，2006）。在以下几种情况下应考虑 ROM 的下降：

- 下降的ROM改变运动结构（包括专项或基础的运动）。

- 关节的ROM不在运动员所从事运动项目的正常限制范围内。运动员处在等于或低于可接受的ROM范围内，就算它似乎没有影响到他们的技术，也应提高ROM到这些限制之内。

- 受伤导致ROM下降，ROM没有恢复到受伤前的水平。

- 下降的ROM造成两侧不对称。除非在一些个例，ROM都应进行双侧比较（两侧的差异要小于10%）。

通过牵拉练习增加一个关节的活动度可以纠正不足。在牵拉时双关节肌肉需要在两个末端拉长。可以运用静态拉伸和 PNF 的技术（神经肌肉本体感觉易化）。牵拉应保持在 30 s 内，每次拉伸之间休息 10 s。每天可以做 2 ~ 3 组牵拉，每组重复 4 ~ 5 次。

没有活动度不足的运动员应定期检测。有明显活动不足的运动员则应经常检测。一旦不足被纠正，就要不定期地进行检测以保证活动度在足够的水平。

比较活动度测量方法

表 11.4 总结和比较本章中讨论过的检测。

表 11.4 ROM 评估的对比

检测类型	有效性	可靠性	设备	时间	主要优点	主要缺点
3D 生物力学分析	高	高	3D 生物力学分析系统	长	在运动员完成动作时可靠准确地收集 3D 数据	成本高；需要训练检测人；处理时间；没有规范
动作视频	未知	未知	摄录像机；摇杆；2×6；或没有	中到短	运动员完成真实动作；同时分析多关节	没有建立有效性和可靠性；缺少规范；有可能 没有足够的屏幕显示所有运动员；没有规范
组合检测	低	中到高	坐姿屈体箱	中到短	容易完成；成本低	不能解释哪个关节限制 ROM
ROM 和肌肉长度	高	中到高	量角器、倾角计、卷尺	中到长	廉价；需要的设备和训练不多	在活动中活动度不能评估；评估每个独立关节时耗时

专业应用

　　评估运动员活动性的第一步是针对其运动项目的需要进行分析，确定所涉及的关节和运动时所需的关节振幅和方向。很多大众运动的此类信息在生物力学测试和期刊中都能够获得。例如，棒球投手约 170° 的外旋，美式足球的四分卫扔球时大约需 160° 的外旋（Fleising et al., 1996）。跑步时需要 20° 伸髋、70° 屈髋、110° 屈膝、30° 背屈、20° 跖屈（Novacheck, 1998）。但是，髋关节和膝关节的位置测定，应先使股二头肌处于 100% 放松状态的位置。其他运动也应有类似的数据被发现。

　　下一步就是确定运动员是否正确完成了动作。如果允许，此项应通过观察运动员的表现完成。其黄金标准是费时且价高（在很多情况下不适用）的三维生物力学分析。肉眼观察是最后的选择，因为肉眼很难看到微小的变化且不能重复观察并受到动作速度的限制，这些都导致了较低的可信度和有效度（Knudson and Morrision, 1997）。另一种选择就是用高速摄影机将动作拍下来并多倍慢速回放。其中的重点是将动作的变化范围和标准数据或一些常规动作进行比较，来判定在各个关节处的动作活动性是否过小（或者过大）。

即便是拍摄动作的方法在测试大量运动员的时候也非常耗时。筛选拍摄一些更基本的动作形式（如深蹲和前冲）也会提供有用的信息，但是将这些运动转化为更高级的任务（如跑步和切）的方法还未确定。不同类型的体育活动需要不同的基础运动形式。例如，棒球投手和摔跤运动员需要的运动类型就不同。

初步评估提供了对运动特质的评估。它警示了体能专家问题的存在，却没有揭示产生问题的原因。运动筛选是无法被规范的，因为多重成因可能隐性地包含其中。合理的下一步应该是通过独立评估每个潜在成因从而确定出问题的原因。这项工作应从运动链上每个关节的活动性开始。

来看一个运动员从箱子上跳下落地时过度内翻的案例（见图 11.1）。这被认为是一个错误的运动形式。造成这一问题可能是由于缺乏活动性、力量、能量、耐力或者是任一关节神经肌肉控制水平极低。当运动员在重力被消除的位置上深蹲时（如在综合训练器上或者是滑行机上），会表现出过度内翻的指征。这就提示需要评估运动链上关节的活动性，特别是寻找以下现象：髋外旋受限（Sigward et al., 2008; Willson et al., 2006），踝跖屈受限（Sigward et al., 2008），距下关节后旋受限（Loudon et al., 1996）。确定有问题的关节只能用本章中提到的 ROM 测试方法对各个关节的活动性独立检测并与表 11.1 中的正常数据进行比较。如果一个关节的 ROM 测试结果在正常的范围内，那么问题就存在于其他关节或者是其他的运动素质（力量、能量、耐力、神经肌肉控制）。这些都需要更深一步的研究。

潜在的或者从前的问题区域在做 ROM 检测的时候也应该被检查。对于投手来说，肩部损伤通常是潜伏的问题，盂肱关节内旋不足是造成此现象的一个原因。每个运动员都要测量绝对角度（ROM<25°）和相对角度（双侧差异 >25°）来检测是否有内旋不足的问题。（Burkhart et al., 2003）。之前的损伤会改变肌肉组织的材质属性，使其承受了更大的压力并且在将来的运动中更容易受伤（Silder et al., 2010）。对于已知有损伤的运动员应该用肌肉长度测试进行评估，同时，将结果和正常的数据（见表 11.1）以及未受影响的另一侧肌群进行比较。

活动度测试目的在于发现不足。不足，被定义为会造成运动技术细节改变（包括一项运动特有的技术和基础形式的运动技术）的 ROM 下降，其不属于因特殊体育活动而发生的正常限制或是双侧不均衡或两者都有而发生的下降。这些下降将被作为拉伸技术 [如静态伸展和 PNF（本体感觉神经肌肉异化技术)] 的介入目标。每次拉伸应坚持大约 30 s，并重复 4 ~ 5 次，组间休息为 10 s。拉伸训练可每天进行 2 ~ 3 次，但因为神经肌肉表现的下降（Stone et al.，2006），在需要较大力量的运动之前不应进行拉伸。对于没有发现 ROM 下降的运动员来说，从拉伸训练中获益很少，应将重点放在提高本书介绍的其他的运动能力上。

小　结

- 活动度是人体运动有效并高效完成的基本组成。

- 一次对活动度深入的评估需要检查异常运动中运动链上每个关节的实质、数量和末端感觉，同样，对于个人或者对于运动项目易发损伤的区域也要评估。

- 通过活动性测试获得的有价值的信息应该和已经确定的标准、对侧的同一关节、同一关节前期的测试进行比较（或者三者都比较）。

- 尽管人体运动是复杂和多因素的，在完成任务时，处于非理想状态活动度会损坏表现和增加损伤的可能性。

第 12 章

平衡和稳定性

肖恩·P. 费拉纳根，PhD, ATC, CSCS

    当我们谈到平衡，脑海中会浮出冲浪运动员、体操运动员、花样滑冰运动员等运动场景，但这些项目仅仅涉及平衡能力的极小部分。实际上，几乎所有的运动员，都需要进行平衡能力训练，特别是在竞技比赛中运用单脚较多的项目。

    很多人将平衡与稳定性混为一谈，这是错误的。稳定性是一种在受到外界干扰后回到特定位置或动作姿态的能力。运动员在任何时候与对手或物体接触，或是出现意想不到的变化的时候，他们都是属于受到外界干扰。所以，稳定性对运动员而言是非常重要的一个能力。

    在对任何运动能力或指标进行评价前，我们应该先给其一个明确的定义，然后排除其他变量干扰，对该指标进行测试。对于测量肌力和最大摄氧量之类的基本指标相对简单明确。然而，如果验证一个人的平衡或稳定能力很好时，则需要进行多项不同基本动作指标的测试。由于这些动作涉及多关节、多系统（骨骼的、肌肉的、神经的）的协调工作，所以很难精确地测出这些指标。本章节的目的是为平衡和稳定性的概念提供理论背景知识，通过讨论二者对运动成绩和损伤的影响，并对不同测试进行分组，同时详细介绍三个场地测试。

    训练的目的就是提高运动成绩，例如移动能力、肌力、爆发力、耐力和神经肌肉控制能力。为了提高这些能力，我们首先得通过综合的运动测试来确定这些指标。其他章节主要介绍一些基本素质，例如移动能力和肌力。运动成绩不仅是这些素质的综合，而且是各种素质交互作用以达到预定动作或反应动作。平衡和稳定性测试可评价在反应性运动中这些素质间的相互作用。

人体力学

很多人对平衡和稳定性存在错误观念。更让人疑惑的是，很多其实代表不同力学概念的专业术语却被互用。下文将回顾一些基本的力学原理和控制理论，规范常用的专业术语并建立平衡相关测试的框架。

重心

简单来说，刚体（如大腿和前臂），是指其质量集中在一个假想的点上，即质点，且身体质量在质点的各方向分布一致。在重力的垂直方向，这个点即为重心。任何刚体，它的质心和重心是固定的。

一个由多部分构成的躯体，例如人体，整个身体重心是各部分的重心加权的和。不同于刚体，由多部分构成的主体，它的重心会由于不同的结构特点而移动。成年男性以解剖姿势站立时，重心位于第二骶椎前（Whiting and Ruff，2006）；抬起右臂超过头顶时，会导致重心向右上方移动。而且，在某些情况，身体的重心会超出身体范围。及时地确定任意动作或姿态下的重心位置并不容易，但是中枢神经系统却可以没有什么困难地在大多数情况下完成这样的工作。

地面反作用力

当两个物体接触时会产生大小相等、方向相反的作用力。如果你静止站立，你的体重会对地面产生作用力，同样的，地面会对你产生大小相同、方向相反的作用力（地面反作用力，GRF），这些力分散作用在接触面上。

压力中心和支持面

另外一个简化假设就是认为物体在运动中所有的接触力可集中到一点，即压力中心。压力中心不是一个静止的点，而是地面反作用力的表现，并且只存在于接触面范围之内。这个面积称为支持面。例如，如果只有一只脚接触地面，那么支持面为单脚接触地面的面积。如果两只脚同时与地面接触，那么支持面包括两只脚和脚之间的面积（Whiting and Rug，2006）。将两只脚分开（前后、侧向或同时兼有）或增加另一个接触点会增加支持面的面积。如果重力和地面反作用力是等量的，而且压力中心也垂直位于重心的下面，那么，此时没有净力或冲量作用于躯体，躯体将保持静立位，即静态平衡。

　　人类作为生物体的一种，无法长期保持静止。重心的位置持续不断地从中心位置变化，同时，身体自动调整压力中心的位置，以调整重心回到中心位置。虽然压力中心的位置一直在变化，但从长时间的综合结果来看，在静立时，重心和压力中心是在中心同一位置上。

平衡

　　平衡是指在不移动的条件下维持重心在支持面内，移动会导致平衡破坏（Horak and Nashner，1986）。在移动时压力中心的加速会导致重心离开支持面，这也是有时候走路和跑时造成摔倒的原因。

　　重心在支持面内的移动称为晃动，有两种测试方法（见图 12.1）。第一种，重心与支持面中心连线和支持面中心垂线的夹角（Nashner，1997b）。第二种，通过压力板测试压力中心从中心位置的偏移。尽管这两种方法都是测量重心的晃动，但第二种方法更精确，因为在多部分构成的移动躯体中很难准确地确定重心的位置。

（静止）稳定性

　　（静止）稳定性是指在维持静态姿势时晃动发生的总量。有好几个指标都可对稳定性进行定量评价，包括压力中心的均方根误差、压力中心范围、平均压力中心位置、中心做功频率（MPF）、偏移面积、平均压力中心速度和压力中心轨迹长度（Lafond et al.，2004）。一般来说，人体移动次数越多，移动距离越大，或者人体在维持静态姿势时，压力中心移动速度越快，移动距离越低（见图 12.1）。

　　在缓慢移动的情况下，如果重心移出支持面范围，此时压力中心无法产生可抵消重心移动的反向运动，人体必然发生迈步（如平衡破坏）。如果重心仍然在支持面的范围内，肌肉活动可促使压力中心移动，导致重心向中心位置移动。然而，这需要一定的肌肉力量和反应时间。一个人在保持双脚静立时，重心和压力中心的可移动最远距离称为晃动极限，这个指标可用来量化评价平衡（见图 12.1）。

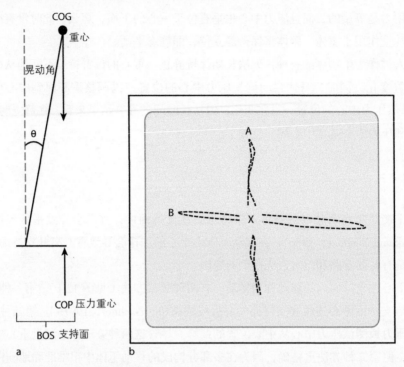

图 12.1   压力中心和平衡中心。左侧为重心，压力中心，支持面，晃动角度之间的关系。明确：压力中心不能超出支持面范围，如果压力中心不在重心的垂直下面，那在夹角的方向将产生运动，身体会产生晃动。右侧为支持面（白色区域），晃动极限（灰色区域），压力中心的位置（X 标志），压力中心前后向（A）和内外侧（B）的偏移。晃动极限不能超出支持面的范围，同样的，压力中心的偏移不能超出晃动极限的范围

在静止姿势时，晃动极限在支持面的范围内（Nashner，1997b），但是这条准则对于移动躯体不是必需的。如果质心移动速度够快，即使重心在支持面范围内，冲力也可能会导致人体迈步。同样的，即使重心不在支持面范围内，冲力也有可能导致重心回归到中心位置（Psi et al.，2000）。

（运动）稳定性

（静止）稳定性是指维持静态姿势的能力（Mackey and Robinvitch，2005），平衡是指维持重心在支持面内的能力。一般情况下，（静止）稳定性和平衡这两个概念可互用，但某些情况不适用。稳定性是指无论在运动、外力、干扰的

条件下，维持某一特定姿势（静态稳定性）或运动（动态稳定性）的能力（Reeves et al., 2007）。（静止）稳定性是指一个人保持静止的能力，然而（运动）稳定性是指在干扰情况下恢复起始姿势或运动的能力。两者的区别不大但却是截然不同的定义。明确二者的区别，在测试中分别测试很重要。

平衡定义暗示着双脚必须保持静止。上文指出，走和跑涉及质心离开支持面。如果双脚在移动，那么质心也在特定运动轨迹上移动，此时维持质心在特定运动轨迹上移动的能力即动态稳定性。如果用动态平衡表示动态稳定性是不恰当的，因为动态平衡指的保持重心在支持面内，实际上会导致运动成绩能力的下降。

控制理论

控制重心、地面反作用力和压力中心是完成运动动作的先决条件。即使是简单的静立动作也涉及几个复杂系统，包括肌肉、骨骼、神经系统和环境间的相互作用。Reeves 等人（2007）阐述了深入了解这些系统间的相互作用将极大地有助于从系统工程角度了解控制理论的运用，原理图见图 12.2。

首先，控制系统需要参考信息，即目标输出。当目标为静态平衡时（即静立），那么指定的姿势即为参考信息。如果目标涉及运动，那么末端执行器例如手，脚或质心的运动轨迹即为参考信息。控制器（即中枢神经系统）发布一定的输入指令（即肌肉动员）到末端（即骨骼肌系统），产生特定的输出。这

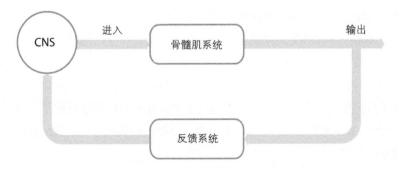

图 12.2　控制理论原理图。中枢神经系统向骨骼肌肉系统发出输入指令，导致骨骼肌肉系统做出相应的目标输出，即特定姿势或运动轨迹。通过骨骼肌肉系统的固有特性和本体感觉器发生反馈作用，比较实际输出和参考信息的差异，导致中枢神经系统对骨骼肌肉系统的进一步调控

种输出通过参考控制器的反馈来进行测量（骨骼肌系统和本体感觉的固有特性）。本体感觉或感觉反馈是通过视觉、前庭系统、肌肉和关节感受器（肌梭和高尔基腱梭）、机械感受器和皮肤触压觉的共同整合完成的。神经系统通过此反馈信息，对骨骼肌肉系统发出新的输入指令。

如果一个系统可以维持原始姿势或既定运动轨迹，或在干扰后回到原始姿势或既定动作，那么这个系统是稳定的。从这个定义可发现稳定性是二元的。一个系统要么稳定，要么不稳定，不存在不同程度的稳定性（Reeves et al., 2007）。如果一个系统不稳定，则很容易发现。更有趣的是机体性能和稳定性的定义。机体性能是指当机体遭到外力干扰后恢复到指定姿势或运动轨迹的速度。稳定性是指机体可抵御多大干扰的能力。

如表 12.2 显示，系统中存在三类因素会导致运动成绩下降或是稳定性缺失。首先是中枢神经系统会提供错误信息传递给骨骼肌系统。第二类潜在因素是由于传导输入的任务在骨骼肌系统的实现能力之外，换言之，机体可能不具备达成任务所必需的灵活性、力量、爆发力或者耐力。第三类因素由于骨骼肌系统本体感觉的错误或（和）内在属性的改变会错误地或者延迟地传递信息给中枢神经系统。区分上述哪一种原因可能对任务失败负责是有困难的。

灵活性、力量、爆发力和耐力的测试方法在本书的其他章节中已有详述，且其应当包含于任何评估中。因为这些妨碍平衡和稳定的缺陷需要被分辨和纠正。本体感觉测试要求受过专门培训及专业测试器材，而且仅限于复位测试和动态侦测测试。复位测试要求受试者在无视觉帮助条件下回到起始位置，而动态侦测测试则是确定受试者能多快察觉到物体位置的微小变化。

众所周知，本体感觉的缺乏会伴随损伤的产生而产生，同时在康复过程中可以获得提高。不过没有证据表明健康和无病症人群的本体感觉（Ashton-Miller et al., 2001）可以获得提高。在多数情况下，体适能专业人员会涉及此类情况，可能有本体感觉测试的需求。在排除的过程中，任何非归因于机体（骨骼肌系统）或反馈（本体感觉）的运动成绩的减弱，会被假设归因于控制器的故障（中枢神经系统；CNS）。

平衡训练可以从不同角度提升骨骼肌系统、本体感觉以及中枢神经系统的机能表现。通过改善骨骼肌系统的情况仅仅可以改善体力虚弱的人群。举例来说，平衡训练能够给肌肉组织提供离心收缩载荷，但是在相对较低的水平级上。这就会导致平衡训练对于力量产生改善，只会发生在练习所产生的刺激是高于阈刺激载荷以上的情况中。本体感觉对于在进行康复治疗的人群是一个影响因素，但对健康无病症人群则不是。因此运动员的平衡改善更着重于中枢神经系统的改善。

平衡测试有时被称为本体感觉测试。而根据本文先前的讨论，这是不恰当的，因为本体感觉只是一种反馈。平衡测试包括反馈、输入和输出；正因为这三方面是被共同测试且测试并不能将其区分开，故称为神经肌肉控制测试更恰当些。

本文讨论包含另一复杂的层面。由于人类机体由多环节构成，每一个关节都会影响重心的定位。此外，任一关节的运动会对运动链中相邻关节产生影响（Zajac and Gordon，1989）。然而，某些关节似乎在姿势控制中扮演了更具决定性的角色。在矢状面内，通常由踝关节来修正前后方向上的微小干扰，而较大的干扰则通常由髋关节来负责修正（Horak and Nashner，1986）。更大的修正则可能需要动用上肢（Hof，2007）或者脚步移动（Hork and Nashner，1986）。在额状面内，重心位置是由距下关节的足内翻、外翻肌，髋内收、外展肌以及躯干侧屈肌控制（Mackinnon and Winter，1993）。这意味着中枢神经系统必须给多个关节同时传导信息，多关节的完整反馈过程也是如此。

正如平衡测试不能评估独立的系统（输入、输出和反馈），也不能被用来评测单个的关节。若一名运动员的平衡能力较差，则单独测试运动链中的每一关节可能是确定平衡不足的具体部位并提供适当的改善训练所必需的。

只有头脑中有清晰的上述背景信息概念，才有可能根据测试的性质来描述和归类这一系列测试。

平衡与稳定测试

平衡与稳定是二元标准：无论人体在特定情境下是否有平衡能力（或稳定能力），是否可以保持其重心在支撑平面上，都没有平衡指数。无论其是否稳定，是否能复位到想要的姿势或动作，都没有稳定指数（Reeves et al.，2007）。当然，在进行平衡类测试时，我们是在评测系统的稳定性或者系统的运动成绩（人体）。稳定性反映参数的变化容许度（Reeves et al.，2007），测试通过评测偏移的长度或多种情况下的稳定，从而评测稳定性。测试评测的是运动成绩的速度和准确度。所以，若能称为平衡测试需要评测以下 6 个项目之一：

- （静止）稳定性；
- 晃动极限；
- 静态测试的表现；
- 静态测试的稳定性；
- 动态测试的表现；
- 动态测试的稳定性。

不幸的是，因为几乎所有的测试都被称之为平衡测试，所以目前对文献资料有诸多的质疑。正因为人们使用平衡与稳定这种术语的繁多方式，理解作者所想表达的内涵就变得相当重要。以下部分分类测试是基于结果测定。尽管此类测试较为可靠。但由于没有黄金标准的存在，同时又缺乏有效数据，测试的通用性主要取决于其可以让测试者区别测试表现或者损伤风险的能力。

姿势（静止）稳定测试

在姿势（静止）稳定测试中，给受试者设定一个特定的姿势，从主观（视觉上）或客观（借助精确设备）上测量受试者的晃动量。姿势稳定测试可在各种支撑面（双脚平行站立，双脚前后站立，单脚站立）、地面（硬地面、软地面）或者本体感觉（睁眼、闭眼、视力受损）的情况下执行，这些情况均可以评测机体系统的稳定性。以下是几种经常被使用的姿态（静止）稳定测试：

- Romberg测试（闭眼直立测试）。该测试有许多衍生形式，通常用在现场清醒测验中。其中一种形式，要求受试者闭上眼，头向后倾斜，双臂外展90°，抬起一只脚（Starkey and Ryan，2002）。测试者主观评价稳定性。已有发表的关于该测试的有效性、可靠性或规范标准的公开数据作为参考。
- 平衡失误计分系统（BESS）。在这一测试中，受试者有三种站立姿势（双脚平行站立、双脚前后交叉站立、单脚站立）和两种地面条件（硬、软）。测试时，双手放在髋侧，保持闭眼。每种姿势保持20 s。每次受试者偏离这种姿势则记录加分。同在高尔夫球运动的得分标准相似，该测试的得分越低越好。该测试有很高的可靠性（ICCs = 0.78 ~ 0.96）（Riemann et al.，1999）。

- 不稳定平台测试。该测试派生出多种受试者立于不稳定平台的方式，例如通过平台边缘与地面接触的时间（Behm et al.，2005）或次数来量化评价平衡姿势。据报道该测试具有较高可靠性（$r = 0.80 \sim 0.89$；Behm et al.，2005）。
- 计算机控制测试。稳定性测试可以通过与个人计算机连接的测力台进行。

这些系统可以是嵌入地面的测力台系统，也可以是特别制造的评测稳定性的系统，或是最好被称为智能化平衡测试板的系统。如 NeuroCom 平衡测试大师系统包含一个连接计算机的固定式平台。通过这个系统可以很容易地进行各种稳定性的测量（Blackburn et al.，2000）。关于智能化平衡板的例子即 Biodex 稳定系统，平衡板的移动量可以增加，使保持平衡更为困难。计算机运算法可以调节水平位置的标准差（Arnold and Schmitz，1998）。这些测试的可靠性为中等偏下（$r=0.42 \sim 0.82$）（Schmitz and Arnold，1998）。

伸展测试

伸展测试检验受试者在支撑面内重心向外伸展的距离，目的是测量重心偏移的临界值。这些测试评测了系统的稳定性。以下是常用伸展测试。

- 功能伸展测试。检验在站立位时受试者在支撑面内重心延伸的距离（Duncan et al.，1990）。受试者抬起一只手臂到一个水平标尺处，此标尺按肩峰的高度固定在墙上。受试者握拳，固定其第三掌骨在标尺上，令受试者腿部不能移动而尽可能向前倾斜身体，再次记录第三掌骨在标准尺上的位置。两个记录的位置间距离反映了功能性伸展能力。尽管这种测试的可靠性很高（ICC =0.92；Duncan et al.，1990），但它在年轻健康人群中的使用仍有一定的局限性。
- 星状偏移平衡测试（SEBT）。星状偏移平衡测试类似于功能伸展测试，不过是保持单腿支撑时伸展另一条腿。另外，不仅仅向前伸展，受试者要向8个方向伸展：前、后、内、侧、前侧、前内、后侧、后内（Hertel et al.，2000）。这个测试在测试者和受试者都进行过足够的练习后（Hertel et al.，2000；Kinzey and Armstrong，1998）有着很好的可信度（ICCs=0.67 ~ 0.96和0.81 ~ 0.93）。类似于姿态稳定性测试，用测量对不同程度或方向的干扰的反应来评价稳固性，而用返回起始动作的时间来反映运动成绩。进行这些测试所需的大量设备和训练在实际操作中会限制他们的适用性。

姿势（运动）稳定测试

姿势（运动）稳定测试中，受试者保持某个姿势，对其施加干扰，测试其对干扰的反应。这个干扰可能是自身引起的（如跳起落地），也可能由于身体受到的外力引起的（Duncan et al.，1990），或者是感觉反馈的改变（Nashner，1997a）。不同程度干扰的反应测试，形成测量稳定性的不同方向，以测量恢复到起始姿势的时间来评价表现。

• 落地测试。在落地测试中，受试者跳起落下或从预设的高度落下。改良BESS测试，受试者在Z字形的规定路线上从一个标志跳到另一标志（Johnson and nelson，1986）。在每个标志点，受试者必须稳定着陆并保持5 s。在平衡错误评分系统中，在落地时因为出现错误（未能停止，支撑脚的其他部位着地，没有完全覆盖标记点）或者没有维持5 s（支撑脚的其他位置着地或支撑脚移动）而增分。当根据受试者的身高调整标志点的距离和用单腿测试时，可靠性从中（ICCs =0.70 ~ 0.74；Riemann et al.，1990）到高（ICCs =0.87；Eechaute et al.，2009）。有很多使用测力台的方案来评价人体落地时的动作稳定性，包括不同的高度、距离和方向，可以测量晃动的总量（通过测量压力中心的偏移）和（或）地面反作用力回到体重的时间量。

• 械干扰测试。机械干扰测试通常包含两种形式：一种是对受试者有控制的施加和撤销干扰（Mackey and Robinovitch，2005），另一种是受试者脚下的平台移动并倾斜（Pai et al.，2000; Broglio et al.，2009）。后者也相当于动作控制测试（Nashner，1997a）。测量干扰的反应大小和返回起始动作的时间。这些测试所需的相关大量设备和训练在实际操作中会限制它们的适用性。

• 感觉干扰测试。简单的感觉干扰可以用物体遮挡住眼睛来阻断视觉输入或是改变本体感觉反馈。一个可普遍在文献中找到的此类测试为感觉组织测试。它包括倾斜支撑表面或是受试者周围的视觉环绕物，或是两者皆有（Nashner，1997a）。这类测试需要特别的器材和培训导致了它们在应用领域中的局限性。

动态（运动）稳定测试

在动态（运动）稳定性测试中，受试者做出特定的动作，通常为行走。测试中对受试者施加力学干扰，并测量受试者对干扰的反应（Mackey and Robinovitch，2005；Shimada et al.，2003）。类似于姿势稳定性测试，动态稳定性测试测量受试者对各种强度、方向的干扰的反应以了解稳定性，测量受到干扰后恢复到指定动作的反应时以了解动作表现。这类测试需要特别的器材和培训导致了它们在应用领域中的局限性。

组合测试

组合测试包括对多种能力的同时测试，其中平衡和稳定是主要内容。例如，不同的单腿跳方式就是一个组合测试。计算机动态姿势测试本身而言不是一个组合测试，但和动作控制测试及感觉组织测试结合起来，测试者可以确定平衡中生物力学的、感觉的、动作协调部分所占的比例（Nashner，1997a）。

平衡测试和稳定测试间的相关性较差；研究人员发现（静止）稳定性，静态稳定，动态稳定和组合测试分数之间的相关性较低或无显著相关（Blackburn et al.，2000; Broglie et al.，2009; Hamilton et al.，2008; Mackey and Robinovitch，2005; Shimada et al.，2003）。这表明不同的测试测量不同的指标，因此需要通过多重组合的平衡测试来评价平衡能力。

运动成绩与平衡和稳定

由于平衡是由多因素控制的，建立它与运动成绩或是损伤风险之间清晰的关联很困难的（见表 12.1）。较差的平衡能力可能是由于中枢神经对信息的错误处理、骨骼肌系统损伤、不正确的或延迟的本体感觉反馈，或者是三者之间的综合结果。另外，不同的测试方法、测量手段和研究设计也不利于平衡和运动成绩之间关系的确定。

表 12.1　平衡与稳定性评估对比

类型	示例	测评信度	测量器材	主要优点	主要缺点
（静止）稳定性	龙伯格测试	未知	无	便于操作	无法区分各项目运动员
	平衡失误计分系统测试	高	艾瑞克斯垫	便于操作	不适用于运动员
	平衡板测试	未知	平衡板	平衡测试幅度大	非标准化测试
	计算式测试	高	测力台、计算机	测量反应灵敏，结果精确	费用高、耗时、需要器材
延展性	功能性伸展测试	高	码尺	便于操作	无法区分各项目运动员
	星状伸展平衡测试	高	运动用胶布标方向	可反映是否有损伤	测试与运动实际关系不大
动态姿势稳定性	改版 BASS 测试	中等	运动用脚步标记测试流程	可反映是否有损伤	测试与运动实际关系不大
	机械干扰测试	高	测力台、便携测试台	测量反应灵敏，结果精确	费用高、耗时、需要器材
	感觉干扰测试	高	感觉变动测试仪	测量反应灵敏，结果精确	费用高、耗时、需要器材

考虑以下问题可有助于明确（静止）稳定、平衡和（运动）稳定对运动成绩和损伤潜在风险的影响。

- 平衡表现或稳定性和运动成绩或损伤之间有什么关系？
- 平衡训练能提高运动成绩、降低损伤吗？

很少的几篇研究报告探讨了平衡能力或稳定性和运动成绩之间的关系。使用平衡板测试，Behm 与同事（2005）发现 19 岁以下的冰球运动员滑冰速度和稳定性之间呈正相关（$r^2=0.42$），超过 19 岁则二者无显著相关（$r^2=0.08$）。姿势性稳定和投球精确度之间无显著相关，但闭眼单腿站立时摆动和投掷速度之间存在着较低的正相关（r^2=.27）（Marsh et al., 2004）。最后，在单腿下蹲中，单腿稳定性和单侧肌肉力量的产生之间没有关系（Mccurdy and Langford, 2006）。

有几篇研究调查了平衡训练对运动成绩的影响。一篇研究报道经过 4 周平衡训练后稳定性和晃动极限得以改善和摇晃减少（Yaggie and Campbell, 2006）。尽管这些变化有助折返跑能力的提高，但是纵跳能力没有变化（Yaggie and Campbell, 2006）。同样的，10 周平衡训练可改善 T- 测试运动成绩，减少 10 码和 40 码冲刺跑的时间，但对纵跳能力没有影响（Cressey et al., 2007）。另外，平衡训练获得的效果不如传统力量训练获得的效果明显（Cressey et al., 2007）。

由于平衡表现或稳定性和运动成绩相关文献的缺乏，很难获得任何确定的结论。似乎得出平衡是任务定向的、需要更多平衡的项目要求更多的平衡能力是符合逻辑的。然而，研究发现，足球运动员和体操运动员的姿势性平衡（使用平衡误差评分系统，BESS）和姿势性晃动范围（使用星状伸展平衡测试，SEBT）并无差别（Bressel et al., 2007），使上述假说产生疑问。

平衡需要适当的本体感觉、中枢神经系统处理和离心肌肉力量。但需要维持平衡的肌力要求较低。研究发现本体感觉和运动成绩之间无明显关系（Drouin et al., 2003），暂无研究证明健康成人的本体感觉可以提高（Ashton-miller et al., 2001）。通过排除法可得出，如果健康成人的平衡能力影响运动成绩，很有可能是通过中枢神经系统层面影响运动成绩，但此假说需要进一步研究。

与运动成绩和平衡这一研究方向相比，很多研究开始调查平衡或稳定性对损伤的影响，研究主要侧重为下肢。是否平衡能力较差或低稳定性导致更高的损伤率？是否发生损伤的人群的平衡能力较差或（和）稳定性较低？

关于赛前平衡测试的前瞻性研究与整个赛季损伤发生概率之间的关系是黄金标准。在一个前瞻性研究中，Plisky 及其同事（2006）发现，235 名美国女子高中篮球选手中，通过 SEBT 测试，综合伸展距离小于 94% 下肢长度者有 6.5 倍的可能性发生下肢损伤。同样的，在澳大利亚规则的橄榄球运动员中，通过稳定性测试可预测踝关节损伤（Hrysomallis et al., 2007），尽管该测试无法预测膝关节损伤。甚至肩关节外侧韧带拉伤和投手非优势腿的稳定性较差之间都存在着某种相关性，但这些研究结果都不是十分清晰。

另外，一些研究发现膝关节（Herrington et al.，2009）或踝关节（Docherty et al.，2006；Evans et al.，2004；Herel and Olmsted-kramer，2007；Oimsted et al.，2002；Ross et al.，2009；Ross and Guskiewicz，2004）损伤者的平衡表现或稳定性低于健康对照组，运动表现的指标比稳定性的指标差异更明显（Ross et al.，2009）。尽管很难确定是否较差的平衡能力是造成损伤的原因或结果，但显然是由于下肢损伤后造成平衡表现和稳定性会下降。另外，考虑到机体损伤造成肌力，本体感觉下降和中枢处理改变时会导致这些测量结果不可预料的。

大量研究已经探索了平衡训练对损伤率的影响。一个最近发表的随机对照实验的系统综述中，Altonen 与同事（2007）认为就平衡训练本身而言对预防损伤作用的证据是模棱两可的，这跟大量的实验方案和不同的平衡测试方法有关。然而，平衡训练只是干预方案的一部分，有效显示平衡和其他训练共同降低损伤概率，证明平衡是整个综合的测试计划的一部分。

平衡与稳定的测量

体适能专业人员应该确定测试的目的，然后选择相应的项目种类来完成，根据现有资源和测试精确度的要求选择对应的测试。本文选择了平衡失误计分系统（BESS），星状伸展平衡测试（SEBT），和改良的 BASS 测试具体讨论。这 3 个测试代表不同的种类［姿势性（静止）稳定，伸展和姿势性（运动）稳定］，且需要最少的专业仪器。另外，BESS 测试和 SEBT 测试的信度很高，有大量文献支持。有兴趣的读者可参阅文献参考部分的原文文献以了解具体的测试步骤。表 12.1 比较了平衡和稳定性的评价。

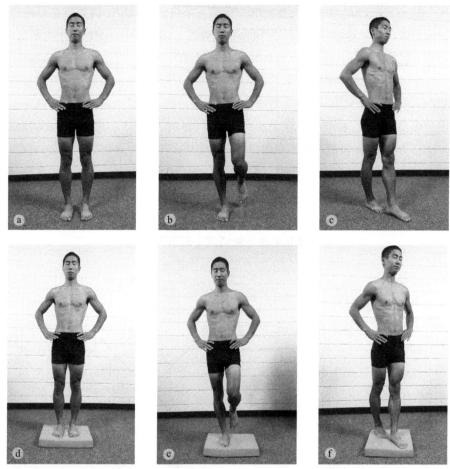

图 12.3 平衡失误计分系统（BESS）

平衡失误计分系统（BESS）

设备

泡沫平衡垫、泡沫塑料密度为中等（45 cm² × 13 cm，密度 60 kg/m³，负荷偏折 80 ~ 90）。

测试步骤

BESS 测试的 6 种姿势见图 12.3，包括 3 种站姿（双下肢支撑、单腿支撑、一前一后站一条线支撑）在两种支撑面（硬的地面和泡沫垫）上站 20 s，共 6

次（Riemann et al., 1999）。在一前一后站一条线的测试中，优势腿在非优势腿的前面。在单腿站立时，支撑腿为非优势腿。在测试中，受试者闭上眼睛，手置于腰部（髂嵴）。

受试者尽量保持稳定，如果失去平衡，则应尽快回到最初姿势。受试者每犯以下错误获得1分：手离开髂嵴；睁开眼睛；踏步，绊倒或摔倒；不能维持测试姿势超过5 s；髋关节屈曲或外展超过30°；脚尖或脚跟离地（Riemann et al., 1999）。如果受试者不犯错保持测试姿势少于5 s，该测试不完整。每次测试的每个错误最多为10次，每个错误最多为10分。总共6个标准，所有分数计入1次测试。

星状伸展平衡测试（SEBT）

设备
运动或封箱胶带。

测试步骤
测试要求地面上有8条胶带，像星状，两两间隔45°，按测试顺序分别命名为正前方、正后方、内侧方、外侧方、外侧后方、内侧后方、外侧前方、内侧前方（见图12.4）。测试开始后，支撑腿站立在星状的中心，非支撑腿顺时针或逆时针尽可能地向前伸、逐个轻轻触碰胶带上所能触到的最大距离。

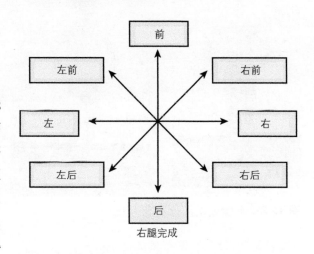

图12.4　左支撑腿和右到达腿的星偏移平衡测试（SEBT）的方向。请注意，方向将是右支撑腿和左到达腿的镜像

来源说明：Reprinted, by permission, from M.P. Reiman, 2009, *Functional testing in performance*（Champaign, IL: Human Kinetics），109.

文献中关于方向定义并不一致。例如，当支撑腿为左腿时，用右腿向右侧伸，有的作者称这个方向为内侧（Gribble and Hertel, 2003；Hertel et al., 2006），然而有的作者称为外侧（Bressel et al., 2007）。该研究采用的标准为：

当左腿为支撑腿时，右腿伸向左腿的右侧为内侧方向，右腿伸向左腿的左侧或左侧后方为外侧方向（见图 12.4）。

受试者在地面上做轻踏动作，然后将腿收回到星状的中心点。测量从中心点到轻踏点的距离。如果受试者出现以下任一错误，则测试需要重新进行：触地过重；脚停留于地面上；失去平衡或者失去控制不能回到初始位置（Gribble，2003），随意选择开始方向和支撑腿。记录 3 次有效测试并计算平均值。

由于在多数方向上 SEBT 测试和腿长存在显著相关性（$0.02 < r^2 < 0.23$），偏离值需要根据腿长进行标准化，腿长是从髂前上棘到内踝的长度（Gribble and Hertel，2003）。除此之外，Hertel 与同事（2006）指出在 8 个方向上测试是过多的，对大多数情况来说，仅仅在后内侧方向上测试就足够。为了降低因熟悉动作过程产生的影响，Kinzey 和 Armstrong（1998）建议在受试者测试前至少进行 6 次练习，而其他一些专家建议将练习的次数降低到四次（Robinson and Gribble，2008）

改良 BASS 测试

设备

运动或封箱胶带。

测试步骤

多次单足跳测试要求在过程中布置多个边长为 1in 的正方形胶带，如图 12.5 所示（Riemann et al.，199）。要求受试者用一条腿按顺序从一个正方形跳到下一个正方形。双手需保持在髋侧。落地时，受试者保持目视前方，不能移动支撑腿，保持 5 s 然后再跳向下一个正方形。

存在两种类型的错误：落地错误和平衡错误。落地错误包括受试者的脚没有覆盖胶带、脚尖没有向前、受试者落地后移动或者受试者的手离开髋部。平衡错误包括手离开髋或者非测试腿落地，也包括碰到另外一条腿，或过

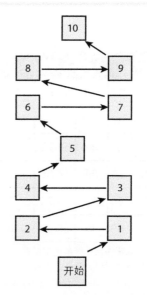

图 12.5　改版 BASS 测试流程
来源说明: Reprinted, by permission, from M.P. Reiman, 2009, *Functional testing in performance* (Champaign, IL: Human Kinetics), 115.

屈、过伸、过度外展。受试者跳之前可以先看着要跳向的正方形胶条。

　　受试者在跳向下一个正方形前保持动作时，测试者应当大声地数 5 s。测试结束时，在每个 5 s 期间出现落地错误记 10 分，出现平衡错误记 3 分。二者合计为总得分。在打分测试前应当进行至少 2 次练习。

结果分析

　　分析平衡或稳定测试的结果时，数值可以与正常参考值，或另外一条腿（如果是单腿测试），或者是同一个人在不同时间的测试结果对比。BESS 测试、SEBT 测试和改良 BASS 测试的标准值分别在表 12.2 到表 12.4 中表示出来，当下无论是测试的评分基数抑或是 SEBT 测试或改良 BASS 测试的案例中，都没有数据显示双侧差异性。这些为以后研究提供了数据调查依据。早上的平衡分数比下午或晚上的好（Gribble et al.，2007），这表明如果将不同期间的多次测试进行纵向比较，每次测试的时间段需要统一。

表 12.2　平衡失误计分系统测试常模

年龄	人数	平均值	中位数	标准差	计分正态分布的百分位区间					
					> 90	76 ~ 90	25 ~ 75	10 ~ 24	2 ~ 9	< 2
20 ~ 39	104	10.97	10	5.05	0 ~ 3	4 ~ 6	7 ~ 14	15 ~ 17	18 ~ 22	23+
40 ~ 49	172	11.88	11	5.40	0 ~ 5	6 ~ 7	8 ~ 15	16 ~ 19	20 ~ 25	26+
50 ~ 54	96	12.73	11	6.07	0 ~ 6	7 ~ 8	9 ~ 15	16 ~ 20	21 ~ 31	32+
55 ~ 59	89	14.85	13	7.32	0 ~ 7	8 ~ 9	10 ~ 17	18 ~ 24	25 ~ 33	34+
60 ~ 64	80	17.20	16	7.83	0 ~ 7	8 ~ 11	12 ~ 21	22 ~ 28	29 ~ 35	36+
65 ~ 69	48	20.38	18	7.78	0 ~ 11	12 ~ 14	15 ~ 23	24 ~ 31	32 ~ 39	40+

注：平衡失误计分系统测试得分非正态分布。因此，用百分位序代替分数来表示。以 20 ~ 39 岁人群测试结果为例，在 104 人中，有 2 人在前 10%，19 人在后 10%

来源说明：Reprinted, by permission, from G.L. Iverson, M.L. Kaarto, and M.S. Koehle, 2008, "Normative data for the balance error scoring system: Implications for brain injury evaluation," *Brain Injury* 22:147-152.

表 12.3　星状伸展平衡测试常模

研究者	兰宁		格里布尔	
研究对象	大学生运动员		健身爱好者	
性别	男	女	男	女
前方			79.2 ± 7.0	76.9 ± 6.2
后方			93.9 ± 10.5	85.3 ± 12.9
内侧			97.7 ± 9.5	90.7 ± 10.7
外侧			80.0 ± 17.5	79.8 ± 13.7
前外侧			73.8 ± 7.7	74.7 ± 7.0
前内侧	103 ± 3	102 ± 6	85.2 ± 7.5	83.1 ± 7.3
后外侧			90.4 ± 13.5	85.5 ± 13.2
后内侧	112 ± 4	111 ± 5	95.6 ± 8.3	89.1 ± 11.5

来源说明：Data from Lanning et al. 2006 and Gribble and Hertel 2003, expressed as a percentage of leg length.

表 12.4　改版 BASS 平衡测试常模

失误	平均值（ ± 标准差）
平衡失误	7.3（5.9）
落地失误	43.7（23.3）

来源说明：Data from Riemann et al. 1999.

与许多其他能力一样，平衡是动作控制的必需条件，若不能保持平衡便会对运动成绩造成阻碍甚至是负面影响。毋庸置疑的是，不同运动要求不同的平衡和稳定能力。相对于平衡能力，稳定能力是一种在受到干扰后返回到理想位置或轨迹的能力。在不稳定表面上的运动（如滑雪或冲浪）或者身体对抗性的运动（美式足球、摔跤）会比在硬地面无对抗的项目运动中有更高的稳定性需求。

平衡能力或稳定性有多种测试方法，与损伤之间的联系比其与运动成绩的联系更密切（更重要）。体育运动要求在动力链各环节间产生、利用和传递能量，这要求合适的关节角度（Zajac et al.，2002）。如果运动员不能保持或回到合适的位置，能量不能被关节组织吸收，然后将很容易发

专业应用

生损伤，如外踝关节的扭伤。俗语说"一分预防胜过十分治疗"，这句话非常适用于平衡与稳定。

所有的运动员都应当进行平衡与稳定能力方面的筛查。因为一种测试类型只能评价一个方面的能力，所以尽可能每个类型都安排一种测试。体适能专业人员应该努力指导运动表现较差的运动员，在他们不足之处制订干预训练方案，而不是试图提高其在平均能力范围中的最大平衡和稳定能力。

BESS 测试是一个姿势（静止）稳定测试。维持姿势稳定能力较差的人，特别是需要完成对单脚支撑要求的运动项目，应当在诸如平衡板或动态平衡盘类的单支点或不稳定表面进行练习，这些练习可以当作热身的一部分。基础薄弱的低水平运动员应尽可能地练习，但也不需要达到杂技演员的平衡水平。

SEBT 测试是一种对姿势晃动或稳定性的测试。一个稳定的系统可以抵挡较大平衡干扰，这方面能力薄弱的运动员只能承受较小的干扰，需注意的不仅是水平较低的运动员，也包括在测试中出现较大双侧躯体差异的运动员。运动员单脚维持姿势时对其进行干扰的练习能提高这种能力。轻踏训练中，一种类型是将运动员推向不同方向，另一种是令运动员单脚站立，双手抓一个实心球，增加球的重量或增大球到身体中心的距离将增加干扰强度，理论上可以提高机体稳定性。

改良版 BASS 测试也是一种姿势稳定性测试，该测试要求运动员单脚落于不同的方向上。这些类型测试表现较差的运动员应该增加此类训练并努力进行从离心阶段与之后阶段的练习，特别是在离心阶段迅速过渡为向心阶段，进入向心阶段的稳定落地练习，运动员应当能稳稳站住（在离心阶段后的稳定位置下停止）。在改良版 BASS 测试中表现较差者至少在多个方向单脚落地方面将达不到前述要求。要求运动员进行单脚多方向增强式训练，以增强这种能力调整不足。

平衡和稳定训练的实质是提高运动员在受到各种外界干扰后完成任务的能力。许多运动员已经掌握降低受伤风险的必要能力，并在运动中取得优异成绩。正如许多其他能力，不一定是越多越好，假设做一个蛋糕需要两杯糖，那么添四杯糖也许不会做出一个更好的蛋糕，但是只添一杯糖无疑会对蛋糕口味造成影响。运动员只需要一定限度的平衡和稳定能力，适当的测试和训练可以确保他们达到这一平衡稳定能力。但在整个过程中，缺少任一因素都会后患无穷。

小　结

- 平衡是保持身体重心处于支持点（面）上的能力。
- 稳定性是指身体受到干扰后恢复良好姿势或活动轨迹的能力。
- 平衡与稳定是两种不同的运动能力，测量方式各异。
- 平衡失误计分系统（BESS）、星状伸展平衡测试（SEBT）、改版BASS测试分别反映了人体姿势静态稳态、延展幅度和姿势动态稳定。这些测试应作为综合测试的组成部分。
- 平衡和稳定训练并非多即好，测试中发现的薄弱环节应该列为训练计划的重要内容。

参考文献

第1章

Cohen, J. 1988. *Statistical Power Analysis for the Behavioral Sciences*, 2nd ed. Hillsdale, NJ: L. Erlbaum Associates.

Jaric, S., D. Mirkov, and G. Markovic. 2005. Normalizing physical performance tests for body size: A proposal for standardization. *Journal of Strength and Conditioning Research* 19 (2): 467-474.

Morrow, J.R., A.W. Jackson, J.G. Disch, and D.P. Mood. 2000. *Measurement and Evaluation in Human Performance*. Champaign, IL: Human Kinetics.

National Strength and Conditioning Association. 2000. *Essentials of Strength Training and Conditioning*, 2nd ed. Edited by T.R. Baechle and R.W. Earle. Champaign, IL: Human Kinetics.

Nevill, A., R. Ramsbottom, and C. Williams. 1992. Scaling physiological measurements for individuals of different body size. *European Journal of Applied Physiology* 65: 110-117.

Peterson, M.D., B.A. Alvar, and M.R. Rhea. 2006. The contribution of maximal force production to explosive movement among young collegiate athletes. *Journal of Strength and Conditioning Research* 20: 867-873.

Rhea, M.R. 2004. Determining the magnitude of treatment effects in strength training research through the use of the effect size. *Journal of Strength and Conditioning Research* 18: 918-920.

第2章

American College of Sports Medicine. 2007. *ACSM's Health-Related Physical Fitness Assessment Manual*, 2nd ed. Philadelphia: Lippincott Williams & Wilkins.

American College of Sports Medicine. 2008. *ACSM's Guidelines for Exercise Testing and Prescription*, 8th ed. Philadelphia: Lippincott Williams & Wilkins.

Ballard, T.P., L. Fafara, and M.D. Vukovich. Comparison of Bod Pod and DXA in female collegiate athletes. *Medicine & Science in Sports & Exercise* 36: 731-735.

Broeder, C.E., K.A. Burrhus, L.S. Svanevik, J. Volpe, and J.H. Wilmore. 1997. Assessing body composition before and after resistance or endurance training. *Medicine & Science in Sports & Exercise* 29: 705-712.

Brozek J., F. Grande, J. Anderson, et al. 1963. Densitometric analysis of body composition: Revision of some quantitative assumptions. *Annals of the New York Academy of Sciences* 110: 113-140.

Clasey, J.L., J.A. Kanaley, J. Wideman, et al. 1999. Validity of methods of body composition assessment in young and older men and women. *Journal of Applied Physiology* 86: 1728-1738.

Collins, M.A., M.L. Millard-Stafford, P.B. Sparling, et al. 1999. Evaluation of the BOD POD for assessing body fat in collegiate football players. *Medicine & Science in Sports &*

Exercise 31: 1350-1356.

Despres, J.P., and I. Lemieux. 2006. Abdominal obesity and metabolic syndrome. *Nature* 444: 881-887.

Dixon, C.B., R.W. Deitrick, J.R. Pierce, P.T. Cutrufello, and L.L. Drapeau. 2005. Evaluation of the BOD POD and leg-to-leg bioelectrical impedance analysis for estimating percent body fat in National Collegiate Athletic Association Division III collegiate wrestlers. *Journal of Strength and Conditioning Research* 19: 85-91.

Durnin, J.V.G.A., and J. Womersley. 1974. Body fat assessed from total body density and its estimation from skinfold thickness: Measurements on 481 men and women aged from 16 to 72 years. *British Journal of Nutrition* 32: 77-97.

Fornetti, W.C., J.M. Pivarnik, J.M. Foley, and J.J. Fiechtner. 1999. Reliability and validity of body composition measures in female athletes. *Journal of Applied Physiology* 87: 1114-1122.

Graves, J.E., J.A. Kanaley, L. Garzarella, and M.L. Pollock. 2006. Anthropometry and body composition assessment. In *Physiological Assessment of Human Fitness*, 2nd ed. Edited by P.J. Maud and C. Foster, 185-225. Champaign, IL: Human Kinetics.

Harman E., and J. Garhammer. 2008. Administration, scoring, and interpretation of selected tests. In *Essentials of Strength Training and Conditioning*, 3rd ed. Edited by T.R. Baechle and R.W. Earle, 249-292. Champaign, IL: Human Kinetics.

Heyward, V.H., and L.M. Stolarczyk. 1996. *Applied Body Composition Assessment*. Champaign, IL: Human Kinetics.

Higgins, P.B., D.A. Fields, G.R. Hunter, and B.A. Gower. 2001. Effect of scalp and facial hair on air displacement plethysmography estimates of percentage of body fat. *Obesity Research* 9: 326-330.

Housh, T.J., G.O. Johnson, D.J. Housh, et al. 2004. Accuracy of near-infrared interactance instruments and population-specific equations for estimating body composition in young wrestlers. *Journal of Strength and Conditioning Research* 18: 556-560.

Housh, T.J., J.R. Stout, G.O. Johnson, D.J. Housh, and J.M. Eckerson. 1996. Validity of nearinfrared interactance instruments for estimating percent body fat in youth wrestlers. *Pediatric Exercise Science* 8: 69-76.

Jackson, A.S., and M.L. Pollock. 1978. Generalized equations for predicting body density of men. *British Journal of Nutrition* 40: 497-504.

Jackson, A.S., and M.L. Pollock. 1985. Practical assessment of body composition. *Physician and Sportsmedicine* 13: 76-90.

Jackson, A.S., M.L. Pollock, and A. Ward. 1980. Generalized equations for predicting body density of women. *Medicine & Science in Sports & Exercise* 12: 175-181.

Kaiser, G.E., J.W. Womack, J.S. Green, B. Pollard, G.S. Miller, and S.F. Crouse. 2008. Morphological profiles for first-year National Collegiate Athletic Association Division I football players. *Journal of Strength and Conditioning Research* 22: 243-249.

Kohrt, W.M. 1998. Preliminary evidence that DEXA provides an accurate assessment of body composition. *Journal of Applied Physiology* 84: 372-377.

Kraemer, W.J., J.C. Torine, R. Silvestre, et al. 2005. Body size and composition of National Football League players. *Journal of Strength and Conditioning Research* 19: 485-489.

Liuke, M., S. Solovieva, A. Lamminen, K. Luoma, P. Leino-Arjas, R. Luukkonen, and H.

Riihimaki. 2005. Disc degeneration of the lumbar spine in relation to overweight. *International Journal of Obesity* 29: 903-908.

Mathews, F.M., and D.R. Wagner. 2008. Prevalence of overweight and obesity in collegiate American football players, by position. *Journal of American College Health* 57: 33-38.

McArdle, W.D., F.I. Katch, and V.L. Katch. 2007. *Exercise Physiology: Energy, Nutrition, and Human Performance*, 6th ed. Philadelphia: Lippincott Williams & Wilkins, pp. 773-809, Appendix I.

Norcross, J., and Van Loan, M.D. 2004. Validation of fan beam dual energy x ray absorptiometry for body composition assessment in adults aged 18-45 years. *British Journal of Sports Medicine* 38: 472-476.

Pollock, M.L., D.H. Schmidt, and A.S. Jackson. 1980. Measurement of cardiorespiratory fitness and body composition in the clinical setting. *Comprehensive Therapy* 6: 12-27.

Siri, W.E. 1956. The gross composition of the body. *Advances in Biological and Medical Physiology* 4: 239-280.

Sloan, A.W., and J.B. Weir. 1970. Nomograms for prediction of body density and total body fat from skinfold measurements. *Journal of Applied Physiology* 28: 221-222.

Tataranni, P.A., D.J. Pettitt, and E. Ravussin. 1996. Dual energy X-ray absorptiometry: Inter-machine variability. *International Journal of Obesity and Related Metabolic Disorders* 20: 1048-1050.

Vescovi, J.D., L. Hildebrandt, W. Miller, R. Hammer, and A. Spiller. 2002. Evaluation of the BOD POD for estimating percent fat in female college athletes. *Journal of Strength and Conditioning Research* 16: 599-605.

Wearing, S.C., E.M. Hennig, N.M. Byrne, J.R. Steele, and A.P. Hills. 2006. Musculoskeletal disorders associated with obesity: A biomechanical perspective. *Obesity Review* 7: 239-250.

第 3 章

Adams, G., and W. Beam. 2008. *Exercise physiology laboratory manual*, 5th ed. Boston: McGraw Hill.

Boudet, G., and A. Chaumoux. 2001. Ability of new heart rate monitors to measure normal and abnormal heart rate. *The Journal of Sports Medicine and Physical Fitness* 41 (4) (12): 546-553.

Canzanello, V.J., P.L. Jensen, and G.L. Schwartz. 2001. Are aneroid sphygmomanometers accurate in hospital and clinic settings? *Archives of Internal Medicine* 161 (5) (03/12): 729-731.

Chobanian, A.V., G.L. Bakris, H.R. Black, W.C. Cushman, L.A. Green, J.L Izzo Jr., D.W. Jones, B.J. Materson, S. Oparil, J.T. Wright Jr., E.J. Roccella, and the National High Blood Pressure Education Program Coordinating Committee. 2003. Seventh report of the Joint National Committee on Prevention, Detection, Evaluation, and Treatment of High Blood Pressure. *Journal of the American Heart Association* 42: 1206-1252.

Clement, D.L., M.L. De Buyzere, D.A. De Bacquer, P.W. de Leeuw, D.A. Duprez, R.H. Fagard, P.J. Gheeraert, et al. 2003. Prognostic value of ambulatory blood-pressure recordings in patients with treated hypertension. *The New England Journal of Medicine* 348 (24) (06/12): 2407-2415.

Ehrman, J., P. Gordon, P. Visich, and S. Keteyian. 2009. *Clinical Exercise Physiology*, 2nd ed. Champaign, IL: Human Kinetics.

Franklin, B.A., ed. 2000. *ACSM's Guidelines for Exercise Testing and Prescription*. Philadelphia: Lippincott Williams & Wilkins.

Goldberg, A., and E. Goldberg. 1994. *Clinical Electrocardiography: A Simplified Approach*, 5th ed. Baltimore: Mosby.

Guyton, A. 1991. *Textbook of Medical Physiology*, 8th ed. Philadelphia: W.B. Saunders.

Kapit, W., R. Macey, and E. Meisami. 1987. *The Physiology Coloring Book*. New York: Harper-Collins.

Karvonen, J., and T. Vuorimaa. 1988. Heart rate and exercise intensity during sports activities. Practical application. *Sports Medicine* (Auckland, NZ) 5 (5) (05): 303-311.

MacDougall, J.D., R.S. McKelvie, D.E. Moroz, D.G. Sale, N. McCartney, and F. Buick. 1992. Factors affecting blood pressure during heavy weight lifting and static contractions. *Journal of Applied Physiology* (Bethesda, MD: 1985) 73 (4) (10): 1590-1597.

MacDougall, J.D., D. Tuxen, D.G. Sale, J.R. Moroz, and J.R. Sutton. 1985. Arterial blood pressure response to heavy resistance exercise. *Journal of Applied Physiology* (Bethesda, MD: 1985) 58 (3) (03): 785-790.

Mancia, G., G. De Backer, A. Dominiczak, R. Cifkova, et al. 2007. 2007 guidelines for the management of arterial hypertension: The Task Force for the Management of Arterial Hypertension of the European Society of Hypertension (ESH) and of the European Society of Cardiology (ESC). *European Heart Journal* 28 (12): 1462-1536.

Marieb, E., and K. Hoehn. 2010. *Human Anatomy and Physiology*, 8th ed. New York: Benjamin Cummings.

O'Brien, E., G. Beevers, and G.Y. Lip. 2001. ABC of hypertension: Blood pressure measurement. Part IV-automated sphygmomanometry: Self blood pressure measurement. *British Medical Journal* (Clinical Research Ed.) 322 (7295) (05/12): 1167-1170.

Perloff, D., C. Grim, J. Flack, E.D. Frohlich, M. Hill, M. McDonald, and B.Z. Morgenstern. 1993. Human blood pressure determination by sphygmomanometry. *Circulation* 88 (5) (11): 2460-2470.

Pickering, T.G. 2002. Principles and techniques of blood pressure measurement. *Cardiology Clinics* 20 (2) (05): 207-223.

Pickering, T.G., J.E. Hall, L.J. Appel, B.E. Falkner, J. Graves, M.N. Hill, D.W. Jones, T. Kurtz, S.G. Sheps, and E.J. Roccella. 2005a. Recommendations for blood pressure measurement in humans and experimental animals: Part 1: Blood pressure measurement in humans: A statement for professionals from the subcommittee of professional and public education of the American Heart Association Council on High Blood Pressure Research. *Circulation* 111 (5) (02/08): 697-716.

Pickering, T.G., J.E. Hall, L.J. Appel, B.E. Falkner, J. Graves, M.N. Hill, D.W. Jones, T. Kurtz, S.G. Sheps, and E.J. Roccella. 2005b. Recommendations for blood pressure measurement in humans and experimental animals: Part 1: Blood pressure measurement in humans: A statement for professionals from the subcommittee of professional and public education of the American Heart Association Council on High Blood Pressure Research. *Hypertension* 45 (1) (01/20): 142-161.

Pickering, T.G., J.E. Hall, L.J. Appel, B.E. Falkner, J. Graves, M.N. Hill, D.W. Jones, T. Kurtz, S.G. Sheps, and E.J. Roccella. 2005c. Recommendations for blood pressure measurement in humans: An AHA scientific statement from the Council on High Blood Pressure Research Professional and Public Education Subcommittee. *Journal of Clinical Hypertension* (Greenwich, CT) 7 (2) (02): 102-109.

Powers, S., and E. Howley. 2007. *Exercise Physiology: Theory Application to Fitness and Performance*, 6th ed. Boston: McGraw-Hill.

Robergs, R., and S. Roberts. 1987. *Exercise Physiology: Exercise Performance and Clinical Applications*. New York: Mosby.

Sale, D.G., D.E. Moroz, R.S. McKelvie, J.D. MacDougall, and N. McCartney. 1994. Effect of training on the blood pressure response to weight lifting. *Canadian Journal of Applied Physiology (Revue Canadienne De Physiologie Appliquée)* 19 (1) (03): 60-74.

Sjøgaard, G., and B. Saltin. 1982. Extra- and intracellular water spaces in muscles of man at rest and with dynamic exercise. *American Journal of Physiology* 243 (3) (09): R271-R280.

Smith, J., and J. Kampine. 1984. *Circulatory Physiology: The Essentials*, 2nd ed. Philadelphia: Williams & Wilkins.

Tanaka, H., C.A. DeSouza, and D.R. Seals. 1998. Absence of age-related increase in central arterial stiffness in physically active women. *Arteriosclerosis, Thrombosis, and Vascular Biology* 18 (1) (01): 127-132.

Thompson, P.D., B.A. Franklin, G.J. Balady, S.N. Blair, D. Corrado, N. Estes, N.A. Mark III, J.E. Fulton, et al. 2007. Exercise and acute cardiovascular events placing the risks into perspective: A scientific statement from the American Heart Association Council on Nutrition, Physical Activity, and Metabolism and the Council on Clinical Cardiology. *Circulation* 115 (17) (05/01): 2358-2368.

Venes, D., ed. 2009. *Taber's Cyclopedic Medical Dictionary*, 21 st ed. Philadelphia: F.A. Davis.

Whitworth, J.A., N. Kaplan, S. Mendis, and N. Poulter. 2003. World Health Organization (WHO)/International Society of Hypertension (ISH) statement on management of hypertension. *Journal of Hypertension* 21 (11): 1983-1992.

Wilmore, J., D. Costill, and L. Kenney. 2008. *Physiology of Sport and Exercise*, 4th ed. Champaign, IL: Human Kinetics.

第 4 章

American College of Sports Medicine. 1997. Collection of questionnaires for health-related research. *Medicine & Science in Sports & Exercise* 29: S1-S208.

American College of Sports Medicine. 2010. *ACSM's Guidelines for Exercise Testing and Prescription*, 8th ed. Baltimore: Lippincott Williams & Wilkins.

Bray, G.A. 1983. The energetics of obesity. *Medicine & Science in Sports & Exercise* 15: 32-40.

Brown, S.P., W.C. Miller, and J. Eason. 2006. *Exercise Physiology: Basis of Human Movement in Health and Disease*. Baltimore: Lippincott Williams & Wilkins.

Byrne, H.K., and J.H. Wilmore. 2001. The relationship of mode and intensity of training on resting metabolic rate in women. *International Journal of Sport Nutrition and Exercise Metabolism* 11: 1-14.

Children's Physical Activity Research Group. 2011. Previous Day Physical Activity Recall (PDPAR). Accessed February 1.

Craig, C.L., A.L. Marshall, M. Sjostrom, A.E. Bauman, M.L. Booth, B. Ainsworth, M. Pratt, U. Ekelund, A. Yngve, J. Sallis, and P. Oja. 2002. International Physical Activity Questionnaire: 12-country reliability and validity. *Medicine & Science in Sports & Exercise* 35: 1381-1395.

Cunningham, J.J. 1982. Body composition and resting metabolic rate: The myth of feminine metabolism. *American Journal of Clinical Nutrition* 36: 721-726.

Forman, J.N., W.C. Miller, L.M. Szymanski, and B. Fernhall. 1998. Differences in resting metabolic rates of inactive obese African-American and Caucasian women. *International Journal of Obesity* 22: 215-221.

Fricker, J., R. Rozen, J.C. Melchior, and M. Apfelbaum. 1991. Energy-metabolism adaptation in obese adults on a very-low-calorie diet. *American Journal of Clinical Nutrition* 53: 826-830.

Gaesser, G., and G.A. Brooks. 1984. Metabolic basis of excess postexercise oxygen consumption: A review. *Medicine & Science in Sports & Exercise* 16: 29-43.

Geliebter, A., M.M. Maher, L. Gerace, G. Bernard, S.B. Heymsfield, and S.A. Hashim. 1997. Effects of strength or aerobic training on body composition, resting metabolic rate, and peak oxygen consumption in obese dieting subjects. *American Journal of Clinical Nutrition* 66: 557-563.

Glass, J.N., W.C. Miller, L.M. Szymanski, B. Fernhall, and J.L. Durstine. 2002. Physiological responses to weight-loss intervention in inactive obese African-American and Caucasian women. *Journal of Sports Medicine and Physical Fitness* 42: 56-64.

Harris, J.A., and F.G. Benedict. 1919. *A Biometric Study of Basal Metabolism in Man.* Publication No. 279. Washington, DC: Carnegie Institute of Washington.

Harris, T.J., C.G. Owen, C.R. Victor, R. Adams, U. Ekelund, and D.G. Cook. 2009. A comparison of questionnaire, accelerometer, and pedometer: Measures in older people. *Medicine & Science in Sports & Exercise* 41: 1392-1402.

Heil, D.P. 2006. Predicting activity energy expenditure using the Actical activity monitor. *Research Quarterly for Exercise & Sport* 77: 64-80.

Hunter, G.R., N.M. Byrne, B. Sirikul, J.R. Fernandez, P.A. Zuckerman, B.E. Darnell, and B.A. Gower. 2008. Resistance training conserves fat-free mass and resting energy expenditure following weight loss. *Obesity* 16: 1045-1051.

IPAQ. International Physical Activity Questionnaire. 2011. Accessed February 1.

Kleiber, M. 1932. Body size and metabolism. *Hilgardia* 6: 315-353.

Livingston, E.H., and I. Kohlstadt. 2005. Simplified resting metabolic rate-predicting formulas for normal-sized and obese individuals. *Obesity Research* 13: 1255-1262.

McArdle, E.D., F.I. Katch, and V.L. Katch. 2001. *Exercise Physiology: Energy, Nutrition, and Human Performance*, 5th ed. Baltimore: Lippincott Williams & Wilkins.

Mifflin, M.D., S.T. Joer, L.A. Hill, B.J. Scott, S.A. Daugherty, and Y.O. Koh. 1990. A new predictive equation for resting energy expenditure in healthy individuals. *American Journal of Clinical Nutrition* 51: 241-247.

Miller, W.C. 2006. Energy balance. In *Scientific Evidence for Musculoskeletal, Bariatric, and Sports Nutrition*, edited by I. Kohlstadt, 193-209. Boca Raton, FL: CRC Press.

Respironics. 2008. *Actical Physical Activity Monitoring System*. Bend, OR: Respironics.

Sharp, T.A., M.L. Bell, G.K. Grunwald, K.H. Schmitz, S. Sidney, C.E. Lewis, K. Tolan, and J.O. Hill. 2002. Differences in resting metabolic rate between White and African-American young adults. *Obesity Research* 10: 726-732.

Stiegler, P., and A. Cunliff. 2006. The role of diet and exercise for the maintenance of fatfree mass and resting metabolic rate during weight loss. *Sports Medicine* 36: 239-262.

Van Pelt, R.E., P.P. Jones, K.P. Davy, C.A. Desouza, H. Tanaka, B.M. Davy, and D.R. Seals. 1997. Regular exercise and the age-related decline in resting metabolic rate in women. *Journal of Clinical Endocrinology & Metabolism* 10: 3208-3212.

Weston, A.T., R. Petosa, and R.R. Pate. 1997. Validation of an instrument for measurement of physical activity in youth. *Medicine & Science in Sports & Exercise* 29: 138-143.

Wilmore, J.H., P.R. Stanforth, L.A. Hudspeth, J. Gagnon, E.W. Daw, A.S. Leon, D.C. Rao, J.S. Skinner, and C. Bouchard. 1998. Alterations in resting metabolic rate as a consequence of 20 wk of endurance training: The HERITAGE Family Study. *American Journal of Clinical Nutrition* 68: 66-71.

第5章

American College of Sports Medicine. 2000. *ACSM's Guidelines for Exercise Testing and Prescription*, 6th ed. Philadelphia: Lippincott Williams & Wilkins.

American College of Sports Medicine. 2006. *ACSM's Guidelines for Exercise Testing and Prescription*, 7th ed. Philadelphia: Lippincott Williams & Wilkins.

American College of Sports Medicine. 2010. *ACSM's Guidelines for Exercise Testing and Prescription*, 8th ed. Philadelphia: Lippincott Williams & Wilkins.

Andersen, L.B. 1995. A maximal cycle exercise protocol to predict maximal oxygen uptake. *Scandinavian Journal of Medicine and Science in Sports* 5: 143-146.

Åstrand, I. 1960. Aerobic work capacity in men and women with special reference to age. *ACTA Physiologica Scandinavica* 49: 51.

Åstrand, P.O., and K. Rodahl. 1986. *Textbook of Work Physiology*. New York: McGraw-Hill.

Åstrand, P.O., and I. Ryhming. 1954. A nomogram for calculation of aerobic capacity (physical fitness) from pulse rate during submaximal work. *Journal of Applied Physiology* 7: 218-221.

Baechle, T.R., and R.W. Earle. 2008. *Essentials of Strength Training and Conditioning*, 3rd ed. Champaign, IL: Human Kinetics.

Balke, B., and R.W. Ware. 1959. An experimental study of physical fitness of Air Force personnel. *United Stated Armed Forces Medical Journal* 10: 675-688.

Baumgartner, T.A., and A.S. Jackson. 1991. *Measurement for Evaluation in Physical Education and Exercise Science*, 4th ed. Dubuque, IA: Wm. C. Brown.

Berthon, P., M. Dabonneville, N. Fellmann, M. Bedu, and A. Chamoux. 1997a. Maximal aerobic velocity measured by the 5-min running field test on two different fitness level groups. *Archives of Physiology and Biochemistry* 105: 633-639.

Berthon, P., N. Fellmann, M. Bedu, B. Beaune, M. Dabonneville, J. Coudert, and A. Chamoux. 1997b. A 5-min running field test as a measurement of maximal aerobic velocity. *European Journal of Applied Physiology* 75: 233-238.

Bosquet, L., L. Léger, and P. Legros. 2002. Methods to determine aerobic endurance. *Sports Medicine* 32: 675-700.

Bruce, R.A., F. Kusumi, and D. Hosmer. 1973. Maximal oxygen intake and nomographic assessment of functional aerobic impairment in cardiovascular disease. *American Heart Journal* 85: 546-562.

Buchfuhrer, M.J., J.E. Hansen, T.E. Robinson, et al. 1983. Optimizing the exercise protocol for cardiopulmonary assessment. *Journal of Applied Physiology* 55: 1558-1564.

Buono, M.J., T.L. Borin, N.T. Sjoholm, and J.A. Hodgdon. 1996. Validity and reliability of a timed 5 km cycle ergometer ride to predict maximum oxygen uptake. *Physiological Measurement* 17: 313-317.

Buono, M.J., J.J. Roby, F.G. Micale, J.F. Sallis, and W.E. Shepard. 1991. Validity and reliability of predicting maximum oxygen uptake via field tests in children and adolescents. *Pediatric Exercise Science* 3: 250-255.

Castro-Pinero, J., J. Mora, J.L. Gonzalez-Montesinos, M. Sjostrom, and J.R. Ruiz. 2009. Criterion-related validity of the one-mile run/walk test in children aged 8-17 years. *Journal of Sports Sciences* 27: 405-413.

Cink, C.E., and T.R. Thomas. 1981. Validity of the Åstrand-Ryhming nomogram for predicting maximal oxygen intake. *British Journal of Sports Medicine* 15: 182-185.

Conley, D.S., K.J. Cureton, D.R. Denger, and P.G. Weyand. 1991. Validation of the 12-min swim as a field test of peak aerobic power in young men. *Medicine & Science in Sports & Exercise* 23: 766-773.

Conley, D.S., K.J. Cureton, B.T. Hinson, E.J. Higbie, and P.G. Weyand. 1992. Validation of the 12-minute swim as a field test of peak aerobic power in young women. *Research Quarterly for Exercise and Sport* 63: 153-161.

Cooper, K.H. 1968. A means of assessing maximal oxygen intake. *Journal of the American Medical Association* 203: 201-204.

Cooper, K.H. 1982. *The Aerobics Program for Total Well-Being*. Toronto: Bantam Books.

Cureton, K.J., M.A. Sloniger, J.P. O'Bannon, D.M. Black, and W.P. McCormack. 1995. A generalized equation for prediction of $\dot{V}O_2$peak from 1-mile run/walk performance. *Medicine & Science in Sports & Exercise* 27: 445-451.

Dabney, U., and M. Butler. 2006. The predictive ability of the YMCA test and Bruce test for triathletes with different training backgrounds. *Emporia State Research Studies* 43: 38-44.

Dabonneville, M., P. Berthon, P. Vaslin, and N. Fellmann. 2003. The 5 min running field test: Test and retest reliability on trained men and women. *European Journal of Applied Physiology* 88: 353-360.

Disch, J.R., R. Frankiewicz, and A. Jackson. 1975. Construct validation of distance run tests. *Research Quarterly* 2: 169-176.

Dolgener, F.A., L.D. Hensley, J.J. Marsh, and J.K. Fjelstul. 1994. Validation of the Rockport fitness walking test in college males and females. *Research Quarterly for Exercise and Sport* 65: 152-158.

Donnelly, J.E., D.J. Jacobsen, J.M. Jakicic, J. Whatley, S. Gunderson, W.J. Gillespie, G.L. Blackburn, and Z.V. Tran. 1992. Estimation of peak oxygen consumption from a submaximal half mile walk in obese females. *International Journal of Obesity* 16: 585-589.

Ebbeling, C.B., A. Ward, E.M. Puleo, J. Widrick, and J.M. Rippe. 1991. Development of a single-stage submaximal treadmill walking test. *Medicine & Science in Sports & Exercise* 23: 966-973.

Fernhall, B., K. Pittetti, N. Stubbs, and L. Stadler Jr. 1996. Validity and reliability of the ½ mile run-walk as an indicator of aerobic fitness with mental retardation. *Pediatric Exercise Science* 8: 130-142.

Foster, C., A.S. Jackson, M.L. Pollock, M.M. Taylor, J. Hare, S.M. Sennett, J.L. Rod, M. Sarwar, and D.H. Schmidt. 1984. Generalized equations for predicting functional capacity from treadmill performance. *American Heart Journal* 107: 1229-1234.

Gellish, R.L., B.R. Goslin, R.E. Olson, A. McDonald, G.D. Russi, and V.K. Moudgil. 2007. Longitudinal modeling of the relationship between age and maximal heart rate. *Medicine & Science in Sports & Exercise* 39: 822-829.

George, J.D. 1996. Alternative approach to maximal exercise testing and $\dot{V}O_2$max prediction in college students. *Research Quarterly for Exercise and Sport* 67: 452-457.

George, J.D., G.W. Fellingham, and A.G. Fisher. 1998. A modified version of the Rockport fitness walking test for college men and women. *Research Quarterly for Exercise and Sport* 69: 205-209.

George, J.D., S.L. Paul, A. Hyde, D.I. Bradshaw, P.R. Vehrs, R.L. Hager, and F.G. Yanowitz. 2009. Prediction of maximum oxygen uptake using both exercise and non-exercise data. *Measurement in Physical Education and Exercise Science* 13: 1-12.

George, J.D., W.J. Stone, and L.N. Burkett. 1997. Non-exercise $\dot{V}O_2$max estimation for physically active college students. *Medicine & Science in Sports & Exercise* 29: 415-423.

George, J.D., P.R. Vehrs, P.E. Allsen, G.W. Fellingham, and A.G. Fisher. 1993a. $\dot{V}O_2$max estimation from a submaximal 1-mile track jog for fit college-age individuals. *Medicine & Science in Sports & Exercise* 25: 401-406.

George, J.D., P.R. Vehrs, P.E. Allsen, G.W. Fellingham, and A.G. Fisher. 1993b. Development of a submaximal treadmill jogging test for fit college-aged individuals. *Medicine & Science in Sports & Exercise* 25: 643-647.

Golding, L.A., C.R. Myers, and W.E. Sinning. 1989. *Y's Way to Physical Fitness*, 3rd ed. Champaign, IL: Human Kinetics.

Greenhalgh, H.A., J.D. George, and R.L. Hager. 2001. Cross-validation of a quarter-mile walk test using two $\dot{V}O_2$max regression models. *Measurement in Physical Education and Exercise Science* 5: 139-151.

Hambrecht, R., G.C. Schuler, T. Muth, et al. 1992. Greater diagnostic sensitivity of treadmill versus cycle ergometry exercise testing of asymptomatic men with coronary artery disease. *American Journal of Cardiology* 70: 141-146.

Huse, D., P. Patterson, and J. Nichols. 2000. The validity and reliability of the 12-minute swim test in male swimmers ages 13-17. *Measurement in Physical Education and Exercise Science* 4: 45-55.

Jung, A.P., D.C. Nieman, and M.W. Kernodle. 2001. Prediction of maximal aerobic power in adolescents from cycle ergometry. *Pediatric Exercise Science* 13: 167-172.

Kline, G.M., J.P. Porcari, R. Hintermeister, P.S. Freedson, A. Ward, R.F. McCarron, J. Ross, and J.M. Rippe. 1987. Estimation of $\dot{V}O_2$max from a one-mile track walk, gender, age, and body weight. *Medicine & Science in Sports & Exercise* 19: 253-259.

Kovaleski, J.E., W.E. Davis, R.J. Heitman, P.M. Norrell, and S.F. Pugh. 2005. Concurrent validity of two submaximal bicycle exercise tests in predicting maximal oxygen consumption (Abstract). *Research Quarterly for Exercise and Sport* 76: A29.

Larsen, G.E., J.D. George, J.L. Alexander, G.W. Fellingham, S.G. Aldana, and A.C. Parcell. 2002. Prediction of maximum oxygen consumption from walking, jogging, or running. *Research Quarterly for Exercise and Sport* 73: 66-72.

Londeree, B.R. 1997. Effect of training on lactate/ventilatory thresholds: A meta-analysis. *Medicine & Science in Sports & Exercise* 29: 837-843.

MacNaughton, L., R. Croft, J. Pennicott, and T. Long. 1990. The 5 and 15 minute runs as predictors of aerobic capacity in high school students. *Journal of Sports Medicine and Physical Fitness* 30: 24-28.

Maeder, M., T. Wolber, R. Atefy, M. Gadza, P. Ammann, J. Myers, and H. Rickli. 2005. Impact of the exercise mode on exercise capacity. *Chest* 128: 2804-2811.

Massicotte, D.R., R. Gauthier, and P. Markon. 1985. Prediction of $\dot{V}O_2$max from the running performance in children aged 10-17 years. *Journal of Sports Medicine* 25: 10-17.

Mayhew, J.L., and P.B. Gifford. 1975. Prediction of maximal oxygen uptake in preadolescent boys from anthropometric parameters. *Research Quarterly* 46: 302-311.

McSwegin, P.J., S.A. Plowman, G.M. Wolff, and G.L. Guttenberg. 1998. The validity of a one-mile walk test for high school age individuals. *Measurement in Physical Education and Exercise Science* 2: 47-63.

Mello, R.P., M.M. Murphy, and J.A. Vogel. 1988. Relationship between a two mile run for time and maximal oxygen uptake. *Journal of Applied Sport Science Research* 2: 9-12.

Murray, T.D., J.L. Walker, A.S. Jackson, J.R. Morrow, J.A. Eldridge, and D.L. Rainey. 1993. Validation of a 20-minute steady-state jog as an estimate of peak oxygen uptake in adolescents. *Research Quarterly for Exercise and Sport* 64: 75-82.

Myers, J., N. Buchanan, D. Walsh, et al. 1991. Comparison of the ramp versus standard exercise protocols. *Journal of the American College of Cardiology* 17: 1334-1342.

Oja, P., R. Laukkanen, M. Pasanen, T. Tyry, and I. Vuori. 1991. A 2-km walking test for assessing the cardiorespiratory fitness of healthy adults. *International Journal of Sports Medicine* 12: 356-362.

Pettersen, S.A., P.M. Fredrikson, and F. Ingjer. 2001. The correlation between peak O_2 uptake ($\dot{V}O_2$peak) and running performance in children and adolescents; aspects of different units. *Scandinavian Journal of Medicine and Science in Sports* 11: 223-228.

Plowman, S.A., and N.Y.S. Liu. 1999. Norm-referenced and criterion-referenced validity of the one-mile run and PACER in college age individuals. *Measurement in Physical Education and Exercise Science* 3: 63-84.

Pollock, M.L., R.L. Bohannon, K.H. Cooper, J.J. Ayres, A. Ward, S.R. White, and A.C. Linnerud. 1976. A comparative analysis of four protocols for maximal treadmill stress testing. *American Heart Journal* 92: 39-46.

Pollock, M.L., C. Foster, D. Schmidt, C. Hellman, A.C. Linnerud, and A. Ward. 1982. Comparative analysis of physiologic responses to three different maximal graded exercise test protocols in healthy women. *American Heart Journal* 103: 363-373.

Sharkey, B.J. 1988. Specificity of testing. In *Advances in Sports Medicine and Fitness*, edited by W.A. Grana. Chicago: Year Book Medical Publishers.

Siconolfi, S.F., E.M. Cullinane, R.A. Carleton, and P.D. Thompson. 1982. Assessing $\dot{V}O_2$max in epidemiologic studies: Modification of the Åstrand-Rhyming test. *Medicine & Science in Sports & Exercise* 4: 335-338.

Spackman, M.B., J.D. George, T.R. Pennington, and G.W. Fellingham. 2001. Maximal graded exercise test protocol preferences of relatively fit college students. *Measurement in Physical Education & Exercise Science* 5: 1-12.

Storer, T.W., J.A. Davis, and V.J. Caiozzo. 1990. Accurate prediction of $\dot{V}O_2$max in cycle ergometry. *Medicine & Science in Sports & Exercise* 22: 704-712.

Tokmakidis, S.P., L. Léger, D. Mercier, F. Peronnet, and G. Thibault. 1987. New approaches to predict $\dot{V}O_2$max and endurance from running performance. *Journal of Sports Medicine* 27: 401-409.

Vehrs, P.R., J.D. George, G.W. Fellingham, S.A. Plowman, and K. Dustman-Allen. 2007. Submaximal treadmill exercise test to predict $\dot{V}O_2$max in fit adults. *Measurement in Physical Education and Exercise Science* 11: 61-72.

Weltman, A., R. Seip, A.J. Bogardus, D. Snead, E. Dowling, S. Levine, J. Weltman, and A. Rogol. 1990. Prediction of lactate threshold (LT) and fixed blood lactate concentrations (FBLC) from 3200-m running performance in women. *International Journal of Sports Medicine* 11: 373-378.

Weltman, A., D. Snead, R. Seip, R. Schurrer, S. Levine, R. Rutt, T. Reilly, J. Weltman, and A. Rogol. 1987. Prediction of lactate threshold and fixed blood lactate concentrations from 3200-m running performance in male runners. *International Journal of Sports Medicine* 8: 401-406.

Wicks, J.R., J.R. Sutton, N.B. Oldridge, et al. 1978. Comparison of the electrocardiographic changes induced by maximum exercise testing with treadmill and cycle ergometer. *Circulation* 57: 1066-1069.

Wyndham, C.H., N.B. Strydom, C.H. VanGraan, A.J. VanRensburg, G.G. Rogers, J.S. Greyson, and W.H. VanDerWalt. 1971. Estimating the maximum aerobic capacity for exercise. *South African Medical Journal* 45: 53-57.

第 6 章

Beneke, R. 2003. Methodological aspects of maximal lactate steady state-implications for performance testing. *European Journal of Applied Physiology* 89: 95-99.

Bentley, D., L. McNaughton, D. Thompson, V. Vleck, and A. Batterham. 2001. Peak power output, the lactate threshold, and time trial performance in cyclists. *Medicine & Science in Sports & Exercise* 33: 2077-2081.

Bishop, D., D. Jenkins, and L. Mackinnon. 1998. The relationship between plasma lactate parameters, Wpeak and 1-h cycling performance in women. *Medicine & Science in Sports & Exercise* 30: 1270-1275.

Bouchard, C., R. Lesage, G. Lortie, J.A. Simoneau, P. Hamel, M.R. Boulay, L. Pérusse, G. Thériault, and C. Leblanc. 1986. Aerobic performance in brothers, dizygotic and monozygotic twins. *Medicine & Science in Sports & Exercise* 18: 639-646.

Cheng, B., H. Kuipers, A.C. Snyder, H.A. Keizer, A. Jeukendrup, and M. Hesselink. 1992. A new approach for the determination of ventilatory and lactate thresholds. *International Journal of Sports Medicine* 13: 518-522.

Davis, J.A., R. Rozenek, D.M. DeCicco, M.T. Carizzi, and P.H. Pham. 2007. Comparison of three methods for detection of the lactate threshold. *Clinical Physiological and Functional Imaging* 27: 381-384.

El-Sayed, M.S., K.P. George, and K. Dyson. 1993. The influence of blood sampling site on lactate concentration during submaximal exercise at 4 mmol·l⁻¹ lactate level. *European Journal of Applied Physiology* 67: 518-522.

Foxdal, P., B. Sjödin, A. Sjödin, and B. Östman. 1994. The validity and accuracy of blood lactate measurements for prediction of maximal endurance running capacity. *International Journal of Sports Medicine* 15: 89-95.

Henriksson, J., and J.S. Reitman. 1976. Quantitative measures of enzyme activities in type I and type II muscle fibres of man after training. *Acta Physiologica Scandinavica* 97: 394-397.

Henritze, J., A. Weltman, R.L. Schurrer, and K. Barlow. 1985. Effects of training at and above the lactate threshold on the lactate threshold and maximal oxygen uptake. *European Journal of Applied Physiology* 54: 84-88.

Holloszy, J.O., and E.F. Coyle. 1984. Adaptations of skeletal muscle to endurance exercise and their metabolic consequences. *Journal of Applied Physiology* 56: 831-838.

Joyner, M.J., and E.F. Coyle. 2008. Endurance exercise performance: The physiology of champions. *Journal of Physiology* 586 (1): 35-44.

Kenefick, R.W., C.O. Mattern, N.V. Mahood, and T.J. Quinn. 2002. Physiological variables at lactate threshold under-represent cycling time-trial intensity. *Journal of Sports Medicine and Physical Fitness* 42: 396-402.

Morris, D.M., J.T. Kearney, and E.R. Burke. 2000. The effects of breathing supplemental oxygen during altitude training on cycling performance. *Journal of Science and Medicine in Sport* 3: 165-175.

Morris, D.M., and R.S. Shafer. 2010. Comparison of power output during time trialing and power outputs eliciting metabolic variables in cycling ergometry. *International Journal of Sport Nutrition and Exercise Metabolism* 20: 115-121.

Nicholson, R.M., and G.G. Sleivert. 2001. Indices of lactate threshold and their relationship with 10-km running velocity. *Medicine & Science in Sports & Exercise* 33: 339-342.

Robergs, R.A., F. Ghiasvand, and D. Parker. 2004. Biochemistry of exercise induced acidosis. *American Journal of Physiology* 287: R502-R516.

Schmidt, W., N. Maassen, F. Trost, and D. Böning. 1988. Training induced effects on blood volume, erythrocyte turnover and haemoglobin oxygen binding properties. *European Journal of Applied Physiology and Occupational Physiology* 57: 490-498.

Tanaka, K. 1990. Lactate-related factors as a critical determinant of endurance. *Annals of Physiological Anthropology* 9: 191-202.

Thoden, J.S. 1991. Testing aerobic power. In *Physiological Testing of the High-Performance Athlete*, edited by H.A. Wenger, J.D. MacDougall, and H.J. Green. Champaign, IL: Human Kinetics.

Urhausen, A., B. Coen, B. Weiler, and W. Kinderman. 1993. Individual anaerobic threshold and maximum lactate steady state. *International Journal of Sports Medicine* 14: 134-139.

Weltman, A., R.L. Seip, D. Snead, J.Y. Weltman, E.M. Hasvitz, W.S. Evans, J.D. Veldhuis, and A.D. Rogul. 1992. Exercise training at and above the lactate threshold in previously untrained women. *International Journal of Sports Medicine* 13: 257-263.

Zhou, S., and S.B. Weston. 1997. Reliability of using the D-max method to define physiological responses to incremental exercise testing. *Physiological Measures* 18: 145-154.

Zoladz, J., A.C. Rademaker, and A.J. Sargeant. 1995. Non-linear relationship between O_2 uptake and power output at high intensities of exercise in humans. *Journal of Physiology* 488: 211-217.

第 7 章

Aagaard, P., and J.L. Andersen. 1998. Correlation between contractile strength and myosin heavy chain isoform composition in human skeletal muscle. *Medicine & Science in Sports & Exercise* 30: 1217-1222.

Abernethy, P.J., and J. Jürimäe. 1996. Cross-sectional and longitudinal uses of isoinertial, isometric, and isokinetic dynamometry. *Medicine & Science in Sports & Exercise* 28: 1180- 1187.

Abernethy, P., G. Wilson, and P. Logan. 1995. Strength and power assessment: Issues, controversies and challenges. *Sports Medicine* 19: 401-417.

Adams, K.J., A.M. Swank, K.L. Barnard, J.M. Bering, and P.G. Stevene-Adams. 2000. Safety of maximal power, strength, and endurance testing in older African American women. *Journal of Strength and Conditioning Research* 14: 254-260.

Ahtiainen, J.P., A. Parkarinen, M. Alen, W.J. Kraemer, and K. Häkkinen. 2005. Short vs. long rest period between the sets in hypertrophic resistance training: Influence on muscle strength, size, and hormonal adaptations in trained men. *Journal of Strength and Conditioning Research* 19: 572-582.

Allen, D.G., G.D. Lamb, and H. Westerblad. 2008. Skeletal muscle fatigue: Cellular mechanisms. *Physiology Reviews* 88: 287-332.

Amiridis, I.G., A. Martin, B. Morlon, L. Martin, G. Cometti, M. Pousson, and J. van Hoecke. 1996. Co-activation and tension-regulating phenomena during isokinetic knee extension in sedentary and highly skilled humans. *European Journal of Applied Physiology* 73: 149-156.

Augustsson, J., A. Esko, R. Thomeé, and U. Svantesson. 1998. Weight training of the thigh muscles using closed vs. open kinetic chain exercises: A comparison of performance enhancement. *Journal of Sports Physical Therapy* 27: 3-8.

Baechle, T.R., R.W. Earle, and D. Wathen. 2008. Resistance training. In *Essentials of Strength Training and Conditioning*, edited by T.R. Baechle and R.W. Earle, 381-412. Champaign, IL: Human Kinetics.

Baker, D. 2001. Comparison of upper-body strength and power between professional and college-aged rugby league players. *Journal of Strength and Conditioning Research* 15: 30-35.

Baker, D.G., and R.U. Newton. 2006. Discriminative analysis of various upper body tests in professional rugby league players. *International Journal of Sports Physiology and Performance* 1: 347-360.

Baker, D., G. Wilson, and R. Carlyon. 1994. Generality versus specificity: A comparison of dynamic and isometric measures of strength and speed-strength. *European Journal of Applied Physiology* 68: 350-355.

Baldwin, K.M., and F. Haddad. 2001. Effects of different activity and inactivity paradigms on myosin heavy chain gene expression in striated muscle. *Journal of Applied Physiology* 90: 345-357.

Baltzopoulos, V. 2008. Isokinetic dynamometry. In *Biomechanical Evaluation of Movement in Sport and Exercise*, edited by C.J. Payton and R.M. Bartlett, 103-128. London: Routledge.

Bartlett, L.R., M.D. Storey, and B.D. Simons. 1989. Measurement of upper extremity torque production and its relationship to throwing speed in the competitive athlete. *American Journal of Sports Medicine* 17: 89-91.

Bartlett, R. 2007. *Introduction to Sports Biomechanics. Analysing Human Movement Patterns*. London: Routledge.

Bazett-Jones, D.M., J.B. Winchester, and J.M. McBride. 2005. Effect of potentiation and stretching on maximal force, rate of force development, and range of motion. *Journal of Strength and Conditioning Research* 19: 421-426.

Behm, D.G., D.C. Button, and J.C. Butt. 2001. Factors affecting force loss with prolonged stretching. *Canadian Journal of Applied Physiology* 26: 262-272.

Bergh, U., and B. Ekblom. 1979. Influence of muscle temperature on maximal muscle strength and power output in human skeletal muscle. *Acta Physiologica Scandinavica* 107: 33-37.

Bishop, D. 2003a. Warm up I. Potential mechanisms and the effects of passive warm-up on exercise performance. *Sports Medicine* 33: 439-454.

Bishop, D. 2003b. Warm up II. Performance changes following active warm-up and how to structure the warm-up. *Sports Medicine* 33: 483-498.

Blazevich, A.J., N. Gill, and R.U. Newton. 2002. Reliability and validity of two isometric squat tests. *Journal of Strength and Conditioning Research* 16: 298-304.

Blazevich, A.J., and D.G. Jenkins. 2002. Effect of the movement speed of resistance training exercises on sprint and strength performance in concurrently training elite junior sprinters. *Journal of Sports Sciences* 20: 981-990.

Bompa, T.O., and G.G. Haff. 2009. *Periodization: Theory and Methodology of Training*. Champaign, IL: Human Kinetics.

Bottinelli, R., and C. Reggiani. 2000. Human skeletal muscle fibers: Molecular and functional diversity. *Progress in Biophysics and Molecular Biology* 73: 195-262.

Braith, R.W., J.E. Graves, S.H. Leggett, and M.L. Pollock. 1993. Effect of training on the relationship between maximal and submaximal strength. *Medicine & Science in Sports & Exercise* 25: 132-138.

Brock Symons, T., A.A. Vandervoort, C.L. Rice, T.J. Overend, and G.D. Marsh. 2004. Reliability of isokinetic and isometric knee-extensor force in older women. *Journal of Aging and Physical Activity* 12: 525-537.

Brown, D.A., S.A. Kautz, and C.A. Dairaghi. 1996. Muscle activity patterns altered during pedaling at different body orientations. *Journal of Biomechanics* 29: 1349-1356.

Carbuhn, A.F., J.M. Womack, J.S. Green, K. Morgan, G.S. Miller, and S.F. Crouse. 2008. Performance and blood pressure characteristics of first-year National Collegiate Athletic Association Division I football players. *Journal of Strength and Conditioning Research* 22: 1347-1354.

Carroll, T.J., P.J. Abernethy, P.A. Logan, M. Barber, and M.T. McEniery. 1998. Resistance training frequency: strength and myosin heavy chain responses to two and three bouts per week. *European Journal of Applied Physiology* 78: 270-275.

Carter, A.B., T.W. Kaminski, A.T. Douex, C.A. Knight, and J.G. Richards. 2007. Effects of high volume upper extremity plyometric training on throwing velocity and functional strength ratios of the shoulder rotators in collegiate baseball players. *Journal of Strength and Conditioning Research* 21: 208-215.

Chaouachi, A., M. Brughelli, K. Chamari, G.T. Levin, N.B. Abdelkrim, L. Laurencelle, and C. Castagna. 2009. Lower limb maximal dynamic strength and agility determinants in elite basketball players. *Journal of Strength and Conditioning Research* 23: 1570-1577.

Chapman, A. 2008. *Biomechanical Analysis of Fundamental Human Movements*. Champaign, IL: Human Kinetics.

Cheng, A.J., and C.L. Rice. 2005. Fatigue and recovery of power and isometric torque following isotonic knee extensions. *Journal of Applied Physiology* 99: 1446-1452.

Christ, C.B., R.A. Boileau, M.H. Slaughter, R.J. Stillman, and J.A. Cameron. 1993. The effect of test protocol instructions on the measurement of muscle function in adult women. *Journal of Orthopaedic and Sports Physical Therapy* 18: 502-510.

Chu, Y., G.S. Fleisig, K.J. Simpson, and J.R. Andrews. 2009. Biomechanical comparison between elite female and male baseball pitchers. *Journal of Applied Biomechanics* 25: 22-31.

Cometti, G., N.A. Maffiuletti, M. Pousson, J.C. Chatard, and N. Maffulli. 2001. Isokinetic strength and anaerobic power of elite, subelite and amateur French soccer players. *International Journal of Sports Medicine* 22: 45-51.

Cotterman, M.L., L.A. Darby, and W.A. Skelly. 2005. Comparison of muscle force production using the Smith machine and free weights for bench press and squat exercises. *Journal of Strength and Conditioning Research* 19: 169-176.

Dapena, J., and C.S. Chung. 1988. Vertical and radial motions of the body during the takeoff phase of high jumping. *Medicine & Science in Sports & Exercise* 20: 290-302.

de Ruiter, C.J., D.A. Jones, A.J. Sargeant, and A. de Haan. 1999. Temperature effect on the rates of isometric force development and relaxation in the fresh and fatigued adductor pollicis muscle. *Experimental Physiology* 84: 1137-1150.

Deighan, M.A., M.B.A. De Ste Croix, and N. Armstrong. 2003. Reliability of isokinetic concentric and eccentric knee and elbow extension and flexion in 9/10 year old boys. *Isokinetics and Exercise Science* 11: 109-115.

Dorchester, F.E. 1944. *Muscle Action and Health*. Vancouver, BC: Mitchell.

Dowson, M.N., M.E. Neville, H.K.A. Lakomy, A.M. Neville, and R.J. Hazeldine. 1998. Modeling the relationship between isokinetic muscle strength and sprint running performance. *Journal of Sports Sciences* 16: 257-265.

Drury, D.G., K.J. Stuempfle, C.W. Mason, and J.C. Girman. 2006. The effects of isokinetic contraction velocity on concentric and eccentric strength of the biceps brachii. *Journal of Strength and Conditioning Research* 20: 390-395.

Duchateau, J., J.G. SemmLer, and R.M. Enoka. 2006. Training adaptations in the behavior of human motor units. *Journal of Applied Physiology* 101: 1766-1775.

Dudley, G.A., R.T. Harris, M.R. Duvoisin, B.M. Hather, and P. Buchanan. 1990. Effect of voluntary vs. artificial activation on the relationship of muscle torque to speed. *Journal of Applied Physiology* 69: 2215-2221.

Earle, R.W., and T.R. Baechle. 2008. Resistance training and spotting techniques. In *Essentials of Strength Training and Conditioning*, edited by T.R. Baechle and R.W. Earle, 325-376. Champaign, IL: Human Kinetics.

Faigenbaum, A.D., L.A. Milliken, and W.L. Wescott. 2003. Maximal strength testing in healthy children. *Journal of Strength and Conditioning Research* 17: 162-166.

Falvo, M.J., B.K. Schilling, R.J. Bloomer, W.A. Smith, and A.C. Creasey. 2007. Efficacy of prior eccentric exercise in attenuating impaired exercise performance after muscle injury in resistance trained men. *Journal of Strength and Conditioning Research* 21: 1053-1060.

Faulkner, J.A. 2003. Terminology for contractions of muscles during shortening, while isometric, and during lengthening. *Journal of Applied Physiology* 95: 455-459.

Finni, T., S. Ikegawa, and P.V. Komi. 2001. Concentric force enhancement during human movement. *Acta Physiologica Scandinavica* 173: 369-377.

Flanagan, E.P., L. Galvin, and A.J. Harrison. 2008. Force production and reactive strength capabilities after anterior cruciate ligament reconstruction. *Journal of Athletic Training* 43: 249-257.

Foldvari, M., M. Clark, L.C. Laviolette, M.A. Bernstein, D. Kaliton, C. Castaneda, C.T. Pu, J.M. Hausdorff, R.A. Fielding, and M.A. Fiatarone Singh. 2000. Association of muscle power with functional status in community-dwelling elderly women. *Journal of Gerontology. Series A, Biological and Medical Sciences* 22: M192-M199.

Forte, R., and A. Macaluso. 2008. Relationship between performance-based and laboratory tests for lower-limb strength and power assessment in healthy older women. *Journal of Sports Sciences* 26: 1431-1436.

Forthomme, B., J.M. Crielaard, L. Forthomme, and J.L. Croisier. 2007. Field performance of javelin throwers: Relationship with isokinetic findings. *Isokinetics and Exercise Science* 15: 195-202.

Frohm, A., K. Halvorsen, and A. Thorstensson. 2005. A new device for controlled eccentric overloading in training and rehabilitation. *European Journal of Applied Physiology* 94: 168-174.

Fry, A.C., and W.J. Kraemer. 1991. Physical performance characteristics of American collegiate football players. *Journal of Applied Sport Science Research* 5: 126-138.

Green, H.J. 1992. Myofibrillar composition and mechanical function in mammalian skeletal muscle. *Sport Science Review* 1: 43-64.

Guette, M., J. Gondin, and A. Martin. 2005. Time-of-day effect on the torque and neuromuscular properties of the dominant and non-dominant quadriceps femoris. *Chronobiology International* 22: 541-558.

Haff, G.G., M. Stone, H.S. O'Bryant, E. Harman, C. Dinan, R. Johnson, and K-H. Han. 1997. Force-time characteristics of dynamic and isometric muscle actions. *Journal of Strength and Conditioning Research* 11: 269-272.

Häkkinen, K., M. Kallinen, V. Linnamo, U-M. Pastinen, R.U. Newton, and W.J. Kraemer. 1996. Neuromuscular adaptations during bilateral versus unilateral strength training in middle-aged and elderly men and women. *Acta Physiologica Scandinavica* 158: 77-88.

Häkkinen, K., and P.V. Komi. 1983. Electromyographic changes during strength training and detraining. *Medicine & Science in Sports & Exercise* 15: 455-460.

Harman, E. 2008. Principles of test selection and administration. In *Essentials of Strength Training and Conditioning*, edited by T.R. Baechle and R.W. Earle, 237-247. Champaign, IL: Human Kinetics.

Harry, J.D., A.W. Ward, N.C. Heglund, D.L. Morgan, and T.A. McMahon. 1990. Cross-bridge cycling theories cannot explain high-speed lengthening behavior in frog muscle. *Biophysics Journal* 57: 201-208.

Heinonen, A., H. Sievanen, J. Viitasalo, M. Pasanen, P. Oja, and I. Vuori. 1994. Reproducibility of computer measurement of maximal isometric strength and electromyography in sedentary middle-aged women. *European Journal of Applied Physiology* 68: 310-314.

Henwood, T.R., S. Riek, and D.R. Taafe. 2008. Strength versus power-specific resistance training in community-dwelling older adults. *Journal of Gerontology. Series A, Biological and Medical Sciences* 63: 83-91.

Hodgson, M., D. Docherty, and D. Robbins. 2005. Post-activation potentiation: Underlying physiology and implications for motor performance. *Sports Medicine* 35: 585-595.

Hoeger, W.W.K., D.R. Hopkins, S.L. Barette, and D.F. Hale. 1990. Relationship between repetitions and selected percentages of one-repetition maximum: A comparison between untrained and trained males and females. *Journal of Applied Sport Science Research* 4: 47-54.

Hoffman, J. 2006. *Norms for Fitness, Performance, and Health*. Champaign, IL: Human Kinetics.

Hoffman, J.R., G. Tenenbaum, C.M. Maresh, and W.J. Kraemer. 1996. Relationship between athletic performance tests and playing time in elite college basketball players. *Journal of Strength and Conditioning Research* 10: 67-71.

Hollander, D.B., R.R. Kraemer, M.W. Kilpatrick, Z.G. Ramadan, G.V. Reeves, M. Francois, E.P. Herbert, and J.L. Tryniecki. 2007. Maximal eccentric and concentric strength discrepancies between young men and women for dynamic resistance exercise. *Journal of Strength and Conditioning Research* 21: 34-40.

Hopkins, W.G. 2000. Measures of reliability in sports medicine and science. *Sports Medicine* 30: 1-15.

Humphries, B., T. Triplett-McBride, R.U. Newton, S. Marshall, R. Bronks, J. McBride, K. Häkkinen, and W.J. Kraemer. 1999. The relationship between dynamic, isokinetic and isometric strength and bone mineral density in a population of 45 to 65 year old women. *Journal of Science and Medicine in Sport* 2: 364-374.

Ichinose, Y., H. Kanehisa, M. Ito, Y. Kawakami, and T. Fukunaga. 1998. Relationship between muscle fiber pennation and force generation capabilities in Olympic athletes. *International Journal of Sports Medicine* 19: 541-546.

Ichinose, Y., Y. Kawakami, M. Ito, H. Kanehisa, and T. Fukunaga. 2000. In vivo estimation of contraction velocity of human vastus lateralis muscle during "isokinetic" action. *Journal of Applied Physiology* 88: 851-856.

Iki, M., Y. Saito, E. Kajita, H. Nishino, and Y. Kusaka. 2006. Trunk muscle strength is a strong predictor of bone loss in post-menopausal women. *Clinical Orthopedic Related Research* 443: 66-72.

Izquierdo, M., J. Ibañez, E. Gorostiaga, M. Garrues, A. Zúñiga, A. Antón, J.L. Larrión, and K. Häkkinen. 1999. Maximal strength and power characteristics in isometric and dynamic actions of the upper and lower extremities in middle-aged and older men. *Acta Physiologica Scandinavica* 167: 57-68.

Jaric, S., D. Mirkov, and G. Markovic. 2005. Normalizing physical performance tests for body size: A proposal for standardization. *Journal of Strength and Conditioning Research* 19: 467-474.

Jeffreys, I. 2008. Warm-up and stretching. In *Essentials of Strength Training and Conditioning*, edited by T.R. Baechle and R.W. Earle, 295-324. Champaign, IL: Human Kinetics.

Johnson, M.D., and J.G. Buckley. 2001. Muscle power patterns in the mid-acceleration phase of sprinting. *Journal of Sports Sciences* 19: 263-272.

Kawakami, Y., T. Abe, and T. Fukunaga. 1993. Muscle-fiber pennation angles are greater in hypertrophied than in normal muscle. *Journal of Applied Physiology* 74: 2740-2744.

Kawakami, Y., Y. Ichinose, K. Kubo, M. Ito, M. Imai, and T. Fukunaga. 2000. Architecture of contracting human muscles and its functional significance. *Journal of Applied Biomechanics* 16: 88-98.

Kawamori, N., S.J. Rossi, B.D. Justice, E.E. Haff, E.E. Pistilli, H.S. O'Bryant, M.H. Stone, and G.G. Haff. 2006. Peak force and rate of force development during isometric and dynamic mid-thigh clean pulls performed at various intensities. *Journal of Strength and Conditioning Research* 20: 483-491.

KemmLer, W.K., D. Lauber, A. Wassermann, and J.L. Mayhew. 2006. Predicting maximal strength in trained postmenopausal women. *Journal of Strength and Conditioning Research* 20: 838-842.

Kivi, D.M.R., B.K.V. Maraj, and P. Gervais. 2002. A kinematic analysis of high-speed treadmill sprinting over a range of velocities. *Medicine & Science in Sports & Exercise* 34: 662-666.

Knutzen, K.M., L.R. Brilla, and D. Caine. 1999. Validity of 1RM prediction equations for older adults. *Journal of Strength and Conditioning Research* 13: 242-246.

Kokkonen, J., A.G. Nelson, and A. Cornwell. 1998. Acute muscle stretching inhibits maximal strength performance. *Research Quarterly for Exercise and Sport* 69: 411-415.

Komi, P.V. 1984. Physiological and biomechanical correlates of muscle function: Effects of muscle structure and stretch-shortening cycle on force and speed. *Exercise and Sport Sciences Reviews* 12: 81-121.

Komi, P.V. 2003. Stretch-shortening cycle. In *Strength and Power in Sport*, edited by P.V. Komi. Oxford, UK: Blackwell Science Ltd.

Kraemer, W.J., P.A. Piorkowski, J.A. Bush, A.L. Gomez, C.C. Loebel, J.S. Volek, R.U. Newton, S.A. Mazzetti, S.W. Etzweiler, M. Putukian, and W.J. Sebastianelli. 2000. The effects of NCAA division I intercollegiate competitive tennis match play on the recovery of physical performance in women. *Journal of Strength and Conditioning Research* 14: 265-272.

Kravitz, L., C. Akalan, K. Nowicki, and S.J. Kinzey. 2003. Prediction of 1 repetition maximum in high-school power lifters. *Journal of Strength and Conditioning Research* 17: 167-172.

Kuitunen, S., P.V. Komi, and H. Kyrolainen. 2002. Knee and ankle joint stiffness in sprint running. *Medicine & Science in Sports & Exercise* 34: 166-173.

LaStayo, P.C., J.M. Woolf, M.D. Lewek, L. Snyder-Mackler, T. Reich, and S.L. Lindstedt. 2003. Eccentric muscle contractions: Their contribution to injury, prevention, rehabilitation, and sport. *Journal of Orthopaedic and Sports Physical Therapy* 33: 557-571.

Latin, R.W., K. Berg, and T. Baechle. 1994. Physical and performance characteristics of NCAA Division I male basketball players. *Journal of Strength and Conditioning Research* 8: 214-218.

Leiber, L. 2002. *Skeletal Muscle Structure, Function, and Plasticity. The Physiological Basis of Rehabilitation.* Baltimore: Lippincott Williams & Wilkins.

LeSuer, D.A., J.H. McCormick, J.L. Mayhew, R.L. Wasserstein, and M.D. Arnold. 1997. The accuracy of prediction equations for estimating 1RM performance in the bench press, squat, and deadlift. *Journal of Strength and Conditioning Research* 11: 211-213.

Luhtanen, P., and P.V. Komi. 1979. Mechanical power and segmental contribution to force impulses in long jump take-off. *European Journal of Applied Physiology* 41: 267-274.

MacIntosh, B.R., P.F. Gardiner, and A.J. McComas. 2006. *Skeletal Muscle*: Form and Function. Champaign, IL: Human Kinetics.

Maffiuletti, N.A., M. Bizzini, K. Desbrosses, N. Babault, and M. Munzinger. 2007. Reliability of knee extension and flexion measurements using the Con-Trex isokinetic dynamometer. *Clinical Physiology and Functional Imaging* 27: 346-353.

Marques, M.C., R. van den Tillaar, J.D. Vescovi, and J.J. González-Badillo. 2007. Relationship between throwing velocity, muscle power, and bar velocity during bench press in elite handball players. *International Journal of Sports Physiology and Performance* 2: 414-422.

Marsh, A.P., M.E. Miller, W.J. Rejeski, S.L. Hutton, and S.B. Kritchevsky. 2009. Lower extremity muscle function after strength or power training in older adults. *Journal of Aging and Physical Activity* 17: 416-443.

Mayhew, J.L., J.A. Jacques, J.S. Ware, P.P. Chapman, M.G. Bemben, T.E. Ward, and J.P. Slovak. 2004. Anthropometric dimensions do not enhance one repetition maximum prediction from the NFL-225 test in college football players. *Journal of Strength and Conditioning Research* 18: 572-578.

McBride, J.M., T. Triplett-McBride, A. Davie, and R.U. Newton. 2002. The effect of heavyvs. light-load jump squats on the development of strength, power, and speed. *Journal of Strength and Conditioning Research* 16: 75-82.

McComas, A.J. 1996. *Skeletal Muscle: Form and Function.* Champaign, IL: Human Kinetics.

McCurdy, K., G.A. Langford, A.L. Cline, M. Doscher, and R. Hoff. 2004. The reliability of 1- and 3RM tests of unilateral strength in trained and untrained men and women. *Journal of Sports Science and Medicine* 3: 190-196.

Meckel, Y., H. Atterbom, A. Grodjinovsky, D. Ben-Sira, and A. Rostein. 1995. Physiological characteristics of female 100 metre sprinters of different performance levels. *Journal of Sports Medicine and Physical Fitness* 35: 169-175.

Meller, R., C. Krettek, T. Gösling, K. Wähling, M. Jagodzinski, and J. Zeichen. 2007. Recurrent shoulder instability among athletes: Changes in quality of life, sports activity, and muscle function following open repair. *Knee Surgery, Sports Traumatology, Arthroscopy* 15: 295-304.

Miller, L.E., L.M. Pierson, M.E. Pierson, G.M. Kiebzak, W.K. Ramp, W.G. Herbert, and

J.W. Cook. 2009. Age influences anthropometric and fitness-related predictors of bone mineral in men. *The Aging Male* 12: 47-53.

Moir, G., R. Sanders, C. Button, and M. Glaister. 2005. The influence of familiarization on the reliability of force variables measured during unloaded and loaded vertical jumps. *Journal of Strength and Conditioning Research* 19: 140-145.

Moir, G., R. Sanders, C. Button, and M. Glaister. 2007. The effect of periodised resistance training on accelerative sprint performance. *Sports Biomechanics* 6: 285-300.

Morgan, D. 1990. New insights into the behavior of muscle during active lengthening. *Biophysics Journal* 57: 209-221.

Moritz, C.T., B.K. Barry, M.A. Pascoe, and R.M. Enoka. 2005. Discharge rate variability influences the variation in force fluctuations across the working range of a hand muscle. *Journal of Neurophysiology* 94: 2449-2459.

Moss, B.M., P.E. Refsnes, A. Abildgaard, K. Nicolaysen, and J. Jensen. 1997. Effects of maximal effort training with different loads on dynamic strength, cross-sectional area, load-power and load-velocity relationships. *European Journal of Applied Physiology* 75: 193-199.

Müller, S., H. Baur, T. König, A. Hirschmüller, and F. Mayer. 2007. Reproducibility of single- and multi-joint strength measures in healthy and injured athletes. *Isokinetics and Exercise Science* 15: 295-302.

Murphy, A.J., and G.J. Wilson. 1996. Poor correlations between isometric tests and dynamic performance: Relationship to muscle activation. *European Journal of Applied Physiology* 73: 353-357.

Murphy, A.J., and G.J. Wilson. 1997. The ability of tests of muscular function to reflect training induced changes in performance. *Journal of Sports Sciences* 15: 191-200.

Murphy, A.J., G.J. Wilson, and J.F. Pryor. 1994. Use of iso-inertial force mass relationship in the prediction of dynamic human performance. *European Journal of Applied Physiology* 69: 250-257.

Murphy, A.J., G.J. Wilson, J.F. Pryor, and R.U. Newton. 1995. Isometric assessment of muscular function: The effect of joint angle. *Journal of Applied Biomechanics* 11: 205-215.

Murray, J., and P.V. Karpovich. 1956. *Weight Training in Athletics*. Englewood Cliffs, NJ: Prentice Hall.

Nesser, T.W., R.W. Latin, K. Berg, and E. Prentice. 1996. Physiological determinants of 40-meter sprint performance in young male athletes. *Journal of Strength and Conditioning Research* 10: 263-267.

Newton, R.U., K. Häkkinen, A. Häkkinen, M. McCormick, J. Volek, and W.J. Kraemer. 2002. Mixed-methods resistance training increases power and strength of young and older men. *Medicine & Science in Sports & Exercise* 34: 1367-1375.

Nicol, C., J. Avela, and P.V. Komi. 2006. The stretch-shortening cycle. A model to study naturally occurring neuromuscular fatigue. *Sports Medicine* 36: 977-999.

Nicolas, A., A. Gauthier, N. Bessot, S. Moussay, D. Davenne. 2005. Time-of-day effects on myoelectric and mechanical properties of muscle during maximal and prolonged isokinetic exercises. *Chronobiology International* 22: 997-1011.

Ojanen, T., T. Rauhala, and K. Häkkinen. 2007. Strength and power profiles of the lower and upper extremities in master throwers at different ages. *Journal of Strength and*

Conditioning Research 21: 216-222.

Oya, T., S. Riek, and A.G. Cresswell. 2009. Recruitment and rate coding organization for soleus motor units across entire range of voluntary isometric plantar flexions. *Journal of Physiology* 587: 4737-4748.

Paschall, H.B. 1954. *Development of Strength*. London: Vigour Press.

Paillard, T., F. Noé, P. Passelergue, and P. Dupui. 2005. Electrical stimulation superimposed onto voluntary muscular contraction. *Sports Medicine* 35: 951-966.

Perry, M.C., S.F. Carville, I.C. Smith, O.M. Rutherford, and D.J. Newham. 2007. Strength, power output and symmetry of leg muscles: Effect of age and history of falling. *European Journal of Applied Physiology 100*: 553-561.

Person, R.S. 1974. Rhythmic activity of a group of human motoneurones during voluntary contractions of a muscle. *Electroencephalography and Clinical Neurophysiology* 36: 585-595.

Peterson, M.D., B.A. Alvar, and M.R. Rhea. 2006. The contributions of maximal force production to explosive movement among young collegiate athletes. *Journal of Strength and Conditioning Research* 20: 867-873.

Phillips, W.T., A.M. Batterham, J.E. Valenzuela, and L.N. Burkett. 2004. Reliability of maximal strength testing in older adults. *Archives of Physical Medicine and Rehabilitation* 85: 329-334.

Pienaar, A.E., M.J. Spamer, and H.S. Steyn. 1998. Identifying and developing rugby talent among 10-year-old boys: A practical model. *Journal of Sports Sciences* 16: 691-699.

Ploutz-Snyder, L.L., and E.L. Giamis. 2001. Orientation and familiarization to 1RM strength testing in old and young women. *Journal of Strength and Conditioning Research* 15: 519-523.

Rassier, D.E. 2000. The effects of length on fatigue and twitch potentiation in human skeletal muscle. *Clinical Physiology* 20: 474-482.

Rassier, D.E., B.R. MacIntosh, and W. Herzog. 1999. Length dependence of active force production in skeletal muscle. *Journal of Applied Physiology* 86: 1445-1457.

Reeves, N.D., and M.V. Narici. 2003. Behavior of human muscle fascicles during shortening and lengthening contractions in vivo. *Journal of Applied Physiology* 95: 1090-1096.

Reilly, T., J. Bangsbo, and A. Franks. 2000. Anthropometric and physiological predisposition for elite soccer. *Journal of Sports Sciences* 18: 669-683.

Requena, B., J.J. González-Badillo, E.S.S. de Villareal, J. Ereline, I. García, H. Gapeyeva, and M. Pääsuke. 2009. Functional performance, maximal strength, and power characteristics in isometric and dynamic actions of lower extremities in soccer players. *Journal of Strength and Conditioning Research* 23: 1391-1401.

Reynolds, J.M., T.J. Gordon, and R.A. Robergs. 2006. Prediction of one repetition maximum strength from multiple repetition maximum testing and anthropometry. *Journal of Strength and Conditioning Research* 20: 584-592.

Robbins, D. 2005. Postactivation potentiation and its practical applicability: A brief review. *Journal of Strength and Conditioning Research* 19: 453-458.

Rubini, E.C., A.L.L. Costa, and S.C. Gomes. 2007. The effects of stretching on strength performance. *Sports Medicine* 37: 213-224.

Rutherford, O.M., and D.A. Jones. 1986. The role of learning and coordination in strength training. *European Journal of Applied Physiology* 55: 100-105.

Rydwik, E., C. Karlsson, K. Frändin, and G. Akner. 2007. Muscle strength testing with one repetition maximum in the arm/shoulder for people aged 75+—test-retest reliability. *Clinical Rehabilitation* 21: 258-265.

Sampon, C.A. 1895. *Strength: A Treatise on the Development and Use of Muscle*. London: Edward Arnold.

Sanborn, K., R. Boros, J. Hruby, B. Schilling, H.S. O'Bryant, R.L. Johnson, T. Hoke, M.E. Stone, and M.H. Stone. 2000. Short-term performance effects of weight training with multiple sets not to failure vs a single set to failure in women. *Journal of Strength and Conditioning Research* 14: 328-331.

Schmidtbleicher, D. 1992. Training for power events. In *Strength and Power in Sport*, edited by P.V. Komi. Oxford, UK: Blackwell Science Ltd.

Shellock, F.G., and W.E. Prentice. 1985. Warming-up and stretching for improved physical performance and prevention of sports-related injuries. *Sports Medicine* 2: 267-278.

Shimano, T., W.J. Kraemer, B.A. Spiering, J.S. Volek, D.L. Hatfield, R. Silvestre, J.L. Vingren, M.S. Fragala, C.M. Maresh, S.J. Fleck, R.U. Newton, L.P.B. Spreuwenberg, and K. Häkkinen. 2006. Relationship between the number of repetitions and selected percentages of one repetition maximum in free weight exercises in trained and untrained men. *Journal of Strength and Conditioning Research* 20: 819-823.

Siff, M.C. 2000. *Supertraining*. Denver: Supertraining Institute.

Smith, K., K. Winegard, A.L. Hicks, and N. McCartney. 2003. Two years of resistance training in older men and women: The effects of three years of detraining on the retention of dynamic strength. *Canadian Journal of Applied Physiology* 28: 462-474.

Stewart, R.D., T.A. Duhamel, S. Rich, A.R. Tupling, and H.J. Green. 2008. Effects of consecutive days of exercise and recovery on muscle mechanical function. *Medicine & Science in Sports & Exercise* 40: 316-325.

Stienen, G.J.M., J.L. Kiers, R. Bottinelli, and C. Reggiani. 1996. Myofibrillar ATPase activity in skinned human skeletal muscle fibres: Fibre type and temperature dependence. *Journal of Physiology* 493: 299-307.

Stone, M.H., K. Sanborn, H.S. O'Bryant, M. Hartman, M.E. Stone, C. Proulx, B. Ward, and J. Hruby. 2003. Maximum strength-power-performance relationships in collegiate throwers. *Journal of Strength and Conditioning Research* 17: 739-745.

Stone, M.H., W.A. Sands, J. Carlock, S. Callan, D. Dickie, K. Daigle, J. Cotton, S.L. Smith, and M. Hartman. 2004. The importance of isometric maximum strength and peak rate-of-force development in sprint cycling. *Journal of Strength and Conditioning Research* 18: 878-884.

Stone, M.H., M. Stone, and W.A. Sands. 2007. *Principles and Practice of Resistance Training*. Champaign, IL: Human Kinetics.

Tan, B. 1999. Manipulating resistance training program variables to optimize maximum strength in men: A review. *Journal of Strength and Conditioning Research* 13: 289-304.

Ter Haar Romney, B.M., J.J. van der Gon, and C.C.A.M. Gielen. 1982. Changes in recruitment order of motor units in the human biceps muscle. *Experimental Neurology* 78: 360-368.

Ter Haar Romney, B.M., J.J. van der Gon, and C.C.A.M. Gielen. 1984. Relation between location of a motor unit in the human biceps brachii and its critical firing levels for different tasks. *Experimental Neurology* 85: 631-650.

Tidow, G. 1990. Aspects of strength training in athletics. *New Studies in Athletics* 1: 93-110.

Vandervoort, A.A., and T.B. Symons. 1997. Functional and metabolic consequences of sarcopenia. *Canadian Journal of Applied Physiology* 26: 90-101.

Wilson, G. 2000. Limitations of the use of isometric testing in athletic assessment. In *Physiological Tests for Elite Athletes*, edited by C.J. Gore, 151-154. Champaign, IL: Human Kinetics.

Wilson, G.J., A.J. Murphy, and A. Giorgi. 1996. Weight and plyometric training: Effects on eccentric and concentric force production. *Canadian Journal of Applied Physiology* 21: 301-315.

Wrigley, T., and G. Strauss. 2000. Strength assessment by isokinetic dynamometry. In *Physiological Tests for Elite Athletes*, edited by C.J. Gore, 155-199. Champaign, IL: Human Kinetics.

Wyszomierski, S.A., A.J. Chambers, and R. Cham. 2009. Knee strength capabilities and slip severity. *Journal of Applied Biomechanics* 25: 140-148.

Young, W.B., and D.G. Behm. 2002. Should static stretching be used during a warm-up for strength and power activities? *Strength and Conditioning Journal* 24: 33-37.

Young, W.B., and G.E. Bilby. 1993. The effect of voluntary effort to influence speed of contraction on strength, muscular power, and hypertrophy development. *Journal of Strength and Conditioning Research* 7: 172-178.

Zajac, F.E., and M.E. Gordon. 1989. Determining muscle's force and action in multi-articular movement. *Exercise and Sport Science Reviews* 17: 187-230.

Zatsiorsky, V.M. 1995. *Science and Practice of Strength Training*. Champaign, IL: Human Kinetics.

第 8 章

Abernethy, P., G. Wilson, and P. Logan. 1995. Strength and power assessment: Issues, controversies and challenges. *Sports Medicine* 19: 401-417.

Adams, K.J., A.M. Swank, K.L. Barnard, J.M. Bering, and P.G. Stevene-Adams. 2000. Safety of maximal power, strength, and endurance testing in older African American women. *Journal of Strength and Conditioning Research* 14: 254-260.

Allen, D.G., G.D. Lamb, and H. Westerblad. 2008. Skeletal muscle fatigue: Cellular mechanisms. *Physiology Reviews* 88: 287-332.

Baker, D. 2009. Ability and validity of three different methods of assessing upper-body strength endurance to distinguish playing rank in professional rugby league players. *Journal of Strength and Conditioning Research* 23: 1578-1582.

Baker, D.G., and R.U. Newton. 2006. Discriminative analysis of various upper body tests in professional rugby league players. *International Journal of Sports Physiology and Performance* 1: 347-360.

Baumgartner, T.A., A.S. Jackson, M.T. Mahar, and D.A. Rowe. 2007. *Measurement and Evaluation in Physical Education and Exercise Science*. New York: McGraw-Hill.

Baumgartner, T.A., S. Oh, H. Chung, and D. Hales. 2002. Objectivity, reliability, and validity for a revised push-up test protocol. *Measurement in Physical Education and Exercise*

Science 6: 225-242.

Boland, E., D. Boland, T. Carroll, and W.R. Barfield. 2009. Comparison of the Power Plate and free weight exercises on upper body muscular endurance in college age subjects. *International Journal of Exercise Science* 2: 215-222.

Chapman, P.P., J.R. Whitehead, and R.H. Binkert. 1998. The 225-lb reps-to-fatigue test as a submaximal estimate of 1-RM bench press performance in college football players. *Journal of Strength and Conditioning Research* 12: 258-261.

Clemons, J.M., C.A. Duncan, O.E. Blanchard, W.H. Gatch, D.B. Hollander, and J.L. Doucet. 2004. Relationships between the flexed-arm hang and selected measures of muscular fitness. *Journal of Strength and Conditioning Research* 18: 630-636.

Earle, R.W., and T.R. Baechle. 2008. Resistance training and spotting techniques. In *Essentials of Strength Training and Conditioning*, edited by T.R. Baechle and R.W. Earle, 325-376. Champaign, IL: Human Kinetics.

Eisenmann, J.C., and R.M. Malina. 2003. Age- and sex-associated variation in neuromuscular capacities of adolescent distance runners. *Journal of Sports Sciences* 21: 551-557.

Engelman, M.E., and J.R. Morrow. 1991. Reliability and skinfold correlates for traditional and modified pull-ups in children greade 3–5. *Research Quarterly for Exercise and Sports* 62: 88-91.

Foldvari, M., M. Clark, L.C. Laviolette, M.A. Bernstein, D. Kaliton, C. Castaneda, C.T. Pu, J.M. Hausdorff, R.A. Fielding, and M.A. Fiatarone Singh. 2000. Association of muscle power with functional status in community-dwelling elderly women. *Journal of Gerontology. Series A, Biological and Medical Sciences* 22: M192-M199.

Grant, S., T. Hasler, C. Davies, T.C. Aitchison, J. Wilson, and A. Whittaker. 2001. A comparison of the anthropometric, strength, endurance and flexibility characteristics of female elite and recreational climbers and non-climbers. *Journal of Sports Sciences* 19: 499-505.

Grant, S., V. Hynes, A. Whittaker, and T. Aitchison. 1996. Anthropometric, strength, endurance and flexibility characteristics of elite and recreational climbers. *Journal of Sports Sciences* 14: 301-309.

Halet, K.A., J.L. Mayhew, C. Murphy, and J. Fanthorpe. 2009. Relationship of 1 repetition maximum lat-pull to pull-up and lat-pull repetitions in elite collegiate women swimmers. *Journal of Strength and Conditioning Research* 23: 1496-1502.

Harman, E. 2008. Principles of test selection and administration. In *Essentials of Strength Training and Conditioning*, edited by T.R. Baechle and R.W. Earle, 237-247. Champaign, IL: Human Kinetics.

Henwood, T.R., S. Riek, and D.R. Taafe. 2008. Strength versus power-specific resistance training in community-dwelling older adults. *Journal of Gerontology. Series A, Biological and Medical Sciences* 63: 83-91.

Hoffman, J. 2006. *Norms for Fitness, Performance, and Health*. Champaign, IL: Human Kinetics.

Hoffman, J.R., W.J. Kraemer, A.C. Fry, M. Deschenes, and M. Kemp. 1990. The effects of self-selection for frequency of training in a winter conditioning program for football. *Journal of Applied Sport Science Research* 4: 76-82.

Kraemer, W.J., K. Adams, E. Cafarelli, G.A. Dudley, C. Dooly, et al. 2002. American College of Sports Medicine position stand: Progression models in resistance training for healthy adults. *Medicine & Science in Sports & Exercise* 34: 364-380.

LaChance, P.F., and T. Hortobagyi. 1994. Influence of cadence on muscular performance during push-up and pull-up exercise. *Journal of Strength and Conditioning Research* 8: 76-79.

Maffiuletti, N.A., M. Bizzini, K. Desbrosses, N. Babault, and M. Munzinger. 2007. Reliability of knee extension and flexion measurements using the Con-Trex isokinetic dynamometer. *Clinical Physiology and Functional Imaging* 27: 346-353.

Mayhew, J.L., J.A. Jacques, J.S. Ware, P.P. Chapman, M.G. Bemben, T.E. Ward, and J.P. Slovak. 2004. Anthropometric dimensions do not enhance one repetition maximum prediction from the NFL-225 test in college football players. *Journal of Strength and Conditioning Research* 18: 572-578.

Mazzetti, S.A., W.J. Kraemer, J.S. Volek, N.D. Duncan, N.A. Ratamess, R.U. Newton, K. Häkkinen, and S.J. Fleck. 2000. The influence of direct supervision of resistance training on strength performance. *Medicine & Science in Sports & Exercise* 32: 1175-1184.

Meir, R., R. Newton, E. Curtis, M. Fardell, and B. Butler. 2001. Physical fitness qualities of professional rugby league football players: Determination of positional differences. *Journal of Strength and Conditioning Research* 15: 450-458.

Murphy, A.J., and G.J. Wilson. 1997. The ability of tests of muscular function to reflect training induced changes in performance. *Journal of Sports Sciences* 15: 191-200.

Rana, S.R., G.S. Chleboun, R.M. Gilders, F.C. Hagerman, J.R. Herman, R.S. Hikida, M.R. Kushnick, R.S. Staron, and K. Toma. 2008. Comparison of early phase adaptations for traditional strength and endurance, and low velocity resistance training programs in college-aged women. *Journal of Strength and Conditioning Research* 22: 119-127.

Rassier, D.E., B.R. MacIntosh, and W. Herzog. 1999. Length dependence of active force production in skeletal muscle. *Journal of Applied Physiology* 86: 1445-1457.

Reynolds, J.M., T.J. Gordon, and R.A. Robergs. 2006. Prediction of one repetition maximum strength from multiple repetition maximum testing and anthropometry. *Journal of Strength and Conditioning Research* 20: 584-592.

Rivera, M.A., A.M. Rivera-Brown, and W.R. Frontera. 1998. Health related physical fitness characteristics of elite Puerto Rican athletes. *Journal of Strength and Conditioning Research* 12: 199-203.

Saint Romain, B., and M.T. Mahar. 2001. Norm-referenced and criterion-referenced reliability of the push-up and modified pull-up. *Measurement in Physical Education and Exercise Science* 5: 67-80.

Sherman, T., and J.P. Barfield. 2006. Equivalence reliability among the FITNESSGRAM® upper-body tests of muscular strength and endurance. *Measurement in Physical Education and Exercise Science* 10: 241-254.

Siegel, J.A., D.N. Camaione, and T.G. Manfredi. 1989. The effects of upper body resistance training on prepubescent children. *Pediatric Exercise Science* 1: 145-154.

Siff, M.C. 2000. *Supertraining*. Denver: Supertraining Institute.

Stone, M.H., M. Stone, and W.A. Sands. 2007. *Principles and Practice of Resistance Training*. Champaign, IL: Human Kinetics.

Stone, M.H., M. Stone, W.A. Sands, K.C. Pierce, R.U. Newton, G.G. Haff, and J. Carlock. 2006. Maximum strength and strength training—A relationship to endurance? *Strength and Conditioning Journal* 28: 44-53.

Vescovi, J.D., T.M. Murray, and J.L. Van Heest. 2007. Positional performance profiling of elite ice hockey players. *International Journal of Sports Physiology and Performance* 1: 84-94.

Williford, H.N., W.J. Duey, M.S. Olson, R. Howard, and N. Wang. 1999. Relationship between fire fighting suppression tasks and physical fitness. *Ergonomics* 42: 1179-1186.

Woods, J.A., R.R. Pate, and M.L. Burgess. 1992. Correlates to performance on field tests of muscular strength. *Pediatric Exercise Science* 4: 302-311.

Zatsiorsky, V.M. 1995. *Science and Practice of Strength Training*. Champaign, IL: Human Kinetics.

第 9 章

Aagaard, P., E.B. Simonsen, J.L. Andersen, P. Magnusson, and P. Dyhre-Poulsen. 2002. Increased rate of force development and neural drive of human skeletal muscle following resistance training. *Journal of Applied Physiology* 93: 1318-1326.

Alexander, R.M. 2000. Storage and release of elastic energy in the locomotor system and the stretch-shortening cycle. In *Biomechanics and Biology of Movement*, edited by B.M. Nigg, B.R. MacIntosh, and J. Mester. Champaign, IL: Human Kinetics.

Atha, J. 1981. Strengthening muscle. *Exercise and Sport Science Reviews* 9: 1-73.

Ayalon, A., O. Inbar, and O. Bar-Or. 1974. Relationship among measurements of explosive strength and aerobic power. In *International Series on Sport Sciences, Vol I*, edited by R.C. Nelson, and C.A. Morehouse. New York: MacMillan.

Baker, D., S. Nance, and M. Moore. 2001. The load that maximizes the average mechanical power output during jump squats in power trained athletes. *Journal of Strength and Conditioning Research* 15: 92-97.

Bannister, E.W. 1991. Modeling elite athletic performance. In *Physiological Testing of the High Performance Athlete*, edited by J.D. MacDougall, H.A. Wenger, and H.J. Green. Champaign, IL: Human Kinetics.

Bar-Or, O. 1987. The Wingate Anaerobic Test: An update on methodology. Validity and reliability. *Sports Medicine* 4: 381-394.

Bar-Or, O. 1992. An abbreviated Wingate Anaerobic Test for women and men of advanced age. *Medicine & Science in Sports & Exercise* 24: S22.

Bartlett, R. 2007. *Introduction to Sports Biomechanics: Analysing Human Movement Patterns*, 2nd ed. London: Routledge.

Baudry, S., and J. Duchateau. 2007. Postactivation potentiation in a human muscle: Effect on the rate of torque development of tetanic and voluntary isometric contractions. *Journal of Applied Physiology* 102: 1394-1401.

Bean, J.F., D.K. Kiely, S. Herman, S.G. Leveille, K. Mizer, W.R. Frontera, and R.A. Fielding. 2002. The relationship between leg power and physical performance in mobility-limited older people. *Journal of the American Geriatric Society* 50: 461-467.

Bobbert, M.F., K.G. Gerritsen, M.C. Litjens, and A.J. Van Soest. 1996. Why is countermovement jump height greater than squat jump height? *Medicine & Science in Sports & Exercise* 28: 1402-1412.

Carlock, J.M., S.L. Smith, M.J. Hartman, R.T. Morris, D.A. Ciroslan, K.C. Pierce, R.U. Newton, E.A. Harman, W.A. Sands, and M.H. Stone. 2004. The relationship between vertical jump power estimates and weightlifting ability: A field-test approach. *Journal of Strength and Conditioning Research* 18: 534-539.

Chatzopoulos, D.E., C.J. Michailidis, A.K. Giannakos, K.C. Alexiou, D.A. Patikas, C.B. Antonopoulos, and C.M. Kotzamanidis. 2007. Postactivation potentiation effects after heavy resistance exercise. *Journal of Strength and Conditioning Research* 21 (4): 1278-1281.

Chelly, S.M., and C. Denis. 2001. Leg power and hopping stiffness: Relationship with sprint running performance. *Medicine & Science in Sports & Exercise* 33 (2): 326-333.

Chiu, L.Z.F., and J.L. Barnes. 2003. The fitness fatigue model revisited: Implications for planning short- and long-term training. *Strength and Conditioning Journal* 25 (6): 42-51.

Chmielewski, T.L., G.D. Myer, D. Kauffman, and S.M. Tillman. 2006. Plyometric exercise in the rehabilitation of athletes: Physiological responses and clinical application. *Journal of Orthopaedic & Sports Physical Therapy* 36 (5): 308-319.

Chu, D.A. 1996. *Explosive Power and Strength.* Champaign, IL: Human Kinetics.

Clemons, J., and M. Harrison. 2008. Validity and reliability of a new stair sprinting test of explosive power. *Journal of Strength and Conditioning Research* 22 (5): 1578-1583.

Clemons, J.M., B. Campbell, and C. Jeansonne. 2010. Validity and reliability of a new test of upper body power. *Journal of Strength and Conditioning Research* 24 (6): 1559-1565.

Cormie, P., and S.P. Flanagan. 2008. Does an optimal load exist for power training? Pointcounterpoint. *Strength and Conditioning Journal* 30 (2): 67-69.

Cormie, P., G.O. McCaulley, and J.M. McBride. 2007. Power versus strength-power jump squat training: Influence on the load-power relationship. *Medicine & Science in Sports & Exercise* 39 (6): 996-1003.

Cormie, P., G.O. McCaulley, T.N. Triplett, and J.M. McBride. 2007. Optimal loading for maximal power output during lower-body resistance exercises. *Medicine & Science in Sports & Exercise* 39 (2): 340-349.

Cormie, P., McGuigan, M.R., and R.U. Newton. 2011a. Developing maximal neuromuscular power. Part 1 – Biological basis of maximal power production. *Sports Medicine* 41 (1): 17-38.

Cormie, P., McGuigan, M.R., and R.U. Newton. 2011b. Developing maximal neuromuscular power. Part 2 – Training considerations for improving maximal power production. *Sports Medicine* 41 (2): 125-146.

Cronin, J., and G. Sleivert. 2005. Challenges in understanding the influence of maximal power training on improving athletic performance. *Sports Medicine* 35 (3): 213-234.

Earles, D.R., J.O. Judge, and O.T. Gunnarsson. 1997. Power as a predictor of functional ability in community dwelling older persons. *Medicine & Science in Sports & Exercise* 29: S11.

Evans, W.J. 2000. Exercise strategies should be designed to increase muscle power. *Journal of Gerontology: Medical Science* 55A: M309-M310.

Faulkner, J.A., D.R. Claflin, and K.K. McCully. 1986. Power output of fast and slow fibers from human skeletal muscles. In *Human Power Output*, edited by N.L. Jones, N. McCartney, and A.J. McComas. Champaign, IL: Human Kinetics.

Flanagan, E.P., W.P. Ebben, and R.L. Jensen. 2008. Reliability of the reactive strength index and time to stabilization during depth jumps. *Journal of Strength and Conditioning Research* 22 (5): 1677-1682.

Flanagan, E.P., and A.J. Harrison. 2007. Muscle dynamics differences between legs, in healthy adults. *Journal of Strength and Conditioning Research* 21: 67-72.

Fox, E., R. Bowers, and M. Foss. 1993. *The Physiological Basis for Exercise and Sport*. Madison, WI: Brown & Benchmark.

Friedman, J.E., P.D. Neufer, and L.G. Dohm. 1991. Regulation of glycogen synthesis following exercise. *Sports Medicine* 11 (4): 232-243.

Garhammer, J. 1993. A review of power output studies of Olympic and power lifting: Methodology, performance prediction, and evaluation tests. *Journal of Strength and Conditioning Research* 7 (2): 76-89.

Gibala, M., J. Little, M. van Essen, G. Wilkin, K. Burgomaster, A. Safdar, S. Raha, and M. Tarnopolsky. 2006. Short-term sprint interval versus traditional endurance training: Similar initial adaptations in human skeletal muscle and exercise performance. *Journal of Physiology* 575 (Pt. 3): 901-911.

Gollnick, P.D., and A.W. Bayly. 1986. Biochemical training adaptations and maximal power. In *Human Muscle Power*, edited by N.L. Jones, N. McCartney, and A.J. McComas. Champaign, IL: Human Kinetics.

Ham, D.J., W.L. Knez, and W.B. Young. 2007. A deterministic model of the vertical jump: Implications for training. *Journal of Strength and Conditioning Research* 21 (3): 967-972.

Harman, E., and J. Garhammer. 2008. Administration, scoring, and interpretation of selected tests. In *NSCA's Essentials of Strength Training and Conditioning*, 3rd ed., edited by T.R. Baechle and R.W. Earle. Champaign, IL: Human Kinetics.

Harman, E.A., M.T. Rosenstein, P.N. Frykman, R.M. Rosenstein, and W.J. Kraemer. 1991. Estimation of human power output from vertical jump. *Journal of Applied Sport Science Research* 5 (3): 116-120.

Harris, R.C., R.H.T. Edwards, E. Hultman, L.O. Nordesjo, B. Nylind, and K. Sahlin. 1976. The time course of phosphorylcreatine resynthesis during recovery of the quadriceps muscle in man. *Pflugers Archives* 367: 137-142.

Hill, A.V. 1938. The heat of shortening and the dynamic constants of muscle. *Proceedings of the Royal Society of London* 126: 136.

Hill, A.V. 1964. The effect of load on the heat of shortening of muscle. *Proceedings of the Royal Society of London* 159: 297.

Hoffman, J. 2006. *Norms for Fitness, Performance and Health*. Champaign, IL: Human Kinetics.

Inbar, O., O. Bar-Or, and J.S. Skinner. 1996. *The Wingate Anaerobic Test*. Champaign, IL: Human Kinetics.

Josephson, R.K. 1993. Contraction dynamics and power output of skeletal muscle. *Annual Review of Physiology* 55: 527-546.

Kalamen, J.L. 1968. Measurement of maximum muscular power in man. PhD diss., The Ohio State University, Columbus, OH.

Kaneko, M., T. Fuchimoto, H. Toji, and K. Suei. 1983. Training effect of different loads on the force-velocity relationship and mechanical power output in human muscle. *Scandinavian Journal of Medicine & Science in Sports* 5: 50-55.

Krogh, A., and J. Lindhard. 1913. The regulation of respiration and circulation during the initial stages of muscular work. *Journal of Physiology* 47: 112-136.

Lunn, W.R., J.A. Finn, and R.S. Axtell. 2009. Effects of sprint interval training and body weight reduction on power to weight ratio in experienced cyclists. *Journal of Strength and Conditioning Research* 23 (4): 1217-1224.

Margaria, R., P. Aghemo, and E. Rovelli. 1966. Measurement of muscular power (anaerobic) in man. *Journal of Applied Physiology* 21: 1662-1664.

Maud, P.J., and B.B. Shultz. 1989. Norms for the Wingate Anaerobic Test with comparison to another similar test. *Research Quarterly for Exercise & Sport* 60 (2): 144-151.

McArdle, W.D., F.I. Katch, and V.L. Katch. 2007. *Exercise Physiology: Energy, Nutrition, and Human Performance*, 6th ed. Philadelphia: Lippincott Williams & Wilkins.

McGuigan, M.R., T.L.A. Doyle, M. Newton, D.J. Edwards, S. Nimphius, and R.U. Newton. 2006. Eccentric utilization ratio: Effect of sport and phase of training. *Journal of Strength and Conditioning Research* 20 (4): 992-995.

Nindl, B.C., M.T. Mahar, E.A. Harman, and J.F. Patton. 1995. Lower and upper body anaerobic performance in male and female adolescent athletes. *Medicine & Science in Sports & Exercise* 27: 235-241.

Nordlund, M.M., A. Thorstensson, and A.G. Cresswell. 2004. Central and peripheral contributions to fatigue in relation to level of activation during repeated maximal voluntary isometric plantar flexions. *Journal of Applied Physiology* 96: 218-225.

Patterson, D.D., and D.H. Peterson. 2004. Vertical jump and leg power norms for young adults. *Measurement in Physical Education and Exercise Science* 8: 33-41.

Poussen, M., J. Van Hoeke, and F. Goubel. 1990. Changes in elastic characteristics of human muscle induced by eccentric exercise. *Journal of Biomechanics* 23: 343-348.

Puthoff, M.L., and D.H. Nielsen. 2007. Relationships among impairments in lower-extremity strength and power, functional limitations, and disability in older adults. *Physical Therapy* 87 (10): 1334-1347.

Racinais, S., D. Bishop, R. Denis, G. Lattier, A. Mendez-Villaneuva, and S. Perrey. 2007. Muscle deoxygenation and neural drive to the muscle during repeated sprint cycling. *Medicine & Science in Sports & Exercise* 39: 268-274.

Sayers, S.P., D.V. Harackiewicz, E.A. Harman, P.N. Frykman, and M.T. Rosenstein. 1999. Cross-validation of three jump power equations. *Medicine & Science in Sports & Exercise* 31: 572-577.

Stone, M.H., D. Collins, S. Plisk, G. Haff, and M.E. Stone. 2000. Training principles: Evaluation of modes and methods of resistance training. *Strength and Conditioning Journal* 22 (3): 65-76.

Suetta, C., P. Aagaard, S.P. Magnusson, L.L. Andersen, S. Sipila, A. Rosted, A.K. Jakobsen, B. Duus, and M. Kjaer. 2007. Muscle size, neuromuscular activation, and rapid force characteristics in elderly men and women: Effects of unilateral long-term disuse due to hip-osteoarthritis. *Journal of Applied Physiology* 102: 942-948.

Suetta, C., P. Aagaard, A. Rosted, A.K. Jakobsen, B. Duus, M. Kjaer, and S.P. Magnusson. 2004. Training-induced changes in muscle CSA, muscle strength, EMG, and rate of force development in elderly subjects after long-term unilateral disuse. *Journal of Applied Physiology* 97: 1954-1961.

Suzuki, T., J.F. Bean, and R.A. Fielding. 2001. Muscle power of the ankle flexors predicts functional performance in community-dwelling older women. *Journal of the American*

Geriatrics Society 49: 1161-1167.

Thorstensson, A., J. Karlsson, H.T. Viitasalo, P. Luhtanen, and P.V. Komi. 1976. Effect of strength training on EMG of human skeletal muscle. *Acta Physiologica Scandinavica* 98: 232-236.

Walshe, A.D., G.J. Wilson, and A.J. Murphy. 1996. The validity and reliability of a test of lower body musculotendinous stiffness. *European Journal of Applied Physiology* 73: 332-339.

Wilson, G.J., A.J. Murphy, and J.F. Pryor. 1994. Musculotendinous stiffness: Its relationship to eccentric, isometric, and concentric performance. *Journal of Applied Physiology* 76 (6): 2714-2719.

Wu, J.Z., and W. Herzog. 1999. Modeling concentric contraction of muscle using an improved cross-bridge model. *Journal of Biomechanics* 32: 837-848.

Yucesoy, C.A., J.M. Koopman, P.A. Huijing, and H.J. Grootenboer. 2002. Three-dimensional finite element modeling of skeletal muscle using a two-domain approach: Linked fiber-matrix mesh model. *Journal of Biomechanics* 35 (9): 1253-1262.

Zupan, M.F., A.W. Arata, L.H. Dawson, A.L. Wile, T.L. Payn, and M.E. Hannon. 2009. Wingate Anaerobic Test peak power and anaerobic capacity classifications for men and women intercollegiate athletes. *Journal of Strength and Conditioning Research* 23 (9): 2598-2604.

第 10 章

Altug, Z., T. Altug, and A. Altug. 1987. A test selection guide for assessing and evaluating athletes. *National Strength and Conditioning Association Journal* 9 (3): 62-66.

Bandy, W.D., J.M. Irion, and M. Briggler. 1998. The effect of static stretch and dynamic range of motion training on the flexibility of the hamstring muscles. *Journal of Orthopedic and Sports Physical Therapy* 4: 295-300.

Behm, D.G., D.C. Button, and J.C. Butt. 2001. Factors affecting force loss with prolonged stretching. *Canadian Journal of Applied Physiology* 26 (3): 261-272.

Church, J.B., M.S. Wiggins, F.M. Moode, and R. Crist. 2001. Effect of warm-up and flexibility treatments on vertical jump performance. *Journal of Strength and Conditioning Research* 15 (3): 332-336.

Cressey, E.M., C.A. West, D.P. Tiberio, W.J. Kraemer, and C.M. Maresh. 2007. The effects of ten weeks of lower-body unstable surface training on markers of athletic performance. *Journal of Strength and Conditioning Research* 21 (2): 561-567.

Farlinger, C.M., L.D. Kruisselbrink, and J.R. Fowles. 2007. Relationships to skating performance in competitive hockey players. *Journal of Strength and Conditioning Research* 21 (3): 915-922.

Fletcher, I.M., and B. Jones. 2004. The effect of different warm-up stretch protocols on 20 meter sprint performance in trained rugby union players. *Journal of Strength and Conditioning Research* 18 (4): 885-888.

Gabbett, T.J. 2007. Physiological and anthropometric characteristics of elite women rugby league players. *Journal of Strength and Conditioning Research* 21 (3): 875-881.

Gabbett, T., and B. Georgieff. 2007. Physiological and anthropometric characteristics of Australian junior national, state, and novice volleyball players. *Journal of Strength and Conditioning Research* 21 (3): 902-908.

Harman, E., and J. Garhammer. 2008. Administration, scoring, and interpretation of selected tests. In *Essentials of Strength Training and Conditioning*, 3rd ed., edited by T.R.

Baechle, and R.W. Earle, 250-292. Champaign, IL: Human Kinetics.

Hedrick, A. 2000. Dynamic flexibility training. *Strength and Conditioning Journal* 22 (5): 33-38.

Hoffman, J. 2006. *Norms for Fitness, Performance, and Health*. Champaign, IL: Human Kinetics.

Hoffman, J.R., N.A. Ratamess, K.L. Neese, R.E. Ross, J. Kang, J.F. Nagrelli, and A.D. Faigenbaum. 2009. Physical performance characteristics in NCAA Division III champion female lacrosse athletes. *Journal of Strength and Conditioning Research* 23 (5): 1524-1539.

Kovacs, M.S., R. Pritchett, P.J. Wickwire, J.M. Green, P. Bishop. 2007. Physical performance changes after unsupervised training during the autumn/spring semester break in competitive tennis players. *British Journal of Sports Medicine* 41 (11): 705-710.

Mann, D.P., and M.T. Jones. 1999. Guidelines to the implementation of a dynamic stretching program. *Strength and Conditioning Journal 21* (6): 53-55.

Nelson, A.G., and J. Kokkonen. 2001. Acute muscle stretching inhibits maximal strength performance. *Research Quarterly for Exercise and Sport* 72 (4): 415-419.

Plisk, S. 2008. Speed, agility, and speed-endurance development. In *Essentials of Strength Training and Conditioning*, 3rd ed., edited by T.R. Baechle, and R.W. Earle, 458-485. Champaign, IL: Human Kinetics.

Power, K., D. Behm, F. Cahill, M. Carroll, and W. Young. 2004. An acute bout of static stretching: Effects on force and jumping performance. *Medicine & Science in Sports & Exercise* 36 (8): 1389-1396.

Young, W.B., and D.G. Behm. 2003. Effects of running, static stretching, and practice jumps on explosive force production and jumping performance. *Journal of Sports Medicine and Physical Fitness* 43 (1): 21-27.

第 11 章

Berryman Reese, N., and W.D. Bandy. 2002. *Joint Range of Motion and Muscle Length Testing*. Philadelphia: W.B. Saunders.

Bobbert, M.F., and G.J. van Ingen Schenau. 1988. Coordination in vertical jumping. *Journal of Biomechanics* 21: 249-262.

Brosseau, L., S. Balmer, M. Tousignant, J.P. O'Sullivan, C. Goudreault, M. Goudreault, and S. Gringras. 2001. Intra- and intertester reliability and criterion validity of the parallelogram and universal goniometers for measuring maximum active knee flexion and extension of patients with knee restrictions. *Archives of Physical Medicine and Rehabilitation* 82: 396-402.

Burkhart, S.S., C.D. Morgan, and W.B. Kibler. 2003. The disabled throwing shoulder: Spectrum of pathology part 1: Pathoanatomy and biomechanics. *Arthroscopy: The Journal of Arthroscopic and Related Surgery* 19: 404-420.

Cook, G. 2001. Baseline sports-fitness testing. In *High Performance Sports Conditioning: Modern Training for Ultimate Athletic Development*, edited by B. Foran, 19-48. Champaign, IL: Human Kinetics.

Corkery, M., H. Briscoe, N. Ciccone, G. Foglia, P. Johnson, S. Kinsman, L. Legere, B. Lum, and P.K. Canavan. 2007. Establishing normal values for lower extremity muscle length in college-age students. *Physical Therapy in Sport* 8: 66-74.

Croxford, P., K. Jones, and K. Barker. 1998. Inter-tester comparison between visual estimation and goniometric measurement of ankle dorsiflexion. *Physiotherapy Theory and Practice* 14: 107-113.

Fayad, F., S. Hanneton, M.M. Lefevre-Colau, S. Poiraudeau, M. Revel, and A. Roby-Brami. 2008. The trunk as a part of the kinematic chain for arm elevation in healthy subjects and in patients with frozen shoulder. *Brain Research* 1191: 107-115.

Fleisig, G.S., S.W. Barrentine, R.F. Escamilla, and J.R. Andrews. 1996. Biomechanics of overhand throwing with implications for injuries. *Sports Medicine* 21: 421-437.

Haff, G.G., J.T. Cramer, T.W. Beck, A.D. Egan, S.D. Davis, J. McBride, and D. Wathen. 2006. Roundtable discussion: Flexibility training. *Strength and Conditioning Journal* 28: 64-85.

Houglum, P.A. 2005. *Therapeutic Exercise for Musculoskeletal Injuries*. Champaign, IL: Human Kinetics.

Kadaba, M.P., H.K. Ramakrishnan, M.E. Wooten, J. Gainey, G. Gorton, and G.V.B. Cochran. 1989. Repeatability of kinematic, kinetic, and electromyographic data in normal adult gait. *Journal of Orthopaedic Research* 7: 849-860.

Kendall, F.P., E.K. McCreary, and P.G. Provance. 1993. *Muscles: Testing and Function*. Philadelphia: Lippincott Williams & Wilkins.

Kiesel, K., P.J. Plisky, and M.L. Voight. 2007. Can serious injury in professional football be predicted by a preseason functional movement screen? *North American Journal of Sports Physical Therapy* 2: 147-158.

Knapik, J.J., C.L. Bauman, B.H. Jones, J.M. Harris, and L. Vaughan. 1991. Preseason strength and flexibility imbalances associated with athletic injuries in female collegiate athletes. *American Journal of Sports Medicine* 19: 76-81.

Knudson, D.V., and C.S. Morrison. 1997. *Qualitative Analysis of Human Movement*. Champaign, IL: Human Kinetics.

Lett, K.K., and S.M. McGill. 2006. Pushing and pulling: Personal mechanics influence spine loads. *Ergonomics* 49: 895-908.

Levangie, P.K., and C.C. Norkin. 2001. *Joint Structure and Function: A Comprehensive Analysis*. Philadelphia: F.A. Davis.

Loudon, J.K., W. Jenkins, and K.L. Loudon. 1996. The relationship between static posture and ACL injury in female athletes. *Journal of Orthopaedic & Sports Physical Therapy* 24: 91-97.

Markolf, K.L., D.I. Burchfield, M.M. Shapiro, M.E. Shepard, G.A.M. Finerman, and J.L. Slauterbeck. 1995. Combined knee loading states that generate high anterior cruciate ligament forces. *Journal of Orthopaedic Research* 13: 930-935.

McGill, S.M., R.L. Hughson, and K. Parks. 2000. Changes in lumbar lordosis modify the role of the extensor muscles. *Clinical Biomechanics* 15: 777-780.

Norkin, C.C., and D.J. White. 1995. *Measurement of Joint Motion: A Guide to Goniometry*. Philadelphia: F.A. Davis.

Novacheck, T.F. 1998. The biomechanics of running. *Gait & Posture* 7: 77-95.

Robertson, V.J., A.R. Ward, and P. Jung. 2005. The effect of heat on tissue extensibility: A comparison of deep and superficial heating. *Archives of Physical Medicine and Rehabilitation* 86: 819-825.

Scannell, J.P., and S.M. McGill. 2003. Lumbar posture: Should it, and can it, be modified? A study of passive tissue stiffness and lumbar position during activities of daily living. *Physical Therapy* 83: 907-917.

Shultz, S.J., P.A. Houglum, and D.H. Perrin. 2005. *Examination of Musculoskeletal Injuries*.

Champaign, IL: Human Kinetics.

Sigward, S.M., S. Ota, and C.M. Powers. 2008. Predictors of frontal plane knee excursion during a drop land in young female soccer players. *Journal of Orthopaedic & Sports Physical Therapy* 38: 661-667.

Silder, A., S.B. Reeder, and D.G. Thelen. 2010. The influence of prior hamstring injury on lengthening muscle tissue mechanics. *Journal of Biomechanics* 43: 2254-2260.

Starkey, C., and J. Ryan. 2002. *Evaluation of Orthopedic and Athletic Injuries*. Philadelphia: F.A. Davis.

Stone, M., M.W. Ramsey, A.M. Kinser, H.S. O'Bryant, C. Ayers, and W. Sands. 2006. Stretching: Acute and chronic? The potential consequences. *Strength and Conditioning Journal* 28: 66-74.

Thacker, S.B., J. Gilchrist, D.F. Stroup, and C.D. Kimsey. 2004. The impact of stretching on sports injury risk: A systematic review of the literature. *Medicine & Science in Sports & Exercise* 36: 371-378.

Thelen, D.G., E.S. Chumanov, M.A. Sherry, and B.C. Heiderscheit. 2006. Neuromusculoskeletal models provide insights into the mechanisms and rehabilitation of hamstring strains. *Exercise and Sport Sciences Reviews* 34: 135-141.

Weir, J., and N. Chockalingam. 2007. Ankle joint dorsiflexion: Assessment of true values necessary for normal gait. *International Journal of Therapy and Rehabilitation* 14: 76-82.

Wenos, D.L., and J.G. Konin. 2004. Controlled warm-up intensity enhances hip range of motion. *Journal of Strength and Conditioning Research* 18: 529-533.

Werner, S.L., M. Suri, J.A. Guido, K. Meister, and D.G. Jones. 2008. Relationships between ball velocity and throwing mechanics in collegiate baseball pitchers. *Journal of Shoulder and Elbow Surgery* 17: 905-908.

Whiteley, R. 2007. Baseball throwing mechanics as they relate to pathology and performance: A review. *Journal of Sports Science and Medicine* 6: 1-20.

Willson, J.D., M.L. Ireland, and I. Davis. 2006. Core strength and lower extremity alignment during single leg squats. *Medicine & Science in Sports & Exercise* 38: 945-952.

Youdas, J.W., C.L. Bogard, and V.J. Suman. 1993. Reliability of goniometric measurements and visual estimates of ankle joint active range of motion obtained in a clinical setting. *Archives of Physical Medicine and Rehabilitation* 74: 1113-1118.

Zatsiorsky, V.M. 1998. *Kinematics of Human Motion*. Champaign, IL: Human Kinetics.

第 12 章

Aaltonen, S., H. Karjalainen, A. Heinonen, J. Parkkari, and U.M. Kujala. 2007. Prevention of sports injuries: Systematic review of randomized controlled trials. *Archives of Internal Medicine* 167: 1585-1592.

Arnold, B.L., and R.J. Schmitz. 1998. Examination of balance measures produced by the biodex stability system. *Journal of Athletic Training* 33: 323-327.

Ashton-Miller, J.A., E.M. Wojtys, L.J. Huston, and D. Fry-Welch. 2001. Can proprioception really be improved by exercises? *Knee Surgery Sports Traumatology Arthroscopy* 9: 128-136.

Behm, D.G., M.J. Wahl, D.C. Button, K.E. Power, and K.G. Anderson. 2005. Relationship between hockey skating speed and selected performance measures. *Journal of Strength and Conditioning Research* 19: 326-331.

Blackburn, T., K.M. Guskiewicz, M.A. Petschauer, and W.E. Prentice. 2000. Balance and joint stability: The relative contributions of proprioception and muscular strength. *Journal of Sport Rehabilitation* 9: 315-328.

Bressel, E., J.C. Yonker, J. Kras, and E.M. Heath. 2007. Comparison of static and dynamic balance in female collegiate soccer, basketball, and gymnastics athletes. *Journal of Athletic Training* 42: 42-46.

Broglio, S.P., J.J. Sosnoff, K.S. Rosengren, and K. McShane. 2009. A comparison of balance performance: Computerized dynamic posturography and a random motion platform. *Archives of Physical Medicine and Rehabilitation* 90: 145-150.

Burkhart, S.S., C.D. Morgan, and W.B. Kibler. 2000. Shoulder injuries in overhead athletes: The "dead arm" revisited. *Clinics in Sports Medicine* 19: 125-158.

Cressey, E.M., C.A. West, D.P. Tiberio, W.J. Kraemer, and C.M. Maresh. 2007. The effects of ten weeks of lower-body unstable surface training on markers of athletic performance. *Journal of Strength and Conditioning Research* 21: 561-567.

Docherty, C.L., T.C.V. McLeod, and S.J. Shultz. 2006. Postural control deficits in participants with functional ankle instability as measured by the balance error scoring system. *Clinical Journal of Sport Medicine* 16: 203-208.

Drouin, J.M., P.A. Houglum, D.H. Perrin, and B.M. Gansneder. 2003. Weight-bearing and non-weight-bearing knee-joint reposition sense and functional performance. *Journal of Sport Rehabilitation* 12: 54-66.

Duncan, P.W., D.K. Weiner, J. Chandler, and S. Studenski. 1990. Functional reach: A new clinical measure of balance. *Journals of Gerontology* 45: M192-M197.

Eechaute, C., P. Vaes, and W. Duquet. 2009. The dynamic postural control is impaired in patients with chronic ankle instability: Reliability and validity of the multiple hop test. *Clinical Journal of Sport Medicine* 19: 107-114.

Evans, T., J. Hertel, and W. Sebastianelli. 2004. Bilateral deficits in postural control following lateral ankle sprain. *Foot & Ankle International* 25: 833-839.

Gribble, P. 2003. The star excursion balance test as a measurement tool. *Athletic Therapy Today* 8: 46-47.

Gribble, P.A., and J. Hertel. 2003. Considerations for normalizing measures of the star excursion balance test. *Measurement in Physical Education and Exercise Science* 7: 89-100.

Gribble, P.A., W.S. Tucker, and P.A. White. 2007. Time-of-day influences on static and dynamic postural control. *Journal of Athletic Training* 42: 35-41.

Hamilton, R.T., S.J. Shultz, R.J. Schmitz, and D.H. Perrin. 2008. Triple-hop distance as a valid predictor of lower limb strength and power. *Journal of Athletic Training* 43: 144-151.

Herrington, L., J. Hatcher, A. Hatcher, and M. McNicholas. 2009. A comparison of Star Excursion Balance Test reach distances between ACL deficient patients and asymptomatic controls. *Knee* 16: 149-152.

Hertel, J., R.A. Braham, S.A. Hale, and L.C. Olmsted-Kramer. 2006. Simplifying the star excursion balance test: Analyses of subjects with and without chronic ankle instability. *Journal of Orthopaedic & Sports Physical Therapy* 36: 131-137.

Hertel, J., S.J. Miller, and C.R. Denegar. 2000. Intratester and intertester reliability during the Star Excursion Balance Tests. *Journal of Sport Rehabilitation* 9: 104-116.

Hertel, J., and L.C. Olmsted-Kramer. 2007. Deficits in time-to-boundary measures of postural control with chronic ankle instability. *Gait & Posture* 25: 33-39.

Hof, A.L. 2007. The equations of motion for a standing human reveal three mechanisms for balance. *Journal of Biomechanics* 40: 451-457.

Horak, F.B., and L.M. Nashner. 1986. Central programming of postural movements: Adaptation to altered support-surface configurations. *Journal of Neurophysiology* 55: 1369-1381.

Hrysomallis, C. 2011. Balance ability and athletic performance. *Sports Medicine* 41: 221-232.

Hrysomallis, C., P. McLaughlin, and C. Goodman. 2007. Balance and injury in elite Australian footballers. *International Journal of Sports Medicine* 28: 844-847.

Iverson, G. L., M. L. Kaarto, and M. S. Koehle. 2008. Normative data for the balance error scoring system: Implications for brain injury evaluations. *Brain Injury* 22:147-152.

Johnson, B.L., and J.K. Nelson. 1986. *Practical Measurements for Evaluation in Physical Education*. New York: MacMillan.

Kinzey, S.J., and C.W. Armstrong. 1998. The reliability of the star-excursion test in assessing dynamic balance. *Journal of Orthopaedic & Sports Physical Therapy* 27: 356-360.

Lafond, D., H. Corriveau, R. Hebert, and F. Prince. 2004. Intrasession reliability of center of pressure measures of postural steadiness in healthy elderly people. *Archives of Physical Medicine and Rehabilitation* 85: 896-901.

Lanning, C.L., T.L. Uhl, C.L. Ingram, C.G. Mattacola, T. English, and S. Newsom. 2006. Baseline values of trunk endurance and hip strength in collegiate athletes. *Journal of Athletic Training* 41:427-434.

Lee, A.J.Y., and W.H. Lin. 2008. Twelve-week biomechanical ankle platform system training on postural stability and ankle proprioception in subjects with unilateral functional ankle instability. *Clinical Biomechanics* 23: 1065-1072.

Mackey, D.C., and S.N. Robinovitch. 2005. Postural steadiness during quiet stance does not associate with ability to recover balance in older women. *Clinical Biomechanics* 20: 776-783.

MacKinnon, C.D., and D.A. Winter. 1993. Control of whole-body balance in the frontal plane during human walking. *Journal of Biomechanics* 26: 633-644.

Marsh, D.W., L.A. Richard, L.A. Williams, and K.J. Lynch. 2004. The relationship between balance and pitching error in college baseball pitchers. *Journal of Strength and Conditioning esearch* 18: 441-446.

McCurdy, K., and G. Langford. 2006. The relationship between maximum unilateral squat strength and balance in young adult men and women. *Journal of Sports Science and Medicine* 5: 282-288.

McKeon, P.O., C.D. Ingersoll, D.C. Kerrigan, E. Saliba, B.C. Bennett, and J. Hertel. 2008. Balance training improves function and postural control in those with chronic ankle instability. *Medicine & Science in Sports & Exercise* 40: 1810-1819.

Nashner, L.M. 1997a. Computerized dynamic posturography. In *Handbook of Balance Function Testing*, edited by G.P. Jacobson, C.W. Newman, and J.M. Kartush, 280-307. San Diego: Singular Publishing Group.

Nashner, L.M. 1997b. Practical biomechanics and physiology of balance. In *Handbook of Balance Function Testing*, edited by G.P. Jacobson, C.W. Newman, and J.M. Kartush, 261-279. San Diego: Singular Publishing Group.

Olmsted, L.C., C.R. Carcia, J. Hertel, and S.J. Shultz. 2002. Efficacy of the star excursion balance tests in detecting reach deficits in subjects with chronic ankle instability. *Journal of Athletic Training* 37: 501-506.

Pai, Y.C., B.E. Maki, K. Iqbal, W.E. McIlroy, and S.D. Perry. 2000. Thresholds for step initiation induced by support-surface translation: A dynamic center-of-mass model provides much better prediction than a static model. *Journal of Biomechanics* 33: 387-392.

Plisky, P.J., M.J. Rauh, T.W. Kaminski, and F.B. Underwood. 2006. Star excursion balance test as a predictor of lower extremity injury in high school basketball players. *Journal of Orthopaedic & Sports Physical Therapy* 36: 911-919.

Reeves, N.P., K.S. Narendra, and J. Cholewicki. 2007. Spine stability: The six blind men and the elephant. *Clinical Biomechanics* 22: 266-274.

Riemann, B.L., N.A. Caggiano, and S.M. Lephart. 1999. Examination of a clinical method of assessing postural control during a functional performance task. *Journal of Sport Rehabilitation* 8: 171-183.

Riemann, B.L., K.M. Guskiewicz, and E.W. Shields. 1999. Relationship between clinical and forceplate measures of postural stability. *Journal of Sport Rehabilitation* 8: 71-82.

Robinson, R.H., and P.A. Gribble. 2008. Support for a reduction in the number of trials needed for the Star Excursion Balance Test. *Archives of Physical Medicine and Rehabilitation* 89: 364-370.

Ross, S.E., and K.M. Guskiewicz. 2003. Time to stabilization: A method for analyzing dynamic postural stability. *Athletic Therapy Today* 8: 37-39.

Ross, S.E., and K.M. Guskiewicz. 2004. Examination of static and dynamic postural stability in individuals with functionally stable and unstable ankles. *Clinical Journal of Sport Medicine* 14: 332-338.

Ross, S.E., K.M. Guskiewicz, M.T. Gross, and B. Yu. 2009. Balance measures for discriminating between functionally unstable and stable ankles. *Medicine & Science in Sports & Exercise* 41: 399-407.

Schmitz, R., and B. Arnold. 1998. Intertester and intratester reliability of a dynamic balance protocol using the Biodex stability system. *Journal of Sport Rehabilitation* 7: 95-101.

Shimada, H., S. Obuchi, N. Kamide, Y. Shiba, M. Okamoto, and S. Kakurai. 2003. Relationship with dynamic balance function during standing and walking. *American Journal of Physical Medicine & Rehabilitation* 82: 511-516.

Starkey, C., and J. Ryan. 2002. *Evaluation of Orthopedic and Athletic Injuries*. Philadelphia: F.A. Davis.

Whiting, W.C., and S. Rugg. 2006. *Dynatomy: Dynamic Human Anatomy*. Champaign, IL: Human Kinetics.

Yaggie, J.A., and B.M. Campbell. 2006. Effects of balance training on selected skills. *Journal of Strength and Conditioning Research* 20: 422-428.

Zajac, F.E., and M.E. Gordon. 1989. Determining muscles force and action in multi-articular movement. *Exercise and Sport Sciences Reviews* 17: 187-230.

Zajac, F.E., R.R. Neptune, and S.A. Kautz. 2002. Biomechanics and muscle coordination of human walking—Part I: Introduction to concepts, power transfer, dynamics and simulations. *Gait & Posture* 16: 215-232.

作者介绍

　　托德·米勒，PhD, CSCS*D，是乔治华盛顿大学公共卫生与健康服务学院运动科学副教授，负责硕士研究生的培养和督导，主要致力于体能训练方向的研究。他拥有宾夕法尼亚州立大学和得州农工大学的运动生理学学位，目前正在做关于交互式视频游戏作为增加儿童体力活动的一种手段的研究。

撰稿者

乔纳森·H. 安宁，PhD, CSCS*D
滑石大学（Slippery Rock University），宾夕法尼亚州

丹尼尔·G. 德鲁里，DPE, FACSM
葛底斯堡学院（Gettysburg College），宾夕法尼亚州

肖恩·P. 费拉纳根，PhD, ATC, CSCS
加利福尼亚州立大学北岭分校（California State University, Northridge）

托德·米勒，PhD
乔治华盛顿大学（George Washington University），哥伦比亚特区

韦恩·C. 米勒，PhD, EMT
乔治华盛顿大学（George Washington University），哥伦比亚特区

加文·L. 莫尔，PhD
宾夕法尼亚大学东斯特劳兹堡（East Stroudsburg, University of Pennsylvania）

戴夫·莫里斯，PhD
阿巴拉契亚州立大学布恩分校（Appalachian State University, Boone），北卡罗来纳州

马克·D. 彼得森，PhD, CSCS*D
密歇根大学安娜堡分校（University of Michigan, Ann Arbor）

尼古拉斯·A. 拉塔梅斯，PhD, CSCS*D, FNSCA
新泽西学院（The College of New Jersey），尤因城

马修·R. 瑞亚，PhD, CSCS*D
亚利桑那州立大学（Arizona State University），梅萨

N. 特拉维斯·特里普利特，PhD, CSCS*D, FNSCA
阿巴拉契亚州立大学布恩分校（Appalachian State University, Boone），北卡罗来纳州

译者介绍

    高炳宏，博士、教授、博士生导师，上海体育学院体育教育训练学院副院长。2012年和2016年奥运会国家赛艇队科医团队负责人、国家体育总局备战奥运会高原和体能训练专家组成员、首批"优秀中青年专业技术人才百人计划"入选人才。主要研究领域为不同人群体能训练的理论与实践、高原低氧训练的理论和实践、运动员身体机能状态和运动训练负荷监控与评定等研究。已完成30多项国家级、省部级科研课题研究工作，在国内外期刊发表学术论文150余篇；多次荣获奥运科技攻关、上海市科技进步等科研奖项。目前担任亚太运动训练科学委员会执委、中国体育科学学会体能训练分会常委、中国田径协会委员、中国赛艇协会科研医务与反兴奋剂委员会主任委员、上海市体育科学学会理事、上海市体育科学学会体能训练专业委员会主任、上海市青少年训练协会体适能分会主任；《中国体育科技》和《上海体育学院学报》等杂志编委。

    杨涛，副教授，CSCS，上海体育学院运动医学博士研究生，上海体育学院硕士研究生导师、特聘体能教师，2009～2013年担任NSCA-Shanghai培训讲师。从2008年至今，为上海市自行车、田径、游泳、击剑等7支一线运动队提供体能训练与运动伤病风险评估等服务。主要研究领域为运动员前十字韧带重建术后重返运动时机、特殊人群体能测试与评估。